Diccionario de Nueva York

PENÍNSULA ODISEAS

Diccionario de Nueva York

Alfonso Armada

PENÍNSULA ODISEAS

Primera edición: febrero de 2010
Primera edición en esta presentación: octubre de 2025

Texto original de Patti Smith incluido en el prólogo a la tercera edición:
© *Éramos unos niños*, Penguin Random House, 2010
© de la traducción, Rosa Pérez Pérez, 2010

© de esta edición: Edicions 62, S.A., 2025
Ediciones Península,
Diagonal 662-664
08034 Barcelona
edicionespeninsula@planeta.es
www.edicionespeninsula.com

REALIZACIÓN PLANETA - fotocomposición
Impresión y encuadernación:
Depósito legal: B. 16.420-2025
ISBN: 978-84-1100-420-6

Printed in Spain - Impreso en España

Este mapa topográfico está dedicado a
Corina, Ana María y Cristina,
Carmen, Lía e Isaías,
Thomas, Eduardo y José Luis,
Ahmed y Amani, Pepe y Ángela,
Laura, Clara y Tamara, Olivia,
Kay y Jim, Vico y Leiro, Adela y
Miguel, Gema y Michael, Gonzalo
y Luis, Ángel y Marlena,
Susy y Miss G-M

ÍNDICE

VOLVER

Este libro nunca fue ni quiso ser una guía, aunque sí lo haya sido para algunos lectores que sé que se lo llevaron bajo el brazo como un pan que (ojalá) no se vuelva rancio con el tiempo. Los viajes están sobrevalorados.

La frase puede sonar cínica y hasta mezquina viniendo de alguien que ha viajado mucho. Y que de alguna manera sigue viajando, aunque ahora bajo requisitos que son casi los de una secta: no volver a coger aviones. (O no hacerlo —no nos pongamos fundamentalistas— salvo en caso de extrema necesidad.) ¿Las razones? Por el maltrato en los aeropuertos, generalizado tras el 11-S y otras atrocidades. Por el maltrato en el interior de los aparatos, estabulados como ganado, comprimidos, y a menudo sin un mísero y gozoso vaso de agua que llevarse a los labios. Las aeronaves contaminan de lo lindo y, por último, y lo más importante: van demasiado rápido, y la verdadera esencia del viaje es la lentitud, el tiempo que invertimos en ir de un lugar a otro.

¿Para qué viajamos? ¿Para qué viajábamos? Con motivo de la publicación en español de la *Guía leer y ver Lisboa*, una idea original de los escritores portugueses Afonso Cruz y Patrícia Portela, escribí para el *Jornal de Letras, Artes e Ideias* del país vecino —siempre he querido ser portugués, no estadounidense— que es «cualquier cosa menos una guía». Manifiesto mi deseo de que «a pesar de los pesares» Lisboa no haya vendido su alma al diablo del turismo, cosa que Nueva York hizo hace tiempo. Por cierto, ¿hay que pedir perdón por citarse a uno mismo? No creo que ese pecado lo llegara a contemplar Dante en su escrutinio de pecadores, pero vayamos a lo que importa, y es lo que me vino a la cabeza cuando Península me dijo que quería reeditar este *Diccionario de Nueva York*. Lo recobré de aquella reseña de *leer y ver Lisboa*: «Es un libro que uno se puede llevar de viaje, pero sobre todo a la cama. Hasta el punto de que el efecto contraproducente de este libro —digamos aquí de este *Diccionario*— acaso sea disuadir a muchos de viajar, para no tener que contrastar y comparar lo leído con lo soñado, lo deseado con la carne que acaba siendo triste». En su aportación a la guía que no quiere serlo y que ofrece rutas y atmósferas que las guías al uso no suelen recoger, como también hace este *Diccionario* —que en su origen quiso ser el apéndice de un libro ahora convertido en pulpa: *Nueva York, el deseo y la quimera*—, Patrícia Portela propone: «No uses mapa. No tomes notas. Ni fotografías: no sirven de nada». Eso me gustaría sugerir aquí: mejor leer que viajar, mejor vivir viajando solo a lugares que puedas recorrer a pie, o en todo caso en bicicleta, o en todo caso en coche, o en todo caso en burro, y a los que puedas llegar en todo caso en tren, o en todo caso en barco. O como subraya a lápiz Arimilde Soares en un texto que sirve de epílogo a una extraña y extraordinaria obra de teatro de la propia PP, *Mercado das madrugadas*: «La verdad es que, parando, mirando alrededor y tomando conciencia de lo esencial que es la comunión con la humanidad, con la que uno se cruza sin querer —en las mismas calles—, se deja de lado la lógica de la búsqueda. Y la solución es tan sencilla como hacer menos, crear menos, porque lo esencial ya existe a la vuelta de la esquina. Solo tenemos que detenernos al menos un instante, hacer menos y pensar más en el bien común. Solo tenemos que tomar conciencia». Una propuesta que encaja como un guante en la manera de estar en el mundo que proponía Simone Weil, aunque en su caso de manera mucho más radical.

Nueva York —como el país que tiene detrás— se ha transformado en un lugar más inhóspito, más peligroso, más antipático, más incierto, por culpa de un dirigente que le ha tomado la medida a la mente estadounidense contemporánea, y al cráneo político de las naciones (¿nos estamos volviendo masivamente más tontos?), y ha hecho realidad lo que Joseph K comprendió tras entrevistarse con el cura teólogo en el tempo de *El proceso*: «La mentira se ha convertido en el nuevo orden universal». El periodista italiano afincado en España Andrea Rizzi se pregunta: «¿Cuántos ciudadanos del mundo se están repensado hacer turismo en Estados Unidos ante la brutalidad de los controles fronterizos?». Y Antonio Muñoz Molina confesaba, tras ver las imágenes de la detención, por «policías de paisano que esconden su identidad como los sicarios de una dictadura», de Rumeysa Ozturk, la estudiante de doctorado de la Universidad de Tufts «culpable» de escribir un artículo a favor de Palestina, que sabe que no va a volver a la ciudad donde compartimos momentos tan estremecedores como el ataque contra las Torres Gemelas.

Y, sin embargo, ahí tenemos a figuras como la arquitecta Elizabeth Diller, una de las inteligencias prodigiosas que transformó una vía muerta, la de ferrocarril elevado que recorría un segmento del suroeste de Manhattan, en la ahora famosa High Line, que ofrece una nueva perspectiva de la ciudad donde fuimos todo lo felices que se puede llegar a ser. La esencia de Nueva York —si tal cosa existe después de que Newton y hasta Einstein hayan sido puestos en entredicho— es la paradoja. Andrés Ibáñez, un autor español dotado de un radar que capta lo impalpable, y que también encontró pepitas de oro vital en Nueva York, en su sucinta y extralúcida biografía de Thomas Pynchon describe el desencanto del autor de *El arco iris de gravedad* sobre su querida ciudad tras volver a habitar en ella: «Se queja de "cabezas de tercera clase", del "corazón sucio y desolado" de un imperio en declive —y eso antes de que el elefante Trump entrara en la cacharrería de la Casa

Blanca—, y de la "gilipollez urbana" de los *proto-yuppies* neoliberales y conservadores que había encontrado allí. Escribió también que no podía soportar la idea de vivir una vida "literaria" como los propios *yuppies*, y que estaba pensando en irse con su novia al otro lado del océano o quizá en regresar al oeste. Tras lo cual añade: "Sí, suena un poco como 'vagabundear sin rumbo', ¿verdad?"».

Del mismo modo que nadie acaba de vivir hasta que acaba de vivir, en este mismo instante, igual que en Yamena, capital de Chad, como en Caminha, en el norte de Portugal, como en la Cuenca ecuatoriana o en el San Salvador salvadoreño, el Leópolis ucraniano o la Christchurch neozelandesa, hay un niño leyendo ensimismado, un astrofísico examinando con un telescopio la evolución del azul en el horizonte de sucesos, una neurocientífica iluminando las zonas en sombra del cerebro, una maestra corrigiendo redacciones sobre la función clorofílica y el abejaruco, un camarero sopesando si casarse o seguir solo, una adolescente componiendo una canción de cuna para su madre, un geógrafo calcando un mapa de viejos y nuevos muros, una filóloga grabando voces perdidas de pueblos perdidos, también en Nueva York, donde yo creo que se esconde al menos un aleph, ríos sinuosos y secretos siguen erosionando pacientemente la *realpolitik*, hijos de los pueblos de la tierra que sueñan, se esfuerzan, se descarnan los nudillos, se desviven para darle a la vida sentido. Y siguen apareciendo libros, canciones y películas que nos abren la cabeza como quería Franz Kafka.

En mi caso, he tardado un tiempo irreparable en llevarme a la cara el *Éramos unos niños*, las memorias de Patti Smith: peripecias, exploraciones y penurias con su amor Robert Mapplethorpe, antes de que la fama premiara sus desvelos y sus talentos —antes de que ella supiera que el rock iba a ser su vida y la fotografía la de él—. Es una de las más hermosas elegías que se han dedicado a esa ciudad tan querida, odiada, deseada y fatigada como Nueva York, y a la vida que uno puede y debe vivir. Su llegada merece ser releída: «Fue la mañana del lunes 3 de julio [de 1967]. Me despedí tan bien como fui capaz, recorrí a pie los casi dos kilómetros hasta Woodbury y cogí un autobús a Filadelfia. Al pasar por mi querido Camden, incliné respetuosamente la cabeza ante la patética fachada del hotel Walt Whitman [estamos todavía al otro lado del río y entre los árboles, en Nueva Jersey], antaño próspero. Sentí una punzada de dolor al abandonar aquella ciudad en aprietos, pero allí no había trabajo para mí. Iban a cerrar el gran astillero y pronto todo el mundo estaría buscando trabajo (...). Fue un duro golpe que el billete a Nueva York valiera casi el doble que la última vez que había viajado. No pude comprarlo. Me metí en una cabina telefónica para pensar. Fue un momento digno de Clark Kent. Pensé en llamar a mi hermana pese a estar demasiado avergonzada para regresar a casa. Pero, debajo del teléfono, en el estante, encima de las recias páginas amarillas, había un bolso blanco de charol. Contenía un guardapelo y treinta y dos dólares, casi el sueldo de una semana en mi último empleo. Muy a pesar mío, cogí el dinero, pero dejé el bolso en el mostrador de las taquillas con la esperanza de que su dueña recuperara al menos el guardapelo (...). Con veinte años, me subí al autobús. Llevaba el pantalón de peto, un jersey de cuello negro alto y la vieja gabardina gris que había comprado en Camden. Mi maletita, de cuadros rojos y amarillos, contenía algunos lápices de dibujo, un cuaderno, *Iluminaciones*, unas cuantas prendas de ropa y fotografías de mis hermanos. Yo era supersticiosa. Aquel día era lunes; yo había nacido en lunes. Era un buen día para llegar a Nueva York. Nadie me esperaba. Todo me aguardaba».

Este *Diccionario* también es una forma de viajar, y por lo tanto de barajar. No fui el mismo después de casi siete años viviendo allí. Nos gusta pensar que el destino está en nuestras manos, aunque la suerte —otra forma de invocar a los dioses inmortales— juegue su no pequeña parte. Sigo pensando que quien lee más vive más. Y no creo vaya a volver nunca. Pero eso es irrelevante. El resto, la decisión del viaje, del tiempo, el riesgo, la aventura de vivir, es cosa de cada uno. Suerte, y gracias por entrar en esta trama de palabras que es de afectos y que quiere servir de brújula y de linterna en el bosque lácteo de rascacielos.

ALFONSO ARMADA
Madrid, junio de2025

UNA CIUDAD A LA QUE EN REALIDAD NO QUISIERA VOLVER, PERO A LA QUE SIN DUDA VOLVERÉ

Volver no. Cuando me lo preguntan suelo decir que no, que no añoro Nueva York, que estuvo bien mientras duró (casi siete años de vida y corresponsalía de un diario), pero que al final (y eso que no había llegado la era de internet a todo vapor, atizado por las redes sociales y la necesidad de estar día y noche agitando el avispero ciberespacial) era casi una pesadilla. Y no solo por la necesidad inherente a la vida periodística de dar cuenta a diario de las noticias que avalan la inminencia del fin del mundo, sino por el eterno retorno de lo mismo que el vicio de la novedad (de la noticia) lleva inscrito en su lomo como el toro de lidia, que sabe que su destino es la plaza, y que la muerte (eso dicen los taurinos) será su gloria. Alguna vez, pensando en Henry Roth, pero también en Herman Melville, Walt Whitman, David Foster Wallace, Paul Auster, James Salter, Bruno Schulz, Robert Walser, Franz Kafka, Fernando Pessoa, Joseph Mitchell, James Agee, Simone Weil, E. B. White o Azorín, me imagino en una covachuela de Astoria, de vuelta, viejo, solo, enfrascado en la escritura de una historia oral de la humanidad, como el amigo de Joseph Mitchell, o en la novela definitiva sobre la posverdad y sus secuelas en el conocimiento de los hechos y la muerte del periodismo.

The High Lane, torres más altas que las derribadas y otras amenidades. Paseando en más de una ocasión, en raras tardes ociosas de verano o bajo la nieve y el frío más hirientes, por las calles que desembocan en el Hudson, en el barrio de Chelsea, entre el Distrito de la Carne y la calle 34, contemplaba las viejas vías del ferrocarril elevado con el deseo de encaramarme a ese mirador sobre el pasado. Es la reconversión de la High Lane en un paseo elevado que cambia insospechadamente la perspectiva que teníamos de Manhattan una de las innovaciones cívicas y arquitectónicas más admirables y celebradas de esta ciudad que ha hecho de la máscara y la renovación constante una identidad. Del mismo modo que la Torre de la Libertad, también conocida como el One World Trade Center, se ha levantado como muestra de resiliencia, pero también de desafío, a quienes derribaron el viejo World Trade Center, y se ha convertido en el rascacielos más alto del hemisferio occidental y (de momento) en el sexto más alto del mundo, las piscinas negras que ocupan los perímetros en los que se alzaban los dos edificios iguales son un recordatorio de lo que ocurrió aquella mañana del 11 de septiembre de 2001. Volver a Manhattan es también volver allí. Al lugar de los hechos. Para recordar a los muertos y recordar el crimen. Pero también para hacer examen, sobre todo de la reconstrucción, pero también de la justicia y de la venganza.

La imposible actualización o la *Enciclopedia Británica* y la *Wikipedia*. Ejercicio para la imaginación. Notas de viaje. Lo que esperaba, lo que encontró. Olvídese por unas horas del teléfono móvil, de la tableta. Camine con todos los sentidos abiertos, un cuaderno y lápices de colores. Atrévase a volver a dibujar. Se quedará asombrado de cómo vemos cuando nos entretenemos en ver. Déjese llevar por el corazón atómico de las avenidas y las calles.

Trump. Y lo que propone Timothy Snyder. Recupero el arranque de un artículo que publiqué en la revista digital *fronterad* en febrero de 2016, titulado «La cuarta puerta. La niebla moral de

Europa ante los refugiados», cuando nadie podía ni siquiera imaginar que alguien como Donald Trump pudiera llegar algún día a la presidencia de Estados Unidos. Empezaba así:

Uno de los capítulos menos amargos de *Tierra negra. El Holocausto como historia y advertencia* (Galaxia Gutenberg), el estremecedor libro de Timothy Snyder (Ohio, Estados Unidos, 1969), se titula «Los pocos justos». Allí cuenta la historia de Ita Straz. Tenía 19 años cuando fue arrastrada por policías lituanos hasta el borde de una fosa común en el bosque de Ponary. Relata Snyder que había oído los disparos y ahora podía ver las filas de cadáveres: «Este es el final —pensó. ¿Y qué he visto yo en la vida?». Desnuda, las balas le pasaban junto a la cabeza y el cuerpo. Apoyándose en el testimonio de Tomkiewicz en *Zbrodnia w Ponarach*, relata el historiador norteamericano que ya trató de las atrocidades cometidas por soviéticos y nazis en toda la franja que va de Ucrania a los Países Bálticos en su anterior libro, *Tierras de sangre*: «Cayó recta y de espaldas, no por fingir que estaba muerta, tan sólo a causa del miedo. Se quedó inmóvil mientras los cuerpos le caían encima, uno detrás de otro. Cuando la fosa se llenó, alguien se subió sobre la última capa de cadáveres y disparó hacia abajo sobre los cuerpos amontonados. Una bala le atravesó la mano a Ita, que no emitió sonido alguno. Arrojaron tierra sobre la fosa. Esperó todo el tiempo que pudo y luego se abrió paso apartando cuerpos y escarbando en la tierra. Sin ropa, cubierta sólo de barro y de su propia sangre y la de los otros, buscó ayuda. Llegó hasta una primera casa, pero la rechazaron; después hasta una segunda y una tercera. En la cuarta obtuvo ayuda, y sobrevivió». Estas son las tres preguntas que en el siguiente párrafo se hace Timothy Snyder: «¿Quién vive en la cuarta casa? ¿Quién actúa sin el apoyo de las normas o las instituciones, sin representar a ningún gobierno ni ejército ni iglesia? ¿Qué ocurre cuando los encuentros en la sombra, de judíos necesitados de ayuda con alguien con contactos en alguna institución, dan paso a meros encuentros entre desconocidos, a encuentros a ciegas?».

El pasado 15 de marzo, en una entrevista con Jan Martínez Ahrens, publicada en el diario *El País*, titulada «Ahora que la libertad está amenazada, ¿vamos a hacer algo?», a la pregunta de si ve semejanzas entre lo que ocurre hoy con los mexicanos y musulmanes en Estados Unidos y la Alemania de los años treinta, responde Snyder: «La situación es distinta con las víctimas, pero la situación es similar. Cuando Trump habla de musulmanes o inmigrantes, se acerca a la política que se practicó en Alemania en 1933. La idea básica es que no son tus vecinos, sino parte de una amenaza internacional. Para Trump la globalización no es un desafío objetivo, sino un enemigo exterior, una conspiración a la que ha puesto cara y que está en casa». Cuando el periodista le pide que describa al nuevo inquilino de la Casa Blanca, dice: «Cleptócrata y autoritario. No ha mostrado ninguna intención de separarse de sus intereses financieros. Y el sentido común nos alerta de que usará el Gobierno para enriquecerse más él mismo y su familia. No es nada nuevo. Ya lo hemos visto en el sistema ruso». En su último libro, *Sobre la tiranía*, ofrece veinte recomendaciones para liberarse de la opresión. Aunque podría parecer extraño que ocupen un espacio en un prólogo a un diccionario de Nueva York, tal vez sean útiles para un viaje a esta ciudad, a cualquier ciudad, pero también por algo más que luego diré: «No obedezcas por anticipado. Defiende las instituciones. Cuidado con el Estado del partido único. Asume tu responsabilidad por el mundo. Recuerda tu ética personal. Desconfía de las fuerzas paramilitares. Sé reflexivo si tienes que ir armado. Desmárcate del resto. Trata bien a nuestra lengua. Cree en la verdad. Investiga. Mira a los ojos y habla de las cosas cotidianas. Sal a la calle. Consolida una vida privada. Contribuye a las buenas causas. Aprende de tus conocidos en otros países. Presta atención a las palabras peligrosas. Mantén la calma cuando ocurra lo impensable. Sé patriota. Sé todo lo valiente que puedas». Antes de que llegara Trump a la máxima magistratura de la todavía primera potencia de le Tierra, algunos amigos tontos (es decir, más tontos que amigos) se negaban a poner los pies en Nueva York, a viajar a Estados Unidos. Todos somos dueños de nuestros prejuicios. Y celosamente los alimentamos. Para que el espejo nos siga devolviendo una imagen favorable de nosotros mismos, de lo que nos gusta creer que somos, no solemos exponernos a hechos e ideas que pongan en duda nuestras convicciones, y solemos buscar argumentos que amparen nuestra ideología, nuestra cosmovisión, no dejen en entredicho lo que sabemos, o lo que creemos que sabemos. Por eso, como dijo Cervantes, «el andar en tierras y comunicar con diversas gentes hace a los hombres discretos». Del mismo modo que Nueva York no es Estados Unidos, la complejidad y diversidad de un tejido humano como el de la ciudad insomne, como el de Estados Unidos, hace que merezca la pena ir y perderse, ir y ver con los propios ojos, y ver de qué manera la conciencia política y las artes están floreciendo precisamente como reacción a un momento tan inquietante como extraordinario. Es decir, a pesar de todo, siempre hay motivos para ir y ver sabiendo lo que sabemos y olvidándolo para aprender a ver de nuevo.

Mencken. Por si las moscas, lo primero que he hecho ha sido comprobar que no figuraba en el índice onomástico de la primera edición de este *Diccionario*. Estaba casi seguro de que era así. Me había hecho con los dos preciosos volúmenes de *Prejuicios* en la edición de Library of America en 2010, cinco años después de haber abandonado Nueva York. Como recuerda la solapa, H. L. Mencken fue sin la menor duda el más provocativo e influyente periodista y crítico cultural en la América [léase, una vez más, Estados Unidos] del siglo xx. Los seis volúmenes originales de sus *Prejuicios*, publicados entre 1919 y 1927, representaron un feroz ataque a lo que Mencken consideraba el provincianismo y la hipocresía estadounidenses, pero también una abierta defensa de los pensadores y escritores dignos de admiración por su franqueza y madurez. Es precisamente en el segundo volumen donde encuentro, bajo el epígrafe *Metrópolis*, lo que buscaba. La metrópolis, como cabría sospechar, es la ciudad de Nueva York, para Mencken un «mecanismo de disipación tan vasto que ningún hombre puede sustraerse a él», y menos el escritor que trabaja a solas encerrado en su cuarto, porque todas las tentaciones de la calle llegarán a su mesa aunque cierre las ventanas a cal y canto, eche las cortinas y se tape los oídos «con chicle». Según este moralista irónico, la ciudad «centellea como la Constantinopla de los comnenios» [según la *Enciclopedia Británica*, familia bizantina originaria de Plafagonia, al norte de Anatolia, a orillas del mar Negro, que ocupó el trono de Constantinopla durante un siglo, entre 1081 y 1185], y «exuda tanta vida como el Bagdad de los sasánidas» [según la *Wikipedia*, nombre que recibió el segundo imperio persa durante su cuarta dinastía iraní (226-651), cuyos dominios se extendían por Irán, Irak, Armenia, Afganistán, parte de Turquía y Siria, además del norte de Pakistán, el Cáucaso, Asia Central y Arabia]. Aunque Nueva York «no es solo ladrillo y acero», sino que también atesora algunos corazones, no es para Mencken «una ciudad de ideas, sino de dinero», de tal modo que «una verdadera e incontestable opulencia envuelve toda la ciudad, incluso los suburbios». El «sabio de Baltimore» se pregunta si alguien «ha calculado en dinero contante y sonante, el valor de las obras de arte almacenadas tan solo en la isla de Manhattan». Y como si la pregunta hubiera sobrevolado el Atlántico décadas después, de allí me trae un buen amigo el caudaloso ejemplar del *New York Times* correspondiente al domingo 26 de febrero de este año. En un suplemento llamado escuetamente «Riqueza» hay una prodigiosa infografía que ocupa una página entera del diario que sigue siendo de tamaño sábana. Como era de imaginar, la ciudad con más multimillonarios del mundo (la friolera de 97, seguida por Hong Kong, con 79) es Nueva York. «Esto no puede durar», vaticinó Mencken hace cien años. Las Torres Gemelas no habían siquiera sido soñadas, ni mucho menos levantadas, ni desde luego derribadas con aviones de pasajeros convertidos en devastadores misiles cebados con civiles inocentes y queroseno.

Pepe, Jim, Isaías, Carmen, Thomas y otras añoranzas. Como el *New York Times* todas las mañanas en el felpudo. La inexorable nos los ha ido arrebatando. No son solo bosques llenos de vida y de memoria, figuras irreemplazables en sí mismas y en el organigrama de nuestra alma, edificios como árboles con estancias que nunca acababas de visitar, tiempo que se llenó de tanto sentido que a menudo tenías que lavarte la cara con agua fría para darte cuenta de que esa amistad, esos descubrimientos tardíos propiciados por la suerte que imanta las afinidades electivas, era real, aleación tan insólita y preciosa que cuajó con José Sobrino, James Salter, Isaías Lerner, Carmen de Zulueta o Thomas Mermall. Todos ellos figuraban (salvo, e inexplicablemente, el húngaro que se salvó de los nazis y llegó a Nueva York vía Santiago de Chile y Chicago, y una fascinación por todo lo español, desde Ortega y Gasset a José Jiménez Lozano: querido Thomas) no solo en la dedicatoria sino también en el caudal minucioso de sus páginas. Todos estaban también entonces en este mundo (salvo Pepe, que «tras un incidente no menor llamado muerte», se fue de viaje el 3 de julio de 2009), que ahora se ha inevitablemente empequeñecido. Sirva este diccionario como una forma de traerles de vuelta, de hacerles la pequeña justicia que es recordarles. Como las ciudades son sobre todo las personas que conocemos en ellas, que nos franquearán la entrada por muy intempestiva y a deshora que sea nuestra aparición, su ausencia de Nueva York hace que añore menos la ciudad que tanto me exigió, a quien tanto (sin tasa y con entusiasmo) di, y que tanto (a su manera, que aquí el arqueo es raro, pese a Wall Street y sus afluentes) me dio. Ahora me solazo con la edición internacional del *New York Times*, que no es lo mismo, aunque lo sigo leyendo en papel, porque me sigue gustando recortar sus más preciosas fotografías, como sigo leyendo (también en papel, porque la memoria se alimenta mucho mejor así, y el mundo parece más real) el *New Yorker* y el *New York Review of Books* (que acaba de perder, hace nada, a su hacedor, Bob Silvers, quien en su primer número, el 1 de febrero de 1963 —como recordaba Luis Gago en una hermosa necrológica en *Babelia*— puso «las cartas sobre la mesa», es decir, que la nueva revista «no malgastaría su tiempo ocupándose de libros triviales en sus intenciones o venales en sus efectos, excepto de manera ocasional a fin de reducir una reputación inflada temporalmente o de llamar la atención sobre un fraude»). Más evidencias de por qué no quiero volver, o de por qué ya no necesito volver. Porque estas son tres ventanas sobre algo de lo mejor que amasan las mentes más curiosas de Nueva York.

Carnet de viaje. Pensaba que había abierto una carpeta con recortes e ideas por si algún día había una segunda edición de este libro. Pero o nunca la abrí, o solo fue una intención que se quedó en eso. En el deseo de actualizar un libro que, como la memoria oral de la humanidad, no se puede completar nunca.

Adiós a Harlem. Podría haber abierto en canal el libro, y volverlo a escribir, añadir nuevas entradas, ampliar las existentes. No hay que olvidar que en realidad este *Diccionario de Nueva York* no era más que el apéndice de un ambicioso, desmesurado, ensayo (o algo así) titulado *Nueva York, el deseo y la quimera*, envenenado desde el inicio por la propuesta de su inductor, Arcadi Espada, que me pidió que escribiera «un libro de verdad sobre la verdad». Pero Espasa Calpe, que fue quien lo editó, pensó que hubiera sido un mamotreto imposible de vender. No fue un mamotreto y, me temo, no se vendió bien. Pero me pierdo, quizá porque la esencia de un diccionario es esa: entrar buscando un hilo de Ariadna y salir al cabo de un tiempo con una madeja de asuntos, tramas y conocimientos inesperados que no sabíamos que nos iban a interesar. Gracias a una necesaria reedición de *La guerra según Simone Weil*, de mi amiga Maite Larrauri, que *fronterad* ha sacado a la luz dentro de su colección Filosofía para profanos, leo por fin *Simone Weil, tal como nosotros la conocimos*, de Joseph-Marie Perrin y Gustave Thibon. Y allí encuentro las palabras con las que quería entregar esta segunda edición del *Diccionario de Nueva York* a sus hipotéticos lectores: «Con todo, su amor por los desheredados no la abandonó. "Exploro Harlem", le escribía a uno de sus amigos, "voy todos los domingos a una iglesia baptista de Harlem donde salvo yo, no se ve ningún blanco". Establecía contacto con chicas de color, las invitaba a su casa, y aquel mismo amigo que la conocía tan bien me decía: "¡Es seguro que, si Simone se hubiera quedado en Nueva York, se habría hecho negra!"». De nuevo por si las moscas, y aprovechando el siempre útil índice onomástico, veo lo que escribí de Simone Weil en el primer *Diccionario* y, para mi sorpresa, me doy cuenta de que esa historia ya estaba en él. ¿Cómo carajo funciona la memoria? Pero decido que ella, con quien cada vez comparto más pensamientos, porque insta constantemente a prestar atención y a ponerse en el lugar del otro, dos movimientos del alma y del cuerpo verdaderamente revolucionarios, sea quien invite a entrar en este libro, como si fuera una segunda puerta en una estancia que estaba en nuestra casa aunque nunca lo hubiéramos sabido.

A. A.
Madrid, marzo de 2017

PRIMERA PARTE

VISIÓN DE UN CIEGO

(La conversación transcurre junto a los ventanales del restaurante de las Naciones Unidas sobre el East River, mientras cae la tarde, el agua se vuelve primero malva, luego morada, finalmente cobalto, y se encienden las luces de los puentes y reclamos luminosos como el de Pepsi-Cola, en Long Island City, la orilla de Queens. Lo que queda son sólo las palabras de Mahjoub Boulhaj, marroquí, ciego desde los diez años y miembro del servicio de traducción de la ONU. Me había cruzado varias veces con él a la entrada del palacio de vidrio. Si todas las ciudades son una declaración visual, una realidad física que se impone antes que nada como un accidente para los ojos, qué pensar de una ciudad trazada con ciclópeos golpes de hacha como Nueva York en la mente de quien no ve, sobre todo después de haber sufrido una brutal e instantánea desfiguración.) Nací en Marrakech en 1967. Perdí la vista cuando tenía casi diez años jugando con unos amigos junto a la casa que mis padres tenían en la montaña, cerca de Agadir, adonde habíamos ido a pasar las vacaciones de fin de año. Me empujaron y caí en una charca de lluvia estancada. Creo que fue allí, en aquellas aguas hediondas, donde cogí la ceguera de río. Al principio mis padres pensaron que se trataba de un fuerte resfriado, con mucha fiebre. Me dieron el tratamiento habitual sin darse cuenta de que se trataba de algo más grave hasta que entré en coma. Entonces me llevaron a otro médico, que fue incapaz de diagnosticar el verdadero mal e insistió en tratarme con antibióticos. Como no mejoraba, me llevaron finalmente a un especialista en Marrakech. Ya era demasiado tarde para corregir el daño que habían sufrido los ojos, pero llegamos a tiempo de impedir que el germen se

adentrara en el cerebro. Me hubiera convertido en un completo inválido. Fui perdiendo visión de forma paulatina. Cuando cumplí los once años estaba completamente ciego. Mi familia, que es de clase media, me dio toda la ayuda que pudo, pero sin hacerme sentir que no servía para nada, sin empeñarse en protegerme más de la cuenta. Me proporcionaron seguridad en mí mismo y medios para valerme. En Marruecos la actitud general hacia minusvalías como la mía es mucho más comprensiva que en Estados Unidos. Ingresé en un colegio para ciegos de Marrakech y después de aprender braille regresé a una escuela normal. Es al terminar el bachillerato cuando los caminos para un ciego se estrechan en mi país. Desde pequeño quería dedicarme a las ciencias. Siempre había sido bueno en física y matemáticas. Aunque hubiera querido convertirme en matemático, las universidades marroquíes no están equipadas para atender a quienes tienen carencias visuales, y por eso, ya que hablaba bereber y árabe y aprendí francés desde muy pronto, y sentía fascinación por los idiomas, decidí estudiar inglés. Desde Marrakech establecí contacto con estudiantes estadounidenses y, tras graduarme en Filología Inglesa, pedí una beca Fulbright y en 1994 me matriculé en la Universidad de Arkansas, donde estudié Traducción. Pero sin un coche allí no puedes hacer nada. El transporte público es escaso y a partir de las seis de la tarde dejaba de funcionar en el campus. Aunque logré hacerme con una red de amigos para moverme, dependía demasiado de otros para mi vida cotidiana. Procedo de una sociedad en la que no resulta complicado para un ciego integrarse y salir adelante, mientras que aquí a la gente le da reparo dirigirse a ti, no saben cómo te sientes y tienen miedo de ofenderte. He conocido a muchos ciegos en Estados Unidos que han dejado sus estudios y han dejado de luchar por esa mezcla de sobreprotección y prejuicios. A muchos les resultaba desconcertante que un ciego como yo hubiera venido desde Marruecos para vivir y trabajar aquí; decían que hacía falta «demasiado coraje, demasiado valor», cuando yo creo que se trata tan sólo de voluntad. Ser ciego sin preparación para desenvolverte y sin habilidades es una miseria, aquí como en cualquier otra parte. Es como cuando padeces daltonismo o eres zurdo. La vida está pensada para diestros y para gente que ve, los considerados *normales*. Tienes que adaptarte a esas circunstancias y sacarle el mejor partido posible. Tras nueve meses en Princeton, donde estudié Leyes, comprobé que, para el caso, Nueva Jersey era como Arkansas, un estado para conductores. Por eso decidí mudarme a Nueva York. Vivo con un hermano en Kew Gardens, en el barrio de Queens. Si eres ciego y sales a la calle y te pierdes, especialmente de noche, no tienes a nadie a quien preguntar. En Nueva York, día y noche, donde quiera que vayas, siempre hay gente alrededor, y dispones siempre de transporte público. Eso le proporciona a un ciego una gran sensación de independencia, de que puede valerse por sí mismo. No tienes que llamar a nadie para que te lleve. No me gusta depender de los demás. Hay sitios a los que quieres ir y no te interesa que nadie sepa que vas allí, porque se trata de tu vida privada. Aquí puedes ir donde quieras a cualquier hora, hay medios de transporte y gente a la que abordar veinticuatro horas al día. En este lugar, y quizá porque Nueva York atrae a gentes de todas partes, antes de que solicites ayuda ya hay alguien dispuesto a echarte una mano. No he notado el menor cambio después del 11 de septiembre. Mi percepción de la ciudad es la misma y si ha habido alguna alteración creo que se debe a la zapa de los medios de comunicación: su insistencia en que el mundo ha cambiado, en que la gente ha cambiado, ha acabado por hacer que la gente y el mundo cambien. Los días inmediatos al incidente no salí de mi apartamento a causa de lo que oía, por el temor del que se hablaba sin cesar, de la posibilidad de que hubiera nuevos ataques. No puedo decir que tuviera exactamente miedo, pero sí que me sentía algo más preocupado. Cuando tres días más tarde volví a salir a la calle sentí que había algo inusual en la atmósfera, una sobrecarga de tensión; los metros y autobuses no circulaban como siempre, se podía palpar algo extraño en el aire. Desde mi experiencia personal, me pareció que los individuos, uno por uno, no habían cambiado, pero sí el comportamiento del grupo, y también, al cabo de algún tiempo, me di cuenta de que mis temores habían sido atizados por los *mass media*, una presión en cierto sentido artificial: eran ellos lo que me hacían sentirme inseguro y no la forma en que la gente había resultado directamente afectada. Como musulmán puedo decir que no recibí ningún tipo de menosprecio por parte de ningún neoyorquino o de la policía *(Mahjoub viste un impecable traje gris, camisa y corbata. Fiándose de nuestro aquilatado repertorio de prejuicios sería difícil asignarle una nacionalidad determinada; marroquí, por ejemplo)*, pero sí sé de personas de origen musulmán que han sido maltratadas, en especial los que son automáticamente reconocidos como musulmanes —aunque no lo sean—, y sobre todo las mujeres, por el código relativo a su vestuario, como los velos. Los que me conocen me han seguido tratando igual que siempre, sin que les afectara en absoluto la descripción que los medios hacían de los musulmanes. No puedes tratar a todo un grupo por la forma de actuar de uno o varios de sus miembros. *(Cuando en medio de* Sobre héroes y tumbas, *la turbadora novela de Ernesto Sábato, descubrí su «Informe sobre ciegos», me pasé años contemplando a los invidentes como si formaran parte de una sociedad secreta internacional, como si su carencia les proporcionara una vía de conocimiento de la que los que creemos ver estamos excluidos y constituyeran una vasta conspiración. Quien pierde la vista después de haber disfrutado del sentido rey ha de encontrar una nueva forma de vida, un nuevo orden para su mundo puesto que la vieja república visual ha quedado destruida: casi una metáfora que trasladar a las miopías e hipermetropías del universo político contemporáneo.)* Tengo una forma de visualizar las cosas dentro de mi cabeza. Sé como debería lucir, pero es una imagen absolutamente personal. Porque he sido ciego durante más de veinte años los colores no significan nada para mí, aunque sí sé qué colores combinan porque tienen un papel que representar con respecto a la vida que llevo, por ejemplo respecto a la vestimenta. Para quien es ciego de nacimiento los colores no quieren decir nada, no tienen siquiera esa noción. Pero aprender cómo se combinan los colores es un proceso. En mi caso no tengo ninguna preferencia, pero sí sé que algunos colores son mucho más útiles que otros para enmascarar o disimular manchas, sin que tengan nada que ver con gustos. *(El diario* The New York Times *publicó el 21 de febrero de 2002 una fotografía de Eddie Montanez, que es ciego, caminando el 11 de septiembre del año anterior por la calle William, cerca de las Torres Gemelas, sumido en una nube de polvo, con su bastón de ciego, una botella de agua y un pañuelo o mascarilla. La imagen fue tomada por Vincent J. Scudiero. Montanez, de cuarenta años, es ciego desde los trece, y trabajaba en el Centro Mundial de Comercio. Acudía al trabajo todos los días desde Hoboken, donde nació Frank Sinatra, en la otra orilla del Hudson, a través del PATH, el ferrocarril subterráneo que pasa bajo las aguas del río. Aquel día tuvo que aprender a orientarse por un laberinto doblemente ciego: las referencias cotidianas habían sido borradas súbitamente: como los cangilones de aire y sonido que vertía constantemente a la calle la puerta giratoria de la librería Borders, en la esquina entre Church y Vesey. De repente, relata Jim Dwyer en el* Times, *signos como ése, o los olores de un restaurante griego o de una sucursal de la cadena de droguerías Duane Reade en la calle Church, habían desaparecido o se habían vuelto «ilegibles» o, como señala Nicole F. Feist, miembro de Vision, una organización no lucrativa que enseña a ciegos a moverse por la ciudad: «La gente tenía en sus cabezas mapas increíblemente detallados de la ciudad de Nueva York, y todo eso se había hundido. Ésta es la mejor ciudad del país para los ciegos. Ha sido construida en una cuadrícula organizada para peatones. Y hay toneladas de transporte público».)* Vine a las Naciones Unidas a trabajar, siempre en el servicio de traducción. Traduzco documentos, material escrito. Tengo una computadora que me permite hacer mi tarea con un programa de reconocimiento de voz *(y enseña su pequeño artilugio, que parece formar parte del ajuar de un espía, o de un desentrañador de mensajes cifrados)*, un pequeño ordenador que funciona como un organizador personal donde puedes apuntar teléfonos, direcciones y citas, calculadora *(con teclas de braille)*, te permite leer lo que escribes, o lo que está en la pantalla a través de braille, y *ver* cada línea escrita en la pantalla. A causa de la ceguera no es que haya desarrollado más otros sentidos, sino que —como Darwin destacó en su teoría de la evolución, aunque es una faceta de la que apenas se habla, al cifrarla en el hecho de que el hombre desciende del mono— hay aspectos sustanciales como la adaptación en general y la adaptación sensorial en particular. Cuando una persona pierde un sentido los otros se ponen de acuerdo para compensar la pérdida, de ahí que en un ciego los sentidos del tacto o del oído no es que sean más finos, sino que trabajan mejor, de forma mucho más precisa, porque los necesita más que los que cuentan con la vista para interpretar el mundo. Fisiológicamente no es que esos otros sentidos sean más agudos que los de alguien que ve, pero funcionan a pleno rendimiento y probablemente mejor. El olfato y el gusto combinan al máximo sus capacidades para cubrir la carencia del ojo, del mismo modo que alguien que ha sido sordo toda su vida puede leer en tus labios lo que estás diciendo. Es una forma de compensación. Cuando no ves, empleas tus otros sentidos para configurar en tu mente una impresión de la persona que tienes delante, de la misma manera que hacen los que ven. Un ciego no se hace una imagen del otro a primera vista, a partir de la apariencia, sino que a la hora de fabricar esa *imagen* emplea otra serie de recursos y fuentes de conocimiento, como la voz, el sonido, la forma de hablar. La vista es un sentido muy cómodo, puesto que te permite hacerte una composición inmediata del que tienes delante, pero por eso mismo es un sentido que incita a la pereza: actúa como una especie de pequeño dictador y a menudo te inclina a hacerte confiar demasiado en su poder para conocer a otros. Cuando dispones de un automóvil sueles caminar mucho menos y te preguntas cómo es posible que la gente pueda recorrer a pie largas distancias. Se trata de una tendencia humana natural. A partir de la voz trato de hacerme la composición del otro, además de otros factores que no puedo explicar, pero puedo también deducir si eres más o menos alto que yo cuando te sitúas frente a mí por la dirección de la voz y el ángulo del sonido. *(Después de más de una hora hablando, y mientras la luz acaba de descomponerse sobre el río, sentado frente a Mahjoub empiezo a considerar qué sabe de mí, qué* imagen *se ha formado sin verme.)* Después de casi cuatro años en Nueva York mi idea de ella es que es más víctima de los *mass media* que ninguna otra ciudad del mundo. La única idea que mucha gente tiene de Nueva York se la ha formado a partir de lo que ha oído o visto acerca de ella. A muchos no les gusta a pesar de que nunca han puesto los pies aquí, tan sólo por lo que les han dicho o han oído. Cuando fui admitido en la Universidad de Columbia todos los estadounidenses que conocía, incluidos mis amigos, me advirtieron de que no viniera. En cierto sentido eso hizo que llegara bien prevenido. Nueva York no es una ciudad fácil para un estudiante. Estados Unidos no es un país homogéneo, y Nueva York es una ciudad diferente del resto. Cuando estuve en Arkansas me di cuenta de que era un estado muy provinciano, agrícola, sureño, una sociedad muy cerrada; me ayudó a comprender mejor lo que ellos llaman «el corazón de América», «la verdadera América», que por otra parte también es un mito. Aquí puedes tener largas conversaciones, y sólo al final te preguntan, y no siempre, de dónde eres, mientras que en el sur lo primero que hacen nada más iniciar una conversación es interrogarte por tu origen y por tu religión. El respeto de los neoyorquinos por los extranjeros hace de esta ciudad un lugar muy amigable. Pese a los vaticinios de que iba a sufrir mucho aquí puedo decir que estaban completamente equivocados. Como cuando me decían que aquí se liaban a tiros a la mínima. Jamás he experimentado ningún incidente de ese tipo, aunque sé que a veces ocurren. En proporción al número de habitantes, el porcentaje de crímenes es muy reducido. No puedo sentir el volumen de los edificios ni el *skyline* de Manhattan, pero sí puedo de alguna forma *visualizar* el conjunto gracias a lo que he oído o leído acerca de ella. Siento que es distinta de otras ciudades, porque los edificios la hacen distinta: tiene que ver con su estructura, con la forma en que están trazadas las calles, la famosa parrilla: las avenidas corren en un sentido, las calles en otro. Es evidente que planificaron Nueva York pensando en los ciegos, está claro que es una ciudad fácil de *leer* para alguien como yo, fácil de interpretar: el norte (*uptown*) y el sur (*downtown*), el East River y el Hudson, así como también la numeración de las calles. En ese sentido es una ciudad que se puede calificar de acogedora para alguien que no ve. Pero al mismo tiempo, Manhattan me hace sentirme encerrado, me parece claustrofóbica, y no tanto porque se trate de una isla, sino porque por razones económicas los apartamentos son demasiado pequeños. Imagino que esa sensación tiene que ver con mi origen, con el lugar de donde vengo. Si hubiera nacido aquí tal vez no tendría esa percepción, pero la verdad es que procedo de un país donde las casas son grandes, tenemos el lujo del espacio, con un patio a cielo abierto en el centro de la casa y grandes habitaciones en torno a éste. Cuando vivía en Manhattan no me sentía a gusto: el agobio que sentía a causa de las dimensiones de mi apartamento se acabó contagiando a la impresión que me causaba la ciudad. Ésa es para mí la principal sensación que tengo de Manhattan. Apenas he ido al cine y no recuerdo ninguna de las películas que pude ver antes de quedarme ciego, pero no me gusta estar en un lugar cerrado por espacio de dos o tres horas. En Marruecos, cuando iba al cine, muchas películas procedían de la India y se proyectaban con subtítulos en árabe, por lo que se me hacía imposible enterarme de qué iba la cosa. No he vuelto a probarlo desde que vine a Estados Unidos, en parte porque lo que he sabido acerca de las películas que se estrenan no me atrae lo más mínimo, y lo mismo le ocurre a mi hermano, que ve perfectamente: no me siento atraído lo más mínimo por leer o *ver* algo que ni es ni puede ser verdad. No le encuentro el menor sentido a perder el tiempo atendiendo algo que es ficción y no puede ocurrir. Prefiero la música, especialmente Mozart, y la ópera. No se puede generalizar, porque conozco a ciegos a los que les encanta el rock, pero creo que preferimos la música suave, sin mucho metal. La música clásica me permite visualizar muchas cosas, desarrollar mi imaginación, me permite viajar mentalmente. También me gusta mucho la música árabe-andaluza, desarrollada en el sur de España cuando los árabes estuvieron allí, y que en muchos sentidos me parece similar a la música clásica. Cuando pienso en Nueva York enseguida me viene a la cabeza la música de los años cincuenta, especialmente las canciones de Frank Sinatra, que escuchaba en mis clases de inglés, y por esa razón ha quedado asociada para siempre en mi mente a la ciudad de Nueva York, aunque no sea precisamente la que más se escuche ahora. Aunque cuando caminas por la ciudad, la ciudad puede parecer una verdadera cacofonía, cuando pienso en Nueva York imagino una melodía. No puedo decir lo que veo cuando cojo el metro, pero sí siento que hay mucha gente que duerme allí, que come allí, y percibo el estrés en el ambiente, y la marginación a la que esta ciudad condena a mucha gente, las dificultades que muchas personas atraviesan aquí. No es que yo las padezca, porque vine a Nueva York con un claro propósito y una promesa de trabajo. Pero cuando me monto en el metro siento lo dura que puede llegar a ser esta ciudad para muchos, que llegan sin grandes perspectivas y con las manos desnudas. Aterrizan en Nueva York porque aquí es donde han acabado, donde el avión les trajo, y tienen que luchar a brazo partido por una habitación, por un trabajo. Yo no he tenido que pasar por eso. Desde el principio he tenido un sitio para vivir y un trabajo. Cuando bajo los escalones del metro siento todo eso: desde el hierro hasta las paredes, palpas el duro esqueleto de la ciudad, el hueso, y entras en contacto con seres muy diferentes a ti que se enfrentan a problemas muy distintos de los tuyos, y sientes a través de lo que te llega de sus vidas qué terrible puede llegar a ser vivir aquí. Cuando vas a lugares como el Bronx, puedes notar con toda nitidez lo poco afectuosa y amable que puede llegar a ser esta ciudad, cómo de áspera puede llegar a ser Nueva York, especialmente para los negros, cómo de perdido puede llegar a sentirse alguien aquí. Eso te hace sentir piedad por mucha gente que vive aquí. Nueva York es un cóctel, una ciudad triste y alegre al mismo tiempo. Todo depende de dónde vivas y qué clase de vida lleves aquí, de quién seas. Cuando camino por el Village o por Columbia, o por el barrio de Kew Gardens, donde vivo, siento que la vida es buena, que la vida es fácil y sencilla. Pero, cuando andas por lugares como Flatbush o barrios negros, sientes el peso de la tristeza en el aire: es como si en el espacio de unas pocas calles pasaras de un mundo a otro completamente distinto.

SEGUNDA PARTE

TOPOGRAFÍAS

A

AFUERAS. Parece imposible llegarse a ellas, como si hubieran surgido de la nada en medio del futuro, aunque sé de un cementerio de Nueva Jersey donde mora un amigo desde el que se ve Manhattan como en una fotografía de Andreas Feininger: en blanco y negro, el badén de una carretera de cuatro carriles, con mediana, coches negros de la edad de oro de los gánsteres, una franja de hierbajos virgen de comisarías y de fábricas, el farallón de copas que oculta el caudal del Hudson, una ladera poblada de casitas, silos y depósitos de agua como de un belén escéptico y, finalmente, contra un ciclorama cinematográfico tintado de tormenta, trece rascacielos que parecen venir caminando desde el horizonte, como gigantes y cabezudos que a buen seguro hubieran confundido a Don Quijote. A medida que me he ido alejando de lo que era he preferido ciudades cada vez más anónimas y extranjeras, donde fingir lo menos posible, con afueras más extensas y por lo tanto más inaccesibles. Y, sin embargo, lo que más me atrae de las ciudades son sus afueras, tal vez porque si hay alguna manera de regresar a la infancia, de pisar el mismo suelo, de contemplar la misma luz, de beber la misma lluvia, no hay más pista que los postes del telégrafo y el camino de sirga que corre junto al ferrocarril y custodia el canal. Nueva York se presta a muchos equívocos, y acaso el mayor sea que, como *maelström* de tantos sueños y deseos, aquí puedan ser atendidas todas las plegarias, desde las más banales hasta las más peregrinas: aunque luego, como advirtió san-

ta Teresa, se derramen más lágrimas por las atendidas que
por las ignoradas. Hay que tener cuidado con lo que se
desea. Cada palabra es un imán. Tiene su campo magnético, su carga, como todas las que han sido acarreadas para
construir esta muralla china de las apariencias, esta especie
de diccionario topográfico de Nueva York, como el Alfanhuí de Rafael Sánchez Ferlosio, que tenía «los ojos amarillos como los alcaravanes» y que cuando huyó de Madrid
«las paredes eran rascadores de cerillas que querían encen-
derle las puntas de los largos dedos, hinchadas de fiebre».
El Alfanhuí que «no encontraba la salida en aquellas calles», porque «la ciudad era interminable y nunca llegaba a
tocar el río». Pero «vio los ojos de los gatos que penetra-
ban en su ceguera y anduvo saltando barandillas, tragalu-
ces y chimeneas; subiendo y bajando escaleritas de hierro,
tropezando en alambres y más alambres; cruzando, por los
hilos y los cables, las calles, de manzana en manzana». Así
fue, trabajosamente, llegando Alfanhuí a las afueras, «empezó a ver vagamente. Era de noche todavía pero las azoteas se habían hecho largas y rayadas. Alfanhuí se inclinó a
tocar el suelo y cogió tierra en sus manos. No eran ya azoteas, sino parcelas de labor. Había salido de la ciudad por
el camino alto». Estamos hechos de afueras, aunque las
ciudades parecen proporcionarnos un centro desde que
Caín fundara la primera y en ellas pudimos alejarnos de la
falsa inocencia de la infancia, abandonar el cercado de los
padres, explorar la carne, a los otros, el fracaso y las casas
del porvenir. Parece imposible acercarse a las afueras desde el laberinto de Manhattan, pese a las cintas de asfalto
que se extienden como letras que sólo se descifran desde
arriba, palabras para pájaros y para lectores asomados a las
ventanillas de los aviones. Me pregunto si una de las claves
de lo que busco y olvido está en *Llámalo sueño*, la novela de
Henry Roth:

—¡Corre! ¡Corre!

[...] Dobló una esquina y entró en una calle muy parecida a la suya —casas de ladrillo y casas de madera—, pero sin tiendas.

—Quiero una distinta... Podría ir hasta la próxima.

En la esquina siguiente se detuvo con un grito de alegría y miró a su alrededor. ¡Postes de telégrafo! ¿Por qué no había venido aquí antes? A cada lado de la calle se extendían hacia lo lejos, con los hilos de sus cruces columpiándose en el cielo. La calle era ancha, dividida por un arroyo de fango agrietado y helado. En un extremo, las casas se hacían más raras, titubeando hacia el campo abierto. Los postes, deteriorados por la intemperie, se amontonaban subiendo en la distancia hacia el resplandor de una nube deshilachada. Se rió, llenándose los ojos de extensiones manchadas y los pulmones de embriagadora libertad.

—Van lejos, muy lejos... Lejos, lejos, lejos... Podría seguirlos.

Acarició la sólida columna de madera que tenía al alcance de la mano, examinó sus nudos, más oscuros que el gris, empujó contra su masa paciente y se rió otra vez.

—El siguiente... ¡Échale una carrera!... Hola, Sr. Madero Alto... Adiós, Sr. Madero Alto. Yo puedo correr más... Hola, Segundo Sr. Madero Alto... Adiós, Segundo Sr. Madero Alto... Te puedo ganar...

Se iban quedando atrás. Tres... Cuatro... Cinco... Seis... Se acercaban, pasaban flotando en silencio como altos mástiles. Siete... Ocho... Nueve... Diez... Dejó de contarlos. Y con ellos, disminuyendo hacia el pasado, todo lo que temía, todo lo que odiaba y de lo que huía. [...] Se apresuró, saltándose alguno a veces de pura sensación de libertad, saludando otras a algún poste rezagado, gorjeando solo, riéndose tontamente solo, absurdamente cansado.

Y ahora las casas se dispersaban, dejando sitio a grandes extensiones de terreno vacío. A cada lado de la calle, manchas de nieve espumosa enyesaban aún los campos enmarañados. En salientes sobre los peñascos, las negras garras de árboles retorcidos se clavaban en el terreno resbaladizo. A la entrada de un gallinero, detrás de una casa deteriorada y desvencijada, un gallo cloqueó, mirándolo estúpidamente, y entró luego pavoneándose. Las aceras regulares habían terminado hacía tiempo; las losas grises que pisaba estaban cuarteadas y eran desiguales, y hasta ellas iban desapareciendo. Un viento cortante se elevaba por los terrenos abiertos, levantando capas de polvo, dorado en el sol declinante. Cada vez se hacía más frío y más desierto, la desolación invernal de la hora que precede al crepúsculo y la tierra que se contraía, esperando la noche...

Nueva York sigue encendiendo en nuestra imaginación una vía láctea terrenal, desde el festón de luces de verbena que miman el puente de Brooklyn cuando el cielo se pone malva, que maravillaron a Carmen Martín Gaite, hasta la masa de rascacielos como monolitos de antracita y de alabastro, tótems del deseo y la quimera de Manhattan, religión que arrasa países enteros en el horizonte de afueras inalcanzables y matraz de sueños para tantos que llegaron y siguen llegando a sus playas de metal y esparto, luciérnagas de luz de cuarzo cuando por primera vez la vemos acostada al otro lado del tajo del East River, corriendo por la carretera que serpentea desde las pistas del aeropuerto JFK, entre cementerios, factorías, moteles, chalets adosados, mezquitas y anuncios luminosos: cosmópolis, núcleo de sombras tersas y temibles, sombras que son el contrapunto de la ciudad/faro a caballo entre dos siglos fecundos para el aprendiz de brujo, Roma de este imperio que dice no querer serlo mientras deja su impronta indeleble gracias a la fuerza del que no tiene contrapeso y sólo se mira en el espejo de un Dios que no habla más que inglés.

ALCANTARILLAS COCIDAS. No seguí el consejo que Colum McCann me dio mientras atravesábamos el puente de Brooklyn y buscaba el río entre las rendijas de los tablones. Él sí lo había hecho. Hacerse pasar por un *homeless* e intentar conciliar el sueño en uno de esos albergues de la ciudad invisible, otro de los *nuevayorks* que, pared con pared, no se oyen ni apoyando un vaso contra el tabique que nos separa de la realidad más desdeñada. He entrevisto alguno desde la rendija de la puerta, me he cruzado con sus inquilinos cuando son desalojados para que los macere la luz del día: se pasan las horas en las escaleras de las iglesias, adormecidos, entre orines, botellas vacías; un delirante duermevela. Al sol se suspenden las pesadillas que condimentan cada noche la salvación del alma, el hedor, las conversaciones con los muertos, los gritos, el espanto que escala cada minuto las tinieblas como si estuvieras pasando una enfermedad que no tiene cura. Pobres calentándose sobre las tapas de alcantarilla cocidas. «Un frío de la hostia», escribe McCann en *A este lado de la luz*. Parece una expresión arrancada de mi propia infancia y adolescencia, cuando empezamos a paladear el placer de pronunciar palabras prohibidas, de decirlas sabiendo que era pecado, lo que las hacía mucho más húmedas y sabrosas. Ya que hasta el año anterior, todavía con pantalones cortos, sólo nos atrevíamos a pensarlas. Pero los labios estaban sellados. A veces estallan, empujadas por esos surtidores de vapor de las viejas cañerías que configuran la espina dorsal de la capital del porvenir, que tiene las piernas hincadas en el granito eterno, en el légamo del pasado. Ese vapor calienta muchas de esas tapas de hierro, como la que me ve pasar casi a diario, en la esquina noroeste de la Primera Avenida y la calle 42, a un tiro de piedra de las Naciones Unidas: hornillo urbano cubierto por una espesa capa amarilla, especie de kriptonita degradada después de largas cocciones. Sobre esas alcantarillas cocidas se acuestan los *homeless* en las noches de frío «irracional» (como lo llamaba Truman Capote en sus años de trampero sexual, cuando abandonaba sobre la mesa de su habitación en el YMCA [Asociación Cristiana de Jóvenes Varones, en su acrónimo inglés] el manuscrito de *Plegarias atendidas* y acudía a la llamada de su patrona en

The Self Service, empresa proveedora de putos, putas y lo que se terciara). Gracias a esas alcantarillas cocidas se salvan de la muerte por congelación los que desprecian los albergues o llegan demasiado temprano o demasiado tarde para encontrar cobijo en ellos.

ALEPH. Llegué a pensar que estaba aquí. En el segundo sótano del edificio de las Naciones Unidas, después de agotar ocho tramos de escalerillas de hierro según se baja al infierno, gastadas por toda clase de prisas y deseos, al fondo de un pasillo angosto, conducciones indescifrables, hollines, huellas de seres microscópicos y sobre todo restos de conversaciones, susurros y hasta besos, al final de un recodo, detrás de una batería de sacas de correo antiguo que nadie repartirá y nadie reclamará jamás, como un ejemplar manoseado con las Tablas de Arbuthnot sobre las monedas antiguas. A la espalda llevaba, como siempre, la mochila azul de Inverness. Sobre mi mesa sigue la navaja encontrada en el último tramo de escalones de la Honig de Zaandam, abierta, con el filo apuntando contra una palabra escrita con tiza en la pared. Escribe Borges: «En la parte inferior del escalón, hacia la derecha, vi una pequeña esfera tornasolada, de casi intolerable fulgor. Al principio la creí giratoria; luego comprendí que ese movimiento era una ilusión producida por los vertiginosos espectáculos que encerraba. El diámetro del Aleph sería de dos o tres centímetros, pero el espacio cósmico estaba ahí, sin disminución de tamaño. Cada cosa (la luna del espejo, digamos) era infinitas cosas, porque yo claramente la veía desde todos los puntos del universo. Vi el populoso mar, vi el alba y la tarde, vi las muchedumbres de América, vi una plateada telaraña en el centro de una negra pirámide, vi un laberinto roto (era Londres), vi interminables ojos inmediatos escrutándose en mí como en un espejo, vi en un traspatio de la calle Soler las mismas baldosas que hace treinta años vi en el zaguán de una casa en Fray Bentos, vi racimos, nieve, tabaco, vetas de metal, vi convexos desiertos ecuatoriales y cada uno de sus granos de arena, vi en Inverness a una mujer que no olvidaré, vi la violenta cabellera, el altivo cuerpo, vi un cáncer en el pecho, vi un círculo de tierra seca en una vereda, donde antes hubo un árbol, vi una quinta de Adrogué, un ejemplar de la primera versión inglesa de Plinio, la de Philemon Holland, vi a un tiempo cada letra de cada página (de chico, yo solía maravillarme de que las letras de un volumen cerrado no se mezclaran y perdieran en el decurso de la noche), vi la noche y el día contemporáneo, vi un poniente en Querétaro que parecía reflejar el color de una rosa en Bengala, vi mi dormitorio sin nadie, vi en un gabinete de Alkmaar un globo terráqueo entre dos espejos que lo multiplican sin fin, vi caballos de crin arremolinada, en una playa del Mar Caspio en el alba, vi la delicada osatura de una mano, vi a los sobrevivientes de una batalla, enviando tarjetas postales, vi en un escaparate de Mirzapur una baraja española, vi las sombras oblicuas de unos helechos en el suelo de un invernáculo, vi tigres, émbolos, bisontes, marejadas y ejércitos, vi todas las hormigas que hay en la tierra, vi un astrolabio persa, vi en un cajón del escritorio (y la letra me hizo temblar) cartas obscenas, increíbles, precisas, que Beatriz había dirigido a Carlos Argentino, vi un adorado monumento en la Chacarita, vi la reliquia atroz de lo que deliciosamente había sido Beatriz Viterbo, vi la circulación de mi oscura sangre, vi el engranaje del amor y la modificación de la muerte, vi el Aleph, desde todos los puntos, vi en el Aleph la tierra, vi mi cara y mis vísceras, vi tu cara, y sentí vértigo y lloré, porque mis ojos habían visto ese objeto secreto y conjetural, cuyo nombre usurpan los hombres, pero que ningún hombre ha mirado: el inconcebible universo». Emilio López-Galiacho, que sabe construir casas imaginarias, vino a Navafría y lo mencionó. Miguel Ángel Moreno, el carpintero, que encuentra fragmentos de alephs en maderas, que sabe que el verdadero nombre del lugar es Navafría Pasiones y que «siempre brilla una estrella morada», no habla de estanterías, sino de casas de libros de pino de Valsaín y Alvar Aalto. La noche que lo dice Marte resplandece con toda su misteriosa sangre: hace sesenta mil años que no ha estado tan cerca de nosotros. Y ahora, probablemente por primera vez, esta noche he comprendido qué pretende ser esta colección mientras recuerdo aquel *Breviario de podredumbre* escrito por Émile Cioran y leído en Compostela durante una temporada de lluvias, y a qué se parece esta ciudad, y no sólo al laberinto roto de Londres. Rescato de un mensaje electrónico de José Luis Madrigal, que aquí en Nueva York trazó una hipótesis deslumbrante sobre la autoría del *Lazarillo de Tormes*: «¿Has leído el cuento de Borges "El idioma analítico de John Wilkins" sobre una enciclopedia china donde está escrito que "los animales se dividen en a) pertenecientes al Emperador, b) embalsamados, c) amaestrados, d) lechones, e) sirenas, f) fabulosos, g) perros sueltos, h) incluidos en esta clasificación, i) que se agitan como locos, j) innumerables, k) que acaban de romper un jarrón, l) que de lejos parecen moscas". Tomo esta hilarante cita del libro de Foucault, *Las palabras y las cosas*, quien la emplea, a su vez, para ilustrar la imposibilidad que los humanos tenemos para pensar y comprender *esto*, sea el reino animal o una ciudad como Nueva York. De ahí el posmodernismo...». ¿Cuántas ciudades hay en Nueva York? Ciudad que, como cualquier otra, no cabe en ninguna biblioteca: tal vez en este caso los libros para sitiarla han de ser tan breves como *Esto es Nueva York*, tan paradójicos como *El Aleph*, tan exhaustivos como la *Enciclopedia Británica*, tan dolorosos como *Llámalo sueño*, tan traslúcidos como *Industrias y andanzas de Alfanhuí* o tan irracionales como *Poeta en Nueva York*.

AMATO. Llevo años buscándole. Pero sólo he podido ver a André Gregory en celuloide: en *Vania en la calle 42*, y en *Mi cena con André*, donde este amigo de Grotowsky le confiesa a Wallace Shawn su cansancio de la escena («No me queda nada por decir») y su desengaño del teatro («Trabajar en escenas de obras me parece ridículo»), donde tantas emociones había logrado que cristalizaran con su *Manhattan Project* y montajes de *Alicia en el País de las Maravillas, Final de partida* y *La gaviota*. Y, sin embargo, fue con Shawn con quien logró hacer un *Vania* inconmensurable. Atesoro recuerdos de un teatro en el que todavía no he puesto los pies, ese teatro que alumbra como un trallazo, que nos descubre el lugar de la experiencia, un teatro para el que, si somos afortunados, recibiremos diez entradas —el recuento es de James Salter—: diez noches, diez oportunidades de resquebrajar la capa de hielo, y entender de qué se trata: noches que, si tenemos esa suerte, pasarán a formar parte de nuestra memoria como si formaran parte de la vida. Un teatro experimental, del que acaso quedan rastros en tantos teatros clandestinos en los que he buscado como un cristiano que tiene nostalgia de la verdadera fe, de otra época. «El teatro era nómada. Una semana actuaba en una sala de ensayos y la siguiente en un salón de baile de algún hotel en declive», anota Salter en *Años luz*, y: «El genio del teatro en aquella época era Philip Kasine. Sus obras no se anunciaban, las noticias al respecto corrían de boca en boca, había que buscar para encontrarlas como para una ceremonia vudú o una pelea de gallos. El propio dramaturgo era inaccesible. Tenía una nariz delgada, huesuda como un dedo, acento de ciudad, emanaciones de mito. No contestaba al teléfono. Tenía un ego tan grande que lo tomaban por desinterés [...]. Era una fuente de energía más que un individuo. Obedecía a las leyes de Newton, del mayor de los soles. La noche que fueron a su teatro estaba en un viejo salón de baile. El público tuvo que hacer cola de una hora en la escalera. Kasine no apareció, aunque alguien dijo después que era el hombre que barría el escenario mientras los espectadores ocupaban sus asientos. Por fin anunciaron el título de la función de aquella noche. Silencio. Salió un actor. Tenía cara de alguien poco fiable, de hombre que lo ha intentado todo y está tan hambriento que podría matar». De vez en cuando regresan a la ciudad grupos como Bread and Puppet ('Pan y Marioneta'), a salas de la antigua resistencia, como el Teatro para la Nueva Ciudad, o hace blanco el francotirador Richard Foreman, que en 1968 fundó su Teatro Ontológico-Histérico y mantiene el fuego en la trasera de la iglesia de St. Marks, reventando las costuras de la escena. Pero para emoción y resistencia nada como Amato, la compañía de ópera y teatro que Anthony Amato y Sally Bellantoni Amato fundaron en 1947. Como recuerda la *Encyclopedia of New York*, solían hacer representaciones en espacios insólitos hasta que lograron establecerse primero en un teatro de la bohemia de Bleecker Street y finalmente en un edificio de ladrillo blanco del East Village, en el número 319 de Bowery, a la altura de la calle 2. Aunque su aforo tiene un gálibo de 197 espectadores (y muchos condenados a sillas de hierro que hacen un ruido horrísono al ser arrastradas para mejorar la perspectiva) y su embocadura apenas seis metros, hasta diecisiete actores han llegado a ocupar la exigua escena, mientras la orquesta reducida a la mínima expresión se apretuja como puede bajo el tablado. La descubrí pronto, y por casualidad. Su público parece la antítesis de la enmoquetada Metropolitan Opera House, aunque puede que algunos incondicionales compaginen las dos temporadas y diluyan en su pecho la invisible lucha de clases. Me quedo con Amato, diminuto, barato, íntimo, donde asistimos por ejemplo a una ingenua pero bien cantada *Carmen*, con toreros de fantasía y una algarabía escénica que parecía trasunto surrealista de una Sevilla de la imaginación. En los entreactos, el propio Anthony Amato suele conducir una rifa para redondear el maltrecho presupuesto de este zoco de las maravillas, ópera de cámara y catacumba en la que alienta el fervor de los primeros cristianos: la fe de un arte que conmueve desde su pobreza. Temeroso de que hubiera cerrado desde mi partida he entrado en Google y me he encontrado con la desgraciada noticia. Después de sesenta temporadas, Tony Amato se retiró en mayo del año 2009 y con él echó el cierre el maravilloso teatrito del Bowery.

ANUNCIOS. Enumeración de anuncios, frases escuchadas, estampas de rostros. Para Julio Camba la publicidad representaba el súmmum del genio literario estadounidense. Escribe Dionisio Cañas en *El poeta y la ciudad* que «cuando se piensa en la ciudad de Nueva York difícilmente se la puede disociar de esta grafía que es la publicidad, la cual se impone al ciudadano diariamente; este fenómeno lo supo aprovechar Juan Ramón Jiménez en su *Diario [de un poeta recién casado]*. Precisamente es este mundo de imágenes de los carteles publicitarios el que le permite al poeta andaluz introducir una impresión de irrealidad en la realidad de la ciudad. Así aparecen en el *Diario* "los anuncios de colores que hablan de la guerra" ("El prusianito"); el "anuncio triste y lejano —GERMANIAN— que nos deslumbra la noche" ("El árbol tranquilo"). Pero el texto fundamental totalmente dedicado a los anuncios luminosos es "La luna". En este poema aparecen recogidos "BROADWAY. La tarde. Anuncios mareantes de colorines sobre el cielo. Constelaciones nuevas". Y luego describe varios de esos anuncios: El Cerdo que baila, La Botella que despide su corcho, La Pantorrilla eléctrica que baila sola, El Escocés que enseña y esconde su whisky, La Fuente de aguas malvas, El Libro, El Navío y, finalmente, "—¡La Luna! —¿A ver? —Ahí, mírala, entre esas dos casas altas, sobre el río, sobre la Octava, baja, roja, ¿no la ves...? —Deja, ¿a ver? No... ¿Es la Luna, o es un anuncio de la Luna?". La sensación de irrealidad que imponen las imágenes publicitarias, su grafía luminosa, hace que Nueva York aparezca como desdoblada entre la realidad de las calles y la imagen de la publicidad que se burla y parodia lo real; una parodia escrita en el cielo nocturno con signos luminosos. Por lo tanto, no sorprende que Juan Ramón en su despedida de la ciudad escriba: "New York, como una realidad no vista o como una visión ireal" ("Despedida sin adiós"). Lo que sí sorprende más es cuando en el poema "De Boston a New York" leemos lo siguiente: "¡New York, maravillosa New York! ¡Presencia tuya, olvido de todo!"». Ahora es Paul Morand en su visión de Nueva York: «En la calle Cuarenta y cinco no hay ya ventanas en los edificios: letras únicamente; es un alfabeto en ignición, una conspiración del comercio contra la noche; en el cielo, un aeroplano-reclamo».

APAGÓN. «Me quedé dormida bañada en llanto y no oí los gritos cuando el mundo se volvió negro, no oí a Mami arrastrar los pies desde su cuarto hasta la parte de al frente del apartamento, tropezando con los muebles según iba contando cabezas para asegurarse de que todos estuviéramos juntos en la absoluta oscuridad de Brooklyn. No la oí llamarme, mientras Tata y ella le decían a los nenes que se mantuvieran juntos hasta que lograran descifrar qué era lo que estaba pasando. Cuando desperté estaba ciega y el abrir los ojos no hizo ninguna diferencia. Pensé que me había muerto, pero sentía. Grité el nombre de Mami y escuché: "¡Estamos aquí al frente!". Caminé a tientas desde mi cuarto, por la cocina hasta las ventanas abiertas de la sala, donde toda mi familia estaba apiñada, unos con otros. Había gente en la calle, hablando en voces bajas e íntimas. La tibia luz amarilla de las velas oscilaba en las ventanas de los vecinos.

»"¿Qué pasó?", pregunté.

»Delsa me mandó a callar. A través de la estática de su radio de baterías, oíamos la noticia. En Nueva York y en todo el Noreste había un apagón. Por encima de los árboles escuálidos, sobre la línea plana e irregular de los edificios, diminutas lucesitas guiñaban y bailaban, las primeras estrellas que veía desde que llegamos a Brooklyn». Eso cuenta Esmeralda Santiago en su novela *Casi una mujer*. Creo que la escritora puertorriqueña se refiere al gran apagón de 1965, conocido como el *Great Northeast Blackout*, en el que un fallo en cascada de varias plantas de suministro eléctrico, además de una descarga de rayos sobre estaciones de distribución, dejó a oscuras todo el noreste estadounidense y parte de Canadá. Aunque la compañía Con Edison (Consolidated Edison, la misma que alimentaba el flexo que me alumbraba y el ordenador en el que escribía, heredera de la que fundara el inventor de la bombilla eléctrica, Thomas Alva Edison) alegó que se había tratado de «un acto de Dios», el alcalde de la ciudad, Abraham Beame, bajó la culpa de tan altas instancias a los despachos de la firma por «grave negligencia». Vandalismo e incendios, aunque a pequeña escala, fueron el contrapunto de aquella noche en la que por primera vez quedaría en entredicho la fiabilidad del suministro eléctrico a la principal metrópolis de Estados Unidos. No sería la última vez. Doce años después, el 13 de julio de 1977, una sobrecarga en el consumo eléctrico a causa del insoportable calor hizo que el sistema se viniera abajo y durante veinticinco horas la ciudad de Nueva York se quedara a dos velas. Primero se extendió un sobrecogedor silencio para una ciudad que parece conectada a un motor de combustión interna que no descansa nunca, luego rotura de cristales y sirenas: «La peor noche del peor verano en la moderna historia de Nueva York», escribió Jim Dwyer en el *Daily News*. El apagón abrió una caja de Pandora: 1.037 incendios —seis veces más de la media de fuegos por noche de calor enfermizo—, 3.519 detenidos, 1.328 establecimientos saqueados y pérdidas estimadas en 310 millones de dólares. Como cuenta en su página en la red el Blackout History Project, enfrentados a su segundo gran apagón en doce años, después del de 1965, los neoyorquinos amanecieron de la noche del 13 de julio haciendo equilibrios entre la resignación y la rabia, la paciencia y el resentimiento. Mientras en barrios como el Village los vecinos sacaron lo mejor de sí y pusieron a prueba la epifanía de Tennessee Williams acerca de la bondad intrínseca de los desconocidos, la turbamulta se apoderó de distritos ya de por sí propensos a la ira por el desdén municipal, feraz en manzanas enteras de Harlem, Brooklyn y el sur del Bronx. La oscuridad se convirtió en el mejor aliado del saqueo: en un concesionario de automóviles, una cincuentena de vehículos cambió de manos aquella noche en la que se pudo comprobar cuántas ciudades se agazapaban bajo el señuelo Nueva York. El apagón de 1977 cogió a la ciudad con el pie cambiado, sumida en un severo déficit fiscal, casi en bancarrota y sin fondos para mitigar las tropelías que el mercado y su famosa mano invisible venían infligiendo. La crisis se había ensañado como siempre en las costillas más castigadas, y en ese maremágnum no faltaron quienes aprovecharon para cobrarse compensación o sacar tajada, en medio además de una marea de crímenes. La prensa sensacionalista encontró su quintaesencia en una figura pintiparada para ser vestida con todas las plumas del horror: tras haber abierto fuego contra once desconocidos y haber mandado al otro barrio a cinco desafortunados, David Berkowitz parecía dispuesto a arrastrar a la ciudad al cantil del pánico. Con su gran capacidad de síntesis, los tabloides habían bautizado aquel estío insano con el alias del asesino en serie: «el verano de Sam». Spike Lee fue uno de los que sacó buen partido de esos miedos con su cine aguijador. El apagón fue la mecha que encendió la pólvora acumulada en los barrios ásperos, fue la «noche de terror», como la resumió la revista *Time*, la función clorofílica de una serie de temores y ansiedades, en contraste con el mucho menos dramático que relató Esmeralda Santiago. No sería el último. Tenía que haber estado allí, pero el penúltimo apagón me encontró al otro lado del mar, lejos de Nueva York y de sus rascacielos, tan vulnerables no sólo a la furia de los secuaces de Bin Laden armados con cúteres sino a la codicia del capitalismo y la ley de la electricidad. El 14 de agosto de 2003 empezaron treinta largas horas sin el precioso fluido para 50 millones de personas, de nuevo para el noreste del país y el sureste de Canadá: ocho estados de la Unión y dos provincias de la tierra de los inuits. Como siempre, todas las miradas confluyeron sobre Nueva York, donde las imágenes de decenas de miles de personas en las calles y cruzando los puentes que anclan Manhattan a la Isla Grande y al continente hicieron pensar en que lo peor había vuelto a suceder. Sin embargo, el tercer gran apagón que sufre la ciudad, el más largo de su historia, fue el menos turbulento: la policía practicó tan sólo 850 detenciones a lo largo de la noche, cien menos que en una madrugada sin mayores contratiempos, es decir, con luz para que se alumbren rateros, allanadores de moradas, violadores y asesinos, y para que funcionen dócilmente ascensores, neveras, aparatos de aire acondicionado, ordenadores... y el metro, donde 350.000 viajeros quedaron atrapados y tuvieron que recorrer como peregrinos los palacios de las ratas. Hasta diecinueve convoyes se quedaron sin fluido eléctrico mientras circulaban bajo los ríos. Pese al sarcasmo y las promesas, pocos dudan de que el tercer gran apagón no será el postrero. A los errores humanos que provocaron la reacción en cadena y que se iniciaron en una planta de First Energy en Ohio —ordenadores obsoletos, árboles necesitados de una buena poda tras haber extendido su enramada sobre las líneas de alta tensión y la incapacidad de comunicarse con las empresas empalmadas al hilo común— hay que agregar las delicias turcas de la mano invisible: el mercado dejado a su libre albedrío ha sido incapaz de prever una demanda que cada estación extrema hace saltar los fusibles de Nueva York, siempre ansiosa de frío o de calor artificiales que hagan más llevadero un clima deplorable. Milton, personaje de la novela *Painted Veils*, que James Huneker publicó en 1920, asomado a la «eléctrica luminosidad de Nueva York a medianoche», percibe su «ondulante marea de "azul y gris y escarchado blanco" como si fueran las tonalidades de Venecia. Pero es una Venecia echada a perder, desecada y petrificada, "una Venecia de mares retraídos, una Venecia de aceros retorcidos, sin esperanza, sin fe, sin visión"», comenta Peter Conrad en *The Art of the City*. Para Ulick Invern, otro esteta del repertorio de personajes dibujados por Huneker, «de noche [...] la ciudad pierde su faceta de Nuevo Mundo. Muestra la pátina de Tiempo. Es una ciudad exótica, semibárbara, la fantasía de una hechicera oriental», a lo que Conrad apuntilla: «Ulick está desesperado por convertir la realidad en arte, que ahora es la única religión viable». La difícil, pero verdadera, música de este lugar, y la conciencia de que el arte (regado con dinero) representa una suerte de religión (unión) para estos tiempos decididamente oscuros, tanto que a veces ni siquiera precisan de traslación metafórica. El apagón es literal. O como escribió Truman Capote en 1946 bajo el epígrafe *Nueva York:* «Por la noche, el calor abre el cráneo de una ciudad, deja al descubierto su blanco cerebro y sus nervios centrales, que se ponen incandescentes como el interior de una bombilla».

APARCAR. El aparcamiento se llena y se vacía como una noria plana. Cuando nieva, los primeros vehículos en llegar hacen caligrafía sobre la finca. En cursiva. El de la 28 con Lexington lo llevan ecuatorianos, siempre amistosos a cualquier hora del día. El de la 28 con Park, que es el que vigilo desde la ventana de la cocina, me sirve como reloj de arena de Manhattan. Calvin Trillin desprecia esos solares que pautan la ciudad y dejan al descubierto las entrañas de los edificios, los patios sin deshollinar, el ladrillo viejo, las jaulas negras de los ascensores. Te castran el placer de aparcar. Se lo explicó con todo detalle a Mel Gussow, que además de mejorar la lupa cultural del *New York Times* con su escritura ha llevado su devoción por el teatro a extensos y celebrados ensayos sobre Edward Albee, Samuel Beckett, Tom Stoppard y Harold Pinter. El 12 de febrero de 2002 abrió la sección de artes del *Times* con un asunto prometedor: «Para Trillin, aparcar no es un medio sino un fin». Estaba dedicado al escritor Calvin Trillin con motivo de la publicación de *Tepper Isn't Going Out* ('Tepper no va a salir'), su última novela. A partir de la sospecha de que hallar en Nueva York un lugar donde estacionar el coche no es cuestión baladí, sino «lo *único* que importa», Trillin se empleó a fondo en narrar los desvelos de un neoyorquino llamado Murray Tepper para aparcar. Tras subrayar la semejanza de sílabas tónicas entre el autor y su personaje, verosímil álter ego, Gussow dice que en cuanto se sienta al volante, este escritor de suaves maneras «se convierte en un tigre. Siempre a la caza de un lugar tanto si lo necesita como si no». El especialista explica así su táctica: «Juega duro, pero limpio, como el equipo de rugby de West Point, entrenado no para encandilar al público sino para no dejar pasar la menor oportunidad. Es del tipo *perro come perro*», y para justificar su modus operandi, señala el observador escénico: «Aparcar le proporciona al que conduce una sensación de poder y dominio territorial, aunque sea con fecha de caducidad. Abjurando de implicaciones metafóricas, el ficticio Tepper dice: "Es algo que hago, no hay que darle más vueltas". Una vez que caza una pieza —léase espacio disponible—, suele quedarse sentado en el interior de su vehículo leyendo con todo detalle un periodicucho hasta que no reste ni un segundo en el parquímetro (si lo hubiere). Siempre le saca el máximo rendimiento a su dinero, detalle que suele encorajinar al gremio de los conductores. A Tepper le importa un comino. No está haciendo nada ilegal». A bordo de su último modelo, un Volkswagen Passat, tanto Trillin —que pertenece a la plantilla del *New Yorker*— como Tepper son conscientes de que el tamaño importa: «Mejor corto que largo». Y de la realidad estadística de los huecos verdaderamente disponibles en las calles de Manhattan. A la hora de definir lo que considera un «paraje bonito», apunta el escritor: «Tiene que encontrarse donde la caza escasea. El plus de dificultad enardece la belleza del hueco». Doce días después, el mismo periódico dedicó otra pieza a la pericia de Calvin Trillin a la hora de empotrar su automóvil. Bajo el encabezamiento de «El séptimo círculo del aparcamiento, con Calvin Trillin como guía», Michelle O'Donnell se admira de que el escritor haya sido capaz de compaginar la residencia en Manhattan con la posesión de un coche. A la pregunta de si aparcar encierra «algún significado cósmico», el chófer/autor replica con calculada ironía: «Oh, sí, representa el significado de la vida», antes de pedir tiempo: «Aguanta un minuto mientras compruebo la señal». Cuando regresa al coche dice que está prohibido estacionar entre las siete de la mañana y las siete de la tarde. La cosa no tiene vuelta de hoja. Más tarde, mientras rastrean Chinatown en busca de un nuevo trofeo, agrega: «Supongo que aparcar es una forma de sentirse parte del medio ambiente. Me sorprendió que en muchos lugares a los que he viajado sea precisamente dónde estacionar el coche la principal preocupación de la gente. Es la manera de apreciar las pequeñas victorias y derrotas de cada día», y acerca del apunte filosófico abocetado calles y minutos antes, matiza: «No diría que representa necesariamente el significado de la vida. Pero es algo que sin duda le proporciona sentido. El sentido es, por supuesto, encontrar un buen lugar donde dejar el coche». El comentario me recuerda a Luis Galán dando vueltas por mi antiguo barrio madrileño de Fuente del Berro para soltar el coche al término de la jornada o a la vuelta de un concierto. «Cada año está peor», solía rezongar, y me hacía temer el día en que muchos perseguidores tendrían que pasarse la noche en vela buscando donde estacionar hasta el amanecer y volver al trabajo para repetir la jugada. Una variante moderna de los círculos dantescos. En el maravilloso libro que Trillin dedicó a su esposa Alice (*About Alice*) revela que estaba precisamente corrigiendo las pruebas de la novela sobre aparcar en Nueva York cuando Alice murió, y admite: «Un tema tan tonto que creo que no me hubiera atrevido a enviarlo a un editor si no fuera porque a ella, incluso para su propia sorpresa, le gustó. Cuando se publicó la novela la dedicatoria decía: "Escribí este libro para Alice. En realidad, todo lo he escrito para Alice"».

ASCENSOR. «Fue antes que nada el desarrollo del ascensor lo que condujo a la construcción de rascacielos. Los ascensores permitieron a los arquitectos diseñar edificios cada vez más altos porque ya nadie tenía que subir escaleras para acceder a los pisos más elevados», escribe Angus Kress Gillespie en *Twin Towers*. Desde que leí que el botón «cierra puertas» es el que más se gasta en los ascensores asiáticos dejé de pulsarlo en los dos ascensores que llevaban al piso 20 de nuestra casa en Manhattan. En las Torres Gemelas funcionaban 254 ascensores que efectuaban cada jornada unos 450.000 «movimientos de pasajeros». Recuerdo a los ascensoristas negros que canturrean en el interior de los montacargas que llevan del fondo a la superficie y de la superficie al fondo en la estación 181 del metro, en Washington Heights, otro barrio hispano hasta la médula en lo más alto de la isla de Manhattan (donde muchos anglosajones jamás se aventuran), privados de la luz del día, enterrados en sus cajas de metal moviendo rebaños de nosotros sin cesar hasta que cumplen su jornada de mineros. Dionisio Cañas trae a colación en *El poeta y la ciudad* a Walter Benjamin quien, hablando de Baudelaire, recoge un comentario de Georg Simmel: «Es evidente que el ojo del habitante de las grandes ciudades se halla sobrecargado por actividades de seguridad. "Antes de la aparición de los ómnibus, de los trenes y de los tranvías en el siglo xix, la gente no se había encontrado nunca en la situación de tener que permanecer, durante minutos e incluso horas enteras, mirándose a la cara sin dirigirse la palabra"». Los trayectos en ascensor suelen ser breves (salvo en caso de apagón, en que el lapso se suspende y el tiempo se hace eterno), pero el silencio es uno de sus componentes esenciales, por lo menos en Nueva York y sobre todo cuando los compañeros de viaje son anglosajones: entonces, incluso los intentos de acercamiento mediante locuciones formales son tomados como una intromisión en el ya mermado espacio vital. Las Torres Gemelas fueron pioneras en el uso de ascensores locales y *express* (como el metro neoyorquino), que, como recordó Michael Tomasky en *The New York Review of Books*, «transportaba a la gente de modo eficaz e incrementaba la rentabilidad del espacio en cada piso en un 13 por 100». Pero como terrible contrapartida, incrementaron el número de muertos al no bajar directamente de aquel instantáneo infierno al salvador cielo del suelo, de ahí que en la nueva Torre de la Libertad que se diseña para la zona cero todos los ascensores recorrerán las costillas del rascacielos de una punta a otra, aunque está por ver cuántos inquilinos se atreverán finalmente a desafiar a los dispuestos a inmolarse, que acaso harán de la nueva cota de Manhattan un blanco predilecto.

AUTOBÚS. Como otros cazadores de voces, José Jiménez Lozano escucha frases en el autobús, que anota y luego traslada a sus cuadernos de letra pequeña: después acaban convirtiéndose en flujo de una historia, o epifanías, o ejemplos, o sombras apenas. Las que se salvan de la quema. No es el único. En Nueva York, el autobús se ha convertido en ámbito de seguridad relativa ahora que la paranoia del fin del mundo se ha incrustado en el contador mental de la ciudad. Efectos colaterales de las pesadillas de las que no se despierta porque forman parte de la realidad. Recuerdo un trayecto de antes de los miedos. La ruta arranca en el Lower East Side (en las entrañas del viejo Manhattan). El 101 enfila pronto la Tercera Avenida. Junto a la calle 42 hay una buena parada. El billete era francamente barato para un viaje alrededor del mundo: dos dólares. Es perentorio llevar el importe exacto y en monedas, o una Metro-Card (tarjeta magnética recargable que sirve para metros y autobuses). El asiento ideal se encuentra a la derecha de la marcha, y por supuesto junto a la ventanilla. Los vehículos están acondicionados, aunque por lo general no tanto como algunos locales, donde te hielas en verano y asfixias en invierno. El viaje es para abrir los ojos y los oídos a mundos que ignoramos y que siguen enfrascados en sus afanes y hábitos cuando no hacemos el trayecto. ¿Para qué viajamos? El 101 atraviesa Manhattan de sur a norte, desde las calles con nombre hasta la 193, en Washington Heights, a un tiro de piedra de la corriente del Harlem —donde casi todo lo que suena lo hace en español— y de los puentes que hablan por señas con el Bronx. A lo largo de esa ruta prodigiosa cabe la suerte, sin moverse del asiento, de compartir singladura con hombres, mujeres y niños de decenas de países, de contemplar pieles, tocados, vestidos, ojos que recordarán a Mauritania, Senegal, Panamá, Haití, Somalia, Vietnam, Surinam, Indonesia, la República Dominicana, China, Japón, Noruega, México e incluso los Estados Unidos de América. Varias veces se vaciará el coche y varias veces se volverá a llenar con voces, gestos y rostros completamente distintos, negros de piel de antracita y rastafaris de la 125, dominicanas rumbosas y somalíes melancólicas, japoneses de párpado electrónico y neoyorquinas viejas y adineradas, modelos anoréxicas y matronas de Harlem que aprovechan el tiempo para devorar muslos de pollo bañados en salsas inextricables. Pero si el interior es un mapamundi que no deja de girar, a través de la ventanilla discurre un compendio de arquitecturas, geografías, estilos de caligrafía comercial, jardines, colmados, iglesias, escuelas, viviendas sociales, banderas, locutorios, tenderetes y carritos de comida, muchedumbres y soledades. A medida que sube hacia el norte isleño el español le va comiendo terreno al inglés en las fachadas, anuncio y reclamo de todo lo que se compra y se vende en esta ciudad que parece fundirse y refundarse cada día. Desde el 101 se recorre todo el planisferio, y acaso supone una descubierta para averiguar por qué esta cosmópolis es un compendio de todos nosotros, una brújula de memoria y porvenir. Y todo sin bajar del autobús. Es dulce dejarse llevar a veces. Y asomarse con ojos asombrados a la calle 23, entre Lexington y Park Avenue South, donde se encuentra el hospital de paralíticos cerebrales de Nueva York. A las 15.30 de la tarde, un día cualquiera de la semana, los pacientes son introducidos en furgonetas, autobuses sombríos, viejos autocares escolares que parecen conservar las heridas y los miedos de decenas de antepasados niños que nunca encontraron alivio. La calle se llena de sillas de ruedas, seres deformes; otra vez el misterio del dolor, también aquí, aunque nadie mire ni nadie les preste aparentemente la menor atención, como el conductor y camillero que fuma mientras baja en el montacargas de su furgón a una viejecita arrugada y encogida sobre sí misma, con la dentadura saliéndosele desencajada de un rostro oblicuo, blando como un reloj daliniano, con la mirada perdida, envuelta en mantas para ahuyentar un frío inmisericorde. Adam Gopnik, uno de los grandes observadores de la vida estadounidense y especialmente de Nueva York, reconocía en *The New Yorker* que no conseguía recordar «escena literaria de carácter memorable» ni «secuencia inolvidable de una película» que transcurrieran en un autobús de esta ciudad, y que en cualquier caso montar en autobús «era una de esas actividades que, como ir a Radio City, acontecían en Nueva York, pero no formaban parte de ella». No eran *reales*. Acostumbrarse a la red de autobuses de una ciudad —a menos que se recurra a ellos para extraviarse, con el confeso afán de comprobar hasta qué parajes pueden llevarte— supone haberse hecho con ella: porque los autobuses exigen un conocimiento exhaustivo de la geografía, una licenciatura en topografía de la que el metro exime. El metro piensa por ti. El autobús te obliga a ver, a prestar atención, a valerte por ti mismo. El metro es un lazarillo. El autobús te manda crecer. Gopnik, que atribuye en parte a su devoción por el metro el no haberse convertido nunca en usuario del bus, admite haber descubierto tardíamente en él más rasgos de *humanidad* que en el ferrocarril subterráneo. Lo primero que le sorprende es la forma en que los pasajeros se sientan: menos «propensa a la confrontación» —salvo en la parte trasera— e incluso aventura que podría atribuírsele a esa distribución en el espacio del vehículo una suerte de «espíritu participativo. Miras por encima de los hombros de la gente, desde muy cerca, pero en muy raras ocasiones de forma directa, cara a cara, como no te queda más remedio que hacer en el metro. A la hora de ocupar los asientos existe en el autobús un código mucho más articulado que en el tren subterráneo. Hay asientos que debes ceder a los minusválidos, lugares de los que deberás levantarte para que los ocupe una persona discapacitada, si es que todavía te queda alguna brizna de decencia, y asientos —"captabaches" y poco aseados de la fila del fondo— que nunca te verás obligado a ceder a nadie; claro que para ello habrás de estar dispuesto a internarte en esas latitudes». Gopnik explica por qué una serie de asientos de la flota de autobuses de Nueva York ha sido reservada o asignada *a priori:* la ley ordena expresamente que cada vez que un confinado a una silla de ruedas se aproxime a una parada el conductor detenga el vehículo y no sólo le permita subir, sino que le ayude a hacerlo. Cédulas y códices para hacer habitable la jungla. Para cumplir con esa norma, los autobuses de Nueva York cuentan con una plataforma móvil que el conductor, tras bloquear la puerta anterior, hace bajar hasta el nivel de la calle para izar al minusválido sin moverse de su silla hasta la altura del resto de los asientos. Es un verdadero ejercicio de paciencia y de contención el que los neoyorquinos se ven obligados a escenificar cada vez que uno —y a veces hasta dos o tres— minusválidos detienen el tiempo, esa convención comercial que arrastra a los correcaminos de esta megalópolis por el desfiladero del reloj de arena, un esfuerzo para que no se les note lo más mínimo lo mucho que les irrita que haya tenido que cruzarse en su trayecto un desdichado con las piernas inservibles, por lo general los más pobres del espectro de la miseria, justo un escalón por encima de los *homeless:* condenados a una silla de ruedas y obligados a desplazarse en autobús. «Hay también en casi todos los autobuses de Nueva York un asiento unipersonal incrustado junto a la puerta trasera que se parece al rincón del castigado en la escuela. Por supuesto que te puedes sentar ahí —escribe Gopnik—, pero preferirías no tener que hacerlo». Y añade: «De noche y de madrugada [el metro, como el autobús, no para nunca], existe también la costumbre de fijar la parada a voluntad. Le pides al conductor que pare donde te convenga; si puede, lo hará». Facetas que configuran el día a día de cualquier ciudad —como las historias que en Madrid propicia el Circular o los Vitrasas en Vigo (eran mucho más literarios los tranvías)—, pero en las que Gopnik encuentra una inesperada lente de aumento cuando se fija en la flota de autobuses de Nueva York: «El autobús disfruta también de una especie de régimen particular, la jerarquía que todavía esgrimen padres de familias en decadencia, un orden visible que mantiene un capataz irascible. El conductor no sólo domina su mundo, sino que disfruta haciendo uso de un poder arbitrario, parecido al de un chupatintas francés. Los partidarios del autobús saben de sobra que si a tu MetroCard le faltan cincuenta centavos para completar el importe de la carrera el conductor te mirará de hito en hito con fastidio antes de sugerirte que le pidas a tus compañeros de viaje que te echen una mano con su calderilla —para asombro del usuario del metro, los pasajeros no tendrán empacho en expurgar sus monederos—, y si eso no da resultado acabará por indicarte con ademán fatigoso que te pierdas al fondo del vehículo, donde no te vea».

B

BABEL. Según reitera un personaje de John Dos Passos, «siete segundos» tardó «Dios Nuestro Señor» en destruir Nínive y Babilonia, Sodoma y Gomorra. ¿Qué ocurrió entonces el 11 de septiembre en ciento dos minutos? ¿Eran Atta y los suyos una suerte de arcángeles flamígeros que mataron con aviones convertidos en espadas? La nueva unificación de pueblos y lenguas en las torres como un trasunto de la torre de Babel: inglés, comercio y capitalismo. ¿No simbolizaba, según la ética calvinista, que el triunfo era prueba de la bendición de Dios y por lo tanto de su supremo amparo? Algo falla. La escritura con los pies, que a fin de cuentas es la más frecuente de Nueva York, sede de todas las lenguas, Babel contemporánea. «La historia nos dice que los habitantes del valle de Senaar, en Babilonia, querían distinguirse, hacerse célebres y, al mismo tiempo, evitar la dispersión de su pueblo [...] comenzaron a construir una ciudad piramidal, con una torre que llegase hasta los cielos. Pero eso era pecado de soberbia y Jehová les castigó, confundiéndolos con el lenguaje, y fueron por este motivo dispersados. En hebreo, *balal (babel)* quiere decir *confundir*» (Gaspar Tato Cumming, *Nueva York. Un español entre rascacielos*). Lo paradójico es que todas las lenguas del mundo han venido a encontrarse y a escucharse aquí, en torno a los edificios más altos del planeta. Aquí no queda rastro de tierra roja, en la jungla de asfalto, entre columnas de humo blanco de alcantarillas recocidas, bajo la prodigiosa muchedumbre que habla más de doscientas cincuenta lenguas (de las 6.800 que iluminan el mundo), desde el corazón a las afueras. Con una banda de rastreadores y el amparo del Deutsche Bank, una artista alemana inició el 1 de enero de 2002 el recuento de los idiomas que se pronuncian en Nueva York: encontrados 250 hablantes distintos, a cada uno se le pidió que eligiera una palabra, que a su vez se tradujo, con su específica ortografía, a las otras 249. Finalmente fueron publicadas todas el 4 de octubre en ocho páginas tamaño sábana de la sección de negocios del *New York Times* y en columnas semejantes a las que habitualmente cifran las cotizaciones de bolsa, en cuerpo de letra liliputiense. Días antes, un suplemento publicitario de 48 páginas embuchado en el *magazine* dominical del diario explicaba el proyecto: «Búsqueda de palabras. Una escultura translingüística de Karin Sander». Palabras como «alguien», «niño», «caballo», «dormir», «verdura», «muerte», «cosecha» o «espina» traducidas al edo, telugu, tayiko, amharic, luba, dakota, quechua, euskera, nepalí, dogón, náhuatl, eslovaco, ndebele, bretón o maorí. El coche avanza por Park Avenue, entre majestuosos rascacielos. Conduce un diplomático que antes de Nueva York se ha desempeñado en varios países de América Latina y pulsa la complicidad nocturna de sus viajeros, aterrado por la «invasión» de inmigrantes que «sufre» España, con «marroquíes que pretenden seguir siendo musulmanes», su pueblo «desbordado por mil moros» que allí se han instalado para trabajar el campo, «ensucian el río en el ramadán con sangre y restos de carnero, roban, no son como nosotros, ¿qué vamos a hacer?». Creo que es en *Opiniones de un payaso* donde Heinrich Böll dice que el fascismo empezó el día en que alguien dijo algo parecido y callamos para no enzarzarnos en una áspera discusión. Tal vez por eso no callamos. Porque hay demasiados iris enfermos. Pero acaso será mejor cederle la palabra al Diablo Cojuelo para que esgrima su estocada a este compendio de letras, voces,

ecos, malentendidos, ambiciones, afectos, desafueros y co-
heterías: «Aquella prodigiosísima torre andante, que es la
de Babilonia, llena de gigantes, de enanos, de bailarines y
representantes, de instrumentos músicos y marciales, de
voces, de algazaras, que se ven y oyen por infinitas ventanas que tiene el edificio, coronadas de luminarias y fle-
chando girándulas y cohetes voladores; y en un balcón
grande de la fachada va la Esperanza: una jayana vestida de
verde, muy larga de estatura, y muchos pretendientes por
bajo, a pie, soldados, capitanes, abogados, artífices y profesores de diferentes ciencias, mal vestidos, hambrientos y
desesperados, dándole voces, y con la confusión no se en-
tienden los unos a los otros, ni los otros a los unos». De
babeles y esperanzas sabe mucho este Nueva York que a
tantos imanta como si la Estrella Polar se hubiera quedado
enganchada en la aguja de coser y cantar del edificio Chrysler. Buscar las palabras adecuadas para poder contar Nueva
York. Espacio inagotable, abrumador, dominio de la pérdida. *Ciudad de cristal*: el narrador, Daniel Quinn, álter ego
de Paul Auster, acude desnudo al teléfono y atiende a una
llamada que desencadenará una trama. Quien llama pregunta por Paul Auster. «Henry Dark es una ficción, un
invento de Peter Stillman, no un antiguo secretario de
Milton que a la muerte del autor de *El paraíso perdido* emigró a Estados Unidos y creó una teoría de la unificación
de/para Babel», escribe Auster en un momento de su *Trilogía de Nueva York*, donde la *Ciudad de cristal* tiene su sede.
Un Auster al que nunca encuentro las pocas veces que cruzo el puente de Brooklyn a pie o bajo el río, al que envío un
fax cada año pidiéndole una entrevista como si fuera un
personaje de una de sus novelas, con el que finalmente me
doy de bruces junto a su familia intentando que los cancerberos del Man Ray le dejen pasar a la fiesta de Pedro Almodóvar y me refiero de pasada a los faxes, y él hace como
si supiera de qué le está hablando este desconocido que le

aborda en Babel, y la noche nos traga sin que nos sentemos a mentirnos de una vez. Me lo volví a encontrar en la «franja de Gaza», el despacho de la ONU que comparto con corresponsales de televisión, periódicos y agencias árabes, llevado de la mano de una amiga. Al principio no le reconocí, aunque le dije que me recordaba mucho a alguien que había conocido en algún lugar «del mundo». Él dijo que también tenía esa sensación. Cuando al cabo de un rato volvieron, caí en la cuenta: entonces le comenté que se parecía mucho a un escritor de Brooklyn al que hacía tiempo perseguía para entrevistarle, que tenía un aire a Paul Auster, a quien por cierto había enviado varios faxes desde el aparato que estaba junto a mi mesa, y que incluso le había visto en la cola de un *nightclub* de Manhattan una noche en la que Almodóvar daba una fiesta, pero que acaso era mejor así, dejar la entrevista eternamente pendiente, con las palabras sin decir. Y él se mostró completamente de acuerdo. Ciudad de Caín, porque todas las ciudades, como recuerda con ironía Eduardo Mendoza, nacen del crimen y del pecado. Y sin embargo en estas torres de Babel que escalan el cielo hay una suerte de exaltación y mística protestante, de creación que bendice la codicia, que se quiere acercar a Dios, que le quiere demostrar que no son torres de soberbia, sino de constatación. El historiador Antonio Elorza recalca en su libro *Umma. El integrismo en el islam* «la obsesión wahabí por suprimir las obras humanas que, por elevarse hacia el cielo, pudiesen evocar una rivalidad con Alá». Tara Bahrampour escribió en marzo del año fatídico un artículo en el *New York Times* que bajo el título «Aprendiendo a amar el World Trade Center» no acertó precisamente al vaticinar que «el ataque con bombas de 1993 pareció sólo reforzar el sentido de permanencia de las torres». Para el artista y arquitecto Allan Wexler, citado por Bahrampour, las Torres Gemelas no eran tan sólo «un icono sino también una especie de barómetro que sirve de punto de referencia acerca del cambio de tiempo o de la visibilidad» (algo que nosotros hacíamos desde nuestra casa en la calle 28: los días claros se veían nítidas), y algo más, insistía Wexler: «Siempre las vi como una especie de torre de Babel o escalera de Jacob, un intento de perforar la capa de nubes y de enriquecimiento intelectual». Aunque el 11 de septiembre, con toda su elocuencia, no ha hecho sino grabar a fuego en la conciencia la vulnerabilidad de las más altas torres, su nueva condición de objetivos, el arquitecto Cesar Pelli, responsable durante una temporada del techo del mundo —las torres Petronas, de Kuala Lumpur, en Malasia— recuerda que «desde la torre de Babel existe este deseo de hacer una marca en el cielo. El deseo de conquistar el cielo se halla muy profundamente hincado en la psique humana». A la luz de lo ocurrido en el Centro Mundial de Comercio, no deja de resultar llamativa esta afirmación de José Blanco Amor en *Reportaje a Nueva York*, un libro publicado en 1950: «Se ha detenido aquí. La acción babélica parece haber frenado en forma definitiva la mente alucinada de los arquitectos neoyorquinos». Ian Buruma y Avishai Margalit decían en el artículo titulado «Occidentalismo», publicado en enero de 2002 en *The New York Review of Books:* «Los "santos" de las tres religiones monoteístas —cristianismo, judaísmo e islam— denunciaron Babilonia como una ciudad-Estado pecaminosa cuyos políticos, poderío militar y verdadera civilización urbana representaba un arrogante desafío a Dios. La fábula de la torre de Babel era un símbolo de insolencia e idolatría. [...] Como si los ciudadanos de esta superpotencia urbana fueran a llevar sus fantasías a convertirse en Dios. [...] El profeta Isaías ya había profetizado que Babilonia, "la gloria de todos los reinos", terminaría como "Sodoma y Gomorra" [...]. Hay un tema recurrente en películas de países pobres en los cuales un joven de un pueblo remoto llega a la gran ciudad, forzado por las circunstancias o por la ambición de tener una vida mejor, en un mundo menos cerrado. El joven o la joven están solos, sin recursos, y caen en la pobreza, el crimen o la prostitución. A menudo, la historia termina con un gesto de terrible violencia, un vengativo intento de derribar los pilares de la arrogante, indiferente, extranjera ciudad. Hay ecos de esta historia en la vida de Hitler en Viena, Pol Pot en París, Mao en Pekín, o incluso de muchos jóvenes musulmanes en El Cairo, Haifa, Manchester o Hamburgo. En nuestro mundo ni siquiera has de mudarte a la ciudad para sentir su constante presencia a través de la publicidad, la televisión, la música pop y los vídeos. La ciudad moderna, que representa todos esos resplandores [quimeras] fuera de nuestro alcance, todo el arrogante brillo y prostitución de Occidente, ha encontrado su verdadero icono en el *skyline* de Manhattan, reproducido en millones de carteles, fotografías e imágenes, reproducido por todo el mundo. Puedes encontrarlo en polvorientas chabolas de Birmania, discotecas de Urumqi, dormitorios estudiantiles de Addis Abeba. Y estimula anhelos, envidias y a veces ciega furia. Los talibanes, como los provincianos nazis horrorizados por la "danza de negros", como Pol Pot, como Mao, intentaron crear un mundo de pureza donde las visiones de Babilonia ya no pudieran perturbarlos más». En *El mal de Montano*, Enrique Vila-Matas cita un fragmento de una carta de Franz Kafka a su amigo Max Brod en la que dice: «¿Qué estoy construyendo? Quiero excavar un subterráneo. Es preciso que se produzca algún progreso. Mi puesto es demasiado alto allá arriba [...]. Estamos excavando en el foso de Babel».

BANDERAS. Sobrecarga de banderas, «la garrulería de bandas y estrellas que simbolizan este país» (Ramón Carnicer). Un viajero, amigo y corresponsal, Juan Antonio Vizcaíno, observó con extrañeza, antes de la catástrofe, que en lo alto de edificios oficiales y corporaciones privadas ondeaban innumerables banderas de Estados Unidos, y le chocó, porque, decía, «esta ciudad no pertenece a Estados Unidos, sino al mundo». Despertando otra batería de asociaciones, escribe Belén Gopegui en *Lo real:* «Pensaba que casi nadie lucha contra sus señores, que casi todos luchan contra sus iguales». Meticuloso observador, Gaspar Tato Cumming, apunta: «La bandera ondeando en muchísimos edificios, no sólo oficiales, sino particulares [...]. Y la vemos siguiendo toda la vida del neoyorquino, que es decir del norteamericano... desea subrayar su vigor en la ciudad más cosmopolita del mundo». La neoyorquina Mary Ann Newman escribió que «Estados Unidos siente el mismo amor-odio por Nueva York que el resto del mundo siente por Estados Unidos». Siempre me sorprendió, en medio de las fierezas del invierno o el hedor del verano, contemplar a esos *homeless* arrastrando todas sus pertenencias, la enciclopedia de su vida, en carritos de la compra, metáfora atroz del paraíso embarrancado, coronado con una banderita de la Unión Americana. De acuerdo con el Centro para el Futuro Urbano, un 32 por 100 de los vecinos de Nueva York, a comienzos de la primera década del siglo XXI, se situaban en el escalón más bajo de los salarios, el cuarto más bajo de todo el país. «Lo cierto es que Nueva York es un espejo de la creciente desigualdad que atraviesa el país —escribe Mariano Aguirre— a medida que el papel del Estado como principal proveedor de seguridad social, educación y atención sanitaria declina. Aunque esta tendencia se exacerbó durante el gobierno de George W. Bush, las encuestas a pie de urna revelan que mucha gente pobre vota de acuerdo con sus *valores morales*, más que en razón de sus intereses económicos. El sociólogo Alan Wolfe, estudioso de la religión y de la vida política en Estados Unidos, lo refleja con toda crudeza: "El secularismo suscita su mayor atención entre la clase media alta de profesionales y liberales, mientras que los americanos más pobres suelen ser más religiosos"».

BAÑOS DE LA CALLE 10. Fundados en 1892, los baños turcos
(aire caliente) y rusos (vapor) de la calle 10 (entre las avenidas Primera y A) son un reducto de otra era, donde desde el ladrillo de la fachada hasta el olor sedimentado por
un siglo de exudaciones y una humedad que se atrinchera
en las rendijas y en las esquinas como una guerrilla funda-
mentalista impregnan la atmósfera y perforan la pituitaria
como un viaje a un patio de luces de Kiev en tiempos de la
Unión Soviética. Cabe obrar como un asquitos o zambu-
llirse en ese miasma azucarado, col y herrumbre, donde
todo el sexo es ambiguo (léase: no lo es en absoluto). La
ronda completa permite una investigación en los límites de
la resistencia corporal: cuartos ruso y turco, sauna de madera roja, sala del vapor, piscina de agua helada, ducha sueca, terraza solar, habitación de masaje, taquillas y restaurante. Hay días sólo para hombres y sólo para mujeres, y
jornadas mixtas. Nada más entrar, uno descubre que desde
el patinado mostrador a los habituales todo parece arrancado con vida de una novela de Mijaíl Bulgákov.

BARES. Los abrevaderos para saciar todas las necesidades, perder la inhibición y la cordura también son aquí, en una
ciudad que en vísperas de la entrada en vigor de la Ley Seca
se emborrachó a muerte, incontables. Mare Chiaro y Roma
(en la calle Mulberry, junto a Broome, en Little Italy) con-
servan esa cualidad del tiempo envasado en zinc y humo.
Busco con Joan Vicente el antro donde se acodaba Dylan
Thomas, su otro *bosque lácteo*, en el Village. Astoria atesora
el único jardín cervecero, «vestigio de los centenares de
viejas francachelas que alemanes y checos organizaban por
toda la ciudad en el siglo XIX», como relató Anne Raver en
un *New York Times* de noviembre de 2000: el Bohemian
Hall (en la esquina de la Vigesimocuarta Avenida y la calle 31) es un rescoldo de Praga: sólo por probar su repertorio de rubias espumosas y perder el sentido vale la pena

el viaje a Queens. Pero para saber lo que eran los muelles y los bares de Nueva York antes de esta era de olvido y alivio rápido habría que resucitar a Joseph Mitchell. En *My Ears Are Bent* ('Mis orejas están listas') ofrece algunas pistas valiosas. Dick es el verdadero nombre del propietario de Dick's Bar and Grill, pero todo el mundo lo llama *The House* ('La Casa'). The Cop's Bottle ('La botella de la policía') es una institución. El barman es también particularmente útil porque hace las veces de «cabecilla de la comunidad». Pero donde Mitchell destila lo mejor de lo escuchado en los bares es en otro gran libro de crónicas, *McSorley's Wonderful Saloon* ('El maravilloso bar de McSorley'), que arranca como un clásico de los santos bebedores: «McSorley's ocupa la planta baja de un edificio de apartamentos con ladrillo rojo situado en el número 15 de la calle 7, junto a Cooper Square, donde termina el Bowery. Abrió sus puertas en 1845 y es el bar más antiguo de Nueva York. A lo largo de ochenta y cinco años ha conocido cuatro propietarios —un inmigrante irlandés y su hijo, un policía jubilado y su hija— y todos ellos se han negado en redondo a renovarlo. A pesar de contar con instalación eléctrica, dos contumaces lámparas de gas lo alumbran y se agitan caprichosamente y lanzan sombras al techo bajo y cubierto de telarañas cada vez que alguien abre la puerta. No hay caja registradora. Las monedas son depositadas en tazones de sopa —una para las monedas de cinco centavos (*nickels*), otra para las de diez (*dimes*), otra para las de veinticinco (*quarters*) y una última para las de medio dólar (*halves*)—, mientras que los billetes se guardan en una caja de madera rosa. Es un lugar soñoliento; los barmans nunca hacen un movimiento gratuito, los asiduos se encargan de rellenar sus jarras de cerveza y los tres relojes que penden de las paredes mantienen su desacuerdo desde hace años. La clientela es heterogénea. Incluye a mecánicos de los muchos garajes del vecindario, vendedores de las casas proveedoras de restaurantes de Cooper Square, camioneros de Wanamaker's, médicos del Bellevue, estudiantes de Cooper Union y dependientes de la recua de librerías de segunda mano apostadas al norte de Astor Place. El núcleo de la parroquia lo constituye sin embargo un grupo de ancianos rudos y en cuarto menguante, la mayoría irlandeses, que llevan abrevando aquí desde que eran jóvenes y destilan una especie de orgullo de propietarios respecto del local». Para llegar a la pericia de Mitchell no basta con practicar el mismo culto durante años, hay que mantener los oídos abiertos y la inteligencia alerta para hacer acopio de las entonaciones y estratos del mundo a escala microscópica, que es la que a fin de cuentas nos atañe, desvaneciéndose a marchas forzadas. No hay ningún establecimiento que haya frecuentado con tanta devoción, ni en Nueva York ni en ninguna otra parte, desde que dejé de dormir en la casa de mis padres. De aquí recuerdo Arthur's, en el número 57 de la calle Grove, en el Village, con su trompetista incombustible, mimetizado con el humo (un efecto ahora proscrito por el celo del alcalde en que muramos de otra cosa), el mobiliario, las centenares de formaciones de jazz y rock que han pasado por aquí. Y la barra circular. Y la noche de cuadrillas, solitarios, gambitos sexuales y callejones sin salida. Allí me condujo Antonio Lafuente antes de que una edad se desvaneciera y entre otra ronda de alcohol y conversaciones intentáramos vislumbrar la siguiente, y nuestro oscuro papel en ella. Fue él quien primero me hizo bajar los escalones de hierro que conducían a Pravda (en Lafayette, no lejos de la intersección con Houston), que no tiene nada que ver con las catacumbas del metro ni de la *nomenklatura* soviéticos, y, sin embargo, permite jugar a esa mistificación mientras apuras entre bellezas inaccesibles a primera vista toda la gama de vodkas incrustados en una soberbia cama de hielo picado. Del Lenox Lounge y su salón de falsa piel de pantera al Showman's y sus jueves de claqué para aficionados, el alma negra del jazz sigue contoneándose a lo largo de la 125, calle mayor de Harlem, ahora que del Savoy, el Cotton Club y el Minton's no quedan más que espectros. Garabatos de sonido, puro swing en estado de gracia son disueltos y regurgitados por el subterráneo en estaciones que van a dar a la ribera de Harlem, andenes que, a pesar de las ratas y los desconchones, el calor reptante y los restos de comida, son catacumbas vibrantes en las que saxofonistas que parecen hijos bastardos (y a mucha honra) de Charlie Parker y trompetistas que parecen estar llamando a Miles Davis con desgarradora melancolía nos cogen por el cuello y nos dicen que no perdamos el compás, aunque sea a contrapelo, aunque sea a contrapié, que nadie sabe si Dios existe o lo inventamos para consolarnos de la falta de sentido del mundo, pero que en cualquier caso es una maldita bendición estar vivos. Por otras aceras se movía Dorothy Parker, la que llevaba virutas de pasión perfumada a su mesa redonda en el hotel Algonquin, que tuvo su minuto de esplendor en los veinte y treinta del siglo XX literario, y su toque ácido e inconfundible en el semanario *The New Yorker*, en el que empezó a perpetrar sus cuentos en 1926 y continuó haciéndolo de forma irregular hasta 1955. La actriz Leonor Watling conoce el sabor de sus perlas y explora sus recovecos en el bar del Soho Grand Hotel, otro antro exquisito en el que buscar sombras corredizas y arrimo: «Adoro este lugar, es tan Dorothy Parker, ropas caras para damas aburridas podridas de dinero», escucha y transcribe Linda Lee en el *Times*. Ironía y ternura ante las tragedias íntimas, las turbulentas relaciones entre los sexos en medio de los primeros compases de la *American way of life* y la fascinación por las mentiras y todas las conjugaciones de la doblez. Las lenguas más afiladas de esta tertulia de Pombo en el número 59 Oeste de la calle 44, además de *la* Parker y su *Ladies Annex* ('anexo para damas'), eran las de asiduos como George S. Kaufman, Robert Benchley, Franklin P. Adams, Hey-wood Broun «e incluso Harpo Marx», como recordaba Glenn Collins en el conspicuo *New York Times*. Entre los que se dejaban caer por el Algonquin, un bar que hoy es reminis-cencia y, como el Chelsea Hotel de la calle 14, un sumide-ro de mitologías, acaso convendría recordar a Irving Ber-lin, Charlie Chaplin, Noël Coward, William Faulkner, Ella Fitzgerald, Charles Laughton y Laurence Olivier. Habría que apostarse en el *hall* de roble y sillones de orejas nimbado de rojo de Pentecostés para tratar de reconocer a los que ahora que el hotel ha cumplido cien años frecuen-tan el reputado cabaret o buscan rastros de palabras que quedaron flotando entre el humo —hoy proscrito— y el grosor de las paredes, como en un cuento estremecedor que Celso Álvarez Cáccamo me dio a leer en Compostela cuando se quebró el tiempo: él ya sabía que la existencia era esto. Yo tardé algo más en enterarme. ¿Importa si son Maya Angelou, Jeremy Irons, Angela Lansbury, Tom Stop-pard, Vanessa Redgrave o Andrew Lloyd Weber? La eufe-místicamente llamada *cultura de la celebridad* hincó una de sus torneadas piernas en Hollywood y otra en Nueva York. Los fundamentos *filosóficos* de esa deriva tan provechosa, que se encargaron de multiplicar el cine, la televisión, la radio, las revistas ilustradas, los periódicos y el pegamento Imedio de todo ello, la publicidad, necesitaban de un esce-nario idóneo donde fabricar *noticias, modas, tendencias*. El Stork Club de Nueva York fue uno de esos ventiladores de nueva realidad. Lo describió con pluma minuciosa en el suplemento de libros del *New York Times* el escritor Pete Hamill, al comentar el libro de Ralph Blumenthal *Stork Club. America's Most Famous Nightspot and the Lost World of Café Society:* «Al igual que en tantas otras facetas de Nueva York, la incertidumbre americana [siempre la costumbre de la sinécdoque, la parte por el todo, Estados Unidos por América] ante las clases [sociales] era el corazón del asunto. Desde finales de los años treinta a mediados de los cincuenta, el local de Billingsley [Sherman Billingsley, propietario del Stork Club] en el número 3 Este de la calle 53 era el cuartel general de lo que se llamaba *café society*: la coctelera social donde se mezclaban los vástagos de los viejos acaudalados con las estrellas de cine, columnistas del cotilleo, Eurotrash [literalmente, basura europea: ultrasofisticada especie viajera, con múltiples acentos, predilección por el champán y la última generación de drogas, posmodernos y a la última en tics sexuales y culturales] de preguerra, políticos, jueces, algún policía agraciado, una somera representación de buenos escritores y la cuota de antiguos contrabandistas de licores. Era gente que no se quedaba de noche en casa; salían para ver y ser vistos, pavonearse ante los otros, intrigar, reír y mentir, beber sin medida, ligar lo que fuera y, sobre todo, por lo que al Stork Club se refiere, adquirir reconocimiento social. Ser admitido en el templo sagrado, además de hacerse con una buena mesa, era una proeza; el rechazo, una humillación. Billingsley tenía siempre la última palabra». No es de extrañar que Walter Winchell, recuerda Hamill, calificara al Stork del «más neoyorquino de los locales de Nueva York». Los bares hay que buscarlos aunque seamos vecinos de la ciudad y esclavos de sus hábitos, antros que tienen su genealogía, una catadura que parece un valor moral, y que, en el caso de los hoteles (Holden Caulfield fue un heraldo), proporcionan la doble bendición de hacer como si el indígena hubiera emprendido un viaje y el foráneo pudiera empezar a entonarse para sentirse como en casa sin haber tenido que probar la fiereza de la intemperie local. Bares que en su decorado y utillaje hablan también de otra edad, aunque con más pompa y circunstancia que Mare Chiaro y Roma, bares como el King Cole del St. Regis, el Bemelmans del Carlyle, el Café Pierre del hotel del mismo nombre, el Fifty-Seven Fifty-Seven del Four Seasons, el Journey's del Essex House, el Morgans del hotel homónimo y el Oak Bar del Plaza, en la confluencia de la Quinta Avenida y Central Park South, donde se puede jugar a ser secuestrado como Cary Grant en *Con la muerte en los talones* o compartir un martini seco, como le gustaba a Luis Buñuel, con el director de *Le Monde Diplomatique*, Ignacio Ramonet, escala ineludible cada vez que recala en la capital del imperio. Pero hay muchos más. Los que duran y los que se desvanecen, como los borrachos y las resacas. Bares como el del hotel Hudson, en el número 356 Oeste de la calle 58, muy cerca de Columbus Circle, siempre cortejado por quienes se dejan caer por Nueva York durante la semana de la moda (*fashion week*), que tantas tentaciones y equívocos exhibe, y que sirvió de cobijo para muchos desplazados del entorno de la zona cero tras el 11 de septiembre, como Herbert Muschamp, especialista en arquitectura del *Times* y que, tras citar a Bonnie Menes Kahn y su libro *Cultura cosmopolita*, donde se establece que una gran ciudad cosmopolita debe ser «tolerante con los extranjeros, intolerante con la mediocridad», añade, respecto a lo que este hotel y su bar proporcionan: «En tiempo de agresión necesitamos hacer contacto con el deseo». Puede ayudar la carne cruda como flor carnívora que cuelga en una de las salas más tenuemente iluminadas de la Neue Galerie, y luego concertar una cita con una cantante desconocida en el Café Sabarsky, con asientos tapizados al estilo austriaco, lámparas que agradarían a Adolf Loos y el sabor del café vienés. Ah, de McSorley's queda espléndido rastro de cerveza, conversaciones y serrines, como también *nuestros* Mare Chiaro y Roma en una Little Italy que agoniza milímetro a milímetro merced al tenaz abrazo chino. Queda también margen para averiguaciones y otras nostalgias en reductos de una España y una emigración que se extingue: La Nacional (fundada hace más de ciento treinta y cinco años en la calle 14 de Manhattan), El Faro (en la cercana Horace, con sus cazuelas rotundas) y sobre todo el Café Montero: toda una era de navegaciones y de saudades gallegas al final de la Atlantic Avenue de Brooklyn, a un tiro de piedra de los viejos astilleros, después de pasar por tentadores colmados y restaurantes árabes. Eduardo Lago le hace el mejor homenaje que se le podía hacer al trasmutarlo en el Oakland de Frank Otero y convertirlo en personaje, uno de los ejes narrativos y existenciales de *Llámame Brooklyn*, con la que mi amigo consiguió el Premio Nadal. Su novela forma parte del equipaje imprescindible para perderse en los meandros de Nueva York.

BEATLEMANÍA. Como la mayoría de nosotros, The Beatles tampoco llegaron en barco a Nueva York, sino a través del John Fitzgerald Kennedy. Tres mil adolescentes esperaban en el aeropuerto el aterrizaje del vuelo de Pan Am número 101, el Yankee Clipper. Miles más, a cinco grados bajo cero, rodearon el hotel Plaza tratando de vislumbrar la silueta de alguno de los cuatro ídolos a través de los visillos de la suite presidencial del piso 12. Fueron setenta y dos horas en Nueva York. El 9 de febrero de 1964 (domingo), en el programa *The Ed Sullivan Show*, que emitía la CBS desde sus estudios de Manhattan, fue presentado el cuarteto de Liverpool: 74 millones de personas (la mitad de la población) asistió virtualmente y dio alas al evento: cinco canciones: «All My Loving», «Till There Was You», «She Loves You», «I Saw Her Standing There» y «I Want to Hold Your Hand». Como escribe Allan Kozinn en el *New York Times*, «la primera aparición en *The Ed Sullivan Show* se convirtió en una encrucijada cultural, uno de esos momentos en los que todo cambió, o al menos, fue un punto de inflexión a partir del cual cabe trazar un cambio de estilo en su más amplio sentido (en música, arte y moda, por ejemplo), a la forma en la que el rock 'n' roll era comercializado y percibido. Fue uno de esos escasos momentos en la historia reciente de América [Estados Unidos] que no implicaron un asesinato o un ataque por sorpresa, aunque una escuela de pensamiento sostiene que la explosión de beatlemanía a lo largo y a lo ancho de América a comienzos de 1964 fue una de las formas de las que el país se sirvió para cauterizar las heridas dejadas por el asesinato del presidente John Fitzgerald Kennedy». De un aeropuerto a otro. Pero el crimen no se despegó de la sombra de los ídolos. Tras la ruptura, John Lennon decidió crear su hogar en Nueva York junto a Yoko Ono en agosto de 1971, cuando la ciudad, recuerda el periodista Anthony DeCurtis padecía «neurosis bélica» y, citando al crítico James Wolcoot en *Vanity Fair*, «los turistas parecían asustados. Volver con vida a sus hoteles era una de las principales tareas en sus listas». Para el cerebro mejor amueblado del cuarteto de Liverpool, Nueva York, que por su carácter portuario le recordaba a su ciudad natal, era «el mejor lugar de la Tierra». Tras haber vivido ultraprotegido mientras formaba parte de los Beatles, entre hoteles y aviones durante las giras y aislado «en el cinturón de los agentes de Bolsa», que es donde vivía a las afueras de Londres, dice DeCurtis que el compositor y cantante «disfrutó de buena gana la embriagadora libertad que Nueva York ofrecía. Los neoyorquinos, a su vez, empezaron a ver la ciudad con otros ojos, gracias a la perspectiva amplia y agradecida de Lennon. Por desgracia, esa confianza acabó siendo su ruina». El 6 de diciembre de 1980, dos días antes de ser asesinado a las puertas de los apartamentos Dakota, en la calle 72 y Central Park West, donde vivía con Ono y su hijo Sean, declaró a la BBC: «Puedo salir por esa puerta ahora mismo e ir a un restaurante. ¿Sabe lo genial que es eso?». Tenía cuarenta años. Concluye DeCurtis: «En los años transcurridos desde la muerte de Lennon, Nueva York a menudo ha dado la impresión de ser dos ciudades distintas: una en la que los ricos y famosos retozaban en una lujosa burbuja, y otra más conflictiva en la que vivían todos los demás. Lennon intentaba comportarse como si estas diferencias pudieran salvarse». ¿Qué es Nueva York para ti, con qué cartas te quedas, con qué fachadas, rostros, ritmos, sombras, voces, avenidas, reflejos turbios o dorados, clima, erosión, muescas, bordillos, olores, rutas, indicios, sueños, con qué experiencias, con qué relato, con qué parte de la historia pública y secreta de una ciudad de la que O. Henry pronosticó que sería «una gran ciudad si un día la terminan»?

BIBLIOTECA PÚBLICA. Acaso cerca de la Biblioteca Pública: dos perros tan grandes como dinosaurios sostenían una lucha silenciosa frente a un cordel de fachadas descascarilladas. Uno había enroscado la pata en torno al cuello de su enemigo y le estrangulaba metódica y fríamente. El que parecía llevar las de perder, sin hacer ningún alarde ni quejarse, clavó dos uñas afiladas en la mano-pata que le apretaba la garganta. La sangre empezó a manar del miembro perforado. Se aflojó la tenaza y los perros se quedaron quietos, uno sangrando, mirándose la herida con una mezcla de asombro y fatalidad. Ah, «la Biblioteca Pública de Nueva York ocupa uno de los vértices de *la encrucijada del mundo*, se decía del cruce de la Quinta Avenida y la calle 42» (Ramón Carnicer). Benemérita institución, siempre abierta al conocimiento, sin trabas de ningún tipo: todos o casi todos los libros disponibles de inmediato para cualquiera que presente un documento de identidad. Celebra Colum McCann en *A este lado de la luz* «el calorcito de la biblioteca de la calle 42». Uno de esos grandes empeños que el ingenuo político que habita en el desierto del alma hubiera esperado de los gobiernos democráticos españoles: crear una verdadera red de bibliotecas públicas bien dotadas y abiertas a todos por la península y archipiélagos más o menos aledaños, lo mismo que una apasionada política de reforestación de la ocre piel de toro siguiendo los pasos de Mijaíl Lvóvich Astrov, el médico de *Tío Vania*, que ya veía venir el desastre (querido Antón Chéjov) a fines del lejano siglo XIX en Rusia. Herbert Muschamp dice que «sigue siendo un templo de la vida mental y de la accesibilidad democrática». Susan Jacoby, en un entusiasta ensayo que titula «Más que una biblioteca, un oasis de civilización», publicado en el *Times*, recuerda que cuando la «noble estructura estilo Beaux-Arts» fue inaugurada, en 1911, se la comparó con «las grandes catedrales europeas», con la diferencia no despreciable de que es un templo del laicismo donde se puede trabar conocimiento de todo lo escrito sobre Dios y su indiferencia, no en vano «pasando las horas en un oasis de civilización a uno se le hace más fácil soportar el estado de alerta o simplemente lo frágil que nuestra civilización puede llegar a ser». Jacoby dice que nadie ha contado mejor la «constante hospitalidad democrática» del lugar que Alfred Kazin en su autobiografía *New York Jew*, publicada en 1978, en la que describe la gran sala de lectura como «aquel asilo e iglesia de los desempleados; de trastornados ideólogos e igualmente trastornados estudiantes de la Biblia que tercamente escriben "¡MIENTES!" en los libros de referencia de las estanterías de acceso general; de fanáticos de los crucigramas fatigando enciclopedias en sus pesquisas; de vendedores a comisión arrancando a escondidas listados enteros de directorios municipales». Fundada en el siglo XIX gracias a la confluencia de las fortunas de tres magnates, John Jacob Astor, James Lenox y Samuel J. Tilden, su primer inventario fue fruto de la fusión de tres bibliotecas privadas. La airosa arca fue diseñada por la firma de arquitectos Carrère & Hastings. Emplearon 9 millones de dólares en su fábrica. El 24 de mayo de 1911 abrió sus puertas al pueblo. Al día siguiente (todas las noticias son de ayer en los periódicos, una distancia saludable que ahora nos parece intolerable demora), informó el *New York Times*: «Más de 50.000 personas visitaron la nueva biblioteca pública». De esa minuciosa reseña recoge Jacoby que el primer libro que se encargó en la sala de lectura fue un ensayo sobre Nietzsche y Tolstói en ruso: «La hoja de pedido fue tramitada a las 9,8 minutos y el libro fue entregado seis minutos más tarde a un tal A. Shub, domiciliado en el número 1699 de Washington Avenue». La mayor parte de aquellos primeros usuarios eran hombres de edad provecta, con el pelo blanco y corto y la barba desaliñada. Según el *Times*, la mayoría de aquellos lectores estaba formada por «aristócratas del libro que leían en latín, griego y hebreo». La biblioteca, añade Jacoby, «al igual que la terminal de Grand Central (inaugurada dos años después), fue consecuencia de una época de pundonor cívico engendrado por la creciente conciencia de Nueva York como una de las grandes ciudades del mundo». En cadenas de librerías como Barnes and Noble y Borders todos los libros y revistas a la venta están al alcance del cliente, que encuentra cafeterías acogedoras provistas de mesas de trabajo y sillones de orejas o mullida moqueta en cada piso de los amplios establecimientos para que lea lo que quiera sin pagar un céntimo, sin obligación de comprar nada, sin que ningún dependiente le reproche haber confundido la tienda con una institución pública. En la mejor librería teatral de la ciudad, The Drama Book Shop —en el número 250 de la calle 40, entre las avenidas Séptima y Octava— incluso anuncian junto a un confortable sofá de tres plazas: «Si no tiene dinero, aproveche para leer aquí lo que desee». Y quedan Coliseum, resucitada junto a la mismísima Public Library, y para los de segunda mano: The Strand (con sus kilómetros de estanterías junto a Union Square) y Housing Works (con su café y su aroma de bodega de barco para pasar las tardes de frío, en el 126 de la calle Crosby, en pleno Soho).

BOSQUE URBANO. La calle 28 entre la Octava y la Quinta avenidas es un bosque, con las aceras plagadas de flores y plantas y arbustos. Si Macbeth hubiera vivido en la calle 28 de Manhattan hubiera estado en condiciones de interpretar con más tino la profecía de las brujas y acaso de haber toreado mejor su destino. A su condición de reducto de floristas que han resistido y se niegan a mudarse de sus sótanos poblados de lilas, rosas y tulipanes (en un escaparate siempre se queda toda la noche un viejo y algo lacio gato blanco que parece un signo de interrogación oriental), añade la de insólito bazar de voces y mercancías en el que muchos de sus tratantes proceden de África y han convertido el cruce entre la 28 y Broadway en un zoco chico. Sin embargo, el tramo que discurre entre Broadway y la Sexta fue durante años conocido como la Tin Pan Alley, donde compositores y editores de partituras tenían sus cuarteles de invierno y verano. A partir de la década de 1870, el entonces distrito músico-teatral empezó a emigrar más al norte de la avenida ancha. Christopher Gray cita en el *New York Times* un artículo publicado el 3 de mayo de 1903 en *The World* que Roy McCardell titulaba «Una visita a Tim Pam Alley, de donde vienen las canciones populares».

BOWERY. Donde el rostro palidece en invierno. Lo cuenta Joseph Mitchell en *My Ears Are Bent*, cuando habla de «una noche fría, una de esas noches en las que el Bowery es la calle más fría de la ciudad». En *El sentido de la vista*, apunta John Berger: «Lo que separa a la gente (o la encierra) son los cerrojos y, en el caso de los vencidos, la desesperación. Entre el Bowery y Wall Street o el Bowery y Madison Avenue, el viajero avanza entre unas sogas invisibles, tendidas a la altura de la cintura en los espacios abiertos. Estas sogas mantienen separados a los indigentes; están hechas con su propia desesperación. Ésta no constituye un secreto; está a la vista, en los ladrillos inyectados y encerados con porquería, los cristales rotos, las tiendas tapiadas con tablas, las esquinas desportilladas de los umbrales, sus propias ropas de vagabundos, sin edad, sin sexo. Hay muchos lugares en el mundo, ciudades y pueblos, en donde los desvalidos son más numerosos que en Manhattan. Pero aquí, los indigentes no tienen siquiera con lo que hacer una súplica muda. No son nada más que lo que parecen. No son nada más que su indigencia». En palabras de otro lúcido merodeador de la ciudad, E. B. White (*Esto es Nueva York*), «caminas por el Bowery bajo el ferrocarril elevado [«the El», como decían los neoyorquinos en un prodigio de condensación] y todo lo que sientes es un frío culpable [ya no queda ni rastro del Elevado en el Bowery, tienes que subir hasta Harlem o cruzar a Queens y Astoria para recobrar esa sensación del pasado de otros]. Tocado en lo vivo por un *dime*, tratas de soltar la moneda [de diez centavos] sin rozar la palma, porque la mano está sucia; tratas de evitar los ojos, porque la mirada te acusa. No se trata de una amenaza personal sino universal —la amenaza fría del irresuelto sufrimiento humano y la pobreza y los estadios avanzados del alcoholismo—. En las noches de verano los borrachos duermen al raso [y en invierno sobre las tapas humeantes de alcantarillas cocidas al vapor]. La acera es una cama gratuita, y no hay piojos. Los peatones zigzaguean entre los bultos inmóviles como si caminaran entre los cadáveres de un campo de batalla. En los umbrales de cajas de ahorros, los vagabundos duermen a pierna suelta. Como un centinela de guardia junto a la cabeza de cada durmiente permanece la botella vacía de la que han extraído su alivio. Encajado en el hueco de su brazo está la bolsa de papel con sus pertenencias. El parlanchín voceras del autobús turístico le dice a sus pasajeros que ésta es "la calle de las almas perdidas", pero el Bowery no piensa de sí mismo como algo perdido; soluciona sus problemas a su manera: abundante ginebra de trapicheo, abundantes pensiones de mala muerte, abundancia de indiferencia, y siempre, al final del camino, Bellevue». El hospital para pobres, que es el único nombre que muchos inmigrantes sin recursos tienen en los labios cuando desembarcan en Nueva York con lo que queda de sus sueños, justo al final de la que fue mi calle, la 28, en la confluencia con la Primera Avenida, la misma que, yendo hacia el norte, pasa ante la rutilante utopía de las Naciones Unidas: apenas catorce manzanas de diferencia. Y camino de la Primera desde la esquina con Park Avenue South, donde se alzaba mi vulgar torre de veintiséis plantas, los borrachos, en su mayoría negros e hispanos, pero no sólo, durmiendo a pierna suelta en pleno día, o pidiendo «calderilla», y el temor a tocar la palma sucia, a respirar el aliento nauseabundo, a encontrarse con sus miradas acusadoras, un tramo de calle de almas perdidas como el Bowery. A mi amigo el poeta y pintor egipcio Ahmed Morsi, los cierres metálicos, los viejos establecimientos, la decadencia general del Bowery le traen reminiscencias de su vieja Alejandría natal: recorriendo la calle, compone mentalmente sus poemas. En 1940, Mitchell hizo honor al derrotado poeta Eddie Guest, ex vecino de Greenwich Village que «bisbisea sus poemas para sí constantemente y es llevado una vez al año al Bellevue para ser sometido a observación»: «"El Alabama Hotel, el Comet, y el Uncle Sam House —dice, en tono declamatorio—, el Dandy, el Defender, el Niágara, el Owl, Victoria House y el Grand Windsor Hotel, el Houston, el Mascot, el Palace, el Progress, la Palma House y el White House Hotel, el Newport, el Crystal, el Lion y el Marathon. Todas pensiones de mala muerte. Todas en el Bowery. Cada una de ellas mi casa, mi dulce hogar"». Como escriben David Isay y Stacy Abramson en *Flophouse. Life on the Bowery*, ilustrado con sobrias fotografías de inquilinos de las pensiones del Bowery obra de Harvey Wang: «Desde finales del siglo XIX hasta mediados del XX, los del Bowery fueron los más famosos bajos fondos del mundo. Bajo las sombras de la línea del ferrocarril elevado de la Tercera Avenida, el tra-

71

mo de dieciséis manzanas del bajo Manhattan estaba atestado de escuelas de barbería, bares, conventos, tiendas de
ropa para caballeros, casas de comida barata, pensiones de
tres al cuarto y salones de tatuaje. Las estimaciones varían,
pero en sus días de apogeo, entre 25.000 y 75.000 hombres dormían en el Bowery cada noche. Hoy, las universidades para barberos han desaparecido por completo. Al's,
el último tugurio de borrachos del Bowery, echó el cierre
en 1993. No quedan salones de tatuaje, ni oficinas de empleo, ni almacenes de segunda mano, ni el tren elevado.
Todo lo que queda de los bajos fondos es un único convento y un puñado de pensiones para pobres, todavía con la
oferta más barata imaginable para pasar la noche de toda la
ciudad: 4,5 dólares. Durante la Depresión llegaron a contarse cerca de un centenar de estos hoteluchos (el término
amable era "casas de huéspedes") a lo largo del Bowery
[...]. Más allá de la recepción había varios pisos de habitaciones. Los huéspedes tenían dos opciones: un catre en un
dormitorio tipo barracón (un poco más barato, mayor cuota de chinches) o un cubículo. Más pequeño que una celda
(1,2 x 1,8 metros, y 2 metros de alto), el cubículo no ofrecía nada más que una cama, un armario y una bombilla
desnuda. Estaban construidos en largas hileras separados
por angostos corredores. Las paredes entre cada cubículo
no llegaban al techo, pero cada reducto estaba coronado
por alambre de gallinero para evitar que los amigos de lo
ajeno se descolgaran y limpiaran la cartera de los sumidos
en cogorzas de muerte. Los tugurios del Bowery crecieron
al final de la guerra civil, que creó una multitud de desamparados. Hoteles baratos para veteranos de vuelta a casa en
lo que entonces era el barrio de putas de Nueva York, y
antes de que pasara mucho tiempo el Bowery se convirtió
en la meca de los que no tenían donde caerse muertos. [...]
Una ordenanza municipal de 1955 prohibió la construcción de nuevos hoteles con habitaciones tipo cubículo. Ba

res, restaurantes baratos y agencias de colocación fueron reemplazados por almacenes para equipamiento hotelero y tiendas de lámparas. El valor inmobiliario del Bowery continuó creciendo; viejas pensiones fueron convertidas en naves residenciales y oficinas. En 1966, quedaban unos cinco mil hombres viviendo en el Bowery. Hoy [el libro es del año 2000] quedan cerca de mil huéspedes en ocho viejas casas de huéspedes: el White House, el Palace, el Sunshine, el Andrews, el Prince, el Sun, el Grand y el Providence». *Flophouse* ofrece perfiles y fotografías de cincuenta inquilinos de estos hoteles que representan el fin de una época. «La mayoría del personal de las pensiones pobres (conserjes, porteros, etcétera) viven en las instalaciones. Algunos huéspedes se pasan semanas enteras sin abandonar sus cubículos, recurriendo a los botones del hotel para proveerse de comida y cigarrillos. En parte prisión, en parte estación de tránsito, en parte hospital psiquiátrico, galería de tiro, asilo, cada hotel tiene un carácter y clientela distintivos. Son lugares fascinantes, habitados por los últimos residentes de un mundo que pronto se desvanecerá». Antros que reviven dolorosamente en *The Iceman Comet*, uno de los grandes dramas de Eugene O'Neill, donde también resuena sorda la pasión y la furia de Emma Goldman, la anarquista rusa que había encontrado su patria libre en Estados Unidos, pero que sería finalmente deportada en un barco que dobló la cerviz bajo la Estatua de la Libertad junto a un centenar de correligionarios en 1919 porque su palabra era demasiado peligrosa: pronto se dio cuenta de que la violencia era contrarrevolucionaria y que «si empleas espada le entregas una espada al poder». Desde que nos fuimos, la ciudad no ha dejado de ser fiel a sí misma, es decir, ha seguido practicando el arte de la mutación, y acaso uno de los ejemplos más crudos lo escenifique la nueva sede del New Museum (literalmente, el Museo Nuevo) en pleno Bowery: de tan vanguardista, de tan rompedor, el pretencioso edificio blanco diseñado por el estudio japonés SANAA —dirigido por Kazuyo Sejima y Ryue Nishizawa—, inaugurado en diciembre de 2007, ha entrado como elefante blanco en cacharrería. Lo describe muy bien Fredy Massad en su artículo «Una pila de inconvenientes», publicado en *ABCD las artes y las letras*: «Un monumento-icono que no conecta con su entorno. Su posición deliberadamente autista muestra claramente cuáles son las intenciones del centro, que tiene seguramente más que ver con distinguirse mediante un trabajo "de postal", antes que brindar al deteriorado barrio un edificio dotado de sentido que actúe como auténtico catalizador de mejora». Sus 53 metros de altura aplastan a sus vecinos a izquierda y derecha, su blanca luminosidad hincha un pecho vacío formado por seis bloques rectangulares, cajas apiladas que podrían —en el delirante y satisfecho sueño de un minimalista— pretenderse un homenaje al equipaje de cartón de tantos inquilinos, desquiciados del sistema, que acabaron sus vidas en el barrio. El New Museum parece un emblema de esa actitud que desprecia con su pompa moderna y su condescendiente vanguardismo la historia, los sedimentos que sí se leen en otros inmuebles, bocas de incendios, aceras, solares, libros y ráfagas de viento helado. Como el Bowery de *Cromos*, el libro de libros de Felipe Alfau, libro de películas, vaso comunicante entre el pasado y este tiempo difuso, como *Memento*, *Recuerda*, *Tamaño natural*, y tantas otras que no recuerdo, formidable pastiche, novela sobre los bajos fondos gorkianos de Nueva York y los transterrados. Cromos de conquistadores descoloridos, emigrantes conquistados, disfrazados, ¿qué somos en realidad, qué estamos haciendo aquí?

BROADWAY. Anota Concha Espina en *Singladuras*: «Broadway, como si dijéramos, la calle Real de Nueva York, el centro de las diversiones, "feliz camino ancho", o cosa así, según traduciríamos la palabra, de sugestiva significación, igual que tantas otras del ultrarromanticismo americano [...] entre la calle cuarenta y dos y la cuarenta y nueve: un verdadero *paraíso de las masas*». Para O. Henry, como se encarga de subrayar Peter Conrad en *The Art of the City*, su documentado ensayo sobre la urdimbre cultural de la ciudad, Broadway es un pasaje perpetuo a la Roma en plena decadencia, «devota de Tespis, Thais y Baco». Como recordó Sandy Yang en *The Village Voice*, las primeras estructuras que se levantaron en la hoy conocida como zona cero de Manhattan fueron cabañas de los indios Lenape, que a causa de las lagunas consideraban el sur de la isla demasiado insalubre para vivir y únicamente lo visitaban de vez en cuando para cazar y pescar, aunque sí trazaron una primera senda entre el norte y el sur de la isla que los holandeses se encargaron de ensanchar y le llamaron Broadway, un nombre digno del pecho de Walt Whitman. Cuando se encerraba en su estudio de Tao House en Waterford (Connecticut) para escribir *El largo viaje hacia la noche*, Eugene O'Neill salía con los ojos enrojecidos y como si le hubieran caído diez años encima. Cada vez que este drama vuelve a la cartelera de Broadway descarga su puñetazo de hierro contra esa «pasarela de cancioncillas con pretensiones», un desfile que para el torrencial dramaturgo tenía «alma de buscona y gusto de pregonero de carnaval». Así despotricaba O'Neill contra el principal mostrador del teatro estadounidense, especialmente el musical. Más ira derrocharía ahora, cuando son mucho más raros los desafíos. Arthur Miller dijo que una obra como *Muerte de un viajante* no encontraría empresario que la estrenara en este periodo de rutilante decadencia, aunque Edward Albee y Tony Kushner logren de vez en cuando sacudir el tinglado de la antigua farsa revenido en próspero e inane Cafarnaum. Para el novelista Eduardo Mendoza, que en la década que vivió aquí atesoró todo lo que necesitaba para redescubrir Barcelona y verterla como *ciudad de los prodigios*, «Nueva York es un escenario, un musical ya escrito y con el telón levantado: desde que uno sale a la calle, ya es un neoyorquino. Ha de representar su papel, mejor o peor, principal o secundario. Pero no le queda más remedio que actuar». No es de extrañar que los teatros que desdeñan o no pueden competir con el cogollito del negocio se denominen «off Broadway» y «off off Broadway». Por el tramo más bajo de esta pasarela serpenteante que es Broadway, por esa avenida tan teatral, han desfilado las tropas y los astronautas, estrellas del deporte y líderes políticos, bajo nevadas de confeti. De Battery Park a City Hall, entre los espigones y muelles abocados a la bahía y el ayuntamiento, ese tramo de Broadway tan lejos de los teatros y su cornisa de bombillas fue bautizado como Cañón de los Héroes. El primer desfile se corrió en 1886 con motivo de la inauguración de la Estatua de la Libertad, mientras que la del otoño de 2000 fue para los Yankees de Nueva York, el emblemático equipo de béisbol de la ciudad, triunfadores de las Series Mundiales: otro signo de la candorosa infancia de la que este país puede dar muestra, como cuándo éramos niños y podíamos celebrar el campeonato mundial de ciclismo en nuestro barrio. Porque las Series Mundiales son un asunto estadounidense. La Quinta Avenida fue bautizada 1918 Avenida de los Aliados y así fue conocida durante un breve período, mientras que a la Sexta se la llama también Avenida de las Américas. Broadway es la única que rompe la cuadrícula, la que fiel a la antigua cañada india atraviesa la isla de parte a parte y en diagonal, formando chaflanes y vértices tan agudos que dieron alas a edificios con planta de plancha o de navío, como el Flatiron, construido en 1902 en la calle 23, donde la Quinta y Broadway hacen una equis, los vientos se encocoran y levantan las faldas de las chicas.

C

CAMPO DE CONCENTRACIÓN. Tanto a André Gregory como a Wallace Shawn (vean la película *Mi cena con André*) les gusta la paradoja. Casi al final de la jugosa conversación en un restaurante de Manhattan, le dice André: «Hablaba hace unos días con un hombre por el que siento una gran admiración —Gustav Björnstrand, un médico sueco— y me dijo que ha dejado de ver la televisión, que no lee periódicos ni revistas. Los ha desterrado por completo de su vida porque verdaderamente tiene la sensación de que vivimos en una especie de sueño orwelliano, y que todo lo que oyes contribuye a convertirte en un robot. Porque lo cierto es que no hay la menor duda al respecto, *nos* estamos convirtiendo en robots. Todo el que está fuera se da cuenta. Por ejemplo, la otra noche cené con un par de amigos europeos, y ellos solían *amar* Nueva York. Y decían que todos parecían haberse convertido en robots aquí —*todos*—, hasta la comida se había convertido en comida para robots, y cuando le preguntabas algo a la gente en realidad no obtenías ninguna respuesta. Comentaron que era como si Nueva York se hubiera transformado en un depósito de cadáveres. Cuando estaba en Findhorn me encontré con ese extraordinario experto británico en árboles que ha dedicado toda su vida a salvarlos, y que acababa de volver de Washington donde había hablado en defensa de las secuoyas. Me dijo que tenía ochenta y cuatro años y que siempre viajaba con una mochila porque nunca sabía dónde iba a estar al día siguiente. Cuando nos encontramos en Findhorn me preguntó de dónde era, y cuando le respondí que de Nueva York me dijo: "Ah, sí, Nueva York, es un lugar muy interesante. ¿Conoce a muchos neoyorquinos que no dejan de hablar de que quieren irse, pero nunca lo hacen?". Y yo le dije: "Oh, ya lo creo". Y él respondió: "¿Por qué cree que nunca se van?". Tras exponerle una serie de hipótesis banales, él dijo: "Oh, no creo que sea nada de eso. —Y continuó diciendo—: Yo creo que Nueva York es un nuevo modelo de campo de concentración, en el que el campo ha sido construido por los propios presos, y en el que los prisioneros son los carceleros, y se sienten muy orgullosos de lo que han construido —han sido capaces de levantar su propia prisión—, de tal forma que viven en un estado de esquizofrenia en el que ellos son al mismo tiempo internos y guardianes. Como resultado de todo esto —han sido de alguna forma lobotomizados— no sólo han perdido la capacidad de abandonar la cárcel, sino que ni siquiera la ven como una cárcel". Entonces él se metió la mano en el bolsillo, cogió una semilla de árbol, y me dijo: "Esto es un pino". Tras depositarla en mi mano, me dijo: "Huya antes de que sea demasiado tarde"».

CAPITAL DEL DOLOR. «Un grado de desesperación tan alto como Manhattan», escribe Colum McCann. ¿Qué significa eso? A menudo nos olvidamos de que mucho dolor se agazapa bajo la fábrica de esta ciudad. Es casi una condición secreta, aunque bien podría sumarse al ajuar de apellidos que ornan este lugar que parpadea en tantas imaginaciones. Pero también atesora un paradójico significado, una contrapartida frente a algunos de los estragos de Estados Unidos (que no es responsable de todas las atrocidades que se cometen en el mundo a pesar de que su costosa forma de vida provoca involuntarios estragos incesantes). Cuenta el psiquiatra Manuel Trujillo en su libro *Psicología para des-*

pués de una crisis: «En nuestro Programa para Supervivientes de Tortura, patrocinado conjuntamente por la Facultad de Medicina de la Universidad de Nueva York y el hospital Bellevue, hemos tenido la oportunidad de evaluar y tratar a más de seiscientos pacientes, procedentes de más de sesenta países de todos los rincones del planeta. La lista de procedencia recuerda hoy a los países que ayer fueron noticia por sus conflictos políticos o étnicos: Tíbet, Guinea, Congo, América Central (Guatemala, El Salvador), Etiopía, Albania, Kosovo y otras zonas de la antigua Yugoslavia. En 1999, aproximadamente setenta mil personas solicitaron asilo político en Estados Unidos. Estos supervivientes, al igual que aquellos que solicitan asilo político en Reino Unido, Suecia, Noruega y otros países occidentales, se encuentran entre los más afortunados. Por una parte, han sobrevivido a la tortura, han podido escapar de la zona de conflicto y aspiran a recibir tratamiento médico y, posiblemente, el estatus de refugiado político, lo cual les abre la posibilidad de reintegración productiva a la sociedad y de la recuperación del contacto con sus familiares frecuentemente dispersos en aras de la anhelada reunificación familiar. Nuestros pacientes —ciento cincuenta de los cuales iniciaron consulta en 2001— han sufrido torturas inimaginables. Han sido víctimas de palizas reiteradas, quemaduras, puñaladas, descargas eléctricas en zonas del cuerpo particularmente sensibles, incluyendo los genitales. Retenidos en condiciones infrahumanas, casi todos han sido privados de sueño, comida y agua. Muchos han sufrido períodos de aislamiento: tanto físico, en celdas de castigo, como sensorial, siendo encapuchados o vendados los ojos. Otros han sufrido violaciones múltiples frecuentemente, incluyendo penetración con diversos objetos destructivos. Muchos han sido forzados a ser testigos de torturas, violaciones, mutilaciones y asesinatos de miembros de su familia. A otros se les ha obligado a participar en sesiones de torturas infligidas a amigos y familiares, asegurándose así una culpabilidad devastadora para el resto de sus vidas». A la costa de Nueva York vienen también a parar todos los padecimientos de la Tierra, otra cara que a menudo no sabemos ni acertamos a leer. «Los supervivientes de situaciones de tortura que solicitan asilo político están, además, expuestos a largos períodos de incertidumbre mientras se estudia su solicitud. [...] El señor E. recibe tratamiento en nuestra clínica desde junio de 2001. Además de la atención del médico de asistencia primaria, se le proporciona tratamiento psicofarmacológico y participa en sesiones de psicoterapia individual y de grupo. Asiste también a grupos de autoayuda formados por supervivientes de torturas de países del África francoparlante. Este apoyo terapéutico había logrado una remisión sustancial de su estrés postraumático, originado en 1990 tras su detención y tortura en su nativa Costa de Marfil. Durante el período de encarcelamiento, el señor E. sufrió repetidas violaciones, palizas y quemaduras en varias zonas del cuerpo. Fue obligado a ser testigo de las sesiones de torturas infligidas a varios miembros de su familia, la mayoría de los cuales fueron posteriormente asesinados. Los acontecimientos del 11 de septiembre produjeron en el señor E. una súbita reactivación del cuadro postraumático, sufriendo varias crisis de angustia y pánico inmediatamente después de la caída de las torres. Semanas más tarde, todavía persistían su tendencia al aislamiento, su miedo a salir de casa y una profunda desmoralización respecto a la naturaleza humana». Con el agravante de que ahora muchos de los solicitantes de asilo, especialmente los procedentes de países islámicos, son detenidos y muchos deportados sin contemplaciones. Huyendo de la guerra y encontrándose en la supuesta tierra de acogida, este Nueva York que escribe la faz económica y política del mundo recibe ahora el eco y la resaca de muchos de sus actos. Y el sueño y el deseo se convierten en humo. Algunas veces, caminando de noche, detrás de ventanas encendidas, imagino esas historias de exiliados que relampaguean secretamente, un dolor que explica el estado del mundo. «La adversidad permite al hombre que se conozca a sí mismo», reza un cartel en un pasillo del Bellevue, donde «la mayoría de las guerras acaban encontrando su camino en esta esquina de Nueva York», escribió Erika Kinetz en el *New York Times*, que un año y medio después del 11 de septiembre dice de un refugiado congoleño: «Ha comenzado a preguntarse si no estaría mejor en la selva que en Nueva York. De vuelta en su tierra, sabría cómo ponerse a salvo. No está seguro de poder llegar a Canadá». Es una sensación que me perseguía: como si supiera que de la isla de Manhattan no hay escapatoria, como si ni siquiera salvando los puentes que la engarfian al continente tuviera adónde ir, Estados Unidos adentro. Y entonces me vienen a la memoria los trenes que en España siempre me podían llevar a Portugal. En el Bellevue, cuenta el novelista Miguel Sánchez-Ostiz, fue internado «a causa de su alcoholismo» cuando contaba veintiséis años Malcolm Lowry, el autor de una de las novelas capitales del siglo XX, *Bajo el volcán*. Era junio de 1935. Buena parte de esa experiencia nutre su libro *Piedra infernal*.

CÁRCEL DE BROOKLYN. Todo un mes de laboriosas gestiones e intervención del entonces cónsul general de España en Nueva York, Emilio Cassinello, fueron necesarios para disfrutar de quince minutos de entrevista con cada uno de ellos, a solas, sin fotografías (ni de espaldas ni de sus manos ni de sus pies: tenían tanto miedo...) y sin que pudiera dejarles ni un libro, ni un periódico, ni una cajetilla de tabaco. Nada. El Centro de Detención Metropolitana, cárcel de preventivos levantada en un castigado arrabal de Brooklyn, es famoso por su dureza, aunque el desprecio de los carceleros por los familiares («sospechosos») parece formar parte de lo envilecido de las leyes. El recordatorio de que entras en terreno acotado es inmediato, en cuanto firmas y te sometes al escrutinio y arbitrio de los carceleros. Una mujer hispana fue enviada sin contemplaciones de vuelta a casa para que se vistiera de forma «más apropiada» para ver a su marido preso: una falda más larga, una blusa menos escotada. Primero un control de metales, después un sello invisible en el dorso de la mano, a continuación una cámara estanca, donde te hablan a través de espejos y te *leen* la mano que metes hasta el fondo en una ratonera con luz ultravioleta. Corredores blancos, puertas que se van cerrando y que cuartean el aire, escaso, encerrado, de otra densidad, que hay que respirar como a cucharadas. Puertas grises, cámaras. No se abre una sin que se cierre otra. La calle queda a años luz. Y la vida real de la que súbitamente fueron arrancados estos adolescentes españoles —pardillos del éxtasis— a los que tarados sin escrúpulos embaucan para que hagan de correos de la droga a cambio de unos míseros billetes y el señuelo de una breve estancia en Nueva York (con todos los gastos pagados, aunque no añaden que la cárcel es un hotel plausible). Lo mejor es no tener que ver nunca jamás nada con la policía. Como advierte Josh Bazell en su a menudo desopilante *Burlando a la Parca*, «incluso en Nueva York, y seas quien seas, hay ciento cincuenta veces más posibilidades de ser detenido de que te atraquen por la calle». En su clarividente ensayo «Franz Kafka, revalorado», Hannah Arendt analiza en qué medida *El proceso* retrata esa perversión fundamental de nuestras sociedades, la maldad, pereza o estupidez intrínseca de burócratas, jefecillos, carceleros, alguaciles, funcionarios, chupatintas, buenas gentes que permiten que las cámaras se llenen y la injusticia eche raíces profundas, también en Estados Unidos, donde la maquinaria de aplicación de la ley y la verdad fabrica abusos incesantes y ejecuta inocentes en su persecución implacable del mal e incansable búsqueda del bien: «En el mismo momento de la aparición de la novela, ya hubo quien comprendió que *El proceso* implicaba una crítica a la burocracia estatal del imperio austrohúngaro, cuyas numerosas nacionalidades, enfrentadas entre sí, estaban sometidas a una jerarquía funcionarial uniforme. Kafka, empleado de una compañía de seguros laborales y acostumbrado a tramitar permisos de residencia en Austria para sus amigos judíos de Europa oriental, conocía con exactitud la situación política de su país. Sabía que quien quedaba atrapado entre las redes del aparato burocrático estaba condenado sin remisión. El poder de la burocracia hizo posible que la interpretación de la ley se convirtiese en instrumento de la negación de la ley; la apatía crónica de los encargados de interpretarla quedaba compensada por el descerebrado automatismo que regía en las capas inferiores de la jerarquía funcionarial, en cuyas manos se dejaban, al cabo, las verdaderas decisiones. Pero en los años veinte, cuando la novela se publicó por primera vez, la verdadera naturaleza de la burocracia aún no se conocía bien en Europa, ya que todavía no había arruinado demasiadas vidas».

CARNEGIE HALL. La más famosa sala de conciertos de Estados Unidos, como la califica la *Encyclopedia of New York City*, fue construida entre 1889 y 1891 en la esquina entre la calle 57 y la Séptima Avenida. El millón de dólares que costó el edificio de estilo neorrenacentista en terracota y ladrillo fue proporcionado por Andrew Carnegie, escocés que emigró con su familia en 1848, comenzó a trabajar a los doce años, se americanizó a marchas forzadas (asistiendo a la escuela nocturna), de telegrafista se convirtió en secretario personal del superintendente de la Pennsylvania Railroad Company, ascendió en la firma, introdujo el coche-cama y fue capaz de prever la futura demanda de acero antes que nadie. En su celebrado artículo titulado «Wealth», conocido como el «Evangelio de la Riqueza», asegura que el hombre que acumula gran patrimonio es una persona sin duda excepcional que ha sabido servirse de sus talentos y energías naturales para el avance de la sociedad. De ahí que su obligación ineludible sea hacer uso de su riqueza para «mejorar la condición humana», ya que aquel que muere rico es «una desgracia». Fiel a sus propias prédicas, el magnate del acero se convirtió en el mayor filántropo de su tiempo (lo que no fue óbice para que recurriera a la expeditiva agencia de detectives Pinkerton para romper una huelga). El Carnegie Hall neoyorquino es una permanente celebración póstuma. La bailarina Isadora Duncan fue una de las inquilinas que ocuparon una de las dos torres con ciento cincuenta estudios que se añadieron a la finca entre 1894 y 1896, y allí también tuvieron su sede los estudios de grabación Victor Talking Machine, donde Enrico Caruso grabaría en 1904 sus primeros discos estadounidenses. No ha perdido tres de las características que enseguida le proporcionaron renombre: intimidad, excelente acústica y buena visibilidad. Piotr Ilich Chaikovski dirigió algunas de sus composiciones en los fastos que inauguraron una sala de conciertos en la que se celebrarían estrenos como la *Sinfonía del Nuevo Mundo*, de Antonin Dvořák. Figuras como Camille Saint-Säens, Gustav Mahler, Sergei Prokófiev, Maurice Ravel, Aaron Copland, Igor Stravinski o John Cage interpretaron o dirigieron sus propias obras bajo el techo del Carnegie. La maravillosa sala de conciertos no prestó oídos sordos a otras músicas. Por allí han pasado Benny Goodman, Dizzy Gillespie, Woody Guthrie, Miles Davis, Edith Piaf, The Beatles o The Rolling Stones. La firma de James Stewart Polshek, el arquitecto cuya empresa diseñó el nuevo planetario del Museo de Historia Natural, acometió en 1986 su más exhaustiva renovación. Como en muchos otros locales de Nueva York y de la Unión, los respaldos de las butacas exhiben discretas placas de cobre

con los nombres de patricios y melómanos que han alige-
rado sus alforjas siguiendo el ejemplo del patrón favore-
ciendo el arte de la música. Allí queda la discreta mención
para que lo lea su dueño o el que cada noche se sienta
arrastrado por la belleza o desterrado por el tedio. Bajo la
batuta de Daniel Barenboim, allí asistimos poco después
del 11 de septiembre a una conmovedora interpretación
de la *Novena sinfonía* de Beethoven por la Staatskapelle de
Berlín, una exaltación tras las constricciones sufridas por la
ciudad. Volvíamos de tarde en tarde. Es un raro y precioso privilegio. Como cuando el mismo Daniel Barenboim,
como si se encerrara con seis miuras, acometió la integral
de las sonatas beethovenianas en ocho conciertos, un ago-
tador examen de conciencia y de memoria (porque tocó sin
partitura) a lo largo de diecisiete días. Anoto el 22 de junio
de 2003, lluvioso y frío: el pianista ha ido cobrando conciencia de sí, mimetizándose con el instrumento a medida
que la tarde invernal avanza. Se le ve pequeño frente al
gran piano abierto como un extraño objeto (pájaro/velero
de alas/velas negras), como si el niño de Buenos Aires que
pensaba que todos los hijos y vecinos del mundo eran pia-
nistas hubiera entrado en un teatro que fuera el cuarto de
su infancia. Y todos nosotros —misteriosamente— con él.
Pero la velada que mejor se incrusta en el lugar de la experiencia es la última, la del 26 de junio, con la ciudad ya
sometida al dicterio incontrovertible del verano húmedo.
Entra como siempre, con algo de autómata, mirando al
frente, la mano derecha muerta, la izquierda moviéndola
como un militar. ¿Cuánta es la capacidad de la memoria?
Suelta las teclas y el sonido sube con él, levanta las manos
en un vuelo y las vuelve a bajar antes de que el silencio
muerda. Todo el teatro mudo, de vez en cuando una tos
esporádica. Pero ha cuajado hoy un silencio insólito, hasta
el punto de que, como en *Vania en la calle 42*, la formidable
versión de la obra de Chéjov dirigida por André Gregory y

filmada por Louis Malle, cuando se filtra el sonido lejano y amortiguado de una sirena policial no desentona: a fin de cuentas está sonando Beethoven en Manhattan. Incluso la pianísima reverberación del metro —sobre todo cuando su paso coincide con la transición de un movimiento a otro— es como si el alma de la ciudad hiciera sutilmente acto de presencia. Pocas veces como esta tarde de junio he sentido con tanta intensidad —gracias a B. cerrando el ciclo de treinta y dos sonatas de B.— esta condición de pertenencia, sin alardes ni alharacas, sin llamar la atención más de la cuenta. Porque un sentimiento hondo y poderoso, pero íntimo, casi inexpresable, hace que me imagine parte de esta ciudad de anonimatos y grandes cíclopes de la fama y de la identidad, que te permite conocerte a ti mismo en medio de las muchedumbres que son trasunto, calco y resumen de toda la humanidad, los destinatarios de la música de Beethoven, de estas sonatas para piano que nos hacen vernos bajo una luz favorable, como si tuviésemos remedio. *Sonata número 4 en Mi bemol Mayor.* Termina un movimiento y ante el ademán de su mano trazando el arco de un gladiolo una parte mínima del público, poco ducha en protocolos de conciertos, esboza un aplauso como el chafarís de una ballena. Pero no es secundado. Aquí, sobre todo en el segundo movimiento, hay silencios como piedras lisas que resisten la corriente lenta pero tenaz del río, silencios que son como las manos formando un paréntesis antes de juntarse para decir una oración. Pero la mano de Barenboim es ahora un pincel que para medir el tiempo y acortar la vida del silencio insiste con la delicadeza de un asesino de su propia vanidad, como si exponiéndose de esa forma explorara la hipótesis de un niño extraordinariamente dotado que por primera vez tocara esta *Sonata número 4*, pero ya consciente de que algún día morirá. Quizá por la fatiga acumulada, que a veces propicia insólitos estados de clarividencia y percepción, Barenboim parece esta tarde, la de su última corrida, sumido en un raro estado de gracia: da igual que conozcas las sonatas, porque, como él dice cargándose de razón radical, ni las sinfonías ni las sonatas existen hasta que suenan: y hoy suenan como si nos condujeran a una orilla que no es la del mundo feliz ni la del mañana, ni la de la sabiduría ni la del mundo futuro, sino la de este instante que nunca volverá: un *carpe diem* que atesorar como las emociones más veraces de nuestra vida: ese territorio del que no hay mapas fidedignos, pero que se encuentra en algún lugar de nuestra vasta e imperfecta memoria denominado lugar de la experiencia. No puedo seguir escribiendo, sólo escuchar y respirar lo imprescindible. *Sonata número 22 en Fa Mayor.* Los matices que hacen de Beethoven lo que es, junto con su dramatismo característico, se van desplegando como una biografía del alma y del sonido. Maxine Gibneg Nathan es quien ha hecho su religiosa donación para que la placa de latón con su nombre esté atornillada al respaldo de la butaca que tengo ante mí: la T 114. El arrebato dramático del final provoca una avalancha de aplausos. *Sonata número 32 en Do menor.* La última sonata para piano beethoveniana y la última del maratón de Daniel Barenboim en el Carnegie Hall. Beethoven la terminó poco antes de la *Misa solemne* y de la *Novena sinfonía.* Todo lo que he sentido a lo largo de este incandescente concierto se resume en este final, esta Sonata 32, la dicotomía del alma humana acompasada en los dos movimientos que constituye la Opus 111 (un capítulo del *Doktor Faustus,* de Thomas Mann, está dedicado a esta pieza para piano): Samsara y Nirvana para Von Bülow, aquí y más allá para Edwin Fischer, resistencia y sumisión para Wilhelm von Lenz, o lo real y el mundo místico, como resume William Kinderman en sus elocuentes notas del programa de mano, como cuando dice que «la última sonata para piano de Beethoven (estrenada el 7 de abril de 1891 en el Carnegie Hall por Arthur Friedheim) es un testimonio de su creencia de que la solución de los problemas a los que se enfrenta la humanidad depende de nosotros, de que seamos capaces primero de reconocerlos como tales y después de plantarles cara mediante ejemplos que sean una forma de superación humana». Kinderman recuerda que composiciones como ésta son una «personificación del ideal», según la formulación de Friedrich Schiller, algo que los intérpretes de Beethoven y especialmente de esta *Sonata número 32 en Do menor* deben tener en cuenta, acaso una preciosa armonización entre la ética y la estética, entre una belleza inconmensurable y la actitud espiritual que es necesario destilar para poder trasladar todo el potencial que encierra y que nos concierne tan irracional y conscientemente. Un acto de conciencia vuelto a pronunciar una tarde de calor horrendo en la ciudad de Nueva York. Tocar lo que está escrito con toda la fidelidad, pasión y sentido del tiempo. Un ejercicio de humildad que es una forma de cambiar el estado de las cosas, la condición del mundo. Una revolución imaginable. Se trata de desentumecer el miedo moral y la atención. En la apoteosis final, en las oleadas encadenadas de aplausos y bravos, el pianista no pierde la compostura ante todo el teatro puesto en pie en señal sobre todo de gratitud. No olvida ni por un momento que no sólo es por él, aunque a él se debe algo más que la transcripción de una verdad que estaba escrita y que cada uno habrá de descifrar: convertirla en parte de su propia experiencia o enterrarla como una belleza superflua y banal, un adorno que sumar a la sala de trofeos y olvidos.

CEMENTERIOS. «El comienzo de *Bajo el bosque lácteo*, cuando Dylan Thomas invita a ver la ciudad negra, recogida y silenciosa en el sueño, cuando implora que escuchemos la caída invisible de las estrellas, el encrespado mar negruzco poco antes del alba, las gélidas capillas ovilladas en la noche que transcurre sinuosa, muda y majestuosa, y los cementerios con los vientos encogidos, enguantados, sacudiéndose el rocío», escribe Ernestina Pellegrini en el posfacio a *El claro del bosque*, de Marisa Madieri. Aunque la muerte y sus ritos parecen del todo ajenos a la pujanza de las torres, es casi la primera comunión del que llega a Nueva York a través del JFK, porque las autopistas que a duras penas se deslizan hacia Manhattan por el mapamundi de Queens están sitiadas por cementerios, grandes pampas de lápidas nos miran mientras las miramos. Dice Joseph O'Neill en su libro *Netherland*: «Hacía poco me había dado cuenta de que no quería sumarme a los muertos de Nueva York. Asociaba esa multitud con los vastos terrenos sembrados de tumbas que se vislumbraban desde la autopista de Queens, en especial ese cementerio confusamente atiborrado en el que se alzaban monumentos y mausoleos y que miles de conductores se veían obligados a contemplar cada día, como una fúnebre réplica del horizonte de Manhattan que se dibujaba a lo lejos». La expansión de la metrópolis ha ido incorporando esos distritos en los que si cuando se trazaron reinó el silencio hoy forman parte de la ruidosa memoria del cine: entierros bajo un fondo sonoro de tránsito a ninguna parte. No son los únicos. Es fácil dar con el de la iglesia de la Trinidad, junto a Wall Street, y la aguja contra el lienzo de las torres, que se cubrió de ceniza blanca y donde solían comer, entre las tumbas, agentes de cambio y bolsa y secretarias. O los cementerios sefardíes. Escribe Antonio Muñoz Molina en *Sefarad*: «He caminado hacia el oeste, dejando atrás la Quinta Avenida, y un poco antes de llegar a la Sexta, casi en la esquina de la calle once, he encontrado el cementerio sefardí que una vez me señaló mi amigo Bill Sherzer, y en el que no había reparado antes, aunque solía ir mucho por esos lugares, hacia la parte baja de las avenidas, que por allí se vuelven más despejadas y bohemias, en la encrucijada de Chelsea y de

Greenwich Village [...], nunca nos habíamos fijado en ese jardín estrecho y sombrío al otro lado de una verja, que era a principios del siglo XIX el cementerio de la comunidad judía hispanoportuguesa, según dice una placa en la que tampoco nos habríamos fijado si Bill no nos la llega a señalar. Fugitivos de Rusia, del hambre y de los pogromos, sus abuelos llegaron a Ellis Island a principios de siglo. Entre los árboles, los helechos, la hiedra, la maleza, se ven unas cuantas lápidas de piedra, oscurecidas por la humedad y la intemperie, tan gastadas que apenas se distinguen las inscripciones que alguna vez hubo en ellas, caracteres hebreos o latinos, algún nombre español, una estrella de David. Pero la verja está cerrada y no es posible entrar en el cementerio diminuto». Salgo a la calle una tarde de abril en que vuelvo a sentirme completamente perdido en medio de este libro. Me reprocho querer evadirme del trabajo que todavía queda por hacer y cuando estoy a la altura del edificio Flatiron, que no es el único de la ciudad que aprovecha una esquina afilada para crecer en vertical, aunque sí el más airoso, me doy cuenta de que la materia prima sigue estando en la misma calle. Es así como, camino de Lectorum, la librería en español de la calle 14, vecina de Macondo (donde sin buscarlos encontré *El poeta y la ciudad*, el libro de Dionisio Cañas, y, años después de que fuera editado, *Los Reyes del Mambo tocan canciones de amor*, de Óscar Hijuelos, que no sé qué estúpido prejuicio me hizo ignorar en su día), atajo entre la Sexta y la Séptima avenidas por la calle 21 y en un solar entre edificios de poca altura me doy casi de bruces con otro de los cementerios sefardíes, como reza la placa de hierro sobre el portalón cerrado a cal y canto: «The Third Cemetery of the Spanish and Portuguese Synagogue Shearith Israel in the City of New York 1829-1851». Seis árboles que la primavera ha repoblado de hojas temblorosas acompañan a los muertos, muchas lápidas inclinadas, varios monolitos, uno de mármol. Leo ROSALIE entre hojas esculpidas en la piedra formando una corona, y al costado unas palabras en hebreo. Canta un retén de pájaros que desafían la tarde desapacible, aunque ahora mismo una brazada de sol mancha parte del pequeño camposanto urbano de nuestros antepasados expulsados, primero de España, luego de Brasil. Último reposo. La intemperie va borrando inscripciones, como la de un tal Isaac Norche... y de un Joseph que alcanzo a leer desde la verja antes de perderme al fondo de la tarde con una encomienda de palabras que sirvan de oración y de recuerdo. En *El poeta y la ciudad*, recuerda Cañas que «si bien la escritura luminosa de los anuncios era, para [Juan Ramón] Jiménez, una proyección paródica de la propia vida ciudadana sobre el cielo de Manhattan, el cementerio y su escritura son la imagen de esos mismos habitantes proyectada ahora hacia el interior de la tierra. Así Nueva York es vista como metrópolis de luz y necrópolis de sombra "entre los terribles rascacielos. La noche deja, ahora, paralelos a los vivos que duermen, un poco más altos, con los muertos que duermen, un poco más abajo [...]. Así, los sueños de estos muertos se oyen, como si ellos soñaran alto, y su soñar de tantos años, más vivo que el soñar de los muertos de una noche, es la vida más alta y más honda de la ciudad desierta" ("Cementerio"). [...] En el *Diario [de un poeta recién casado]*, Juan Ramón nos presenta los cementerios como una inscripción de eternidad en la fugaz escritura de la vida cotidiana de la ciudad. En "Cementerio en Broadway", frente al bullicioso mundo de la urbe comercial, el elevado, el tranvía, el taxi y el subterráneo, respetan el "silencio obstinado" del pequeño cementerio. Por encima de todo está "un sinfín de rayos de fugaces cristales correspondidos, que anuncian con letras de oro y negro". Mas al final, sólo el cementerio es el "hermano jemelo de ocaso inmenso, transparente y silencioso, de cuya hermosura sin fin queda la ciudad desterrada"». Ulick Invern, personaje de una novela de James

Huneker, contempla Nueva York como «un cementerio de inmemoriales titanes», cuyas lápidas son «las cimas de granito de los edificios». Ahora, el mayor cementerio al aire libre, donde las víctimas fueron convertidas en algo menos que ceniza, es la llamada zona cero, y aparentemente el principal desvelo es cómo compaginar esa condición de camposanto con las necesidades comerciales y estéticas, las del capitalismo y las de la moral.

CENTRAL PARK. «Un paralelogramo de 340 hectáreas». No conviene aventurarse en Central Park de noche, aunque muchos lo hacen y muchos lo hicieron aprovechando el último apagón. Atesora una de las estampas más turbadoras de Manhattan: edificios cuajados de ámbar asomados a la selva domesticada. En cada arbusto acecha una sombra, la venganza del talibán indómito, el *Homeless africanus* que cada uno llevamos dentro, tatuado en nuestro terror al fracaso y a la pobreza colateral, emboscado para quitarnos la honra o la vida en la espesura de una ciudad que de noche habla el lenguaje sordo de la raza humana. En ese terrario entre rascacielos ha sido hallada una nueva especie por primera vez en cien años: un ciempiés enano, amarillo de malaria y cuarenta y un pares de patas. Este hipotético sobrino del Gregorio kafkiano ha vivido al margen de una civilización que acaba de descubrirse vulnerable a los aviones comerciales. Ahora que ya no podemos mirar al cielo sin preguntarnos si ese pájaro de metal va a empotrarse en nuestra casa. Stella Rimington, ex jefa del espionaje británico, acaso señale al cerebro de los artrópodos cuando dice que Estados Unidos perderá la guerra contra el mal «a menos que se erradiquen las causas del terrorismo haciendo del mundo un lugar libre de resentimientos». A Ramón Carnicer le recordó el parque, rodeado de rascacielos, el «corral de muertos» de Miguel de Unamuno, aunque el autor habla de otros tiempos, de abandono, y ni siquiera de los de la Gran Depresión, cuando se armaron chabolas. No conviene olvidar, sin embargo, una de las mayores inquietudes que atenazan a Holden Caulfield en *El guardián entre el centeno*, la milagrosa novela de J. D. Salinger: qué ocurre en invierno con los patos del lago de Central Park South: «Me pregunté si estaría ya helado y, si lo estaba, adónde habrían ido los patos. Me pregunté dónde se meterían los patos cuando venía el frío y se helaba la superficie del agua, si vendría un hombre a recogerlos en un camión para llevarlos al zoológico, o si se irían ellos a algún sitio por su cuenta». Para Harpo Marx, que sabía muy bien cuáles eran las fronteras étnicas de sus calles en el Harlem de comienzos del siglo XX, Central Park, «cuatro manzanas al oeste» de su casa, era un «amigable país extranjero. Era un territorio seguro para lobos solitarios, sin importar de qué calle fuera uno». Acaba de cumplir ciento cincuenta años. Quien primero lo soñó fue Frederick Law Olmsted, un reformador social que ya en los despachos que escribía para su periódico trató de hacer conscientes a los lectores del norte de las condiciones en que vivían los esclavos del sur. Herbert Muschamp recordó en el *New York Times* que, en ese sentido, «Central Park fue, antes que nada, un ejercicio de reforma social», el primer gran parque público de Estados Unidos. Para Morrison H. Heckscher, conservador de arte americano en el Metropolitan Museum of Art, uno de los vecinos más ilustres incrustado en el tronco del parque, «una de las grandes obras de arte de América». La decisión de dedicar ese espacio que podría haber sido aprovechado por la insaciable codicia inmobiliaria para levantar 17.000 edificios fue revolucionaria, y sabia. Nueva York no sería lo que es sin Central Park: «La visión de destinar tanta tierra a crear un parque urbano no tenía precedentes en la historia de este país», recordó en declaraciones al *New York Times* la historiadora y fotógrafa adscrita a la conservación del parque Sara Cedar Miller, autora del libro *Central Park, an American Masterpiece*. Cedar Miller recuerda que los ricos que pretendían que Nueva York estuviera a la altura de París o Londres comprendieron que un parque «era de rigor», y por otra parte, quienes idearon ese inmenso jardín «pensaron en el parque como una suerte de clase al aire libre sobre la reforma urbana. Pensaron que los inmigrantes verían con sus propios ojos elegantes vestidos y carruajes y podrían animarse a trabajar duro para llegar a formar parte del sueño americano». El parque, franco a todos, gratis, cuenta con veinte puertas que muchos neoyorquinos desconocen, entradas que casi no lo parecen, porque las jambas son enanas y no hay dintel, y no tienen nada que pudiera evocar las altas verjas excluyentes que dejan a los que no son fuera y a los pudientes dentro, algo que heriría de muerte la ideología del parque. Sin embargo, no carecían de nombre, tallado en la piedra y, como recordaba Rebecca Chace en «Portales al siglo XIX», un artículo publicado en el *Times*, «representan una de las últimas batallas libradas por Frederick Law Olmsted y Calvert Vaux, los diseñadores del parque, para hacer realidad su visión de una escapada pastoral al caos de la metrópolis en rápida expansión». Los nombres fueron elegidos en 1862 y pretendían representar a aquellos que podrían servirse del espacio de asueto haciendo referencia a sus profesiones o a su condición, aunque en algunos casos hubo que esperar hasta diciembre de 1999 para que se completara el trabajo de los calígrafos canteros. He aquí sus alias, que dicen mucho de la época en que fueron ideados, tallados en piedra arenisca: puerta de los sabios, de los artistas, de los artesanos, de los mercaderes, de las mujeres, de los inventores, de los exploradores, de los cazadores, de los niños, de los marineros, de todos los santos, de los guardabosques, de los ingenieros, de los chicos, de los extranjeros, de los guerreros, de los granjeros, de los pioneros y de las chicas. Perdámonos en sus praderas, bosques, estanques, roquedales, paseo de las estatuas, y busquemos el fugaz dibujo de las luciérnagas en las noches de verano en las que Shakespeare o la Filarmónica convocan a todos los vecinos de la urbe a compartir esta admirable democracia vegetal en la que tantos partidos de béisbol se juegan y en la que tantos cuerpos dieron y dan al desasosiego viático, o ponen a la incertidumbre y al gran misterio cuarentena. Lo cuenta con tanta elegancia como gracia Manuel Fernández-Montesinos en sus memorias, *Lo que en nosotros vive*:

Como habíamos tenido que esperar bastante a que los equipos que jugaban en el campo, antes que nosotros, acabasen las entradas concedidas (en *baseball* nunca se sabe cuánto va a durar una entrada), tras jugar nuestras tres o cuatro entradas, yo de nuevo en el campo exterior, empezó a oscurecer. Nuestro equipo se fue desbandando. Yo me acerqué a recoger mis libros detrás de la jaula de bateo y allí estaba la puertorriqueña Roberta Ávalos. Debo decir que a Roberta, que junto con tres o cuatro chicas siempre estaba merodeando por los campos con las jugadoras, la llamábamos «Ro-breast-a», de la palabra inglesa *breast*, 'pecho', y no quiero explicar con más detalle por qué. Estaba, desde luego, bastante metidita en carnes, y tengo que decir que no me gustaba nada. Era vocinglera, descarada y, una palabra que le pegaba perfectamente pero que no aprendí hasta muchos años más tarde, era, sí, inverecunda. Un dije, vamos. Se solía reunir con sus compinches de un equipo de *softball* femenino y juntas eran como *groupies* en torno a los jugadores de *baseball*. Había coqueteo general y parejas más o menos estables que manifestaban descaradamente su cariño. Todo ello daba a las reuniones de las tardes en el parque un toque a la par que atlético, carnal y carnoso. Roberta sí que jugaba bien al *softball*, una variación del *baseball*, llamado también *hard ball*. Era la capitana y lanzadora de un equipo de féminas de la escuela y tenía un lanzamiento tremendo, fuerte y con mucho control. Durante los partidos las chicas metían bulla, jaleaban, y al menor fallo de alguno de los jugadores, fuesen de nuestro equipo o del de los contrincantes, se regodeaban con descaradas risotadas y durísimos improperios con insistentes connotaciones sexuales, tanto en inglés como en español.

Esa tarde, habiendo desaparecido casi todos los nuestros, y jugando casi a media luz otros dos equipos, nos juntamos por casualidad Roberta y yo detrás de la jaula de bateadores. Ella remoloneaba y, al quedarnos solos, viendo cómo los dos equipos que habían heredado nuestro campo se disponían a empezar su partido, empezó a comentar el que acabábamos de perder. Que si no me había dicho Eddy que jugase en la primera. Que por qué aquella jugada y no la otra. Y otras cosas más hasta que me preguntó directamente qué es lo que me había dado Oswaldo para que le dejase jugar en la primera base. En vista del objeto canjeado, yo tenía pocas ganas de ofrecerle ningún detalle, ni de lo que me había dado Oswaldo ni de nada, pero ella insistía. Ya harto, con un movimiento rápido, saqué el paquetito del bolsillo y le dije medio escondiéndolo y ruborizado: «Mira». No se cumplieron las expectativas que yo había puesto en su reacción. Había dado por supuesto que ella se incomodaría, con lo que quedaría la cuestión zanjada y yo libre para deshacerme de otras posibles preguntas. Pero ni hablar. Roberta ni se inmutó. Con un aplomo insufrible me retó diciendo:

—Seguro que ni sabes para lo que sirve.

Mal podía yo en aquella circunstancia negar mi gran conocimiento del objeto y su uso.

—¿Cómo que no? —respondí.

Y de nuevo me dejó perplejo y sorprendido espetándome algo que ni por asomo me podía esperar:

—¿Quieres probarlo?

Ya parecía que me había metido en un callejón sin salida, bueno, con salida sí, pero una salida turbia, misteriosa, completamente desconocida.

Con los gritos y alharacas del nuevo juego que acababa de empezar, el crujir de los batazos, los golpes de la durísima pelota contra los guantes de cuero, los gritos de aliento a unos y otros como música de fondo, «Ven», me dijo Roberta, dirigiéndome hacia unos arbustos que rodeaban el campo exterior de la cancha, muy tupidos ya por el follaje de la primavera. Arrebujados el uno contra el otro y escondidos de posibles miradas, ella no se quitó más que una prenda, yo ninguna. Llegaba a aquel trascendental momento de la vida completamente *in albis*. [...]

Hay experiencias de la vida que no se pueden «presentir». En aquella época, contrariamente a lo que pasa hoy, estaba ese tema tan impregnado de tabúes y silencios, tan inundado de misterio, pecado y delito, que todo se aprendía a trompicones. Un trompicón, desde luego, fuego aquello con Roberta. Considerémoslo más bien un acontecimiento deportivo. Se parecía más a lo que estaba pasando con las bolas y los bates cerca de nuestro escondrijo que a lo que pudiese haber aprendido leyendo *Romeo y Julieta*. Era más un pugilato del que yo, desde luego, sentí que había salido derrotado. Hubiese aceptado gustoso un K.O. de emoción antes que esa insulsa derrota por puntos.

Cabizbajo, camino de casa, me preguntaba: «¿Pero esto es así?». Seguía rumiando el sorprendente acontecimiento mientras bajaba la Calle 94 hacia el río desde Central Park. Ya se había puesto el sol detrás del Hudson. Por el montón de cosas que se me agolpaban en la cabeza el trayecto se me hizo interminable. No podía ser así. Tenía que haber mucho más que aquel pim, pam, pum, fuego y se acabó. Pero, como en todo, habría que someterse a un aprendizaje paulatino y reposado que, desde luego, tardó todavía años en llegar. Sin embargo, la salvaje escaramuza me llenó de una mezcla de sosiego y de extrañeza a la vez, de sorpresa por lo ocurrido, pero de un escondido contento también, que venía, como dice Kafka en sus diarios, de que por fin había tenido algo de paz en el siempre ansioso cuerpo.

CERRADURA. La ciudad es infranqueable hasta que no conocemos a alguien que nos invite a entrar, o paguemos: por una habitación de hotel (espacio precario, palimpsesto de seres cuyas huellas las camareras se esfuerzan en borrar para que creamos que se trata de una habitación —de una cama— virgen) o por un apartamento, cuando vayamos a conver-

tirla en parte de nuestra existencia por un tiempo o por
todo el tiempo que nos queda. En el desolador retrato que
la película *La ciudad* hace de Nueva York, el inmigrante
hispano no encuentra al pariente que le espera porque acaba de morir en condiciones trágicas, y su dulce primera
noche se desvanece en el laberinto de las fachadas idénticas: tras haber conocido a una mujer en un baile y que ésta
le invite a pasar la noche en su casa. A la mañana siguiente
se ofrece a salir a comprar pan y leche para compartir el
desayuno. Pero no anota la dirección y es incapaz de localizar el apartamento de su incipiente amor en el enjambre
de ventanas, puertas, fachadas y remates indistintos. Jungla
racional. Pedro Sorela escribió un cuento brillante con un
asunto similar. Para poder rodar uno de los más duros y
hermosos filmes sobre Nueva York y las condiciones de
vida y trabajo de los inmigrantes, su director, David Ricker,
aprendió español, trabajó durante más de un año en barrios latinos, distribuyó café temprano por la mañana a
los jornaleros y se ganó la confianza de la comunidad, hasta meterse en ella, lograr que le contaran sus historias y
formaran parte integral de una cinta estremecedora. Los
ladrillos de las casas que construyen son más que una metáfora. Abandonados por el patrón en una finca en ruinas
para que hagan acopio de ladrillos, un muro se desploma
sobre uno de los obreros. Sus compañeros tratan desesperadamente de indicar a los servicios médicos de urgencia a
través de una cabina insólita en un barrio desolado, pero
las calles carecen de nombres y son incapaces de revelar
dónde se encuentran. Abandonados en una isla dentro de
una isla, su compañero se les morirá entre las manos sin
que puedan hacer nada para salvarle. Cuando el patrón llegue a recogerles al anochecer será demasiado tarde. En su
ensayo sobre las visiones y versiones artísticas de Nueva
York, Peter Conrad asegura que «encontrar una dirección
es averiguar una estación social». Cuando verdaderamen-

te llegas a comprender la ciudad es cuando puedes adscribir *significado* a la dirección donde la gente vive. «Vivir en una casa que crees que está encantada significa para Edith Wharton —escribe Conrad refiriéndose al cuento «Semilla de granada», incluido en el libro *Relatos de fantasmas*— ser el inquilino de una mente que se ha convertido en extraña para ti misma, su propietario putativo. Ésta es la neurótica penalidad de retirarse de la vida comunal de la ciudad». Charlotte Ashby, la protagonista del libro, «contrapone la normalidad de las calles con su enfermedad particular, separando la racionalidad tecnológica del mundo exterior con el trauma y el misterio de su interior: "ahí fuera, rascacielos, anuncios, teléfono, cables, aviones, películas, motores, y todo el resto del siglo xx; y al otro lado de la puerta algo que no puedo explicar, que no puedo poner en relación con todo eso". La disociación de Nueva York se convierte en su caso en una enfermedad psíquica». El contraste entre la enfermedad mental y la supuesta *normalidad* del mundo real, de lo que existe. Conrad hace hincapié en que el Nueva York de Wharton «está constituido no por la inclusión sino por la exclusión. Es una ciudad de barreras, no, como en el caso de Whitman, de puentes». ¿Cuántos en la ciudad soñada, en la ciudad imaginada, en la ciudad del porvenir, son incapaces de encarnar esa condición que se les atribuye genéricamente desde el exterior, desde la transformación de la ciudad de Nueva York en un espacio más familiar que nuestro propio paisaje, que nuestra fantasmal memoria? Cerraduras mentales para las que nunca hemos tenido llave maestra y que en el caso de Nueva York el cine y otros grandes ilusionismos nos han hecho creer que esa pieza de metal estriado como un *skyline* de bolsillo forma parte de nuestro llavero existencial.

CHRYSLER BUILDING. Donde James Agee, el minucioso hasta la extenuación autor de *Elogiemos ahora a hombres famosos* (junto a las extraordinarias fotografías de Walker Evans), escribía, mientras fumaba y bebía como un cosaco, hasta altas horas de la madrugada. Antes de que otra torre buscara allí el cielo, el solar estaba ocupado por la casa de una campesina rodeada de praderas. Diseñado por William van Alen, la aguja *art-déco* y las ojivas que coronan la torre evocan al radiador de un coche, no en vano su primer propietario, Walter P. Chrysler, quiso que fuera buque insignia de su flota de automóviles. Iluminadas cuando cae la noche, las muescas podrían pasar por espinas de una virgen industrial o por caligrafía cuneiforme de la antigua Babilonia, mientras que sus gárgolas de acero de ceñudas águilas evocan ejemplares gloriosos de la firma, como el Chrysler Plymouth de 1929. Es un canto al medio de transporte que cambiaría la faz y el alma de Estados Unidos. Construido en dieciocho meses, en fiera competencia con el Empire State, que al final le ganó la partida, es Concha Espina en su *Singladuras. Viaje americano* quien con esmero enumera todas las maravillas de un edificio que en el cruce de la calle 42 y Lexington consagra la épica de Nueva York: «Un árbol todo ardido de vientos», «piedras y metales de todos los países, maderas y relumbres de todas las minas», mármol blanco de Georgia y planchas de granito negro de Suecia, roca verde oscuro de Noruega, «jambas de piedra con irisación madrepórica en los huecos», «para decorar la fachada se han labrado en aluminio y bronce atrevidas figuras, aguileñas, cornucopias y gárgolas de vastas proporciones»; vestíbulo principal: «mármol rojo de Marruecos, azul de Bélgica y piedra ónice, ambarina mejicana»; pisos, jaspe Monchette, de Francia, lavabos de piedra de Georgia, azulejos y cerámicas hispanas, maderas nobles: arce japonés, encina inglesa gris, nogal de Oriente y americano, ébano satín, cerezo de Cuba; Club de las Nubes, alegorías en la torre: el fuego, el aire, el agua, la luz, el telégrafo, la telefonía, el vapor, la electricidad, trasatlánticos, automóviles, el aeroplano de Lindberg, el Graff Zeppelin; «encintadas sus esquinas con acero inoxidable, niroste y aluminio, cuyos biseles, por singular disposición, no reflejan más que el cielo, nunca los edificios circundantes». El 8 de marzo de 2003, Susana Fortes escribió en *La Voz de Galicia* un artículo titulado «Mal de altura» en el que relataba: «Una noche contemplé la ciudad de Nueva York desde la aguja encendida del edificio Chrysler. Allí el azul cobalto cristaliza sobre la ciudad y uno puede caer en el error de pensar que disfruta de una visión de conjunto que es lo más parecido a lo que los políticos llaman una perspectiva histórica. Es decir que se puede contemplar el ir y venir de las personas con la misma superioridad con que se observa el trajín de un hormiguero. Ya sé que los insectos gozan actualmente de gran reputación, pero eso no es más que el resultado de la influencia que la política americana ejerce sobre el mundo. Desde el punto de vista social las hormigas y las abejas representan todo un modelo para los dirigentes que nos gobiernan porque son especies productivistas y respetuosas con el esquema jerárquico y además no tienen utopías. Imagínense una abeja creativa que en vez de construir las celdillas hexagonales, las hiciera ovaladas o triangulares y rompiera el orden del mandato genético al que aspiran asimilarnos nuestros gobernantes. [...] Desde la construcción de la torre de Babel, la altura es una ambición arquitectónica de las civilizaciones teocráticas, piénsese en las pirámides egipcias, por ejemplo, para cuya construcción se necesitó una organización social basada en la esclavitud. Según Hegel, cuando los faraones perfilados en los bajorrelieves giraron sobre sus talones hasta mirarnos al nivel de los ojos, se dio el salto a la Grecia democrática. Desde entonces los cambios en la perspectiva marcaron la historia de la humanidad, porque el punto de vista es el germen de la conciencia. Los artistas del Renacimiento aprendieron a observar el mundo con un canon antropocéntrico.

Pero mientras el arte ha buscado un punto de fuga que está, como cualquier utopía, más allá del horizonte, la política ha ido retrocediendo hasta el vértice de las cosmogonías bárbaras. La perspectiva vertical, según la cual un hombre no tendría más valor que un insecto, se ha trasladado desde los zigurats de la antigua Mesopotamia hasta la Babel neoyorquina donde estos días se dirime el futuro de Bagdad». Alguien parece haberse propuesto escalar el edificio Chrysler y entre la calle 42 y la Tercera Avenida nos arremolinamos los extras de las películas para hacer lo que jamás hacen los neoyorquinos: mirar hacia lo alto, admirar sus rascacielos. El 11 de septiembre nos ha enseñado a hacerlo, y a temer siempre lo peor. De hecho, uno de los pensamientos más perversamente constantes que albergábamos los que vivíamos allí cada vez que veíamos un avión surcar el cielo de Manhattan era imaginar que se empotraba en la fachada impecable de una torre, y verlo en directo, y tener a punto una cámara para atrapar ese nuevo ensayo del fin del mundo, no en vano la capital más cosmopolita del universo conocido está bíblicamente condenada a servir de escenario a ese ejercicio espectacular de Apocalipsis. El Chrysler sirvió de corolario en 2003 a una obra de teatro peripatética titulada *Proyecto Ángel*. La cita es misteriosa. Junto a la estación del teleférico de la isla de Roosevelt, en medio del East River. Cada cinco minutos, un carrito de golf se lleva a un espectador. A las seis en punto llega el mío. Pasamos por la trasera de un centro médico que mi imaginación febril equipara a un laboratorio de armas ambiguas. Llegamos ante una verja con carteles de prohibición y de peligro. El conductor, que no ha dicho ni palabra, saca una tarjeta magnética y el paso queda franco. Al pasar por las ruinas de lo que parece un castillo con almenas, muros y ventanas sin párpado devorados por la hiedra, el chófer explica que se trata del antiguo Hospital de la Viruela. Pero no que fue construido por galeotes. Llegamos casi al final de la alargada isla que perfila el East River. Me deja a la puerta de un contenedor varado en lo alto de un suave promontorio. Dentro me recibe una muchacha: ofrece un vaso de agua, comprueba que mi nombre está en la lista, me da un librillo-guía de instrucciones, me recuerda que se trata de una experiencia individual, que si me encuentro con otros espectadores no les dirija la palabra y que me tome el tiempo que necesite para completar el itinerario. Puedo sentarme en las sillas de metal estratégicamente situadas en el descampado y cuando esté listo el carricoche de golf me llevará a mi primera escena. Desde el centro del río, tanto Queens como Manhattan, y sobre todo el herrumbroso puente de Queensboro, se ofrecen en toda su magnificencia, con el tráfico convertido en un sordo estertor, familiar e inquietante al mismo tiempo. Acabo de entrar en el *Proyecto Ángel*, la obra para espectadores ambulantes concebida por la británica Deborah Warner con la ayuda del escenógrafo Tom Pye. Una lectura insólita de *El Capital*, es decir, de Nueva York, una intensa experiencia introspectiva en medio de la muchedumbre. Como si nos hubiéramos encarnado en un personaje de Paul Auster, sobre el mapa de Nueva York escribimos una palabra o acaso una frase entera para que la lean en su celestial aburrimiento los ángeles del cielo. Aunque de pequeño creí a pies juntillas en la existencia del ángel de la guarda, hace tiempo que los ángeles han desaparecido por completo del ajedrez de mi existencia. Warner siembra a Rilke y al *Paraíso perdido* de Milton en este redescubrimiento de Nueva York, ciudad mártir por el 11 de septiembre y el culto posterior que justifica que se mate en su nombre (la venganza como una forma perversa de expiación), pero que gracias a este *Proyecto Ángel* adquiere una insospechada aureola de ciudad santa para la imaginación. Cuando somos abandonados a nuestra suerte, interpretamos nuestro papel en esta obra silenciosa y colectiva en el decorado real de Nueva York (Shakespeare ya advirtió que el mundo es un escenario y Calderón que la vida es sueño) a rajatabla. La primera parada es un segundo contenedor de madera bajo el puente de Queensboro, pero sin muchacha dentro. Parece vacío, pero en una precaria balda descubro una amarillenta hoja del *New York Times* que habla de la catástrofe del Exxon Valdez y que enseguida me trae reminiscencias del Prestige (el ángel del mar y de la costa, embadurnados). Me asomo a un ventanuco y veo a un pescador que remienda una red: ¿es un personaje, un apóstol, una aparición? Nos miramos a los ojos, pero no nos decimos nada. Me sumerjo después en las entrañas (cielo invertido) de la estación de metro de Roosevelt Island mientras trato de averiguar si la gente con la que me cruzo son personajes, si están al tanto de que ando inmerso en un viaje silencioso, actor de un proyecto incierto. El resto de la obra transcurre en torno a Times Square: los porteros no nos dicen nada al detectar como cajeras de supermercado nuestro *pasaporte* en la mano, nuestro manual de instrucciones: así entro en una gran planta sin paredes en la que una alfombra de plumas dibuja una U entre hileras de taquillas de metal con nombres de ángeles escritos con tiza en las puertas, casi todas cerradas, pero algunas con enigmas dentro; o un local que pudo ser *peep-show* o tienda de baratillo con vagonetas de lona atiborradas de libros sagrados bajo bombillas de bajo voltaje; o una desvencijada oficina que es un campo de sal sobre el que han florecido lirios y trompetas del apocalipsis, o una montaña de ordenadores de desecho con sólo una pantalla encendida en la que un tenue parpadeo parece simular el rostro de Cristo, o palabras en las paredes escritas por albañiles-poetas del más allá, o una Eva y un Adán en ropas contemporáneas posando sin hablarse ni tocarse en torno a un naranjo de muestrario que nos miran sin decir nada, o una puerta amarilla al fondo de un centro comercial que franquea la entrada a un teatro del que han sido arrancadas todas las butacas y en el que cuatro actores duermen o esperan no sé qué, incluido un ángel negro parado junto a una escalera de mano que acaso lleva al cielo... En una de las isletas centrales de Times Square dos monjas fingen leer la Biblia en medio del fárrago: podrían ser figurantes de un anuncio, o actrices de esta obra. El último trayecto de metro me lleva, tras atravesar el maravilloso atrio de Grand Central Station coronado de constelaciones, al pie del edificio Chrysler. Después de tres horas de silencioso deambular por Nueva York con los ojos limpios gracias a una solución de agua de rosas y lejía, el devocionario nos dice que debemos subir al piso 63. El *Ave Verum Corps* de Mozart flota sobre los escritorios vacíos. Un ángel duerme en el suelo; otro al que le han arrancado las alas postizas, reposa en la cocina. Otros, arcángeles exterminadores, contemplan la ciudad que hormiguea a sus pies desde ventanas temerariamente abiertas: alféizares desde los que saltar al vacío y a la vida eterna. La luna casi llena se columpia sobre los cementerios y las chimeneas de Queens. Entonces vemos, iluminado, el Hospital de la Viruela, en medio de la isla donde comenzó nuestra obra/viaje, nuestro peregrinaje físico y espiritual en busca de un ángel que acaso porte nuestra máscara, se nos parezca. El cielo sobre Manhattan puede esperar, pero tal vez nosotros y los que nos han acompañado ya no seamos los mismos. En el capítulo titulado «Ambros Adelwarth» de *Los emigrados*, transcribe W. G. Sebald, entre otras, las palabras de su tío Kasimir: «Aún tuve mucho que hacer en las cumbres de los rascacielos, que a pesar de la Gran Depresión siguieron construyéndose en Nueva York hasta los primeros años de la década de los treinta. Yo coloqué los capuchones puntiagudos de cobre sobre el General Electric Building, y en 1929 y 1930 estuvimos ocupados durante todo un año con los trabajos de instalación de la cubierta de acero —que resultaron increíblemente difíciles debido a las curvaturas y pendientes— en la punta del Chrysler Building. Por supuesto que con aquellos ejercicios de acrobacia a doscientos o trescientos metros sobre el suelo me gané un buen salario, pero el dinero, así como entraba, volvía a salir. Y entonces me fracturé la muñeca patinando sobre el hielo en Central Park y estuve sin empleo hasta el año treinta y cuatro, y luego nos mudamos al Bronx, y se acabó la vida airosa».

CIENTO DOS MINUTOS. Fue el tiempo que tardaron las dos torres que parecían indestructibles en desplomarse. Según los últimos recuentos, 2.752 almas perecieron. En cien días de matanzas en Ruanda las milicias hutus, los *interhamwe* (que matan juntos), los que ante la tesitura de morir mataron, exterminaron a por lo menos ochocientos mil compatriotas. Jamás pensé cuando dije *sí* a Manhattan que las guerras que había dejado en África me iban a perseguir hasta esta orilla. Los ciento dos minutos han cambiado el mundo y sus ecos y consecuencias no ha dejado de resonar. Tal vez por eso ha llegado el momento de regresar a Ruanda. Y de aprender de una vez por todas cuál es la capital de Nigeria.

CIRCLE LINE. Una de las estampas que más me impresionaron en los días que siguieron al 11 de septiembre fue contemplar la silueta del gran buque hospital Confort, un superpetrolero reconvertido en clínica flotante que fue despachado al golfo Pérsico durante la guerra de 1991, surcando las aguas del río Hudson. Con una gran cruz roja pintada en el casco. ¿Entonces era verdad que la guerra había llegado a Manhattan? En realidad no hizo falta. Los médicos de los hospitales y los del barco-clínica estuvieron con los bisturís y las máscaras de oxígeno en ristre, pero en su inmensa mayoría se quedaron cruzados de brazos. A diferencia de la matanza del 11 de marzo de 2004 en Madrid, tras la espectacular demolición de las Torres Gemelas exactamente dos años y medio antes, el 11-S, apenas hubo cadáveres, apenas heridos. Me aficioné pronto a los ríos, aunque desde mi casa no se veían a menos que subieras a la terraza colectiva y, entre rascacielos, persiguieras eslabones de serpiente azul. Estamos en una isla, pero el bosque de edificios es tan tupido, y tan intenso nuestro ensimismamiento en las voces e imágenes de la actualidad, que cuesta ver el agua, y para asomarse al mar hay que irse todavía más lejos, perseverar en el ferrocarril subterráneo, bajar hasta los lindes, hasta las últimas barandillas de la lengua de Manhattan. Pero desde los ventanales de la cafetería de las Naciones Unidas me dediqué en tardes de tedio a ver la procesión de los navíos, carcamales de hierro, barcazas de estiércol industrial, cargueros de impecable orden en cubierta, y fantasmales: parece como si navegaran solos, dirigidos por una voluntad ajena, pilotos que se han fundido con la obra muerta y manejan la rueda del timón sin hacer el más mínimo alarde. Tal vez fue sentado a una de esas mesas y con un capuchino a modo de consuelo donde vi por primera vez la silueta soñadora de la Circle Line: letras rojas, un casco verdiblanco, la toldilla amplia, los ociosos asomados, saludando, diciéndole *hola* y *adiós* a las Naciones Unidas. Era como el autobús circular que tanto me había enamorado en Madrid (tardes de domingo intentando descifrar la melancolía de la ciudad como si fuera una equivalencia de la propia), pero por una senda de ríos: desde el muelle en la calle 43, junto al museo del «mar, el aire y el espacio» construido en torno al portaaviones Intrepid, tres horas le lleva al navío circunnavegar la isla de Manhattan entera y contemplar la masa forestal de rascacielos, su distinta urdimbre, color, reflejos del sol, ventanas a los ríos del tiempo: descender por el Hudson hasta la bahía donde sigue impávida la Estatua de la Libertad, embocar el East River y empezar a enhebrar todos los puentes, desde el de Brooklyn hasta el de Washington, de nuevo en el caudaloso Hudson tras las Termópilas del Harlem River. Fundada en 1945 por Francis J. Barry, fruto de la fusión de varias navieras, la ruta inicial seguía el sentido de las manecillas del reloj, remontando la corriente del Hudson, pero finalmente se prefirió ir contra la corriente convencional del tiempo, acaso porque ya se sabe que lo importante no es vivir, sino navegar.

CIUDAD DEL DESEO. ¿Cuál no? Acaso la de la infancia más lejana, y ni siquiera ésa: la madre, insiste Ángel de Frutos, es la primera seductora. Y en su entorno se fragua el lenguaje que nos acompañará toda la vida. De Vigo recuerdo la atracción turbia de la Herrería, el barrio chino, el de las callejuelas empinadas con luces rojas y mujeres acostadas verticalmente contra las jambas, los umbrales. Una ciudad es por definición, señala Peter Conrad en *The Art of the City*, «un lugar donde cualquier cosa puede suceder, un dispositivo multiplicador de posibilidades». Y Nueva York ha conseguido divulgar la especie de que es la ciudad con el más potente dispositivo multiplicador de la Tierra, aunque también dependa de nosotros: de nuestra credulidad y de nuestra osadía, de nuestro depósito de deseos y de nuestra predisposición para guiarnos por sombras o contribuir a vislumbrar su resplandor en la noche de las ciudades. *Todo* comienza cuando comienzas a decir *sí* a la vida en las ciudades y a soñar ese sueño mientras dejas a tu espalda una caja de latón llena de secretos, el silencio y la cerrazón del pueblo o la ciudad natal, la familia, esa *otra* vida posible cerca de tus padres y hermanos, el reino de tu infancia, un lugar con reglas particulares, tiempo minucioso, expectativas razonables y penas concretas, a favor de lo que la ciudad cada vez más lejana —primero Santiago de Compostela, después Madrid, *ahora* Nueva York, y vuelta a Madrid— pueda encerrar y ofrecer: el deseo y la quimera. Respecto al placer y sus cimas, de las que a esta ciudad le gustaba vanagloriarse, dice Adorno en el punzante fragmento «Invitación al vals» de su *Minima moralia*: «La frase de Schiller "la vida es sin embargo bella", que siempre fue *papier-mâché*, se ha convertido en mera idiotez desde que es pregonada en complicidad con la propaganda omnipresente a cuya lumbre también el psicoanálisis aportó su leña a despecho de sus otras posibilidades mejores. Dado que la gente tiene cada vez menos inhibiciones, o no demasiadas, sin estar por ello ni una pizca más sanas, un método catártico cuya norma no fuese la perfecta adaptación y el éxito económico tendría que ir encaminado a despertar en los hombres la conciencia de la infelicidad, de la general y de la propia e irremediable derivada de la primera, y a quitarle las falsas satisfacciones en virtud de las cuales se mantiene en ellos con vida el orden aborrecible que externamente da la apariencia de no tenerlos en su poder. Sólo con el hastío del falso goce, con la aversión a lo que se ofrece y con la sensación de la insuficiencia de felicidad, incluso donde todavía existe alguna [...] se tendría una idea de lo que se podría experimentar. La exhortación a la *happiness*, en la que coinciden el científico entusiasta que es el director del sanatorio y el nervioso jefe publicitario de la industria del placer, tiene todos los rasgos del padre temible que brama contra los hijos por no bajar jubilosos las escaleras cuando, malhumorado, vuelve del trabajo a casa. Es característico del mecanismo de la dominación el impedir el conocimiento de los sufrimientos que provoca, y del evangelio de la alegría de vivir a la instalación de mataderos humanos hay un camino recto, aunque estén éstos, como en Polonia, tan apartados que cada uno de sus habitantes puede convencerse de no oír los gritos de dolor. Tal es el esquema de la imperturbada capacidad de goce». Esa intuición —más bien, ese diagnóstico— no ha hecho sino multiplicarse con la exposición exponencial de supuestos seres desinhibidos y su proyección masiva a través de medios que cultivan la falsa sensación de felicidad, distracción y placer sin fin. No sólo no están más sanas las gentes, sino que el ruido es formidable para: ocultar la infelicidad y disimular la dominación. En eso, Estados Unidos, y especialmente Nueva York, son paradigmáticos. El modelo parece tan perfecto e intachable que se divulga como universal: un anhelo que hay que perseguir a toda costa, so pena de pasar al batallón de los feos, pobres, condenados. A los periódicos serios les gusta jugar con los márgenes de la tolerancia, de lo prohibido, de lo que sus avisados lectores quieren saber y acaso probar, aunque no se atrevan, y si se atreven lo dejan depositado en la alacena de las perversiones. Warren St. John (no podía ser más apropiado el nombre del redactor) escribió una historia de tentaciones en la sección «Sunday Styles» del *New York Times* de un domingo de enero de 2004, bajo un título tan prometedor como algunas de las esencias que venden en las botánicas de Harlem: «Fiestas donde un carné de identidad es lo último que quieres enseñar». Bajo el leve eufemismo de «promotores de acontecimientos eróticos» se cuentan los oficios de Melinda Gallagher, Pelagia, Grego o Angelo Valez. Licenciada en Sexualidad Humana por la Universidad de Nueva York y fundadora de *Cake* ('tarta, pastel, bollo'), Gallagher ha sido una «renovadora», así se la dora, en una ciudad donde no han faltado nunca resortes y establecimientos para la exploración sexual, con su decisión de organizar en julio de 2000 un evento en un bar del Lower East Side llamado *Fun* ('Diversión'). El grupo comenzó con cien personas en su lista de correo y ahora se han multiplicado como panes y peces lúbricos hasta treinta mil, con una asistencia media a las *parties* que celebra en *nightclubs* de entre ochocientas y mil cabezas. La «filosofía» de las denominadas *Cake parties* «es que las mujeres necesitan su propio espacio de exploración sexual. Las mujeres en la sala dirigen todo lo que sucede». Pelagia es la creadora de *One Leg Up* (literalmente, 'Arriba una pierna'), y patrocina en el bar Carnaval, al este de la calle Houston, reuniones para parejas interesadas en incrementar su caudal de conocimientos sobre el mundo del sexo. Considerada una «proselitista» del asunto, Warren St. John cuenta que Anna —una parroquiana— tuvo que pasar una reválida: remitir un ensayo erótico y una fotografía, antes de recibir el visto bueno y la contraseña para acceder a la caverna: «Desabróchate el corsé». Cuando parecía que todo quedaría en miradas y escarceos, a las doce y media de la noche sonó un gong, la señal para que la concurrencia mostrara su ropaje interior. En las «orgías» (no es otra la palabra que usa el amanuense) que organiza *One Leg Up*, Pelagia hace de «policía de etiqueta»: cada pareja debe pagar un anticipo de 55 dólares por estar en la pomada y otros 175 por el derecho de asistencia a las reuniones reservadas, el uso de condón es obligatorio y los hombres deben siempre pedir permiso antes de iniciar los avances y requerir a una mujer. En el caso de Pelagia, su misión es «hacer que las masas se sientan a gusto con su sexualidad». Mientras Grego supervisa guateques sexuales en su *Love Loft* ('Nave del amor'), Angelo Valez, calificado de «veterano de la escena de intercambios entre parejas a lo largo de la última década», es el promotor de fiestas de inspiración latina bajo el marchamo *Salsa Swingers* ('Salsa para desinhibidos', o 'Salsa para amigos del intercambio'). El reportaje del *Times* termina con una nota bene de contrapeso moral a cargo de Megan Fleming, «psicóloga clínica y especialista en terapia sexual en el centro médico neoyorquino Beth Israel», acerca del peligro de perder el sentido de los lindes: «En una fantasía, controlas todo lo que ocurre. La realidad no es así. Cuando el sexo se convierte en un deporte, puede hacer añicos la posibilidad de disfrutar de una relación más íntima». El ensayista Peter Conrad, que ha analizado los mitos culturales que interpenetran Nueva York, asegura que Mae West se ganó el derecho a posar como la Estatua de la Libertad porque era una *superwoman*, desdeñosa de la moralidad oficial: la exuberante actriz no pretendía ilustrar al mundo, sino liberar a América inflamándola, instándola a romper las cadenas del puritanismo. Si King Kong en lo alto del Empire State simbolizaba la monstruosidad de la ciudad mecánica y Mae West subida al pedestal de la estatua «es un monstruo, al menos se trata de un monstruo sagrado. Kong es la pesadilla de la ciudad misma, Mae West su lúbrico ensueño». Avanzando por esas calles laterales llegamos a la consulta de la psiquiatra que atiende a Dan y que es la narradora de «Zona Cero», el tercer y último relato de *Ciudad fantasma*, obra del escritor británico Patrick McGrath: «Putas y psiquiatras: ¿quién ve con más claridad las verdaderas formas y sombras de los hombres?». Vislumbres de Nueva York, donde el deseo forma parte de la encarnadura física, vertical, de la ciudad. Una insatisfacción colosal, un deseo que nada puede nunca satisfacer del todo, una *Tristán e Isolda* de la arquitectura, ansiedad que la destrucción y erección de nuevas torres no palía. ¿El ataque contra los edificios iguales representó también el desafío de los envidiosos, que pretendían escenificar una suerte de castración, sajando los tallos de acero más altos de la isla? ¿Qué cosa no se puede decir? ¿Qué no se debe pensar?

CIUDAD ROMÁNTICA. Para estos excesos y malentendidos, nada como Julio Camba, que fue quien la consideró («con algún cinismo», avisa Enric González) una ciudad romántica «por su brutalidad y su codicia, por su estridencia, por su violencia, por su culto de las catástrofes [una religión que no ha dejado de medrar], por su sacrificio constante del pasado y del porvenir al momento presente, por la organización comercial de sus crímenes y la organización criminal de sus negocios, por su clima contradictorio, desmesurado e incontrolable, por su afán de escalar el cielo haciendo cada año un edificio más alto que los demás y, en suma, por su ilimitación».

CONEY ISLAND. Era el imán, constante y aplazado, al final del metro, un viaje físico y mental al que volver como a un antiguo vicio, a un antiguo amor incurable y arrugado.

Coney Island, al igual que tantas otras cosas en Nueva York —dice Brendan Behan en *Mi Nueva York*—, es difícilmente comparable a cualquier otro lugar del mundo. Es una institución genial, fabulosa y extremadamente proletaria —espero no ofender al Departamento de Estado— donde miles y miles de tipos corrientes llegan en metro por quince centavos y lo pasan en grande. Diría que lo pasan tan bien como los que pueden permitirse el lujo de ir a Las Vegas.

No pretendo hablar mal de Las Vegas, pues estuve una vez allí y espero volver alguna vez. El juego es, sin embargo, uno de los pocos vicios en los que no he caído. Salí del lugar sin haber ganado ni perdido un solo centavo.

Coney Island lo tiene todo, excepto, curiosamente, bebidas fuertes. Pero no hay límite con la cerveza y los frankfurts, aunque debo decir que los detesto cordialmente. Es casi una Nueva York en sí misma. Hay un circuito de obstáculos, una gran piscina, un restaurante, lugares para que jueguen los niños, actividades para que lo pasen bien, y hay incluso un lugar para que los viejos se sienten y vean a los jóvenes divertirse en la piscina.

Coney Island es casi un microcosmos.

Escribe por su parte Ezra Pound, el vate maldito: «Maravilloso contrastando con la noche según uno se va acercando o alejando de él». En una carta que escribió el poeta al abogado y mecenas de las artes John Quinn (acaso también un personaje de la *Trilogía de Nueva York*, de Paul Auster), con quien había ido a Coney Island junto con el padre de Yeats, el pintor John Butler Yeats, que vivía en el 317 al oeste de la calle 29, no lejos de mi casa en Manhattan, afirma: «Sigo conservando un clarísimo recuerdo del *père* de Yeats sobre un elefante (en Coney Island), sonriendo como Elías en la visión beatífica, y de usted acribillando con las balas en la galería de tiro». Allí, a las 2.45 de la tarde de un día de enero de 1903, fue ejecutada ante una multitud de mil quinientos espectadores la elefanta Topsy mediante una descarga eléctrica de seis mil voltios: electrodos y sandalias de cobre la dejaron seca en diez segundos y sin que moviera la trompa este ejemplar de la India de seis toneladas de peso que había trabajado en un circo y había adquirido sombría fama por haber mandado al otro barrio a tres domadores. La Sociedad para la Prevención de Actos Crueles contra los Animales impidió que la elefanta fuera colgada en medio de un aparatoso andamio. Tom Vanderbilt recordó en las páginas del *New York Times* del 13 de julio de 2003 la historia de Topsy con motivo de la inauguración de un monumento en su memoria en el Museo de Coney Island, obra de la artista de Nueva Orleans Lee Deigaard, que incluye un mutoscopio en el que se puede ver la película de la ejecución de Topsy, que sirvió al inventor Thomas Alva Edison para argumentar que su sistema eléctrico era mucho más fiable y menos peligroso que el de su competidor, George Westinghouse. No fue el primero, recuerda Vanderbilt, pero sí el animal más grande electrocutado por Edison en su campaña contra Westinghouse. La ejecución se celebró en el parque de atracciones Luna Park, que estaba a punto de ser iluminado con luz eléctrica en un momento en que la mayor parte de Estados Unidos carecía de ese lujo moderno. «Coney Island, que estaba a la cabeza de la cultura popular en la transición del siglo XIX al XX, metió en el mismo paquete la electricidad, el cine, el entretenimiento y la crueldad hacia los animales. Fue un momento seminal», declaró al *New York Times* Dick Zigun, propietario del Museo de Coney Island, con motivo del homenaje a Topsy, uno de los episodios, recuerda Vanderbilt, «más extraños de la historia de Nueva York». Sobre la muerte se fundan ciudades y culturas. «Coney Island era el frente abierto de Nueva York al Atlántico. En principio una gran playa, poco a poco una parafernalia de la diversión [...]. La primera atracción que se creó fue la de los *baños eléctricos*, una serie de faroles y reflectores instalados a lo largo de la playa permitían los baños nocturnos en el mar como si fuera pleno mediodía [...]. El nombre que se le dio a esa Coney Island alucinante fue el de *Dreamland, tierra de los sueños*», escribe Juan Antonio Vizcaíno en su inédito *La arquitectura de José Blein en Ceuta*, que sigue las iluminaciones de Rem Koolhaas y su *Delirio de Nueva York*. Entre las atracciones más renombradas figuraba *Fighting the Flames* ('Luchando contra el fuego'), con toda la panoplia de los bomberos salvadores, acaso una estampa retrospectiva de los propios de Madrid que Sánchez Ferlosio retrata en su *Alfanhuí*: «Había que ver la alegría con que llegaban, el entusiasmo de su faena, el júbilo de sus coches rojos. Rompían con sus hachas mucho más de lo que había que romper. Hartos de su interminable quietud, les embriagaba la alarma, las llamas les enardecían y llegaban eufóricos al incendio. Ponían en marcha su mecanismo de pura actividad y de pura prisa. Vencían al fuego, tan sólo porque demostraban una mayor actividad y una velocidad mayor. Y el fuego humillado, se retiraba a sus cavernas. Ellos conocían este secreto, el único eficaz contra las llamas. Ganaban al fuego en aquello en que más se tenía por grande: en movimiento y escenografía. Le humillaban. Todos los ojos se volvían hacia ellos; el fuego nadie lo miraba ya». El guión del drama pautado del Coney Island de principios del siglo xx era el mismo que Ferlosio pintó para *Industrias y andanzas de Alfanhuí*: «Nunca sacaban a nadie por la puerta, aunque pudieran, siempre lo hacían por las ventanas y por los balcones, porque lo importante para vencer era la espectacularidad. Bombero hubo, que, en su celo, subió a la joven del primer piso, hasta el quinto, para salvarla desde allí. En cada piso había siempre una joven. Todos los demás vecinos salían de la casa antes de llegar los bomberos. Pero las jóvenes tenían que quedarse para ser salvadas. Era la ofrenda sagrada que hacía el pueblo a sus héroes, porque no hay héroe sin dama. Cuando llegaba la hora del fuego, toda joven conocía su deber. Mientras los demás huían aprisa con los enseres, ellas se levantaban lentas y trágicas, dando tiempo a las llamas, quitaban de su rostro las pinturas y los afeites, soltaban las largas cabelleras, se desnudaban y se ponían el blanco camisón. Salían por fin, solemnes y magníficas, a gritar y a bracear en los balcones». De los sanjorges y los dragones hemos pasado a los bomberos y los rascacielos en llamas. Coney Island conocía esas claves, como resalta Juan Antonio Vizcaíno en su panorámica: «Se había establecido una metrópolis de lo irracional, un acceso a lo inconcebible donde se cultivaba morbosamente la estética de la catástrofe [...] la seducción de *Dreamland* sobre sus visitantes era la total ausencia de leyes morales en aquel mundo fuera de lo racional [...] totalmente pagana y profana [...] se prodigaba la pederastia, la nymphomanía, se celebraban bodas ilegítimas [...] hasta los vendedores de caramelos y palomitas asumían con un impudor jactante aquella metáfora, iban disfrazados de diablos. *Dreamland* desapareció como un propio espectáculo de sus atracciones. Fue presa de un gran incendio, y en tres horas toda aquella razón fantástica quedó reducida a una capa de cenizas sobre el terreno». Sigue ahí, descomponiéndose bajo las aguas y los calores de todas las intemperies, año tras año, como un lugar concreto al que acudir desde Nueva York cuando las certezas más brillantes no son suficientes. A Coney Island la cantó Lou Reed y todavía la cantó mejor Van Morrison, ese tipo que nos acompaña en las noches de lluvia, cuando no podemos conciliar el sueño o simplemente en la carretera, noches en que el ritmo del vehículo lanzado a velocidad constante en pos de una ciudad es el murmullo de una rara cuna adulta a la que hemos vuelto a asomarnos. Coney Island sigue ahí, al final de la línea del ferrocarril metropolitano, que pasa bajo la corriente del East River y luego sale a la superficie en Brooklyn, se asoma a inmuebles de las afueras de Nueva York, ventanas volcadas al paso permanente de los trenes. No es difícil que desde el vagón en marcha, y mientras leemos que también Federico García Lorca vino a probar el sabor de las muchedumbres en esta playa urbana, algunos pasajeros entretengan el largo trayecto imaginando qué vida se vive en esos inmuebles a orilla de la vía, esas estaciones de ladrillo, madera domesticada que los ojos de los convoyes copian como si tuvieran memoria y les dieran la salida a un incesante y rutinario renacer. La torre Eiffel de Coney Island, la antigua estructura de hierro desde la que se lanzaban en paracaídas los más osados, todavía está en pie, como una extraña antena para captar emisiones de la nostalgia, o acaso para que anide una nave de otro planeta, un animal que se nos parezca y nos mire a los ojos. Como sigue en pie el alucinante circo de Bobby Reynolds. Por tan sólo un dólar el curioso aventurero puede enfrentarse a cráneos reducidos, niños con dos cabezas, sirenas vivas, arañas con rostro humano, todas las pesadillas que empiezan con el vendedor de alto y funerario sombrero negro subido a su tarima del Gran Circo de Oklahoma que Franz Kafka pintó con sombras inquietantes sin haber puesto nunca los pies en *Amerika*, como Lars von Trier y su pesadilla brechtiana llamada *Dogville*. En una entrevista, confiesa el escritor Ray Loriga recién regresado a España después de cinco años afincado en Manhattan: «Nueva York está llena de gente que vivía en otro sitio pensando que había un lugar mejor: el que estaba en Iowa y quería cambiarse el sexo, ser artista o dejar a su mujer soñaba que Nueva York era ese lugar. Es el Coney Island de la mente del que habla Ferlinghetti, una especie de parque de atracciones que llevamos en la cabeza. Pasa en todas las metrópolis. La gente que viene a Madrid a ser algo también viene con una idea preconcebida. Luego estalla el conflicto entre esta idea previa y la realidad. El circuito cerrado de Nueva York se nutre de todas esas expectativas y, sobre todo, de todas esas decepciones». El capítulo de la novela *Llámame Brooklyn* que comparte título con esta entrada, comienza así: «Cuando yo era niño el mundo se acababa en Coney Island. Aquel arenal situado en el límite inferior de Brooklyn era nuestro Finisterre». Allí se incluye una crónica imaginaria sobre el lugar publicada por David Ackerman en las páginas del *Brooklyn Eagle*, el periódico que tuvo entre sus plumas más encendidas a Walt Whitman. Transcribe Eduardo Lago: «Coney Island mira al mar orlada por un paseo marítimo construido con sólidos tablones de madera. La playa es una larga franja de arena blanca y fina, la misma siempre, por más que los letreros designen con distintos nombres sus tramos sucesivos: hacia levante, Manhattan Beach; a mediodía, Brighton Beach; y por fin, hacia el poniente, Coney Island Beach. Desde tiempo inmemorial, los barcos no consideraban que habían llegado a Nueva York hasta que se encontraban a la altura de Sea Gate. Coney Island se quedaba fuera de la rada, como una polis inquieta y avezada, con la mirada puesta en el océano. Sus proporciones son relativamente exiguas: media milla de ancho por dos y media de longitud. Dos salientes de tierra protegen su marina de los embates del mar. Cuando el explorador Henry Hudson arribó a lo que habría de ser la ciudad de Nueva York a bordo del *Media Luna*, la embarcación tocó las orillas de Coney Island. Compiten dos teorías en torno al origen del nombre con que se conoce esta montaña que antaño no era más que arena y tierra marismeña, y cada una de ellas guarda relación con un tótem distinto. Los canarsis, una de las tribus de la nación algonquina, y que fueron quienes la vendieron a los colonos ingleses, dicen que el nombre originario del lugar era "Konoh", que quiere decir "oso". La segunda etimología remite a un vocablo neerlandés, "Konijn", que significa "conejo" en la lengua de los primeros pobladores europeos de la isla».

CORTINAS DE CODICIA. Es decir, Wall Street. Elias Canetti, *La provincia del hombre*: «Tiene tanto dinero que vienen las bombas a comerle en la mano». Ramón Carnicer: «La Economía es el opio del pueblo. Porque la Economía se está entregando tan sin escrúpulos a las rijosidades de capitalistas, banqueros y grandes comerciantes, y a su correlato tinglado político que ya no hay quien la respete». No se ve nada. No te los cruzas en los sórdidos pasillos del metro, con bocas tan angostas que en hora punta te recuerdan que Manhattan es, además, una trampa. Unos seiscientos convoyes de metro quedaron detenidos en los túneles del subterráneo neoyorquino cuando poco después de las cuatro de la tarde del jueves, 14 de agosto de 2003, se produjo el mayor apagón de la historia de Canadá y Estados Unidos. No suelen encaramarse a los autobuses que en cada viaje dan la vuelta al mundo, entre el Village y los puentes sobre el Harlem y desde los que se leen letreros en muchos de los alfabetos de la Tierra. A veces pisan las moquetas de Christie's o Sotheby's cuando las subastas les convencen de que un Picasso o un Koons, un vestido que humedeció Marilyn o un cuchillo de untar mantequilla de cacahuete que manoseó Elvis son la prueba que les falta de que Dios está de su parte. Pero en realidad no se ve nada. George Grosz los destrozó en la Alemania de entreguerras con sus caricaturas devastadoras, cascos prusianos puntiagudos, burgueses de nalgas coloradas, una carne y una codicia que eran el hazmerreír. Nueva York es otra cosa, aquí la lucha de clases ha sido desterrada del vocabulario y el expresionismo alemán está bien para los museos. No se ve cómo sus decisiones en los inaccesibles rascacielos con vistas sobre el porvenir o en la Casa Blanca enviarán al matadero a millones de invisibles a cuenta de esta costosa forma de vida que tenemos aquí. Cuando no se ve la cara concreta de las víctimas es más fácil: matar en nombre de un dios utilitario, de una patria cimentada en sangre oscura, de una codicia que no tiene límites. Demagógicas y crueles concomitancias entre los terroristas y los presidentes del consejo de administración. Hasta que salta la banca y en los palacios de la Quinta Avenida entran los agentes federales para desarticular no una célula de Al Qaeda, sino un consejo de administración o un consejero delegado y un contable a los que se les fue la mano a la hora de robar. Como a Dennis Kozlowski, acusado de fraude y abusos sin cuento al frente de Tyco International, una de las muchas corporaciones cogidas con las manos en la masa, o a un tal Bernard Madoff, *broker* de la jet, estafador piramidal que los ricos más codiciosos se rifaban. Pero en realidad no se ve nada. Y a los accionistas defraudados y a los obreros puestos en la calle y a los africanos condenados a muerte ni se les ve ni se les oye. Y es que ni siquiera en Nueva York, sobre todo en Nueva York, se ve nada. Otra vez Carnicer: la «fanfarronería económica» de llamar *billions* a miles de millones y *trillions* a billones, y así. A fines del siglo XX, escribe José Martí, corresponsal en Nueva York: «Decenas de grandes firmas comerciales, que eran meras casas de juego, so pretexto de comprar o vender acciones [...], hinchar las acciones a precios que no están en relación con sus orígenes y valor presente y probable; imponer a papeles nulos un valor ficticio; forzar, con escaramuzas y asedios de bolsa, que no son en sí más que voluntarias suposiciones, ocultaciones culpables y descaradas mentiras, alzas o bajas que no proceden de los cambios reales del valor representado, es una estafa indigna de que las gentes honradas pongan su inteligencia en organizarla». Y: «Esta república, por el culto desmedido a la riqueza, ha caído, sin ninguna de las trabas de la tradición, en la desigualdad, injusticia y violencia de los países monárquicos». Federico García Lorca echa su cuarto de espadas en «Nueva York (oficina y denuncia)», donde descubre que «Debajo de las multiplicaciones / hay una gota de sangre de pato; / debajo de las divisiones / hay una gota de sangre de marinero; / debajo de las sumas, un río de sangre tierna. / Un río que viene cantando / por los dormitorios de los arrabales, / y es plata, cemento o brisa / en el alba mentida de New York». No sé cuántos son, me matan y me estremecen las estadísticas. Quisiera tenerlas todas aquí, a mano, como un poema calidoscópico, como un tratado de física que contribuyera a explicarlo todo, esa teoría general que los físicos buscan ahora mismo, esta noche, en escritorios y cuartos como este, ¡Dios mío! «Todos los días se matan en New York / cuatro millones de patos, / cinco millones de cerdos, / dos mil palomas para el gusto de los agonizantes, / un millón de vacas, / un millón de corderos / y dos millones de gallos / que dejan los cielos hechos añicos». Y sin comerlo ni beberlo, o mejor, comiéndolo y bebiéndolo, me vienen a la cabeza las imágenes que Franz Kafka perpetró en *El desaparecido* sin haber puesto jamás los pies aquí. Y sigue Lorca, aunque no voy a copiar un poema que acaso deberíamos sabernos, como una oración para los momentos de estupefacción: «Yo denuncio a toda la gente / que ignora la otra mitad, / la mitad irredimible / que levanta sus montes de cemento / donde laten los corazones / de los animalitos que se olvidan y donde caeremos todos / en la última fiesta de los taladros. [...] Yo denuncio la conjura / de estas desiertas oficinas / que no radian las agonías, / que borran los programas de la selva, / y me ofrezco a ser comido por las vacas estrujadas cuando sus gritos llenan el valle / donde el Hudson se emborracha con aceite». Le hicieron caso. Fue estrujado, comido, convertido en estiércol para otra manada de vacas, otra pared, otra carnicería, otra multiplicación, otra oficina, otro taladro. En la novela *El vendedor de sueños*, Ernesto Quiñónez recuerda que «detrás de cada gran fortuna se esconde un gran crimen», y Bodega, su protagonista, trata de aprender de los anglosajones: hacerse rico, limpiar la casa, fabricarse un pasado, construir un país, sentirse orgulloso, justificar el mal y seguir adelante. «Un solo abogado puede robar más dinero que cien hombres armados». En la conferencia con la que Lorca acompañaba y explicaba el recitado de sus poemas de Nueva York sentía al despedirse de la ciudad: «Puentes, barcos, ferrocarriles y hombres los veo encadenados y sordos, encadenados por un sistema económico cruel al que pronto habrá que cortar el cuello...». En *El poeta y la ciudad. Nueva York y los escritores hispanos*, escribe Dionisio Cañas: «El ámbito específico donde la codicia, y la obsesión por el dinero, como un valor supremo que mueve la vida en la ciudad, se lo ofrece a Martí (y luego a Lorca) Wall Street. De igual modo, Lorca sitúa su visión del infierno de la metrópolis en lo que era ya el corazón de la economía mundial: en las oficinas de esa zona del *imperio*. Y penetrando con su mirada poética en un espacio tan aparentemente antipoético (el de estas oficinas), el poeta español lanzará desde allí su grito de protesta, su visión apocalíptica del mundo capitalista en general y su visión de la ciudad como un matadero. Estos espacios, Wall Street y Nueva York, son en los que se dan para estos dos autores *la mala muerte*». Y el *Diktat* de tanta mala vida para tantos invisibles desde esos impecables despachos. «En una ciudad comprometida en negar su propio origen económico, la venganza del realismo es el apego a las etiquetas con el precio», señala Peter Conrad en *The Art of the City*. El esfuerzo es constante para blanquear las huellas de la sangre y la codicia, aunque durante el tiempo de los amos del universo bursátil sin escrúpulos retratados en *La hoguera de las vanidades* y los de la *dama de hierro* al otro lado del mar, la codicia se presentaba como una virtud pública de la que no había por qué avergonzarse. Hacerse millonario sigue siendo el objetivo de millones de majaderos. Para poder, como sacaron a la luz los escándalos financieros de comienzos del siglo xxi y que mostraron las podridas cuentas de gigantes como Enron, WorldCom o Tyco y las compañías encargadas de verificar la honestidad de sus libros de cuentas, como Arthur Andersen, dilapidar a manos llenas las arcas de la empresa. En el caso de Kozlowski, jefazo de Tyco, el saqueo corporativo llegó a un dislate muy neoyorquino con imitadores en palacios de Bagdad o Kinshasa: una cortina de baño que costó 6.000 dólares, un paragüero de 15.000 dólares o una minuta de 2 millones de dólares para celebrar por todo lo alto el cumpleaños de la segunda esposa de Kozlowski en la isla de Cerdeña con una fiesta romana con vestales en túnica traslúcida y efebos en calzoncillos. No resulta por eso extraño que publicaciones que han hecho del mercado libre su faro ideológico y su biblia, como el *New York Times* o *The Economist*, se pregunten si se han empeñado los capitalistas en lograr lo que nunca consiguieron los comunistas: acabar con el capitalismo. El árbol genealógico del mal es tan intrincado como una monarquía plagada de bastardos, con la supuesta separación de poderes puesta en entredicho cada día por los grupos de presión que riegan las arcas de los dos partidos únicos para velar por que sus intereses tengan feroz defensa legislativa, los líderes que sólo pueden hacerse ver y ganar gracias a amasar fortunas de donantes que les permiten venderse como mercancía dispuesta a proteger y propagar el aura de la mercancía. Otra variante de la tan neoyorquina puerta giratoria. Más claro no podía haberlo expresado el senador republicano Boies Penrose, aunque fuera hace más de un siglo, en 1896: «Creo en la división del trabajo. Vosotros [las grandes empresas] nos enviáis al Congreso, nosotros aprobamos leyes que os permiten ganar dinero... y de esos beneficios vosotros contribuís con vuestros fondos a nuestras campañas, para mandarnos otra vez al Congreso y allí aprobar más leyes que os permitan ganar más dinero». ¿Quién dice que la codicia no es patriótica? En su *Historia de la decadencia y ruina del imperio romano*, apunta Edward Gibbon, según la versión de José Mor Fuentes: «En el imperio romano, el afan de un pueblo solícito é injenioso se esmeraba á toda hora y por varios rumbos en halagar á los acaudalados. Trajes, mesas, viviendas y alhajas, todo se agolpaba en manos del poderoso para su regalo selecto y su primorosa esplendidez, incensando al par su engreimiento y halagando su sensualidad. En todo tiempo los moralistas han tildado tales afeites con el baldon de lujosos, y seria tal vez mas conducente para la virtud y la bienandanza del linaje humano el que cada cual disfrutase lo necesario, y nadie lo superfluo para la vida».

CRISTINA Y SU RABO. Luigi, el jefe de los porteros del número 407 de Park Avenue South (esquina con la calle 28), la tenía recogida en el sótano: era una gata romana, flacucha, con los costados hundidos y una mirada de perplejidad que no mendigaba compasión. En eso era perfectamente fiel a los rasgos de su especie. Cabía en el cuenco de una mano y apenas comía. Como si ganar peso fuera una contrariedad, en perfecta sintonía con el canon occidental de las modelos. Empezamos a subirla por las tardes: para que la niña se olvidara de la muerte y la ceniza y jugando con la felina, acariciándola, acaso recompusiera los costurones del mundo: como si la gata y la niña pudieran rebatir la evidencia de que el siglo recién nacido —lo que algunos insisten en llamar «el porvenir»— no podía haber empezado peor: un conjuro basado en el juego y la ternura gratuita, sin más condiciones que las que los gatos y los niños renuevan y revocan por su cuenta. Acabó quedándose a dormir y pasando en el sótano las horas en que la niña estaba en la escuela. Hasta que la costumbre se convirtió en mutua dependencia y decidimos adoptarla con todas sus consecuencias. «¿Qué haréis con la gata cuando regreséis a España?», nos preguntaban con todo el énfasis que las personas prácticas suelen emplear cuando se trata de asuntos que a simple vista no parecen tener vuelta de hoja. Les seguíamos el juego y hacíamos como si nos escandalizáramos, aunque tampoco llegamos tan lejos: «Llevárnosla con nosotros. Es parte de la familia». ¿Acaso cabría pensar otra cosa? Lo único que conoce del mundo es la caverna del sótano y el luminoso piso 20 (además del trayecto en ascensor y las esporádicas y nada gratas visitas al veterinario de Chinatown, con su colección de sonidos indescifrables del taxi o del metro captados desde su bolsa de viaje). ¿Acaso cabe liquidar de un plumazo los afectos? ¿No sería otra forma de adorar a los verdugos de las torres? Aunque se trate de un animal que no interroga, sino que es en cada instante, no sabe de historia y no se pregunta por lo que ocurrirá al día siguiente. En realidad no sabemos nada de su vida interior, pero está claro que, como los perros, que mueven las pupilas mientras duermen, también los gatos sueñan. Claro que proyectamos en ella nuestras sombras, pero su pelo y su cerebro le proporcionan un curioso blindaje. Su condición enigmática también es un asunto más nuestro que suyo: su falta de conciencia le permite pasar largas temporadas en un país encerrado entre dos ríos: la lasitud y la inopia. Y sin embargo son las sombras y los reflejos quienes más felizmente la sacan de su letargo: los persigue como un Segismundo: fragmentos de luz que merecen ser investigados. Tal vez tenga que ver con las largas temporadas que ha pasado en el *basement*, junto a una hermana mayor que la maltrataba y los incesantes rumores de paquebote en alta mar de la maquinaria que regulaba las temperaturas y los flujos del edificio. Hay otro asunto que la trastorna de forma tan súbita como desaforada: su propio rabo. Cuando se olvida de su cuerpo, nada la perturba. Pero cuando en vez de Segismundo adopta las maneras de Narciso y empieza a contemplarse su largo apéndice, algo se desbarata en su cabeza. Sólo entonces se enzarza en un zafarrancho de combate, con la dolorosa consideración de que ella es la única y su peor enemiga. Chilla como una loca mientras se clava los dientes en su rabo que parece haber cobrado vida propia: ondula como una cobra perversa, desafiante. Como si el músculo que mueve la cola tuviera autonomía, se alza y se desploma ante unos ojos atónitos, cada vez más desconcertados. El asombro se vuelve furia, algo se dispara en su instinto: se persigue en un torbellino de zarpazos y mordiscos mezclados con gañidos de dolor que nos inspiran una divertida y perpleja compasión. Los estallidos son siempre inesperados, sin que acertemos a encontrar la causa, sin que acabemos de deducir un patrón de comportamiento, salvo, tal vez, cierto grado acentuado de conciencia: como si únicamente ante la certeza de su rabo en Cristina se despertara una rabia insólita que no tiene equivalencia con ninguna otra circunstancia de su holgada existencia. Acaso fuera la ciudad del yo y yo, donde el deseo adquiere proporciones de mitología y el egoísmo es una fuente de codicia y de placer, el rabo de Cristina estuviera intentando alumbrar una metáfora. Pero lo que consigno aquí no son más que hipótesis morales, ninguna ciencia. Aunque el asunto de los rabos de los gatos sea universal.

D

«DELI». No cierran nunca. Versión abreviada y común de los *delicatessen*. La escritora de origen coreano Suki Kim se enroló como intérprete en los tribunales de justicia durante un tiempo, lo que le permitió no sólo «traducir pobreza y dolor» sino que le ayudó a enriquecer la novela que entonces escribía (*La intérprete*). Lo que no sabía, como reconoció en un artículo publicado en el *New York Times* en marzo de 2003, es que también iba a cambiarla a ella. Entre las *revelaciones* que le proporcionó su desempeño temporal como intérprete, Suki Kim consigna «que un trabajador de la construcción coreano de Brooklyn, especializado en retirar asbestos», ganaba menos dinero en un día de trabajo que ella en dos horas traduciendo en un juzgado. Como muchos neoyorquinos, Suki Kim sabe que el éxito de los *delis* radica en que operan 24/7 (*veinticuatrohorasaldíasietedíasalasemana*: título compartido con la tercera entrega de la *Trilogía de la Juventud*, que tanto renombre ha proporcionado a la Cuarta Pared, una de las salas de teatro alternativo más perseverantes de Madrid): «El secreto de su éxito parece ligado al hecho de que mantienen horarios más amplios que nadie y emplean a la fuerza de trabajo más barata del entorno [...]. Pero los clientes, incluida yo misma, raramente se paran a hacerse ese tipo de preguntas. Eso se debe a que los neoyorquinos somos adictos a los mercados coreanos. Nos encanta poder hacernos con un paquete de cigarrillos o de condones o ensaladas frescas a horas intempestivas de la madrugada. Ponemos nuestra confianza en los limpios y relucientes recipientes de fruta. En esta ciudad que nunca duerme, nos reconforta su perpetua disponibilidad». Una disponibilidad basada en la explotación de la mano de obra inmigrante, a menudo sin papeles y por lo tanto susceptible de sufrir las más jugosas extorsiones. Y sin embargo, cómo no sentir la pulsión de la elegía ante esa dinamo que fascinaba a mi amigo Pepe Sobrino, que acaba de partir para su último viaje a una Manhattan del sueño y que decía que no se puede vivir en una ciudad en la que no quepa encontrar un sacacorchos a las cuatro de la madrugada. En la década de 1960 escribía Brendan Behan (*Mi Nueva York*): «Una ciudad es un lugar donde vive el Hombre, un lugar donde camina, habla y come y bebe a la luz brillante del día o a la luz de la electricidad, las veinticuatro horas del día. En Nueva York puedes dar un paseo a las tres de la madrugada, ver gente, leer el periódico y beber algo: zumo de naranja, café, whisky o lo que sea. Es el mayor espectáculo que hay sobre la Tierra, abierto para todos. De noche, su fabulosa belleza ya era la mayor maravilla del mundo hace cuarenta años».

DEPÓSITOS DE AGUA. El significado de los depósitos. Lo que creía, lo que son. Para mantener la presión del agua. John Dos Passos (*Manhattan Transfer*): «Chimeneas y tanques de agua se recortaban como carne». Carne de cielo de Manhattan. «Babilonia y Nínive eran de ladrillo». Pero también hay mucho ladrillo en Nueva York. «El sol rayado por las traviesas» del ferrocarril elevado. Ése es el que vimos en el Bronx, y lo que se veía bajo el elevado que surcaba la Tercera Avenida al sur de Manhattan, «los grandes árboles de humo que subían de los patios». Depósitos que son los hórreos de esta ciudad que devora historia y deja el rastro de sus digestiones en las traseras de los edificios, en el óxido que patina cañerías y alféizares, tubos y barandillas, celajes y mástiles, terrazas y tomas de agua para los bomberos que tanto nos sorprendían en las películas de dibujos animados, nueva revisión moral de los animales calcando inclinaciones humanas. En el Lower East Side observa Paul Morand: «Las escaleras exteriores contra incendios, que transforman esas viejas casas en jaulas donde parecen estar encerrados buitres».

DIABLO COJUELO. Quizá nadie mejor que el hijo del ingenio de Luis Vélez de Guevara para levantar los tejados, sean éstos los de Sevilla o los de Nueva York, no en vano así se define el susodicho, poniéndose por debajo de «demonios de mayores ocupaciones» (léase Satanás, Belcebú, Barrabás, Belial o Astarot, todos de gran predicamento en ciudad tan tachada de heredera de Sodoma y Gomorra como la ciudad entre ríos también llamada Manhattan): «Demonio más por menudo soy, aunque me meto en todo: yo soy las pulgas del infierno, la chisme, el enredo, la usura, la mohatra; yo truje al mundo la zarabanda, el déligo, la chacona, el bullicuzcuz, las cosquillas de la capona, el guiriguirigay, el zambapalo, la mariona, el avilipinti, el pollo, la carretería, el hermano Bartolo, el carcañal, el guineo, el colorín colorado; yo inventé las pandorgas, las jácaras, las palapatas, los comos, las mortecinas, los títeres, los volatines, los saltambancos, los maesecorales y, al fin, yo me llamo el Diablo Cojuelo». Es decir, un elemento digno de ser censado como vecino perpetuo de Nueva York, con especial jurisdicción y cetrería para Queens y el Bronx, no en vano la batahola hispana parece cosa de su ferretería. Hay también otro diablo que resultaría extraordinariamente útil para descifrar y levantar todas las azoteas y máscaras de esta ciudad, el que convoca Mijaíl Bulgákov en *El maestro y Margarita*, y a quien no faltarían seudocompatriotas con los que departir en la pequeña Rusia de Brighton Beach, una *alquería* de Coney Island.

DIORAMAS. El Museo de Historia Natural es el favorito de uno de mis amigos más antiguos, Manuel Alonso Jorreto, que siempre que viene a Nueva York se pasa el tiempo asomado a sus dioramas y vitrinas. Desde la gran ballena a los dinosaurios, desde el nuevo planetario que brilla en la oscuridad como si una gran nave espacial hubiera aterrizado junto a Central Park West hasta la explicación del *big bang*, desde la colección de conchas a la de semillas, las estaciones, los animales disecados en un paisaje reconstruido por hijos minuciosos de Joseph Cornell en el que las piedras y la tierra de la realidad se prolongan maravillosamente en la pintura, o la gran secuoya que en sus anillos cuenta buena parte de nuestra historia, de tal modo que si hubiera que reconstruir la especie humana y todo lo que contiene creo que en vez del Metropolitan Museum, justo al otro lado de Central Park y entre los árboles, habría que optar por este museo, de quien escribe más certero que nadie J. D. Salinger, por boca de Holden Caulfield, en *El guardián entre el centeno*: «Pasábamos junto a una canoa india que era tan larga como tres Cadillacs puestos uno detrás de otro, con sus veinte indios a bordo, unos remando y otros sólo de pie, con cara de muy pocos amigos toda llena de pinturas de guerra. Al final de la canoa había un tío con una máscara que daba la mar de miedo. Era el hechicero. Se me ponían los pelos de punta, pero aun así me gustaba. Si al pasar tocabas un remo o cualquier cosa, uno de los celadores te decía: "No toquéis, niños", pero muy amable, no como un policía ni nada. Luego venía una vitrina muy grande con unos indios dentro que estaban frotando palitos para hacer fuego y una *squaw* tejiendo una manta. La india estaba inclinada hacia delante y se le veía el pecho. Todos mirábamos al pasar, hasta las chicas, porque éramos todos muy críos y ellas eran tan lisas como nosotros. Luego, justo antes de llegar al auditorio, había un esquimal. Estaba pescando en un lago a través de un agujero que había hecho en el hielo. Junto al agujero había dos peces que ya había pescado. ¡Jo! Ese museo estaba lleno de vitrinas. En el piso de arriba había muchas más, con ciervos que bebían en charcas y pájaros que emigraban al sur para pasar allí el invierno. Los que había más cerca del cristal estaban disecados y colgaban de alambres, y los de atrás estaban pintados en la pared, pero parecía que todos iban volando de verdad y si te agachabas y les mirabas desde abajo, creías que iban muy deprisa. Pero lo que más me gustaba de aquel museo era que todo estaba siempre en el mismo sitio. No cambiaba nada. Podías ir cien mil veces distintas y el esquimal seguía allí pescando, y los pájaros seguían volando hacia el sur, y los ciervos seguían bebiendo en las charcas con esas patas tan finas y tan bonitas que tenían, y la india del pecho al aire seguía tejiendo su manta. Nada cambiaba. Lo único que cambiaba era uno mismo. No es que fueras mucho mayor. No era exactamente eso. Sólo que eras diferente. Eso es todo. Llevabas un abrigo distinto, o tu compañera tenía escarlatina, o la señorita Aigletinger no había podido venir y nos llevaba una sustituta, o aquella mañana habías oído a tus padres pelearse en el baño, o acababas de pasar en la calle junto a uno de esos charcos llenos del arco iris de la gasolina. Vamos, que siempre pasaba algo que te hacía diferente. No puedo explicar muy bien lo que quiero decir. Y aunque pudiera, creo que no querría». En *Los Reyes del Mambo tocan canciones de amor*, cuenta Óscar Hijuelos: «En el Hotel Esplendor recordó que una de aquellas sesiones de las que más grato recuerdo guardaba se celebró cuando Benny, que tocaba las congas, le invitó al Museo de Historia Natural en el que trabajaba en su reencarnación en este mundo como vigilante. A eso de las nueve de la noche, cuando el Museo estaba ya completamente desierto, César se presentó con varios músicos más y acabaron tocando en un pequeño despacho contiguo a la Gran Sala de los Dinosaurios, Benny tocaba la batería, un tipo que se llamaba Rafael la guitarra, y César cantaba y tocaba la trompeta y el eco de su música resonaba a través de los huesos de aquellas criaturas prehistóricas, el Stegosaurus, el Tyrannosaurus Rex, el Brontosaurus y el lanudo mamut, cuya trabajosa respiración llenaba el ámbito de la vasta sala y hacían una especie de clic-clac en los suelos de mármol, mientras las melodías envolvían sus grandes mandíbulas ganchudas y la curva de sus gigantescas espinas dorsales». Por si no tuviera suficientes imanes en su interior, el museo se regaló a sí mismo y a la ciudad un nuevo planetario, diseñado por el cordial James Stewart Polshek, «un edificio que establece un vínculo entre la moderna arquitectura y sus raíces en la Ilustración», según Herbert Muschamp, crítico de arquitectura del *Times*, para quien la transparencia de la esfera encerrada en un cubo de cristal es «un símbolo de la claridad que la ciencia persigue». La recreación del *big bang* y sobre todo las proyecciones en el falso cielo del planetario son una de las experiencias más íntimas y conmovedoras que cabe atesorar en Nueva York. De noche, cuando se enciende el cubo, es como si un luminoso planeta hubiera sido limpiamente capturado para que gracias a su estudio pudiéramos soñar un porvenir menos ominoso. Es uno de esos museos a los que siempre te prometes volver para pasarte días enteros ante sus vitrinas, pero nunca lo haces, y se agotará el tiempo y no lo habrás hecho. «Escucha los sonidos de nuestro mundo. La Tierra está tan llena de vida...». Escucha: lluvia, truenos, olas contra una costa desconocida, gaviotas de esta orilla o de la otra, monos, leones, elefantes de una selva cierta e interior, perros, ráfagas de conversaciones, emisiones radiofónicas, voces de niños, tráfico. A través de los veintitrés altavoces minuciosos captamos el rumor del mundo. Antes de aquel amanecer atroz, el programa del nuevo planetario comenzaba preguntándose «¿Estamos solos en el cosmos?». Después de aquel cruel descubrimiento de lo quebradiza que era la ciudad de los símbolos, los imanes y las cometas de metal, de los rascacielos clavados en el cielo como dardos ambiciosos, la proyección comienza: «Escucha los sonidos de nuestro mundo. La Tierra está tan viva». En palabras de Carter Emmart, director del cortometraje de veintitrés minutos que ilumina la concavidad sobre los asombrados viajeros inmóviles: «Fue un recordatorio de nuestra fragilidad, saber que podríamos desaparecer en un *flash*». El *flash* del *big bang*, el *flash* de los aviones cargados de queroseno reventando con un plumazo de fuego, humo y muerte el doble falso techo de la ciudad.

DIOS ES NEGRO Y RECIBE EN HARLEM. Desde el primer momento quise subir, aunque algunos amigos avezados en la ciudad, como mi querido Pepe Sobrino (que ya se fue de viaje para siempre) me lo desaconsejaban. Pero era lógico, sobre todo después de haber *cambiado* África por Nueva York. En el prefacio al libro *A la espera de Dios*, de Simone Weil, escribe J. M. Perrin: «No por eso [sus reiterados intentos de que fuera enviada desde Nueva York a Londres para participar en el esfuerzo bélico y en la Resistencia contra los nazis] dejará a un lado su amor por los desheredados: "Exploro Harlem —escribía a uno de sus amigos— y todos los domingos voy a una iglesia baptista en la que, salvo yo, no hay ningún blanco". Entablaba relación con muchachas negras y las invitaba a su casa; ese mismo amigo, que la conocía bien, me decía: "¡Si Simone se hubiera quedado en Nueva York se habría hecho negra!"». Escribe Dionisio Cañas en *El poeta y la ciudad. Nueva York y los escritores hispanos*: «En esta ciudad Lorca busca estérilmente el espíritu, y lo que encuentra es un mundo donde esa espiritualidad se cifra sólo en cantidad y capacidad para acumular bienes. Y es que la estructura misma sobre la cual gira la idea de comunidad urbana, según el concepto puritano de los primeros colonos de este país, es una idea mercantilista, donde la posesión de las cosas y la comercialización de todo lo que rodea al ser humano, incluyendo a la misma persona, moldean las relaciones del sujeto con su entorno. Por eso, Lorca (aunque no descarta la Naturaleza como fuente de sosiego para el ciudadano) buscará los elementos de una posible espiritualidad norteamericana en el grupo más marginado de la ciudad de Nueva York; esto es, proyectando su mirada hacia la minoría afroamericana. Harlem y la raza negra vienen a ser los depositarios de una espiritualidad sepultada bajo el peso del puritanismo filisteo y materialista. Y Wall Street significaba para el poeta andaluz el aspecto más antiespiritual de la sociedad capitalista y de la ciudad de Nueva York en sí. [...] Todo lo que apasiona al poeta andaluz lo encuentra en la raza negra: lo lúbrico, la inocencia, el misterio, lo sensorial no oculto bajo el disfraz de los buenos modales y el urbanismo, la libertad expresada en el baile, en la música y el canto. Lorca descubre en la raza de color de Nueva York, lo que él llama "un ansia de nación", "un fondo espiritual insobornable". Por eso denuncia el hecho de que estas criaturas del paraíso se hayan vendido a las normas y los deseos de los blancos y se rebela contra ello en el poema "Oda al rey de Harlem". Transforma al negro en un monarca sin territorio, en un rey cuyo poderío, en vez de extenderse sobre la verde frondosidad de una selva africana, se ve enmascarado y reducido a la esclavitud en la metrópolis, exiliado en la gran ciudad. Lorca ve en la raza negra una posibilidad de salvación para los Estados Unidos como nación desposeída de espíritu. Y, por lo tanto, denuncia todo lo que aleja al negro de su actitud más genuina de hombre natural». También lo comprobó Julio Camba: «Nueva York aborrece a los negros», y aprovechó para trazar una deslumbrante teoría sobre las consecuencias de la falta de sensualidad y puritana conscripción de la lujuria en la *raza* anglosajona. Incluso en la dura vida que reflejó Castelao en los dibujos de negros que hizo aquí desborda esa sensualidad y esa lujuria que se superpone y derrota fugazmente a la desgracia en un canto que es blues, jazz, la carne ardiente. Desde hace quince años es otra África la que retorna a Nueva York, no sólo a Harlem y no en el vientre de los navíos. Si misioneros blancos predicaron su evangelio en África durante el siglo XIX, ahora son las propias comunidades africanas las que envían a sus pastores a Nueva York, donde el número de africanos se ha duplicado en la última década, y son ya más de cien mil los que registra el censo, y muchos otros los que prefieren pasar inadvertidos, escribió Daniel J. Wakin en el *Times*. Pastores llegados de países como Nigeria, Ghana, Congo, Etiopía y Costa de Marfil predican cada domingo en más de cien iglesias esparcidas por todos los barrios de la ciudad en lenguas como el ibo de Nigeria y el ga y el twi de Ghana, mientras las congas y el lujurioso atuendo de la feligresía multiplican el fervor y entretienen la espera de Dios. En cualquier caso, no olvidemos que el cantante Harry Nilsson ya lo dejó dicho desde el título de una de sus canciones: «I Guess the Lord Must Be in New York City», y que fue Harlem el barrio que con más entusiasmo celebró la victoria de Barack Obama.

DRAGÓN INSACIABLE. Cada jornada exige dosis incesantes: de vírgenes, de efebos, de viejos exiliados europeos, de refugiados asiáticos, de emigrantes mexicanos, de africanos errantes, de sustancias euforizantes, de ilusiones y esperanzas desmesuradas. Devora carne humana en cantidades ingentes, de forma metafórica y literal. ¿Cuánta energía es necesaria para sacarle el jugo, para que no te deje exangüe en un aparente toma y daca en el que tú das lo que tienes y ella te permite morder una manzana, reflejarte en escaparates cinematográficos, codearte con estrellas, cruzar umbrales rutilantes, escalar hasta los miradores sobre Central Park, soñar que puedes conseguirlo como rapero, como novelista, como comerciante, como artista, como diseñador de moda, como peluquero, cocinero, amante, acróbata, fenómeno, columnista, asesino a sueldo, magnate, líder sindical, cenicero, correveidile, testigo de cargo, detective, terrorista, bombero, camarero, reina, ególatra, profeta, dramaturgo, acupuntor, domador, animal de compañía, pez abisal, *broker*, cocainómano, *dealer*, subastador, hombre de paja, mujer objeto, señuelo, pobre de solemnidad, hidalgo, letrista, pasante, uñera, contrabandista, chamán, revolucionario, poeta, nadie? Para el poeta Hart Crane, que a los diecisiete años llegó de su Cleveland natal, en el excitante Lower East Side de los años veinte era posible vivir la vida con mayor intensidad «que en ningún otro lugar del mundo», aunque, devastado por los excesos, acabaría reconociendo que Nueva York te exige tanto que tienes que salvar para ti mismo todo lo posible o sencillamente rendirte.

E

ELLIS ISLAND. «Aquí es donde se efectúa la más delicada operación yanqui... llegan los grupos de un barco recién arribado... Un guardián cierra la puerta con llave... un hombre se lleva a los varones y una mujer a las hembras... entran en fila india en un gabinete de inspección sanitaria: una ficha, dicha en todos los idiomas del mundo... completamente desnuda pasa por distintos gabinetes... el más escrupuloso examen médico que un organismo ha recibido se lleva a cabo... esta Ellis Island... Después, vuelta al recinto a esperar el fallo. Si es favorable, a otra "cadena": la policial, financiera: examen de documentos, de dinero, de contratos de trabajo, de cartas de presentación... Si es favorable, otra vez al encierro, y si ya es hora, a una comida cuartelera y a dormir en literas en recintos enrejados. Al día siguiente, si todo ha ido bien, el "O.K.", y a Nueva York. Si hay dudas o defectos en organismo o en papeles, un internamiento en Ellis Island hasta que todo esté en orden. El habitante temporal de Ellis Island puede decir que sin haber estado en la cárcel ha estado en la cárcel». Gaspar Tato Cumming, *Un español entre rascacielos*. ¿Cómo es posible que olvidemos sin cesar, o que pensemos que sabemos cuando en realidad nada sabemos?

EMPIRE. El Empire como símbolo del poder y de la ciudad imperial, del capitalismo. A Nueva York se le llamó Estado Imperio, «por su pujante comercio y desarrollo industrial. Este nombre fue tomado de una frase pronunciada por

Berkeley en Rhode Island: "La ruta del Imperio avanza hacia el Oeste", [...] frase que se hizo muy popular después de la guerra de secesión. Quería decir que la civilización seguía las rutas del progreso comercial y del desarrollo industrial». Una explicación plausible, la de José Blanco Amor en *Reportaje a Nueva York*, pero no sé si suficiente. La torre del rascacielos que recuperó el cetro de los cielos neoyorquinos tras el 11 de septiembre (así lo vio el niño Miguel Leiro aquella misma tarde) termina en un mástil de acero pensado para que allí hicieran amarre los dirigibles, una variante insólita del gran muelle de Manhattan para todas las formas de viaje y navegación. Llega 1929, el año del gran crack bursátil. Se especula de forma desaforada: hasta créditos se piden para comprar acciones. Y en medio de ese deslizarse hacia el abismo, se libra una carrera entre dos colosos para ver quien se convierte en el techo de la ciudad imperial, de la ciudad más rica, ambiciosa y enloquecida del mundo: el Chrysler y el Empire State, más altos que ningún otro edificio jamás construido por el hombre. El Chrysler termina con la instalación de su rutilante aguja, y supera en altura a la torre Eiffel y a su rival previo, el edificio del Banco de Manhattan. Pero su reinado será efímero, pronto destronado por el Empire State. Su construcción siguió adelante sobre los escombros del desastre que abrió las compuertas de la Gran Depresión, sin inquilinos comerciales para sus oficinas con las mejores vistas de la ciudad. Siempre te puedes estrellar con más estrépito y pompa cuanto más alto asciendes: 381 metros de altura, 102 pisos (frente a los 110 de las Gemelas). Pero el Empire creció y creció hasta completar la envergadura prevista a pesar del latigazo brutal de la crisis. Era la expresión más pura de lo que la ciudad quería ser y se soñaba y se creía. Fue como el invitado que llega tarde, cuando los anfitriones dormitan borrachos, un criado recoge los vasos rotos, las botellas vacías, el confeti pisoteado, las flores mustias y hace ya tiempo que el resto de los convidados se han ido a sus casas. Representaba, sin embargo, la voluntad de resistir, de mantenerse erguido a pesar del desastre que había a su alrededor. Se construyó tan de prisa que había acero fundido en Pittsburgh que no había tenido tiempo de enfriarse del todo cuando era izado y ensamblado, espina dorsal, esqueleto de la torre. La productividad de sus albañiles y soldadores —azuzados por el temor a ser despedidos en medio de la oleada de quiebras— fue insólita: trece meses tardaron en terminar la obra. Durante cuarenta años reinaría como techo del mundo, aunque ni siquiera después de ser destronado perdería una magia que trató de descifrar y vaciar Andy Warhol con el ojo sin párpado de una cámara inmóvil. Seis obreros murieron durante su construcción. En su mirador se frustró la cita que habían fijado Cary Grant y Deborah Kerr en la película de Leo McCarey *Tú y yo:* sus vidas imaginarias tomarían por culpa de ese desencuentro otra derrota. Durante años fue conocido como *The Empty State* ('El Estado vacío'), porque hasta veinte años después de su construcción, en 1950, no empezó a ser rentable. La decisión de construirlo en la esquina entre las calles 34 y la Quinta Avenida le hace reinar imbatible en el centro de Manhattan, como un faro para los que se pierden. Por si quedaran dudas, un mural dorado en la planta baja caracteriza al edifico como un verdadero faro, «enviando una consoladora llamarada a través del mapa del noroeste», escribe Peter Conrad en *The Art of the City*. El más puro y seguro estandarte de la ciudad, con su simetría de zigurat capitalista, obelisco pagano, talismán de la ingeniería aplicada, desde su terraza se contempla el mundo como desde el puente de mando de un dirigible. Mientras que para los ojos de Francis Scott Fitzgerald el azul y el verde eran los colores de lo que atisbaba en el horizonte desde lo alto del Empire cuando se asomaba, hoy son el marrón y el gris los que predominan, edificios y carreteras a mayor gloria de Robert Moses, que concibió la ciudad que hoy conocemos y le partió algunos de sus varios espinazos para doblegarla, aunque no del todo. No consiguió que se rindiera por completo al automóvil gracias al empeño de activistas como Jane Jacobs. Dice Ramón Carnicer en su *Nueva York. Nivel de vida, nivel de muerte*: «Una vez arriba, el visitante se esforzará en convencerse de que la miseria estética, la ferralla sucia, mojada o polvorienta contemplada desde lo alto es un símbolo de la grandeza de un país o del hombre en abstracto». Mientras que para John Berger, en *El sentido de la vista*: «Desde el Empire State, a unos trescientos metros de altura, se percibe la forma total de la isla. Es un lugar de visita de muchos escolares americanos. "Mira qué pequeña se ve la gente en la calle; mira, parecen hormigas". Rodeándolo, regulares como los moldes de tipografía, otros rascacielos llegan casi a la misma altura. Quince metros más abajo, unos hombres extienden una capa de hormigón en una nueva torre. Los trescientos metros han sido alcanzados y construidos centímetro a centímetro. Hacia el sur, las Trade Towers, recientemente finalizadas, son todavía más altas...». Construido sobre tierras vírgenes que John Thompson compró en 1799 por 2.500 dólares para levantar una granja, más tarde albergaría la mansión de cinco plantas de William B. Astor (hijo de John Jacob Astor, uno de los padres fundadores de la mitología del hombre que de la nada llega a la cima) y tras su muerte se dividiría en dos mansiones gemelas de dos primos acremente enemistados, William Waldorf Astor y Jacob Astor. Sobre la escombrera de sus casas se alzaría el primer Waldorf Astoria, un hotel que para sobrevivir a su propia ambición vendería el solar y se mudaría a su actual emplazamiento en la parte más ostentosa de Park Avenue. En el antiguo terreno fue donde el arquitecto William F. Lamb construiría el rascacielos que, hasta que la erección de la nueva

Torre de la Libertad de Daniel Libeskind y David Childs en la zona cero supere a la nueva torre de Taipei como techo artificial del mundo, ha vuelto a reinar sobre Nueva York, un edificio que —según escribía E. B. White en 1948 en *Esto es Nueva York*— contaba con «un empleado para descargar el agua de los retretes en épocas laxas; ha sido embestido por un avión en medio de la niebla y zarandeado por rayos en incontables ocasiones, y ha servido de trampolín postrero para tantos desgraciados que los peatones apresuran el paso de forma instintiva cada vez que pasan por la Quinta Avenida y la calle 34». Cierto que ya nadie teme morir aplastado por un suicida, porque han vallado tan prolijamente el observatorio que no hay forma de imitar a los hermanos Wright a cuerpo gentil. Pero ese temor ha sido sustituido por los estragos que podría causar un avión de pasajeros incrustado contra este último gran tótem de Manhattan, aunque muchos ingenieros aventuraron tras el 11 de septiembre que el Empire State no se hubiera derrumbado como un castillo de naipes. Después de la voladura del Centro Mundial de Comercio, no deja de resultar llamativo que a Joaquín Calvo Sotelo el rascacielos le pareciera en 1947 un alminar: «Soy un muezín [almuédano] al que le faltan la voz y el texto hábiles para suspender la vida de la ciudad». Otros almuédanos mudos desde alminares volantes sí lograron suspenderla, dejar a la ciudad sobrecogida de espanto. Crepúsculo desde el Empire State. Bosque petrificado y el Empire como monarca de las secuoyas de Manhattan, sobre ese paisaje de torres que parecen inacabadas, achatadas: bellas por grandes y heteróclitas, pero no rezando, sino desafiando al mismo Dios. La Ciudad Imperial a la que asomarse de noche para contemplar su desafío y su extraño fulgor, mientras desde el mirador de la torre más alta se desgañitan los *flashes* de los turistas con un morse en esperanto: hemos llegado aquí, somos los amos del mundo. Una república de la imaginación y del vértigo domesticado. La belleza, que quiere ser eterna, de la quimera. Mientras que Robert Rauschenberg pretende liberar a la imagen de su esclavitud, Andy Warhol sigue otra estrategia y, en 1964 intenta matarla, y para ello elige el Empire State. Lo cuenta Conrad en su penetrante ensayo sobre la ciudad: «Sus cuadros son esquelas de la imagen, que él despoja de aura e individualidad —de forma metafórica, aniquila su condición natural, y la vuelve a crear como mecanismo—. La cara de Marilyn Monroe resulta para él tan potencialmente variada como un cartón de detergente o una lata de sopa Campbell. Desde que la humanidad puede ser mecánicamente reproducida y mecánicamente exterminada, ninguna vida concreta importa. Las series de Warhol sobre grabados de catástrofes surgen a partir de un titular de periódico que da cuenta de una matanza: "129 mueren en un reactor". Son muertes pop, superficiales con creces, vistas pero no sentidas; y Warhol aplica el mismo tipo de mortificación sobre el Empire State, que tiene la temeridad de imaginarse único, irrepetible, al que vale la pena mirar». ¿Eran los secuestradores y asesinos suicidas del 11-S, sin saberlo, héroes del pop, consecuencia lógica de una serialidad nihilista, despojada de alma individual, cifra que asignar en cuanto al total de cadáveres a la geopolítica del terror? Pero sigamos la lectura que Conrad hace del arte de Warhol: «En 1964 rodó una película muda de ocho horas desde el piso 44 del edificio Time-Life. El experimento pretendía humillar la imagen, demostrar que cualquier cosa contemplada durante un lapso suficiente de tiempo se vuelve tediosa. Aunque Warhol decía que le gustaban las cosas aburridas —y que envidiaba la insensibilidad de las máquinas— no pretendía otra cosa sino ser aburrido por ellas. Ni siquiera soportó el rodaje de uno de sus filmes, un ensayo de seis horas sobre un durmiente, y lo falseó suprimiendo fotogramas. Durante su primer pase, un espectador se quejó del insoportable aburrimiento de la película y fue atado a la butaca y obligado a mirar; el propio Warhol se salió después de unos pocos minutos. En *Empire* deja que el estúpido ojo blando de la cámara mire por él. Sólo una máquina podría mantener esa clase de vigilia, y sólo la máquina podría desear algo semejante [...] la única vida que se puede ver que el Empire State contenga es eléctrica, no humana: el encendido y apagado de sus luces. En vez de la fertilización del objeto por el sujeto, que es lo que Pound quería conseguir con su Nueva York, Warhol contempla una partenogénesis estéril. El arte de la ciudad no es la fusión del sujeto con el objeto sino la higiénica clonación del objeto mismo». Un camino sin salida, un ensimismamiento perverso. Después del 11-S, los ojos de los neoyorquinos seguían con disimulado espanto el curso de los aviones que pronto volvieron a sobrevolar Manhattan: cabía la posibilidad de que volvieran a incrustarse en un rascacielos, y puestos a elegir candidato, ninguno mejor que el Empire State. Hasta hubo epígonos de Warhol que pensaron en repetir el experimento y grabar constantemente el nuevo techo de Nueva York para asegurarse la primicia digital de la nueva hecatombe. ¿Pero no es en realidad lo que ya hacen sin cesar los miles de ojos electrónicos distribuidos por toda la ciudad, por todas nuestras ciudades, y los satélites que danzan al compás de nuestra deriva estelar e ideológica? Sin embargo, la pregunta más pertinente sobre el Empire State se la hace Brendan Behan al inicio de su *Mi Nueva York*, ilustrado con unos dibujos de Paul Hogarth que no sólo están a la altura del texto, sino que a veces lo superan: «¿Pero cuántos pájaros harían falta / Para construir el Empire State Building?».

ESCUELA PÚBLICA. El patio de la Escuela Pública número 116 (PS 116), entre la Segunda y la Tercera Avenida, a caballo entre las calles 32 y 33, en esa suerte de tierra de nadie del centro de Manhattan que linda al sur con Gramercy, al

norte con Murray Hill, al este con el East River y al oeste
con la sólida presencia del Empire State, es una ONU en
miniatura: un saludable patio donde se cruzan clases sociales, tonos de piel, creencias religiosas y escepticismos varios, procedencias, lenguas maternas y memorias. La escuela pública estadounidense es capaz de romper a veces
los esquemas al más recalcitrante convencido de que como
en su casa en ninguna parte. Cualquier inmigrante, con
papeles o sin ellos, que demuestre con un recibo del gas o
de la luz que vive en ese cuadrante de Manhattan verá a su
hijo admitido de inmediato en la PS 116 sea cual sea la
época del año sin que le exijan más requisito que el haber
sido vacunado. No pagará un centavo por la matrícula, no
tendrá que gastarse nada en libros de texto porque no los
hay y recibirá ayuda para el comedor si demuestra que sus
ingresos son escasos. Allí encontrará a un profesorado entusiasta a pesar de las mezquindades y ajustes del alcalde de
turno, porque del ayuntamiento dependen las escuelas públicas de Nueva York. Además de la biblioteca del colegio
—que sigue la pauta marcada tanto por la Biblioteca del
Congreso en Washington como por la Biblioteca Pública
de Nueva York: todo son facilidades—, cada aula tiene su
propio repertorio. Desde los pasillos a las puertas de cada
clase, paredes y ventanas son un museo vivo de las habilidades de los alumnos. Cada aula dispone de un rincón al-
fombrado para las lecturas en común. Puede que hayamos
tenido mucha suerte con las escuelas públicas que nos han
tocado por vivir en la calle 28, entre Lexington y Park Avenue South, tanto en la primaria (PS 116) como en la secundaria (Simon Baruch), pero no son una excepción. Conocemos ejemplos por toda la ciudad: el amor a las ciencias y
sobre todo a la escritura y la lectura han sido una constante, y no sólo por el hecho de que cada año los alumnos
tienen que leer y hacer fichas y analizar como mínimo una
veintena de libros, sino por el cuidado que sus maestras y

profesores han puesto en que los alumnos aprendan a separar lo valioso de lo superfluo, a componer poemas y a trabajar un texto como un incansable corrector de estilo hasta convertirlo en material publicable que leerán ante sus compañeros en una *publishing party* ('fiesta editorial') a la que están invitados los padres y que será acompañado de comida y bebida aportadas a escote. Además tendrán la oportunidad desde muy temprano de compartir su descubrimiento del mundo con compañeros y compañeras de (elijamos una clase al azar): Colombia, Irlanda, Cuba, Italia, Vietnam, España, Azerbaiyán, Senegal, Alemania e incluso Estados Unidos. Y si cuando llegue a la escuela se siente aterrado porque no sabe ni una sola palabra de inglés acaso tendrá la infinita fortuna de caer en manos de Judy Geller-Marlowe, una de las más avezadas especialistas del programa English as Second Language (ESL, 'inglés como segundo idioma') o de alguno de los muchos profesores que ha formado para esa tarea delicada. ¿Para cuándo un programa exhaustivo de Español como Segundo Idioma (ESI) para abrir puertas a la integración de los que llegan y seguirán llegando sin cesar? Judy Geller-Marlowe sintió desde niña una curiosidad insaciable por otros países y otros pueblos. Una de sus abuelas le hablaba en yiddish, a los ocho años empezó a estudiar hebreo, a los doce francés. Nacida en Brooklyn hace poco más de medio siglo, sus abuelos paternos eran rusos y los maternos, polacos. A los diez años decidió convertirse en maestra, y nunca se arrepintió: «Me parece un privilegio ser el primer contacto que niños de todo el mundo tienen con el inglés y la cultura estadounidense». Porque si el patio de la PS 116 es una ONU en miniatura, la pequeña aula del quinto piso donde Miss G-M, como la llaman sus alumnos, tiene su palomar es el Consejo de Seguridad. Judy Geller-Marlowe es más que una profesora, es el colchón de protección, el primer muelle amable en un mundo desconocido para pequeños que arriban a Nueva York desde todas las esquinas del globo impelidos por mil motivos diferentes. Se sienten todavía más vulnerables porque perciben el inglés como una barrera infranqueable. No es de extrañar que al comienzo, cuando sentía que la escuela era «una cárcel de niños», cuando se debatía con un entorno y una lengua que parecían intratables, Ana María dijera que ella no hablaba inglés, sino *marlowe*, como si su profesora fuera una lengua. Y no iba descaminada. El programa de ESL comenzó a impartirse en los años sesenta para permitir que en escuelas no bilingües, como la PS 116, los alumnos inmigrantes compaginaran su inmersión en las clases comunes con sesiones especiales diarias con alguien especial, como Miss G-M: mediante fotografías, dibujos y prodigiosos juegos de lectura y escritura, Judy Geller-Marlowe no sólo ayuda a cada niño a situar sus afectos (a no olvidar de donde procede, pero a apreciar el país al que ha llegado y la riqueza que encierra la diferencia), sino a hacer del inglés una segunda lengua materna. Asistir a una fiesta de lectura de uno de sus grupos de ESL y escuchar el relato en primera persona que niños de Brasil, Cuba, Corea del Norte, China, Azerbaiyán, Nepal, El Salvador, Armenia, España o Colombia hacen de su desembarco en Nueva York, de su nostalgia del mundo que dejaron y de sus primeras impresiones del nuevo, de sus miedos y sus descubrimientos, es una de las emociones más profundas y secretas que se pueden experimentar en Manhattan, una de las estampas más luminosas que conservar. Porque todos recordamos de qué forma un maestro inolvidable nos ayudó a dibujar el mapa de nuestra identidad y la ruta de nuestros fervores, y Judy G-M será para muchos de sus alumnos esa sombra protectora para siempre.

ESTATUA DE LA LIBERTAD. Tras el 11-S, la isla que la alberga fue puesta en cuarentena durante meses y se prohibió desembarcar en ella por temor a que corriera la misma suerte que las Torres Gemelas. Pero los terroristas sabían que pese a su simbolismo, el efecto no hubiera sido el mismo. «Esa señora embarazada, con su bata de pliegues de bronce y su candelabro en la mano— escribe Paul Morand en los primeros compases de su *Nueva York*— es la Libertad iluminando al mundo, de Bartholdi. Vuelve ligeramente su antorcha hacia Europa, como para iluminarla lo primero. Singular fortuna americana la de este Bartholdi, alsaciano, desbastador mediocre en el estudio de Ary Scheffer, medalla de honor en las Exposiciones... Su estatua está aislada en el mar sobre un islote; ¿temen que prenda fuego con su antorcha, en pleno viento? Desde abajo, muy cerca de ella, la cara verde y abstracta me aterró. Entré bajo sus faldas por unas casamatas de fuerte. Nada se parece tanto a esa Libertad como un calabozo. Me subieron en un montacargas enrejado, semejante a la jaula del cardenal La Baule, hasta una escalera de caracol. Podría darse un paseo circular sobre la arandela de la antorcha; en primer término, el antiguo fuerte Wood, sobre el cual está asentado el monumento, dibuja una estrella. Una batería de faros acusa sus contornos en noches de fiesta nacional. En la cabeza de la Libertad, que es hueca, dan banquetes unas sociedades filantrópicas». Daban. Yo nunca me colé bajo sus faldas ni subí a explorar las cavidades de su cráneo vacío, pero sí recuerdo la sensación más intensa de quienes se aventuraron por su esófago de caracol: «claustrofobia». Bernard Shaw dijo en una ocasión que la razón por la que se negaba a visitar Estados Unidos era porque no podría soportar la contemplación de la figura. Cuando finalmente hizo el viaje a Nueva York la denunció como Estatua de la Anarquía. Según cuenta Peter Conrad en *The Art of the City*, «en una conferencia que dictó en 1932, criticó la costumbre americana de torpedear al gobierno invocando la libertad o la intimidad que aborrece toda restricción legal. Esto conduce, dice, al gansterismo y a la mezquina tiranía. Para simbolizar esta resistencia al imperio de la ley, acusa a los neoyorquinos de haber levantado en su puerto "un monstruoso ídolo al que llamáis Libertad", y aconseja una inscripción más adecuada para su pedestal, la advertencia que Dante cinceló sobre el dintel del infierno [*lasciate ogni speranza*: 'abandonad toda esperanza']. La objeción de Shaw se refiere más a la forma que a la idea, en cuanto concibe la representación como idolatría —un culto a falsos dioses, simultáneamente un error político y una deformación del lenguaje, puesto que convierte una idea en efigie corporal o verbal». Según José Blanco Amor, «la Statue of Liberty es un pedazo de historia cuya llama simbólica está diciendo a todas las naciones del mundo: "Dame tus abatidas, tus pobres, tus amontonadas / Muchedumbres que ansían respirar libremente; / El desperdicio infeliz de tus playas rebosantes; / Mándame los desesperados, los abatidos por la tempestad. / Yo tengo mi lámpara en lo alto junto a la Puerta Dorada"». Pero añade «¡Por fin metieron entre rejas a esa vieja mentirosa!». Para Concha Espina, «la monstruosa estatua de la libertad». Para Ramón Pérez de Ayala, «fracasa absolutamente en su empeño de dominar la escena». Pero quien no ahorra hipérboles es José Martí, corresponsal de periódicos latinoamericanos durante su exilio en Nueva York, cuando describe para *La Nación* el descubrimiento de la pieza propuesta por el historiador francés y comentarista social Édouard de Laboulaye poco después de la guerra civil para simbolizar la amistad entre Francia y Estados Unidos durante la guerra revolucionaria de independencia. Diseñada por el escultor francés Frédéric Auguste Bartholdi —que primero intentó plantarla no en el puerto de Nueva York, sino a la entrada del canal de Suez, como una campesina egipcia y el emblema «Egipto lleva la luz a Asia»—, la estatua fue construida y pagada por los franceses y erigida por los estadounidenses. Entre

1876 y 1886 numerosos patricios y magnates estadounidenses organizaron colectas para financiar el pedestal. Para
una de esas campañas de captación de fondos, la poeta
Emma Lazarus escribió un soneto —que junto a varios
cuadros fue vendido por 1.500 dólares— en el que califica-
ba al «nuevo coloso» de «madre de exilios» y pedía por
boca de la figura que fueran puestos bajo su cobijo «los
cansados, los hambrientos, los que buscan respirar el aire
libre». El 4 de julio de 1884 fue terminada en Francia y
presentada a Estados Unidos, adonde llegó, en piezas como
un gran mecano, dos años después. El presidente Grover
Cleveland dedicó la estatua sobre su pedestal el 28 de octubre de 1886 en presencia de Bartholdi (para entonces,
Laboulaye ya había pasado a mejor vida). Escribe Martí:
«¡Ni el Apolo de Rodas, con la urna de fuego sobre su cabeza, y la saeta de luz en la mano, fue más alto! Ni el Júpi-
ter de Fidias, todo de oro y marfil, hijo del tiempo en que
aún eran mujeres los hombres. Ni la estatua de Sumnat de
los hindúes, incrustada, como su fantasía, de piedras preciosas. Ni las dos estatuas sedentes de Tebas, cautivas como
el alma del desierto en sus pedestales tallados. Ni los cuatro colosos que defienden, en la boca de la tierra, el templo
de Ipstambul. Más grande que el San Carlos Borromeo, de
torpe bronce, en el cerro de Arona, junto al lago; más grande que la Virgen de Puy, concebida sin alas, sobre el mon-
te que ampara el caserío; más grande que el Arminio de
Los Cheruskos, que se alza sobre el puente de Tautenberg
citando con su espada las tribus germánicas para anunciar
las legiones de Varus; más grande que la Germania de Nie-
derwald, infecunda hermosura acorazada que no abre los
brazos; más grande que la Baviera de Schwautaler que se
corona soberbiamente en el llano de Múnich, con un león
a las plantas —por sobre las iglesias de todos los credos y
por sobre las obras todas de los hombres se levanta de las
entrañas de una estrella "la libertad iluminando al mun-

do", sin león y sin espada [...]. De Moisés tiene las tablas de la ley: de la Minerva, el brazo levantado: del Apolo, la llama de la antorcha: de la Esfinge, el misterio de la faz: del cristianismo, la diadema aérea». Al comienzo de *El desaparecido* (antes *América*), escribe Franz Kafka: «Cuando Karl Rossmann, un joven de dieciséis años al que sus pobres padres habían enviado a América porque una criada lo había seducido y había tenido un hijo de él, entró en el puerto de Nueva York a bordo del barco, que ya había aminorado la marcha, vio la estatua de la diosa de la Libertad, que venía observando desde hacía rato, como inmersa en un resplandor solar más intenso de pronto. El brazo de la espada parecía haberse alzado hacía un momento, y en torno a la figura soplaba libre la brisa». En el primer tomo de la edición del Círculo de Lectores de las *Obras completas* del autor checo, comenta su traductor, Miguel Sáenz: «La Estatua de la Libertad del puerto de Nueva York lleva en la mano, como es bien sabido, una antorcha y no una espada. Este cambio en el texto de Kafka no parece deberse a un descuido, sino a una intención liminar: toda la novela hablará de las aventuras y desventuras de un europeo expulsado de su hogar a una patria lejana, a la que llega, en cierto modo, empujado por un acto de "justicia" y de autoridad paterna. En el momento de infligir esta transformación a la famosa estatua, Kafka pudo haber tenido presente la imagen del ángel custodio del Edén, el mismo que, después de la expulsión de Yahveh de sus primeros moradores, guardará las puertas del paraíso para evitar el retorno de Adán y Eva a ese lugar. Se lee en el Antiguo Testamento (Génesis, 3,4): "Y le echó Yahveh Dios del jardín del Edén, para que labrase el suelo de donde había sido tomado. Y habiendo expulsado al hombre, puso delante del jardín del Edén querubines, y la llama de espada vibrante, para guardar el camino del árbol de la vida". Como se ve, el propio Testamento condensa, en una sola imagen, *espada y llama* (antorcha); por lo demás, en la iconografía occidental es enormemente conocida la figura de este querubín blandiendo, con el brazo en alto, la espada llameante. Quedaría pese a todo por aclarar la incongruencia de que este "querubín" aparezca precisamente no a las puertas de la tierra de expulsión (Europa), sino a las puertas de la tierra de "promisión" (América). A este respecto hay que decir: a) que Estados Unidos no será para Karl Rossmann, a lo largo de la novela, ninguna "tierra de promisión", sino más bien tierra de aventuras y desventuras, y b) que, teniendo en cuenta que la novela comienza *in medias res*, y que nos informa, poco después de la aparición de la estatua, de la seducción de que fue objeto Rossmann en Europa y de las consecuencias "penales" que ello tuvo para él, podemos suponer que esta figura, la de la Estatua de la Libertad convertida en querubín justiciero, no es más que un "resto" de todo lo que no cuenta la novela pero se encuentra en su origen lógico y narrativo: la falta cometida en Europa. Esta hipótesis queda reforzada si recordamos que Kafka empezó a trabajar en *El desaparecido* inmediatamente después de haber escrito *La condena*, narración en la que el protagonista, Georg Bendemann (obsérvese la analogía entre este nombre y el de Rossmann), ha sido castigado por su padre por haber comunicado a un amigo sus intenciones de satisfacer su sexualidad mediante la forma protocolaria del matrimonio. Eso sí: no hay prueba textual alguna, en los escritos de Kafka, que avalen ninguna de estas hipótesis. En cualquier caso, el *lapsus calami* no se explica de ninguna manera por razones morfológicas, pues en lengua alemana es enorme la distancia entre *Schwert* ('espada') y *Fackel* ('antorcha')». Al hilo de la explicación de Sáenz acaso convendría recordar que *Die Fackel* ('La Antorcha') era el título del periódico con el que Karl Kraus (martillo de idiotas y mentecatos en libros como *Contra los periodistas y otros contras*) fustigaba la incuria de sus contemporáneos,

entre dos guerras. En la novela *El cielo raso*, Álvaro Pombo
pone en boca de uno de sus personajes, Indalecio Solís, la
nada paradójica teoría de Maurice Blanchot sobre la historia de Rossmann: «Kafka dejó inacabada su novela *América*
porque, tras haber escrito cuatrocientas páginas, se sintió
incapaz de redescubrir la verdad del conjunto». Y de repente siento la tentación de creer que eso es precisamente
lo que me ha ocurrido a mí en estas *Topografías* (originaria-
mente insertas en la masa forestal de *El deseo y la quimera*,
con su bosque de citas que no dejan ver el árbol que había
venido a cortar). En el libro *A Nation of Nations*, editado
por Peter C. Marzio, se recuerda que en el momento de su
inauguración la estatua representaba tanto para Bartholdi
como para los liberales franceses la estabilidad de la república. La idea de que *Liberty* podía significar «bienvenida»
no se le había pasado por la cabeza a los franceses, y sólo
un periódico, el *New York Herald*, endilgó ese papel a la
gran estatua. Serían sin embargo los inmigrantes que comenzaron a llegar a partir de 1886 los que empezaron a
transformar el significado de la doña. Para la inmensa mayoría de los que llegaban a Ellis Island, la pasiva y majestuosa dama era la portera que daba la bienvenida a la tierra
prometida. Como contraste, para muchos estadounidenses
(antiguos inmigrantes que habían procurado olvidar sus
orígenes para convertirse en americanos sin tacha), los
centenares de miles que pasaban bajo la estatua para hacerse también un lugar en su tierra eran más temidos que
bienvenidos, hasta el punto de que ese ánimo acabó crista-
lizando en las leyes de 1920, que establecían cuotas de inmigrantes por países. Aunque el soneto de Emma Lazarus
había sido grabado en bronce y atornillado al pedestal, durante años pasó prácticamente inadvertido. Pero a medida
que el flujo inmigratorio amainó y con él el miedo, la interpretación de Emma Lazarus prevaleció. A finales de los
años veinte (así lo atestigua el historiador John Higham),

jóvenes escolares de Missouri eran instruidos en la idea de que la figura construida por Bartholdi representaba la hospitalidad. Al inicio de *Llámalo sueño*, escribe Henry Roth: «Y delante de ellos, alzándose en su alto pedestal de aquel esplendor hormigueante y escamoso del agua, iluminada por el sol hacia el oeste, la Libertad. El disco giratorio del sol de la última hora de la tarde descendía oblicuamente tras el barco y, para los que a bordo miraban la estatua, sus líneas quedaban carbonizadas de oscuridad, sus profundidades vacías, sus masas reducidas a un solo plano. Contra el cielo luminoso, los rayos de su aureola eran pinchos de oscuridad que aguijoneaban el aire; la sombra aplastada de la antorcha que llevaba, convirtiéndola en una cruz negra contra la luz sin mácula: la empuñadura ennegrecida de una espada rota. La Libertad. El niño y su madre miraron otra vez maravillados aquella figura imponente».

ETERNO RETORNO. «En aquellos tiempos —debía ser el verano de 1859— en toda Nueva York se levantaban edificios, se derribaban otros, algunos con no más de diez años de antigüedad, pero en esa ciudad impaciente donde nada tiene nunca la oportunidad de descomponerse, diez años eran prácticamente una eternidad», escribe Patrick McGrath en «Julius», la segunda historia de *Ciudad fantasma*. La impaciencia no ha cedido, la mutación es constante, y sin embargo todo lo orgánico, sobre todo en verano, se descompone a una velocidad vertiginosa y deja una aureola nauseabunda en la calle. Igual que la piel de quienes pretenden desafiar a la muerte del deseo y a la muerte.

ÉXITO/FRACASO. Lo que repiten sin cesar todos los anuncios de la ciudad de Nueva York, incluso los semáforos cuando no queda ningún coche en las avenidas, y eso es lo que quiere decir en realidad WALK/DON'T WALK, todo el tiempo, todo el día, toda la noche, aunque son ya historia: ahora han sido sustituidos por siluetas: una mano roja, de alto; un hombre blanco, caminando, alfabeto internacional de signos. Después de haber despedazado con sus propias palabras a la alta sociedad neoyorquina en uno de los libros más divertidos y crueles jamás escritos, Truman Capote echa así el cierre a sus *Plegarias atendidas*: «Aunque el sacerdote y la asesina seguían en su mesa cuchicheando y dando sorbitos, las salas del restaurante se habían vaciado, y M. Soulé se había retirado. Sólo quedaban las chicas del guardarropa y unos pocos camareros que sacudían las servilletas impacientemente. Los mozos volvían a poner las mesas y arreglaban las flores para los visitantes nocturnos. Se respiraba una atmósfera de agotamiento lujoso, como una rosa marchita que se deshojara, mientras afuera sólo aguardaba el fracasado atardecer de Nueva York».

F

FILM FORUM. Llovía a mares, con la oscuridad temprana co-
miéndose el sábado, comiéndoselo todo. El cine me recordó a los de nuestra adolescencia, tiempo de novillos, de
pasar las tardes de lluvia a solas. Comenzaba una serie dedicada a François Truffaut con el disparo de salida enco-
mendado a *Los cuatrocientos golpes* (1959), la película que
puso al feroz crítico en vereda cinematográfica y representó el bautismo de fuego de la Nouvelle Vague. Las poderosas imágenes en blanco y negro empezaron a obrar pronto
en la sala oscura. El agujero del tiempo era confortable,
como echar una mirada a la propia infancia. Cuando el
adolescente que habría de convertirse en el trasunto del
propio Truffaut, Jean-Pierre Leaud, en la primera e inolvidable aparición en escena de Antoine Doinel, empezó a
recibir los golpes de la vida (de su profesor, de su madre, de
su padrastro), sobre la atmósfera cargada de humedad y
atención de la sala empezó a formularse una especie de
pensamiento colectivo que casi se podía leer sobre las cabezas de los espectadores. Como si todos estuviéramos
comparando la adolescencia de Antoine Doinel con la de
Eric Harris y Dylan Klebold, los jóvenes de Littleton (Colorado) que se habían vengado de las supuestas afrentas y
desprecio de padres, maestros y compañeros matando a
doce estudiantes y a un profesor y suicidándose después de
haber intentado volar el instituto. Aquel adolescente de París, como nosotros, jamás hubiera dado el paso de convertir su rabia en una matanza tan desproporcionada que aca-

so sólo se puede atisbar desde una consideración de la vida y la muerte como circunstancias banales. La obscena banalidad del crimen y la violencia: al menos en su representación, un virus cultural americano. Al acabar el pase, la emoción se podía palpar: acaso una camaradería propiciada por la cruda ternura del filme, por la certeza de la lluvia exterior y los recuerdos de nuestro pasado en blanco y negro, palabras, pillerías, esquinas de la infancia, en contraste con el horror crudo de las televisiones retransmitiendo noticias de muerte que más que explicar acaban devorando toda brizna de razón. *Los cuatrocientos golpes* no sólo habían salvado intactos los últimos cuarenta años, sino que parecía savia nueva para los tiempos oscuros que nos rodean. Truffaut había vuelto a enredársenos en la vida en un pequeño cine de Nueva York una tarde de lluvia. Cuando nos íbamos a levantar, súbitamente, sin previo aviso, el proyector empezó a rodar de nuevo: *Antoine y Colette* (1962), el fragmento rodado por Truffaut de la película-ómnibus *El amor a los veinte años* en la que los dos adolescentes que encarnaban a los dos amigos en *Los cuatrocientos golpes*, Antoine Doinel (Jean-Pierre Leaud) y René Bigey (Patrick Auffay), volvían a interpretarse a sí mismos, e incluso recordaban un episodio ocurrido tres años antes, en el filme de los golpes y la amistad a prueba de ellos. Doinel, a quien Truffaut había prohijado ocupándose de su educación, empezaba su azarosa vida amorosa, reflejo oblicuo de la del propio director. En *Los cuatrocientos golpes*, el Antoine Doinel que había huido del correccional para acabar por primera vez frente al mar (Ville-sur-Mer, el mar de Normandía), se vuelve en el último plano a la cámara en un claro homenaje a Ingmar Bergman y nos interroga: «¿Qué derecho tenéis a juzgarme?». Pero acaso también interrogándose sobre su propio porvenir. Tres años después, en *Antoine y Colette*, Antoine Doinel vuelve a la vida cinematográfica y comprobamos que no se ha convertido en un delincuente, no acabó asesinado en una cuneta ni se arrojó al Canal de la Mancha. Antoine Doinel se levanta, prende una colilla, pone un disco de Bach, se asoma al París que empezaba a salir de las miserias de la posguerra. En el plano siguiente ya corre, encorbatado y con el flequillo como atributo, al trabajo en la fábrica de discos Phillips, donde se encarga de prensar *elepés*, etiquetarlos, meterlos en sus fundas. Y luego, por las tardes, la cámara le sigue a los conciertos de música clásica de la sala Pleyel, donde se enamoraba de la chica equivocada. *Los cuatrocientos golpes* no habían acabado con nuestro héroe. Habían sido un mero entrenamiento para los fracasos de la vida. Acabó el cortometraje que nos dejaba a Antoine Doinel a punto para la saga con François Truffaut en la que habría de convertirse su existencia, pero tampoco esta vez se encendieron las luces. Alguien dijo: «No se levanten, por favor, les tenemos preparada una sorpresa». Hubiera jurado que estaba muerto, estaba casi seguro de haber leído su necrológica (como la de Truffaut) escrita por un cinéfilo. Pero no, surgió de la nada, de la noche del fondo del cine, caminando como un autómata, rígido, con la cara pálida de un actor japonés, vestido de negro, el flequillo escaso y el resto del pelo pegado al cráneo, con una sonrisa tímida y envarada. Dijo que todos conocíamos a François Truffaut, que no había habido otro director como él, le llamó padre y tal vez pidió que no le olvidáramos. Dio las gracias y le aplaudimos como a una aparición, como si se hubiera descolgado de la pantalla, como si fuera un fantasma cordial. Lo vi volver sobre sus pasos, camino de la noche incierta del fondo de la sala, con los hombros abrumados por los aplausos de los espectadores aturdidos de emoción, como si la luz crepuscular del cine nos hubiera tintado de plata. Porque era Jean-Pierre Leaud/Antoine Doinel en persona. La misma voz de antes nos pidió entonces que siguiéramos sentados. «Tenemos otra sorpresa. Con todos ustedes, Jeanne Moreau». Vieja y seductora, con un pantalón negro de amante ambigua y un niqui también negro con pedrería en el escote de pico, el pelo corto, la boca pintada, la mueca turbia, y sobre todo la voz, quebrada pero turbadora, una voz trabajada por tanto amor, desengaño, alcohol, pura vida. Las ruinas de una bella mujer castigada por el tiempo y la intensidad. Pensó en Truffaut en voz alta —«todos ustedes le conocen»— y nos puso la piel de gallina cuando dio las gracias a su viejo amor por haber hecho el cine que hizo y a nosotros por seguir conspirando en la penumbra de los cines. No había cámaras, no había periodistas que envilecieran el pequeño milagro convirtiéndolo en noticia. Nadie se esperaba nada, nadie sabía nada. Los espectadores, desconocidos pese a haber compartido emociones y preguntas durante la proyección de *Los cuatrocientos golpes*, nos mirábamos como si algo nos hubiera furtivamente hermanado en aquella noche en París/Nueva York. Una noche de sábado, cargada de lluvia, en un cine de barrio, un *cine-forum* ante el que se había formado una larga cola de público atraído por el nombre de Truffaut y emociones secretas. También Jeanne Moreau fue breve y se deslizó por el pasillo sin que nadie la abordara, sin que nadie reventara ese momento, de tal forma que al final tuvimos que frotarnos los ojos para cerciorarnos de si habían bajado de la pantalla o eran reales, se les podía tocar, amar, engañar, vivir con ellos, escucharles, carne de cine, carne de nuestro tiempo de actualidad sin historia. Cuando salí a la calle había dejado de llover. Los vi entrar en una limusina negra y perderse en las luces y las sombras de Nueva York. Tenía el corazón caliente como si me hubiera enamorado. Antoine Doinel/Jean Pierre Leaud-François Truffaut-Jeanne Moreau se habían aliado para fabricar un milagro en esta ardiente oscuridad en la que resulta tan arduo creer. Fue apenas un espejismo de Nueva York una tarde invernal, de lluvia fría, de esas que nos transportan a la infancia, a otro tiempo, como sólo el cine y el amor consiguen de vez en cuando.

FIN DEL MUNDO. El miedo está aquí, presente, casi todo el tiempo. A equivocarte. A no dar la noticia a tiempo. A no acertar con el enfoque adecuado, con lo que se espera de ti. ¿Qué es lo que se espera? Que si llega el fin del mundo llames a tiempo, confirmes que conservas al menos una mano y una parte útil del cerebro para enviar la crónica a tiempo, antes de que el fin del mundo congele la tinta de la rotativa, vuele la rotativa, le rompa los tímpanos y le reviente los globos oculares a quien podría tener interés en leer en el periódico de mañana la noticia de ayer, y en la pantalla de hoy la noticia de ahora mismo, en vivo y en directo: cómo se desuella un rascacielos, cómo se arrojan al vacío nuestras sombras idénticas. Escenas de guerra en el sur de Manhattan. ¿Lo que nadie esperaba? No mi madre: «La guerra te sigue dondequiera que vayas». No yo mismo: tenía mala conciencia. Sentía que había traicionado a África intercambiándola por Nueva York. ¿Cabe hipérbole, desmesura, narcisismo mayor? (Pero operamos desde la estatura del yo, ése es nuestro dios portátil, ridículo, el ingenio donde se amartillan nuestros deseos y se enquistan nuestras penurias. Así vuelvo a encontrarme con José Martínez Ruiz, que se hizo Azorín en *La voluntad*: «La sensación crea la conciencia. No hay más realidad que la imagen, ni más vida que la conciencia. No importa [con tal de que sea intensa] que la realidad interna no acople con la externa. El error y la verdad son indiferentes. La imagen lo es todo. Y así es más cuerdo el más loco».) ¿Cuántos errores de apreciación cometí? Acaso el más grave fue dejar encerrados, agonizando, a más de un convoy de metro atiborrado de pasajeros bajo las torres desmoronándose. Desde el Chelsea Hotel, donde viven el autor y el protagonista de *Netherland. El Club de Críquet de Nueva York*, es-

cribe Joseph O'Neill, tras el 11-S: «La blancura de las supuestas horas de oscuridad era notable. Justo al norte del
hotel, una sucesión de calles transversales resplandecía
como si cada una tuviera una aurora propia. Los faros de
los coches, el pálido fulgor de los edificios de oficinas vacíos, los escaparates iluminados, la bruma anaranjada de
los faroles de la calle; toda esta basura luminosa conforma-
ba una atmósfera radiante que se instalaba como una capa
plateada sobre el centro de la ciudad e inspiraba en mi
mente la disparatada idea de que el ocaso final se cernía
sobre Nueva York». El resplandor perenne de la ciudad,
multiplicado por los reflectores que bañaban de luz clínica,
como antiaéreos enfocados al infierno, el cráter de la zona
cero. Y el desdén neoyorquino por las cortinas, que nos
hizo fabricar una de tupida tela azul para que la claridad no
volviera incandescente nuestro cuarto. Pero la noche del
11 fue la más oscura de la historia íntima y metafórica de la
ciudad.

«FLANEUR». «Interrumpir el propio discurso tiene un momento intencional, activo, además de ser el resultado de que al
discurso han afluido fuerzas de procedencias diversas y de
líneas dinámicas opuestas. Los textos de Benjamin sobre
Baudelaire están llenos de ellas. Sus fuentes de información son los primeros documentos del socialismo, pero no
lo son menos las memorias de jefes de policía y de aristócratas de abundante vida mundana. (Y estas últimas educan
su vista para calar más penetrantemente en ciertas "maneras" de socialistas como Blanqui.) Enunciar una serie de
temas abordados en las páginas que siguen ayudará a comprender el estallido del discurso: los impuestos napoleóni-
cos sobre los vinos, los traperos y los conspiradores profesionales, los precios de la suscripción a los periódicos, el
aperitivo como uso de bulevar al servicio del folletón, los
"negros" de escritores consagrados, el hundimiento del

campesinado, el ejército como refugio de los empobrecidos, los tranvías y su influjo en el aislamiento de autómatas de los habitantes de grandes urbes, las historias detectivescas, el color gris y el color negro en la indumentaria masculina, las fundas y estuches y forros para los objetos que adensan las habitaciones, la luz de gas, los bazares y el alma de la mercancía, la repercusión en los gestos humanos del paso del artesanado a la producción en serie, el amor lésbico y los primeros movimientos en pro de la autonomía femenina. O bien el discurso se convierte en un nivelador de crestas y honduras o bien estalla, eso es que se hace, en el caso de que el estallido no sea un accidente, sino un resultado asumido, discurso interrumpido. La interrupción activa, elevada a método de pensamiento, es la confesión de que no se quiere uniformar la realidad por la razón (entre otras) de que la realidad no es uniforme». Jesús Aguirre, «Walter Benjamin: fantasmagoría y objetividad», prólogo a *Poesía y capitalismo. Iluminaciones II.* Regreso caminando a lo largo de las avenidas insomnes. He descubierto que una de las cosas que más me gusta hacer en esta ciudad es recorrerla de parte a parte y siempre andando. Recorro kilómetros y kilómetros como si así la midiera íntimamente, y al mismo tiempo pienso que es una forma de auscultarla, y de buscar su respiración, su propia prosa. Porque para contar esta ciudad hay que encontrar una manera de escribir, y eso tomará su tiempo.

FUERA. «Volver a callejear», escribe John Berger en «Manhattan», ensayo incluido en *El sentido de la vista.* «Un 70 por 100 de la vivienda tiene más de cincuenta años. Los depósitos de agua, aislados con planchas de madera, están *fuera*, sobre los tejados. En las aceras, a unos centímetros por encima de la altura de las cabezas, se apilan las escaleras de incendio, aferradas, como anclas, por *fuera* de los edificios, de modo que las calles se convierten en estrechos pasajes bordeados de hierro calado [¿será colado?]. En las plataformas de estas escaleras de incendio hay mujeres y niños que duermen, como en un cuarto de estar. Cada ejemplo tiene su historia específica (el abastecimiento y la presión del agua, las regulaciones contra incendios establecidas en el siglo XIX, las altas temperaturas que se sufren en verano cuando no hay aire acondicionado), pero en cada caso se trata de reducir los márgenes económicos a su mínimo absoluto a favor de un mayor beneficio, una mayor expansión; y en cada caso, la consecuencia es que se deja fuera lo que en otras partes está normalmente dentro. Los grandes rascacielos de cristal, encendidos por la noche, demuestran el mismo principio y lo elevan al rango de la mitología: su iluminación *interior* se convierte en la característica dominante del medio *exterior* nocturno de toda la isla». En busca de otra tuerca y de otra vuelta, me dejo subyugar por Zygmunt Bauman y «Los nuevos intocables»: «Tras los ataques terroristas del 11 de septiembre una cosa está clara como el agua: *la vulnerabilidad mutuamente afirmada* hoy de todos los lugares, aun los más separados políticamente, del globo. La manifestación del cambio de nuestra condición existencial nos ha cogido desprevenidos, igual que el cambio en sí. La sacrosanta división entre *dentro* y *fuera*, que había balizado el reino con una seguridad existencial y fijado el itinerario de una trascendencia futura, se ha borrado en la práctica. Ahora ya no hay *fuera*... Todos estamos *dentro*, ya no hay nada en el exterior. O, más bien, lo que habitualmente estaba en el exterior ha entrado al interior, sin llamar; y se ha instalado ahí, sin pedir permiso. El *bluff* de las soluciones locales a los problemas mundiales se ha desvelado, la impostura del aislamiento territorial ha quedado al descubierto». España ha despertado a ese mundo como a una pesadilla. En su comentario a la novela *Cosmópolis*, de Don DeLillo, titulado «Las ratas como moneda de curso legal», publicado en la tristemente desaparecida revista *Archipiélago*, Hugo Romero destaca especialmente «por motivos exclusivamente políticos, estratégicos» la escena de la manifestación «antiglobalización», junto a Times Square, en la que el protagonista, Eric Parker, «rodeado en su limusina por los manifestantes, prefiere ver las imágenes por televisión ya que allí "tienen más sentido". Para Parker los manifestantes no son los "sepultureros" del capital de los que hablaba Marx, sino parte del mercado libre, ya que "la cultura del mercado es total. No hay afuera". No consigue ver el acontecimiento sino como una "protesta contra el futuro" ("Cuanto más visionaria es una época, más gente deja atrás") y una muestra de "rabia controlada". Parker concluye que, entre capitalismo y anarquismo, hay una idea común esencial, la de que "el impulso de destrucción es un impulso creativo". Sin embargo, Parker se equivoca en algo esencial. Ante el suicidio de un manifestante como forma de protesta, cree ver la posibilidad de un acontecimiento que escapa a la lógica del espectáculo, una incursión brutal de lo real en la lógica codificada de lo simbólico, algo que obliga a reflexionar. La desafortunada realización de esta imagen por parte de un agricultor coreano en el curso de las protestas contra la Organización Mundial de Comercio en Cancún el pasado mes de septiembre [de 2003] demuestra que gestos semejantes, pese al sentido que parecen tener en determinadas culturas orientales, son, más allá de trágicos, ineficaces: nada más fácil de recuperar para el espectáculo global que el "drama humano" tras la imagen impactante del suicidio. Si la cumbre fue, en aquella ocasión, un fracaso para los intereses de los países más poderosos y de las empresas transnacionales, no fue a causa de ningún gesto de martirio, sino de la organización de los países pobres y del mantenimiento de las luchas de los movimientos más allá de la dinámica de las protestas contra cumbres y reuniones internacionales». En una nota en la edición de *El proceso*, editada por Galaxia Gutenberg/Círculo de Lectores, volumen I de las *Obras completas*, se lee: «Más importante como rasgo estilístico recurrente en la obra de Kafka es la "mirada afuera", habitualmente vinculada a un sentimiento de melancolía, que el lector hallará también, por ejemplo, en el primer capítulo de *La transformación*: "La mirada de Gregor se dirigió luego a la ventana, y el tiempo nublado... lo puso muy melancólico". A propósito de la mudanza de Kafka a la Lange Gasse de Praga, en marzo de 1915, el autor escribió a Felice Bauer: "Creí que me era indiferente la situación y el aspecto de un cuarto. Pero no es así. Son unas vistas más bien despejadas, sin la posibilidad de contemplar desde la ventana un amplio espacio de cielo y, es un decir, una torre en la lejanía —si fuera campo abierto lo que se ve, tanto mejor—, sin todo esto soy un ser mísero y oprimido; desde luego soy incapaz de especificar cuál es la parte que, dentro de ese desdichado estado de ánimo, es imputable al alojamiento, pero no puede ser pequeña"».

G

GLACIAR. El asfalto empujado, comprimido como una morrena contra la acera en la esquina entre la calle 42 y la Tercera Avenida. Ella y él, impecables, ejecutivos. Él con corbata y maletín, entonado de pardos. Ella con falda por debajo de la rodilla, también marrón, medias negras de seda y zapatos negros de tacón. Se besan en los labios y fingen abrazarse mientras por encima del hombro del otro espían si hay moros en la costa mientras buscan taxis para poner tierra por medio. Acaban de follar.

GORILAS. El penúltimo párrafo de «Un informe para una academia», de Franz Kafka, reza: «Si echo una ojeada retrospectiva a mi evolución y a lo que ha sido su objetivo hasta ahora, no me quejo ni me declaro satisfecho. Las manos en los bolsillos del pantalón, la botella de vino sobre la mesa, estoy entre tumbado y sentado en una mecedora y miro por la ventana. Si viene una visita, la recibo como es debido. Mi empresario está en el recibidor; cuando toco el timbre, viene y escucha lo que tengo que decirle. Por la noche casi siempre hay función, y mis éxitos son difícilmente superables. Cuando vuelvo a casa a una hora avanzada, después de un banquete, de una reunión científica o de alguna agradable tertulia, me espera una pequeña chimpancé semiamaestrada con la que paso un rato entrañable a la usanza simiesca. De día no quiero verla, pues tiene en la mirada esa locura propia del animal confuso y amaestrado; yo soy el único que me doy cuenta y no puedo soportarlo». Una mampara de cristal grueso nos separa de los gorilas del Bronx. Hace tiempo que no los visito. Habrán aprendido muchas más triquiñuelas humanas en todos estos años jugando a imitar y a ver cómo son imitados. Han creado un entorno similar al de su ecosistema africano, una ficción perversa, un zoo mucho más humano que nos redime de la mala conciencia de tenerlos en cautiverio para que los neoyorquinos, los visitantes y sus hijos se ilustren acerca de los hábitos de nuestros primos, aunque la relación con nuestros congéneres acaso esté dando paso a una curiosa evolución, un bucle melancólico, en esas fieras tan dulces que salvo lenguaje articulado muestran un repertorio gestual que se amplía con cada nueva hornada de frenéticos curiosos. Pero no me agrada el espectáculo. En la rampa de la degradación son los individuos vestidos y dotados de habla de este lado del cristal —dicen que mis hermanos— los que más pesadumbre proporcionan con sus monerías. Escondido tras una escueta máscara de renegado, ni gorila ni humano, busco en Kafka una brizna de redención y no puedo evitar un regüeldo de asco. Indoloros aguijones de conciencia.

GOTHAM. Trabajar en una agencia de noticias —como en la revista *The Economist*— es una cura de humildad. El nombre del que escribe es una rara avis. Conozco, sin embargo, al autor de un cablegrama difundido por la agencia Efe desde Nueva York el mes de febrero de 2003 bajo el atrabiliario enunciado de «El misterio de Gotham es finalmente descubierto». Ahora que lo pienso, no sé si el texto de Antonio Lafuente pasó la criba de los cancerberos apostados en Miami o en la sede central de Madrid antes de marcharse de Nueva York, o si en realidad nunca lo envió al concurso de la realidad. Sea lo que fuere, he aquí una versión extractada que tal vez encierre alguna utilidad, acaso un cuento: «Muy pocos fuera de Nueva York saben que la ciudad de los rascacielos, la de los sueños posibles, la

Gran Manzana, es conocida también con el sobrenombre de Gotham. Poco a poco, el viajero que llega, el corresponsal que intenta conocer y explicar la vida de la ciudad, encuentra aquí y allá la palabra: Gotham, el nombre de un restaurante; Gotham, sobre la portada de un libro; Gotham, en una tienda de recuerdos; Gotham en una esquina del metro. Un portavoz de la ONU que lee un cuento sobre Nueva York de un autor desconocido dice "es muy Gotham" y el misterio se vuelve imposible de soportar. El diccionario no dice nada y el periodista comienza la investigación. "¿Qué significa Gotham?", pregunta al portavoz que lo mencionó, que responde: "Es cómo se llama también a Nueva York", aunque no es capaz de explicar por qué. El reportero hace la misma pregunta a un neoyorquino del *downtown* (el bajo Manhattan) que tiene a gala no haber subido jamás más allá de la calle 14. ¡Ah, sí! Ése es otro misterio difícil de explicar, por qué se dice alto o bajo en una ciudad que es completamente llana. Pero lo cierto es que hay gente que jura no haber pasado nunca de la calle 14. Si Nueva York lo tiene todo, ese todo está concentrado en la almendra que forma la punta de la isla de Manhattan y esa calle. "Gotham quiere decir gótico", afirma el neoyorquino recalcitrante. Cierto, las puntas de los rascacielos recuerdan las catedrales góticas, pero el redactor no puede por menos que dudar: tiene que confirmar. "¿Por qué Nueva York es Gotham?", interroga en una ocasión a un amigo mexicano, uno de esos que cruzó la frontera sin papeles y que ya ha cumplido su sueño de ser artista, pero que sigue indocumentado. O quizá su sueño era ese, ser anónimo. "Es la ciudad donde vive Batman", responde llevado por la vena. Realmente la ciudad del murciélago justiciero es muy parecida a la que tiene la cúpula plateada del edificio Chrysler y alcantarillas humeantes. En efecto, ese humo es otro misterio más de Nueva York. ¿Pero realmente un cómic puede encarnar el alma de una ciudad? ¿No será más bien al contrario? Las indagaciones continúan a paso de vagabundo y en una ocasión, el periodista pregunta "¿qué es Gotham?" a un afroamericano de esos que los domingos cruzan en el metro de Brooklyn a Harlem para visitar a la familia o asistir a la misa gospel. "No sé, hermano. Dios le bendiga y le ilumine en sus dudas". Es verdad; dicen que el Todopoderoso lo sabe todo, pero... En el barrio chino no saben, no contestan, y en el Upper East Side, el lugar más lujoso y residencial de Nueva York, no responden, pero lo hacen con la altanería de quien simula saber un secreto, aunque en verdad lo desconocen. "¿Es cierto que Gotham es como llamaron los holandeses a Nueva York cuando la compraron a los indios?", la pregunta es ahora a un amigo historiador, otro mexicano, uno de esos de los que Antonio Machado dice que son buena gente que camina por el mundo. El historiador responde sin dejar lugar a dudas: "No. Los holandeses la llamaron Nueva Amsterdam". La pregunta sigue a otro colega, otro corresponsal, otro viajero, quizá el que mejor conoce la ciudad. Pero duda y tampoco lo sabe. Él también tendrá que continuar buscando. Al fin, alguien, un anónimo de esos que hay en Nueva York, le da una pista y busca en internet. Se trata de una leyenda británica: los habitantes de la ciudad inglesa de Gotham sabiendo que llegaba el Rey se hicieron los locos para no pagar el coste de la visita como era obligación. Después Washington Irving, el cuentista, lo aplicó a Nueva York porque estimó que era el nombre apropiado para una ciudad que creía habitada por locos, pero que quizá fueran sabios. Lástima, se acabó el misterio y se rompió el romanticismo. Al viajero, al corresponsal, le toca partir, aunque pensando que algún día habrá de regresar para descubrir por qué en una ciudad plana se habla de alto y bajo o por qué las alcantarillas de Nueva York echan humo». Como si hubiera dejado asuntos pendientes, el corresponsal, A. L., acabó por volver a avecindarse en Manhattan. José María Conget apunta en esa misma dirección: «Gotham, nombre que, con intenciones satíricas, utilizó Washington Irving para denigrar Nueva York en sus cuentos de 1807 [...] —Gotham procede de Goat City en inglés antiguo... También se llamó Gotham Book Mart precisamente la librería de más solera de Manhattan, lugar de memorables tertulias —si palabra tan castiza puede aplicarse a los hábitos anglosajones— a las que acudían Auden y Huxley». La primera librería que me atrapó, por azar, en mi primer viaje a Manhattan, el verano de 1992, el del bombardeo de la biblioteca de Sarajevo, que vería arder con mis propios ojos.

GRAND CENTRAL STATION. La mejor forma de describir un lugar es a veces la más oblicua. Como cuando Elizabeth Smart escribe: «El largo día nos seduce por completo, y nos acostamos como lagartos al sol, aplazando nuestras vidas indefinidamente», como me ocurría algunas tardes de verano en Nueva York, cuando el sol declinaba y de los sótanos de la Estación Central partían trenes que iban a copiar la corriente del Hudson, y en la gran nave central las constelaciones contemplaban impávidas el ir y venir de tantos millones de historias que no seremos capaces jamás de transcribir. Enrique Vila-Matas, que tanto debate suscitó en nuestra tertulia literaria de Manhattan, cuenta aquí un fragmento de la suya y nos invita a ralentizar la rueda del tiempo y sus consecuencias: «Sentí deseos de convertirme allí mismo en el título de una novela de Elizabeth Smart, *En Grand Central Station me senté y lloré*. Siempre quise ser o escenificar ese título, y aquélla era toda una oportunidad para hacerlo, pues a fin de cuentas me encontraba en Nueva York y estaba justo en aquel momento en Park Avenue, a dos pasos de Grand Central Station. [...] Me acuerdo muy bien de cómo era, aquel día, la novela de mi vida. Parecía que el surrealismo de Simic estuviera por todas partes, porque vi en el pasillo de entrada al gran vestíbulo de la estación a un negro con la cabeza rapada, sin zapatos, poniendo a un limpiabotas y a Dios por testigos. ¿Por testigos de qué? Tras contestar a cómo se distinguía entre una buena novela y una que no lo era, empezó a cumplirse uno de mis más antiguos deseos cuando, al adentrarme en el gran vestíbulo, avancé hipnotizado hacia el célebre reloj de cuatro caras, y fui pasando repentina revista a lo que habían sido las ventanas ciegas de mi vida: iba como hechizado y como si tuviera luz para descifrar el mapa de las estrellas en los futuros interiores de las novelas. Y así fui avanzando y buscando un lugar solitario, hasta que lo hallé y, contemplando en una de las ventanas altas los movimientos del sol como quien mira el de las hormigas, pensé en un poema de Simic que habla de una azotea y de un agujero en unas medias negras y de una bella muchacha de Nueva York de la que estaban todos enamorados, y entonces sí, entonces, tal como venía previendo, como si uno pudiera ser el título de una novela dentro de una poesía secreta, casi desmoronándome, dando bandazos con mi suerte más ciega, en Grand Central Station me senté y lloré». Al final de la novela, la propia autora admite que ella no será aplacada «por los mecánicos movimientos de la existencia» ni hallará consuelo «en las atenciones de los camareros» que se habrán dado cuenta de su rostro «devastado», no en vano, dirá apenas tres párrafos más abajo, hablando de su amor desgraciado: «El dolor era insoportable, pero no quería que terminara: tenía una grandeza operística. Iluminó la Grand Central Station como el Día del Juicio Final». Bajo el resplandor de las constelaciones, el reloj de cuatro caras, las taquillas para acometer la imposible huida de Manhattan y el fervor de las muchedumbres.

GRITO. Habla Holden Caulfield, el protagonista de *El guardián entre el centeno*, la novela de J. D. Salinger: «Nueva York es terrible cuando alguien se ríe de noche. La carcajada se oye a millas y millas de distancia y le hace sentirse a uno aún más triste y deprimido». Como un teatro descomunal, y vacío. A veces, cuando el tráfico amainaba, de madrugada, carcajadas como ésas subían desde mi calle, la 28, en la esquina con Park Avenue South, donde hay un McDonald's que los fines de semana no cierra en toda la noche, y que es un emporio de desconsuelos. Subían las carcajadas hasta el piso 20 y me provocaban un escalofrío, porque solían ser carcajadas desesperadas, las de alguien que ríe como si estuviera probando el eco de la ciudad dormida, pero que en realidad no tienen objeto alguno, son risas estentóreas y vacías, de locos que nadie quiere. En *La voluntad*, Azorín establece toda una teoría estética a partir del «grito largo, modulado, de un vendedor» un día de lluvia en la ciudad provincial: «Los gritos de las grandes ciudades, de Madrid, son rápidos, secos, sin relumbres de idealidad... Los de provincias aún son artísticos, largos, plañideros..., tiernos, melancólicos... Y es que en las grandes ciudades no se tiene tiempo, se quiere aprovechar el minuto, se vive febrilmente..., y esta pequeña obra de arte, como toda obra de arte, exige tiempo..., y el tiempo que un vendedor pierda en ella, puede emplearlo en otra cosa...». Son otros, sin embargo, los gritos que escucho desde mi palomar en el piso 20, protegido por los altos muros y el portero, atrincherado tras su pupitre y todos los ojos electrónicos que vigilan puertas, acera, esquinazo, lavandería, terraza. Son gritos que ascienden en la oscuridad, que perforan los tímpanos, aullidos de loca que llama no sé a quién, a un hijo muerto, a un compañero fantasma, a la cordura. Trato de ver algo desde la ventana cerrada, pero no lo consigo. Los gritos se hacen más lacerantes, más inconsolables, como de un animal herido. Voy a la terraza y me asomo a la calle, pero no veo quién grita así, con tanta angustia. Vuelvo a mi pupitre, a la templada atmósfera bajo el resplandor del flexo, y los

gritos siguen barrenando la noche. El 28 de noviembre de
1883, el *New York Times* contó que poco después de las
cinco de la tarde del día anterior, el horizonte, hacia el
oeste, se inflamó súbitamente de escarlata brillante y nubes turbias. La gente se arremolinó en las calles tratando
de averiguar de qué se trataba, y muchos pensaron que era
un gran incendio. Dos días más tarde, el periódico de
Christiania, la localidad del pintor Edvard Munch, también se refirió a un resplandor muy intenso que se pudo
apreciar hacia las cinco de la tarde en dirección oeste. Aunque la gente también pensó que podría provenir de una
gigantesca hoguera, se trató en realidad de una refracción
roja en una atmósfera nublada después de la puesta de sol.
En su diario, Munch escribe: «Caminaba por la carretera
[de Ljabrochausseen, hoy Mosseveien] con dos amigos
cuando el sol se puso y de pronto el cielo se volvió rojo
sangre y me sentí abrumado de melancolía. Me quedé inmóvil, apoyado contra la baranda, con un cansancio mortal
—nubes como sangre y lenguas de fuego colgaban sobre el
fondo azul negro del fiordo y la ciudad». Tres investigado-
res de la Universidad de Texas, Don Olson, Russell Does-
cher y Marilyn Olson han llegado a la conclusión de que el
rojo sanguíneo que corona *El grito*, el cuadro más recono-
cible del expresionista noruego, pudo haber sido inspirado
por la realidad. Lo que a fines de noviembre de aquel año
desconcertó tanto a los vecinos de Nueva York como a los
de Christiania fueron la ceniza, detritus y fogonazos de la
explosión del volcán indonesio de Krakatoa, el 27 de agosto de 1883, que tardaron tres meses en llegar a los ojos de
los noruegos y los neoyorquinos, según relata Richard
Panek en las páginas del mismo diario que en su día dio
cuenta del fenómeno, el *New York Times*. A escala planeta-
ria, son como las imágenes del principio del universo, de
estrellas hace largo tiempo extinguidas, que el telescopio
Hubble capta ahora, millones de años después de su muer-

te. Mientras nos abismamos ante el tiempo comprimido que no parece tener más sentido que este *carpe diem* en que nos debatimos, mientras contemplamos con ojos incrédulos, entre gritos de pavor, la voladura de las torres, y huimos de la nube de ese cataclismo, otro grito silencioso de un volcán al otro lado de la Tierra viene a cazarnos tiempo después, en ese grito nocturno que escuchamos en las calles de Manhattan, en el grito de Munch que sigue resonando en la distancia, en la carretera que nos aleja del centro, que nos lleva a unas afueras sin cartografiar.

H

«HOMELESS». A punto de morir de frío. Pero démosles antes que nada el nombre más fiel en español: «desamparados». Silvia Italiano (*Un aire de familia*): «Hasta la palabra *homeless* con que se les designa le resultaba intolerable. No soportaba la crueldad de ese sufijo supresivo, los *casa-no* era mucho más terrible que los *sin-casa*, porque el prefijo tenía la benevolencia de anunciar la supresión de entrada, en tanto que el sufijo permitía creer por un instante en la posibilidad de la posesión para dar luego la sorpresa devastadora del vacío y la negación». La crueldad también, como no podía ser menos, en las palabras. Escribe Angus Kress Gillespie en su historia de las Torres Gemelas que «nadie sabe cuánta gente sin hogar hay en Nueva York, pero estudios urbanos indican que el número oscila entre 12.000 y 20.000. Algunos de los *homeless* son viejos y otros son jóvenes, pero los expertos dicen que el número de jóvenes está aumentando. La mayoría de los jóvenes sin hogar son negros o hispanos. Cerca de un 40 por 100 son homosexuales, bisexuales o transexuales, y muchos se han quedado sin hogar porque han sido puestos de patitas en la calle por sus propias familias. De forma característica, no son bien recibidos en escuelas o centros de acogida. La mayoría toman drogas, y en muchos casos practican la prostitución para sacar dinero o hacerse con un lugar donde dormir. Previsiblemente, algunos se acercan al World Trade Center para pasar la noche». Previsiblemente, las cifras de muertos del 11 de septiembre jamás serán definitivas porque entre los escombros

174

perecieron muchos *homeless* a los que nadie reclamó ni por los que nadie preguntará jamás. Tuvo *más suerte* Arthur Cafiero, que no sólo recibió el tributo de la iglesia en cuyas escaleras dormía, sino que a su funeral acudieron muchos de los que se cruzaban con él, le daban una limosna, le echaban una mano o intercambiaban unas palabras. Su historia apareció el 30 de enero de 2003 en las páginas del *New York Times*, con dos fotografías: una de su rostro, otra de la ceremonia fúnebre. Tal y como cuenta Andy Newman, «no fue fácil para Andy Cafiero morir. Le costó lo suyo e incluso así necesitó de la ayuda de un termómetro implacable». Poco después de haber cumplido los sesenta años, murió congelado en la escalinata de la iglesia presbiteriana de West Park, situada entre la calle 86 y la Avenida de Amsterdam. El reverendo Robert L. Brashear, que ofició el funeral al que asistieron dos docenas de feligreses amigos del muerto, recordó la terquedad del difunto y su empeño en defender el derecho de los *homeless* como él a pernoctar en las escaleras de templos como el presbiteriano, su hogar durante los tres últimos años que precedieron a su muerte, aunque llevaba treinta años en el barrio. Durante buena parte de ese período disfrutó de un apartamento, trabajaba de 9 a 17 en un oficio que le obligaba a utilizar un maletín. Hasta que lo sustituyó por el trago. Aunque varios vecinos le acogieron por temporadas en sus casas, siempre volvía a la calle. De vez en cuando se aventuraba en la iglesia y algún jueves por la noche sumaba su buen timbrada voz al coro parroquial. Empleados del Comité Residencial de Bowery comentaron a Newman que Cafiero siempre rechazó su techo a pesar de que al menos media docena de veces había sido ingresado en hospitales con neumonía, alta presión e hipotermia. Iris Rutkoski, miembro de la congregación, dijo que el 17 de enero, la víspera de su muerte, discutió ásperamente con él y le gritó que si no entraba le llevaría a su funeral, y una diaconesa, Rachael Tarasoff, que durante veinte años había intentado ayudar a Cafiero, confesó al *Times:* «Hace seis meses me había comentado su deseo de suicidarse. No quería seguir viviendo». Las últimas estadísticas, no las que empleó Dámaso Alonso para contar un millón de cadáveres en las calles del Madrid de la posguerra, sino las de los peritos municipales de Nueva York, contaron en abril de 2004 un total de 2.694 *homeless* en las calles y metros de Brooklyn, Manhattan y Staten Island. Escribe James Salter en *Años luz:* «Miró al desconocido bajo la farola, un hombre con el rostro marcado por la ciudad, insalubre, negro de avaricia. Por un instante fueron como hombres en una estación de tren, solos en el andén. Se inspeccionaron fríamente y se distanciaron». Les veo, pienso, a veces suelto algo y me voy. El sentimiento de culpa es tan tenue que no deja rastro.

HOTEL EN HARLEM. Aquel de Park Avenue en la calle 125, en pleno barrio negro, donde quise terminar de una vez *Nueva York, el deseo y la quimera,* y llegué un sábado de oleaginosa humedad con mi ordenador, un flexo, un litro de agua y varios kilos de fruta, y me encontré con que hasta las once de la noche no había habitaciones disponibles, que en cualquier caso el alquiler era por horas y los huéspedes eran autores de obras breves. Peter Conrad recuerda en *The Art of the City* cómo un personaje de O. Henry cuando llega a un hotel de Nueva York se trata a sí mismo como si se dispusiera a vivir una aventura en la amnesia, «la delicia urbana de tomarte unas vacaciones de ti mismo». Tal vez, ahora que se supone que por fin he terminado aquel libro, vuelva a probar a obtener un cuarto en ese hotel inmundo para tomarme unas breves vacaciones de mí mismo.

INDIOS SIN VÉRTIGO. Muchos de los soldadores y albañiles que construyen los armazones de acero de los rascacielos de Nueva York son indios mohawk. Al menos doce trabajaron en la construcción de las Torres Gemelas. Uno de los primeros que escribió sobre esta tribu y su falta de vértigo fue Joseph Mitchell, en un artículo publicado en 1949 y titulado «Mohawks in High Steel», en el que describía sus salientes pómulos, prominentes narices, ojos marrón oscuro, tristes y perspicaces, piel suave y cobriza, y altiva forma de caminar, semejante a la de los gitanos. Según Mitchell —como se encarga de recordar Angus Kress Gillespie en *Twin Towers*—, la relación entre la tribu y las grandes estructuras de acero se inició en 1886 con la construcción de un puente de hierro sobre el río San Lorenzo, cerca de la reserva Caughanwaga. A cambio del permiso de utilizar sus tierras para erigir el puente, la Dominion Bridge Company se comprometió a emplear a miembros de la tribu siempre que fuera posible. Los indios no parecían muy satisfechos con las intenciones de la empresa de darles tareas poco cualificadas. Un oficial de la Dominion le confesó a Mitchell en una carta que a medida que la construcción fue progresando se hizo evidente que los mohawks no tenían ningún miedo de las alturas, y cuando nadie estaba al tanto solían encaramarse a las vigas más altas y caminar con tanta seguridad sobre ellas como si lo hicieran por la orilla del río. Ágiles como cabras, continuamente reclamaban a los capataces que les permitieran ocuparse de ensamblar las vigas, la operación más arriesgada y mejor pagada. La empresa decidió ponerles a prueba y tras seleccionar a un primer grupo de indios y darles un cursillo de entrenamiento resultó que «poner en sus manos las remachadoras era lo mismo que juntar huevos con jamón». Su fama se extendió con rapidez y empezaron a ser contratados en la construcción de rascacielos, primero en Canadá, después en Estados Unidos. Se convirtieron en un elemento clave del *skyline* neoyorquino, en una nueva paradoja estadounidense: prácticamente exterminados durante la conquista, y después reducidos a una semivida en las reservas, una de las tribus supervivientes contribuyó a forjar uno de los emblemas físicos más deslumbrantes de la nueva potencia. Antepasados mezclados con la grava y el hormigón de los cimientos, sus herederos remachando los miradores sobre el porvenir. Nunca sus dueños.

INFANCIA AL POR MAYOR. Rascacielos, limusinas, tartas y sándwiches inexpugnables, imposibles. No es de extrañar que la *doggy bag* sea un aliciente de las raciones para quienes no cocinan jamás en sus hornillos de gas industrial. A los españoles, hijos de hidalga estirpe, les repugna ese gesto de llevarse los restos de comida. ¡Como si fueran unos pordioseros! ¡Que se la den a los perros! ¡Pero a los de la trasera del local! El crítico y poeta Dionisio Cañas resalta la contradicción en la que de vez en cuando caen escritores como Juan Ramón Jiménez o Federico García Lorca respecto a Nueva York, «entre una visión negativa y desgarrada de la ciudad y una exaltación infantil, de orden positivo, ante Manhattan».

INFIERNO (PUERTA Y COCINA). Como todo índice topográfico y moral que se precie —como todo enclave o paisaje humano que se considere—, el infierno es siempre una invocación socorrida, imagino que necesaria para conjurar su propio significado, su mal fario, su condición de asunto eminentemente terrenal. De los muchos infiernos íntimos y públicos que esta ciudad atesora, hay dos que forman parte de su nomenclátor. La Puerta del Infierno (*Hells Gate*) es una corrupción de la palabra holandesa *Hellgat*, que significaba, como era de prever, 'canal del infierno', así bautizado porque esa estrecha corriente de agua que corre entre Astoria y la isla de Ward y conecta el East River con el llamado Long Island Sound era en tiempos un trecho extremadamente azaroso para la navegación a causa de sus corrientes y arrecifes, que es lo que cuenta la incomparable *Encyclopedia of New York City*, fuente también de casi todo lo que sabemos de otro infierno mucho más famoso en Manhattan, la Cocina del Infierno (*Hell's Kitchen*), aunque su uso haya caído en franca decadencia. Sus lindes extremos son las calles 59 al norte y 30 al sur, en el West Side, enfriada por la frontera fluvial del Hudson. A fines de la guerra civil estadounidense, era uno de los barrios más miserables de la ciudad, conocido por pandillas tan llamativas como los Gophers. La enciclopedia sugiere que el nombre de *Hell's Kitchen* fue tal vez tomado de una banda que se formó en la zona en 1868, o adoptado por la policía en la década siguiente. La bronca reputación del vecindario —ocupado inicialmente por irlandeses, además de escoceses, alemanes y negros, a los que en 1900 sucederían griegos y emigrantes del este de Europa, seguidos de negros del sur estadounidense y puertorriqueños a partir de la década de 1940— fue celebrada en el ballet «Asesinato en la Décima Avenida», que formaba parte del musical *On Your Toes* (1936), y en *West Side Story* (1957). Tras la muerte de dos niños en una pelea entre pandillas en 1959, varias organizaciones trataron de mejorar su imagen, y la zona fue rebautizada Clinton (por el parque De Witt Clinton, entre la 52 y la 54, al oeste de la Undécima Avenida, que rememora a su vez al que fuera alcalde y gobernador). Junto a atracciones como el museo naval construido en torno al portaaviones Intrepid y el malecón de partida de la Circle Line, el barrio conserva todavía algunas de las malas calles del pasado y la noche puede resultar ríspida. Dionisio Cañas recuerda que, en *Fronteras infernales de la poesía*, José Bergamín caracteriza al infierno como «voluntad y como representación moral y poética del hombre».

IRSE (véase también, por otros motivos, CAMPO DE CONCENTRACIÓN). No se puede, aunque lo parezca. Lo experimentó en carne propia Inma López Silva, y así lo cuenta en su a medida que avanza cada vez más divertido y conmovedor *New York, New York:* «Creí que era más fácil salir de Manhattan cuando dije que sí al convite de J. L. y P. para ir a su casa en New England, Connecticut. De hecho, estoy convencida de que todo aquí está planeado para que no se pueda ir más allá de las fronteras de Brooklyn y de Queens, y un poco New Jersey, por si hace falta ir a ese *sublet* enorme donde venden ropa de Gucci más barata incluso que en Century 21». La novela *Netherland*, de Joseph O'Neill, arranca prácticamente con esa certeza: «No es fácil marcharse de Nueva York». A veces pienso que nunca me fui, que en realidad nunca me iré del todo... hasta que vuelva y me encierre a escribir lo que falta.

J

JUDAICA. Sección sustantiva en numerosas librerías de la ciudad. «El judaísmo no es un ni una religión ni una idea, sino una entidad nacional dispersa entre otras naciones, y en ésta [Nueva York] están muy a gusto..., y no hay árabes que los tiroteen... la cuestión judía es inevitable e innegable entre los rascacielos de Manhattan». Gaspar Tato Cumming, *Un español entre rascacielos.* El caballuno puente de Williamsburg sobre el East River es un practicable viaje al pasado, aunque no recomendable cuando el sol se pone: judíos del este de Europa ataviados como sus antepasados de hace doscientos años se cruzan con el presente sin que les llame la atención el contraste. El suyo es un ensimismamiento en el hueco del tiempo. También hacen uso de esa vía que arranca en Delancey inmigrantes, artistas y punkis: recuerdo a una chica tan perforada de hierros que su cabeza parecía haber salido rodando de un museo antropológico, tan apesadumbrada que rehuía, como los judíos askenazís, de todo contacto con los ojos de los otros. ¿Encontró Golpes Bajos su inspiración en este puente para su «No mires a los ojos de la gente?» Escuché a Christina Rosenvinge cantar sus canciones de indescifrable melancolía urbana en Tonic, un local nocturno que parecía pertenecer a la corriente nocturna del río cercano, a este puente de los hasidines polacos, tal vez antepasados remotos o imaginarios de Kafka y de Kantor, de todos los que llevan camisa blanca y levita negra: un éxodo sin fin de un dios como nosotros: indiferente e impotente. Como sabe muy bien Isaac

Bashevis Singer, las acciones impías que cometemos acaban teniendo efectos devastadores sobre la realidad. Nos acaban cazando. Escribe Henry Roth en *Réquiem por Harlem*, cuarta entrega de *A merced de una corriente salvaje:* «¿Para qué vino aquí tu padre del *stetl* ['aldea judía' de Europa del Este]? Por la misma razón que vino el mío. Para llegar a la *goldeneh medina* ['país dorado']. Pues aquí está la *goldeneh medina*». Como tantos y tantos otros que ahora mismo siguen llegando, entonces abandonando sus comunidades tradicionales judías de Europa del Este, ahora tantos pueblos y villas y aldeas tradicionales de América Latina, Asia y África: en busca de la ciudad dorada.

K

KINSHASA. «Kinshasa no será nunca Nueva York. Y mucho mejor así, por cierto. Cada ciudad tiene su alma. Cada ciudad tiene su cuerpo, su piel, su inteligencia, su estupidez, su lado monstruoso, su poética, su parte misteriosa...», reza Sony Labou Tansi en *Kinshasa ne sera jamais*. El aguacero de la noche del 10 de septiembre de 2001, cuando vi a algunas neoyorquinas perder los zapatos en la riada, me hizo pensar en ella, en la bella Kinshasa mutilada.

«KOSHER». Perdí un manual de comportamiento del verdadero judío que, si no recuerdo mal, además de incluir las fases de la Luna, la tabla de mareas y las horas de salida del Sol, en la medida en que afectaba al minucioso reglamento de lo que se debía hacer y cómo, amén de con qué harinas y con qué horneado se debía hacer el pan que alimentase a unos fieles tan celosos de cumplir los mandamientos de la ley divina. Llama a la perplejidad que en algún prestigiosísimo hospital de la Nueva York que combate el cáncer con la más rutilante tecnología, los ascensores y las luces están dotados de religiosas células fotoeléctricas para que en el sabbat ningún buen judío tenga que encender, pulsar o apagar, y en otros casos hasta las hojitas de papel higiénico están inmaculadamente cortadas para que el buen judío pueda limpiarse sin tener que desgarrarlas del rollo. Uno de los episodios más ilustrativos de *Netherland*, la novela post-11-S, de Joseph O'Neill, se refiere a la pureza de los caballitos de mar:

Atendemos a los judíos del vecindario. Hay miles y miles, todos fieles practicantes [...]. Tengo un socio judío que cuenta con la confianza del rabino. Eso facilita mucho las cosas. Pero te diré que conseguir la certificación de *kosher* es un asunto complejo. Más complejo que el negocio de los productos farmacéuticos, te lo aseguro. No creerás la cantidad de problemas que surgen. A principios de este año tuvimos dificultades con caballitos de mar.

—¿Caballitos de mar? —repetí extrañado.

—¿Sabes cómo se examina el *nori*, el alga en que se envuelve el *sushi*? Se inspecciona sobre una caja que emite luz, como un aparato de rayos equis. Y descubrieron que las algas de nuestro proveedor estaban infestadas de caballitos de mar. Y los caballitos de mar no son *kosher*. Tampoco lo son los camarones, ni las anguilas, ni los pulpos, ni los calamares. Sólo los peces con escamas y aletas son *kosher*. Pero no todos los peces con aletas tienen escamas —añadió Chuck—. Y, a veces, lo que uno cree que son escamas son en realidad protuberancias óseas. Las protuberancias óseas no se consideran escamas. No, señor. —Roy y él lanzaron una carcajada—. ¿Qué nos queda? Fletán, salmón, pargo, caballa, lampuga, atún... Pero sólo ciertas clases de atún. ¿Cuáles? La albacora, el listado y el atún de aleta amarilla. [...]

—¿Y qué pasa con los huevos de pez, las huevas? —dijo con presunción—. Los huevos de un pez *kosher* tienen por lo general una forma diferente de los huevos de los que no son *kosher*. Además, tienden a ser rojos, mientras que los de los no *kosher* son negros. Luego hay toda una cuestión con el arroz y también con el vinagre. El vinagre del *sushi* contiene a menudo ingredientes no *kosher*. Y está la cuestión de los gusanos presentes en la carne del pescado, de los utensilios, del almacenamiento, de la congelación, de las salsas, del caldo y el aceite en que se conserva el pescado. Todos los aspectos del proceso son complejos. Es un negocio que requiere meticulosidad, os lo aseguro. Pero es mi oportunidad, ¿lo comprendéis? No me importan las complicaciones. Para mí, las complicaciones representan una oportunidad. Cuanto mayor sea la complejidad de algo, más se desalentarán los posibles competidores.

Según Wikipedia, *kosher* es 'lo correcto' o 'apropiado', lo que los practicantes de la religión judía «pueden y no pueden ingerir, basado en los preceptos bíblicos del Levítico 11. Tales reglas, interpretadas y expandidas a lo largo de los siglos, determinan con precisión qué alimentos se consideran puros, es decir, cuáles cumplen con los preceptos de la religión y cuáles no».

L

LAVADORAS. Isabel Coixet. *Mi vida sin mí.* ¿Qué importancia tiene la lavandería en su paisaje fílmico? «Las lavanderías son para mí lugares de paso donde uno va a lavar los trapos sucios y donde se crea una extraña intimidad. Quizá me llamen la atención porque no existen en España. Me parecen espacios míticos, por las conversaciones que se entablan mientras la lavadora da vueltas. Al mismo tiempo es una metáfora estupenda. Nuestras cabezas son como lavadoras con un ciclo eterno de prelavado, que tarda mucho en terminar y además no siempre lava bien. Hay manchas que quedan para siempre». Son raras las lavadoras en los pisos de Manhattan, suelen estar ocultas en el sótano (*basement* para los autóctonos y para Bob Dylan), ahora con tarjetas magnéticas que se recargan en una máquina *ad hoc*, siempre hambrienta de dólares: una descarga para el lavado, otra para el secado. En los sótanos y en las lavanderías públicas (no hay manzana de casas que no disponga de la suya) se establecen relaciones con la clase que lava y las hispanas que lavan los trapos sucios de quienes pueden permitirse el pago y no les importa que se conozcan sus manchas.

LO QUE FALTA. Los superhéroes, la muerte de John Coltrane y «el funeral de muchas ilusiones», la cama de Cole Porter en el Waldorf Astoria, los videojuegos inspirados en la ciudad desnuda, los recuerdos que no fueron retenidos en su día, un análisis de la curvatura de los bancos en Central

Park, los pensamientos de Weegee, la relación de los clubs en los que no llegué a entrar, la voz y los dedos y los pensamientos de Charlie Parker, la madrugada en el antiguo mercado del pescado (Fishmarket) de Fulton Street, el largo paseo de Alfred Kazin, muchos recuerdos de Adam Gopnik, las noches en el Mercado de la Carne, el Chelsea Hotel (donde, según Brendan Behan, «hay más espacio que en toda Staten Island»), las series de televisión y sus héroes, lo que cambió y lo que cambiará hoy y lo que cambiará mañana, la textura de los pasamanos de la ONU y de los transbordadores, los anuncios de sexo de la última parte del *Village Voice*, la biblioteca de Gonzalo Sobejano, los libros no leídos, las películas no vistas, las canciones no escuchadas, la danza contemporánea («el arte del siglo xx, porque nunca habíamos estado tan alejados del cuerpo», como asegura Andrés Ibáñez, «quizá la mayor aportación de ese país-continente a la cultura universal») y la influencia del ritmo de Nueva York en tantas coreografías, y lo que cada lector, cada amante constante y esporádico de Nueva York atesore, se le ocurra, desee como talismán de una ciudad que me niego a añorar.

LOCOS. Una mujer arrastra un carrito de bebé con dos muñecos dentro. La dejé pasar. Como dejé pasar al hombre que arrastraba una enorme cruz formada con dos tablones de encofrar, con restos de cemento y clavos desmochados. Hace tiempo que no le veo, con la cruz descuajeringada y una bolsa al cuello. La última vez fue en la calle 14: dejó su cruz a la puerta de una hamburguesería y entró a reponer fuerzas antes de reanudar su calvario entre la perplejidad y la agonía del tráfico. Recuerdo sobre todo a la loca de la Segunda Avenida. Salían a la puerta de los colmados y de las tortillerías, de los restaurantes japoneses y las tintorerías para verla pasar. Se la oía desde una distancia de tres manzanas, que aquí son largas y anchas, partidas por esa insólita parrilla que divide la isla de Manhattan entre avenidas que corren de norte a sur, y calles que cortan de río a río: de este a oeste, del East al Hudson. Se reía como una desesperada, con una risa aguda, incontenible, que la hacía doblarse por la cintura, como una bisagra rota, y buscar apoyo en farolas y semáforos. La risa se le atragantaba. En una mano llevaba un bastón y en la otra una bolsa negra de basura llena de no sé qué. Vestía varias faldas y blusas y chaquetas superpuestas a pesar del calor. Y se reía, se reía estentóreamente, con una risa que se contagiaba a los que salían a las puertas de los negocios donde se ganan la plata dura, y también a los que se cruzaban con ella mientras la tarde se vencía. Ya se sabe que la risa siempre es contagiosa. Lo digo para justificarme. Porque fue lo primero que se me vino a los labios: un buche de risa, un estertor de sonrisa simpática. Hasta que di con su espalda flaca, el pelo negro, largo y desgreñado, la figura a punto de quebrarse, y la risa, que volvía una y otra vez, como un regüeldo, como una dolencia. Se reía sin poderlo evitar, y la angustia que despertaba al ver que era risa de loca contravenía la hermosura de la tarde, los rascacielos impecables y hasta el Parlamento del Hombre, que acababa de dejar atrás, sin que nadie se atreviera a reírse de las carretillas de palabras cayendo en saco roto, orinándose como el teléfono de Valle-Inclán en la moqueta sorda de la ONU, palabras huecas sobre el sida, el terrorismo y la paz. La loca de la Segunda Avenida se reía y yo la dejé también atrás, avergonzado, pensando que acaso esa risa contra el atardecer de Manhattan era una carcajada general contra las certezas y las máscaras. Una risa que dejaba un sabor a queso agrio en la boca.

LUZ. En invierno, cuando el termómetro se instala en los diez grados bajo cero y el cielo está despejado, es de cuarzo. Al amanecer te quita el aliento, como cuando de un pisapape-

les de cristal (como los que empezó a coleccionar Truman
Capote después de que Colette le regalara el primero: La
Rosa Blanca, creado en la fábrica de Clichy en 1850) han
extraído todas las impurezas, y sobre ese tiempo suspendi-
do resplandecen las torres renacentistas, las villas de la
Toscana, las inconcebibles abadías que coronan edificios
de treinta pisos, con rebabas verdes de Babilonia. Debería
proceder con la misma cautela estación tras estación, sobre
todo después de haber despachado casi siete años allí. Pero
entre el espejo líquido de los ríos, la condición de archipiélago, el balcón del Atlántico y la corriente del Labrador
que es un banderín del Ártico, además del tajo de las avenidas y la réplica cartesiana de las calles, todo parece con-
cebido para que la luz se alíe con la fe en el porvenir, y esa
metáfora con la que se han bañado el cuerpo los ávidos
calvinistas ha sido como el queroseno. Poesía contante y
sonante, una luz aguamarina, de una pureza extraordinaria, tamizada por una bolsa de vientos que corta el rostro
en enero y alivia en septiembre, una luz que tanto para
Henri Matisse como para Santiago Calatrava permite cimentar convicciones: un malecón emparentado con los
sueños capaz de resistir la devastadora corriente de la realidad. Eduardo Mendoza ha escrito que es precisamente
esa luz la que no ha conseguido capturar el cine. Para per-
cibir la luz de Manhattan hay que vivir aquí. En *K.*, Roberto Calasso precisa cómo es la luz de Nueva York para Franz
Kafka en *El desaparecido*: «poderosa», «corpórea», es una
luz que «continuamente se dispersa y se recoge. Hace pensar que, "a cada instante, la placa de vidrio que lo cubre
todo es quebrada con toda la fuerza"».

M

«MANNAHATTA». El poeta Walt Whitman propuso que Nueva York recuperara el nombre algonquino de Mannahatta, que significa 'lugar rodeado por numerosas mareas vivas y burbujeantes aguas'. Como recuerda Peter Conrad en *The Art of the City*, el autor de *Hojas de hierba* prefería la palabra india porque —«¡ciudad de agujas y mástiles! / ¡Ciudad anidada en bahías! ¡Mi ciudad!»— su latente metáfora resultaba más fiel al espíritu del lugar, nacido de las aguas. Aunque el nombre vive en la isla que para muchos equivale a Nueva York, con olímpico y petulante desdén hacia los otros cuatro distritos, lo que el poeta pretendía era recuperar «un reino perdido», lo que a fin de cuentas «hay en un nombre», en cada nombre en los que no reparamos mientras nos movemos sobre los mapas. No ha sido sólo Whitman quien propuso rebautizar esta ciudad. Como se encarga de recordar el propio Conrad, «O. Henry espera de la ciudad que le acoge un secretismo semejante al suyo propio» y en las descripciones que hace de los lugares por los que transitan sus personajes se encarga de despistar a sus lectores proporcionándoles direcciones imposibles, o explora «la inescrupulosa libertad de las falsas identidades» que una ciudad como ésta propicia, y para ello acuña para Nueva York nombres a los que los acontecimientos políticos de este nuevo siglo otorgan una paradójica resonancia, como Pequeño Viejo Bagdad, Ciudad de Demasiados Califas. Donde en Whitman hay un intento de «devolver su identidad» a Nueva York, en W. S. Porter (universalmente conocido como O. Henry) se transforma en un «jocoso perjurio». Mientras el héroe épico —whitmaniano— lo que pretende es «proteger su lugar nativo», el romántico «se embarca en una empresa mucho más quijotesca y persigue un ideal que se evapora ante sus ojos. El héroe épico construye la ciudad. El romántico sólo puede conjurarla y aspirar a un vislumbre de ella». En su trasposición del escenario urbano de la épica al romanticismo, O. Henry estima que Nueva York cuenta con un inmenso espectro de atracciones para convertirse en una suerte de «Arabia local» que ni pintada para las peripecias de un caballero andante. «La gente está dispuesta a comprometerse a fondo por su ciudad adoptando un espíritu de temeraria experimentación, cortando lazos con su pasado para poder concebir un quimérico futuro» y, «como todos los que viven aquí», Porter «espera que la ciudad fabrique maravillas para él, con el cometido específico de hacer realidad sus deseos [...]. En 1905 inserta un anuncio por palabras en el *Herald* reclamando dos artísticas y nada convencionales damas para que se encontraran con él y su hermano en la estación de metro de la calle 125 y la Avenida Lenox». Firma su requisitoria como Omar. ¿No es una suerte de lo que algunos musulmanes buscaban? No deja de resultar sorprendente este descubrimiento después de lo ocurrido el 11 de septiembre de 2001: otra estirpe de tartarines nihilistas atacando las descomunales torres con una formidable lanza térmica fraguada con aviones de pasajeros, una brutal tergiversación y un derrame del épico combate del Quijote contra los molinos de viento. Una extraña retorsión de acontecimientos al comienzo de un nuevo siglo, si nos dejamos guiar por la convención del calendario. Y para que casi nada quede sin decir, a la manera de Walter Benjamin arrastrando el manuscrito de su obra cumbre por las tierras peligrosas de la Francia casi completamente ocupada por los nazis y los colaboracionistas, camino del suicidio a manos de la España franquista en Portbou, no dejemos de contar lo que apunta

Robert Steven Grumet en *Native American Place Names in New York City*, quien asegura que «tras revisar una larga selección de etimologías, Tooker llegó a la conclusión de que la mejor traducción de Manhattan era "isla de colinas", mientras que Ruttenber propuso "la isla", de *mannahatta*, en el idioma de los delaware, y también "isla pequeña", del unami delaware *manatey*, por no hablar de "sobre la isla", traducción de *menohannet*, en natick, según cosecha de Beauchamp, quien también sugirió "conjunto de islas con canales por doquier", traducción de *manahachtanicuk*, en mahican». Claro que si hacemos caso de lo que Heckewelder dijo que le contaron sus confidentes delaware en Pennsylvania y Ohio, el nombre de Manhattan podría venir de *Manahachtanienk*, «la isla donde nos envenenamos», de tantas aplicaciones contemporáneas. Explica Grumet que «este nombre se refiere a un incidente ocurrido cuando Henry Hudson echó pie a tierra en la isla de *¿Manhattan?* e hizo que los lugareños se emborracharan durante su viaje de exploración de octubre de 1609». Heckewelder también aporta la interpretación «lugar donde conseguimos madera para nuestros arcos y flechas», que es lo que significa *manahatouh* en delaware.

MANOS. Las manos de todos los colores asidas a las barras del metro. «La invitación a mantener la calma amenaza con convertirse en una invitación a matar la emoción y a recuperar los prejuicios», escribe André Glucksmann en *Dostoievski en Manhattan*. Calma que es falsa, esa normalidad de la que tanto hablan con manifiesta impropiedad, abuso de la sinécdoque y del miedo, tantos y tantos periodistas, porque hay que recuperar la normalidad a toda costa, y volver a frotarse las manos.

MANZANA. Quizá la metáfora por antonomasia de la ciudad de Nueva York, su alias (*aka*) más celebrado: *Big Apple* (Gran

Manzana), popularizado por primera vez en los años veinte del siglo xx por un reportero del *Morning Telegraph*, John J. Fitz Gerald, que utilizó el sobrenombre para referirse a las carreras de caballos. Así se recuerda en la inagotable *Encyclopedia of New York City*, donde se añade que Fitz Gerald lo había oído de boca de un mozo de establo en 1921 en la ciudad de Nueva Orleans. Los músicos de jazz usaban el apelativo Big Apple en los años treinta para hablar de Nueva York, pero sobre todo de Harlem, como capital mundial del jazz (para la extraordinaria cantante Abbey Lincoln «no existe nada que se llame jazz. Lo que llaman jazz es una forma de canción que trata sobre la existencia en su más alta expresión; es la mayor aportación de Estados Unidos al mundo»). Dejó de usarse y fue recuperado en 1971 dentro de una campaña publicitaria impulsada por Charles Gillett, presidente de la Oficina de Visitantes y Convenciones de Nueva York. Pero acaso resulte más reveladora la aportación que la escritora Siri Hustvedt hace en su artículo «En lontananza», incluido en su libro *Una súplica para Eros*: «A mis hermanas y a mí nos encantaba escuchar una sencilla historia en torno a la equivocación de un inmigrante de nuestra propia familia. El primo de mi abuelo, al que mis hermanas y yo llamábamos tío David, abandonó Husveit a los veintidós años para abrirse camino por sí solo en Norteamérica. Llegó a Ellis Island en agosto de 1902. Su primer día en Nueva York le dejó atónito por el color, el caos y las multitudes. En algún lugar de la ciudad se encontró con un hombre que vendía manzanas, las manzanas más lustrosas, rojas y perfectas que jamás había visto. Casi no tenía dinero, pero aquellas manzanas le seducían intensamente y, dominado por el deseo, olvidó el derroche y se compró una. Según la historia, se la llevó a la boca, la mordió y escupió el bocado con repulsión. Era un tomate. El tío David jamás había visto tomates, ni tampoco había oído hablar de ellos. Mis hermanas y yo nos desternillábamos de risa con aquella historia. Encierra con tanta claridad la lección de las expectativas frente a la realidad que podría servir como parábola. El hecho de que los tomates sean buenos no viene al caso. Si piensas que vas a comerte una manzana, la presencia de un tomate te repugnará. Que Nueva York sea conocida como la Gran Manzana, que la manzana constituya el objeto del primer error humano y de su expulsión del Paraíso, y que Norteamérica y el Paraíso se hayan visto relacionados y confundidos entre sí desde la primera vez que los europeos pisaron sus costas son circunstancias que se unen para que la historia en cuestión reverbere como un mito». En el mercado de los granjeros de Union Square encontré siempre las mismas manzanas de mi infancia en Vigo, manzanas de temporada, en sazón, recién cogidas del árbol, sabrosas, que crujían en los dientes, capaces de suscitar una emoción semejante al primer beso, manzanas como las de la Consolación.

MARACAS. Al menos para Concha Espina (*Viaje americano*) cuando un barco la traía hacia la bahía de Nueva York: «odre lleno de semillas bulliciosas».

MENSAJEROS EN BICICLETA. ¿Quién repara en ellos salvo el que espera ansiosamente un billete de avión, una prueba de imprenta, una deposición judicial, un contrato de divorcio, una oferta irresistible? Nos afeitan la nariz cuando llegan como una cimitarra de viento y aluminio desde el lado equivocado, al que no solemos mirar para comprobar si estamos a salvo de cruzar. Mireia Sentís, siempre atenta a los márgenes, a los fenómenos que no forman parte de las peanas y los símbolos más preciados, escribe acerca de ellos en *Bike Messengers Life New York City*, en la que su amigo Eddie Williams, que empezó a pedalear como cartero prodigioso en 1984, vuelca un acelerado repertorio de sus visiones desde el sillín, cuatrocientas estampas que dan cuenta de un movimiento perpetuo. Dice Mireia que los *bike messengers* vivieron su edad de oro en la década de 1980, cuando unos quince mil rodaban por las calles de la ciudad, una flota de piratas sobre dos ruedas hoy reducida a unos tres mil. Si fuéramos capaces de recobrar el garabato de todas las rutas que trazan en un día y que han trazado a lo largo de los años, tal vez tendríamos una garganta tan roja y tan profunda como el Gran Cañón, un texto de letras de cambio, la topografía en zigzag, volátil, de nuestra época. Los mensajeros de la bicicleta de piñones «sintetizan —escribe Mireia Sentís— la energía que desprende la ciudad».

METRO. Por ejemplo, una tarde cualquiera de septiembre, línea W, una de las amarillas, Astoria/Ditmars Boulevard-Coney Island, un recorrido eterno que enlaza Queens, atraviesa buena parte de Manhattan y tras recorrer Brooklyn en diagonal —un buen trecho al aire libre— muere en la playa clásica de Nueva York, Coney Island. Del mismo modo que hay calles con nombres, como en Europa, y calles con números, y esa yuxtaposición proviene de la historia de la ciudad, de su encabalgamiento en el breve puñado de siglos que atesora, las líneas del metro combinan las letras con los números: fruto de la fusión de dos compañías de trenes subterráneos y aéreos. Cuando Mariano Aguirre vivía en Nueva York, lo primero que hacía cuando recibía visitas de amigos era llevarles a dar una vuelta en el *subway:* «Las ciudades se aprecian a nivel de la calle, pero algunos aspectos de la sociedad se comprenden mucho mejor desde el subsuelo y el completo agotamiento de la gente que se pasa horas y horas en esos trenes sólo para ir a trabajar. Desde el metro no se ve el Manhattan de Woody Allen, el precioso *art déco* del Chrysler Building, la romántica arquitectura de Central Park o las grandes antesalas de los museos. Los cientos de millas del *subway* albergan pobreza, desigualdad y exclusión». Para Aguirre, «la dejadez que padecen las estaciones del metro evidencia un modo de gobierno que combina los símbolos patrióticos con políticas que corroen tanto el espacio público como las experiencias compartidas. El efecto es sabotear en la práctica lo que predica la retórica: el sentido de pertenencia a una nación». Elijo un recorrido de los muchos emprendidos, uno breve, de Times Square a Union Square, dos plazas mayores de la mitología local: un circuito eléctrico mal conectado emite un zumbido sordo e inquietante, que se acentúa en las paradas y parece un augurio. Pero nadie le hace caso. Me dedico a observar a mis compañeros de viaje: un joven flaco con coleta rubia lee una versión resumida del *Tao te king*, de Lao Zi. A su lado se sienta un hombre de rasgos orientales que lee el *Daily News*. Una chica de pelo cortísimo hace punto con una precisión y un ensimismamiento admirables. A su lado, una muchacha de cutis blanco y pelo lacio no consigue pasar del prólogo del libro que tiene abierto sobre su halda. Una mujer negra de huesos largos y pelo afro, y no sé si se trata de una redundancia, se sienta en el borde de un asiento, y contempla el centro del vagón con ojos idos. Me llama la atención una pareja vestida de negro, recién duchados y peinados. Parece que van a una ceremonia. Ella tiene aspecto de rusa, la boca algo torcida, sandalias con dos tiras, una se cuela entre el dedo gordo y el resto, mientras que la segunda abraza el juanete. Lleva las uñas pintadas y la media melena flotante con fijador. Su compañero es mucho más alto y corpulento que ella: también de negro de la cabeza a los pies. Pantalón con la raya impecable y camisa de diseño. Tiene el pecho de atleta o de marine y el pelo rebajado al cero hasta el páramo que corona el cráneo. En otro contexto podría dar el pego como asesino en serie. Hace gestos sorprendentes con los labios, como de roedor acuático, y hace reír a la que podría pasar por su esposa. Un muchacho vestido con ropa vaquera de marca, pero muy usada, y gafas cuadrangulares, lee de pie las páginas de ocio del *Wall Street Journal*. Una joven punki con tatuajes pacifistas en brazos y antebrazos, el labio perforado por un aro y el pelo teñido de blanco, parece encontrarse en una confortable nube. A su lado, una señora china con jersey de punto blanco y un gesto de fastidio en la comisura de los labios aplasta las burbujas del plástico con el que está embalado un jarrón mientras habla con una muchacha de labios gruesos y pintados, chaqueta gris de corte varonil y expresivos ojos, que devora una barra de chocolate. Un chino cordial devuelve a su posición junto a la dama china las cajas que el traqueteo había descolocado. Sonríe para acompañar su gesto, pero no encuentra más eco que un mohín. Si paseo la vista por el resto del vagón descubro hispanos, negros, orientales, anglos, en un fugaz y amable convivio que se deshace y rehace al azar de los trayectos que todos y cada uno de los 3,8 millones de pasajeros emprendemos cada día en una de sus 468 estaciones. «Multitud de músicos latinos como él mismo que se dirigían a sus pesados trabajos a avanzadas horas de la noche, a zonas periféricas de Brooklyn y del Bronx. Unos eran jóvenes y el nombre de César Castillo no les decía nada, pero los más maduros, los músicos que llevaban pateándose Nueva York desde los años cuarenta, sí sabían quién era. Trompetistas, guitarristas y baterías se levantaban de su asiento e iban a sentarse junto al Rey del Mambo. Siempre un "hola" amistoso y a veces una reunión, pues se invitaban unos a otros a sesiones en las que improvisaban y tocaban por puro placer» (Óscar Hijuelos, *Los Reyes del Mambo tocan canciones de amor*). El metro de Nueva York no es el de Moscú, ni el de Madrid, ni el de Berlín. Sometido a un desgaste implacable por su vocación de no cerrar nunca como tantos restaurantes y tiendas de la esquina, donde hallar flores, periódicos, comida caliente, refrescos, detergente, tabaco, una rara certidumbre, tiene estaciones que nada envidiarían al metro de Kinshasa si

Kinshasa tuviera metro. Otras cuentan con hermosos mosaicos que evocan motivos egipcios o asirios y que logran que, bajo la superficie, la ciudad parezca buscar anclaje en las maravillosas polis del pasado. Pero en ese mismo metro plagado de manchas negras de viruela, como muchas aceras, sobre todo en los barrios más populares, donde restos de chicle y de comida han pasado a formar, por una aleación todavía no designada por la química, parte del cemento, uno puede encontrarse con los mejores músicos del mundo: desde el laberinto de pasillos de Grand Central a Canal Street, desde la brooklyniana Bedford Avenue hasta la calle 96 (línea verde) y Port Authority, tras atravesar pasillos y pasadizos que Fritz Lang podía haber aprovechado como escenarios naturales. Una niña latina que canta con una voz hija de Celia Cruz, una saxofonista adolescente de gran escote y altos zapatos de plataforma que hubiera hecho detener el paso a Charlie Parker, un contrabajo que ha fabricado su instrumento con una tinaja de lavar con añil y el palo de una escoba y una tanza de pescar para marcar el ritmo y cantar contra el estruendo de los convoyes y el silencio que después se deposita como el polvo en los túneles tenebrosos, o un trompetista que hubiera podido acunar a Miles Davis, o un violinista chino capaz de suscitar las mejores saudades de nuestra vida mientras pasajeros de toda edad, sexo, etnia y condición pasan ante sus ojos en vagones que son un experimento precario y fascinante. Saxofonista colérico y dodecafónico, nieto acaso de Dexter Gordon, en la estación roja de la calle 66, oscila entre el jazz más angustiado y las melodías suaves y más digestivas un viernes a las once de la noche, mientras los trenes contribuyen a fabricar la melodía de la ciudad. Toca de espaldas, ajeno a los fugaces espectadores y al dinero. «Los subterráneos son bastante viejos. Fueron inaugurados en 1904». Acaba de cumplir su siglo y muchas estaciones y estructuras podrían servir como salones de un museo de la arqueología industrial, incluidas telarañas y desconchones. Estaciones como la de Brooklyn. Apunta Ramón Carnicer en *Nueva York. Nivel de vida, nivel de muerte*: «Las columnas que sustentan las entradas y los andenes, así como las escaleras... —recias, como de cárcel o manicomio antiguo—... hierro desnudo y escueto, de una tremenda sinceridad utilitaria... pintura negra, verde oscuro o bermejo... [ni] la más mínima concesión a la estética». Poco a poco, sin embargo, después de cuatro años de trabajos forzados, en Times Square empiezan a aparecer murales (de Roy Lichtenstein, de Jacob Lawrence) y azulejos blancos. Pero he ahí una observación exacta, contemplada una y otra vez, pero acaso nunca transcrita: el metro como manicomio. Mujer a la que le sale una cucaracha del vestido. Otra, el día que se cayó el avión en Rockaway, comiendo un guiso de pollo: con la bolsa de plástico acumulando grasa derramada, el platillo precario apoyado en el suelo... Metro, línea de mineros de *underground* bajan en Williamsburg a las doce de la noche de un miércoles. Vagones cargados de bohemia. Como un travesti brasileño, con falda que es un suspiro, piernas largas, musculosas, bronceadas y aceitadas. Cuando escucha hablar español se le enciende el rostro y la sonrisa le abarca toda la cara. «¿Sois de Barcelona?». La añoranza es irresistible. «Las noches interminables». Se va a bailar. Y hace mucho frío fuera. Cathedral Parkway y calle 110. En la estación de metro de las líneas 1 y 9, dos de las rojas. Varios claros de blanquísima luz, como de cal, en medio de las vías. Son los respiraderos que dan directamente a la calle, Broadway. Por las rejillas se filtran hojas secas que van a posarse melancólicamente sobre las vías. Otoño surreal en el interior del subterráneo. Para Carmen Martín Gaite (*Caperucita en Manhattan*), «la gente que viaja en el metro de Nueva York lleva siempre los ojos puestos en el vacío, como si fueran pájaros disecados». Como en las fotografías que Walker Evans tomó a hurtadillas, la cámara colgada del cuello, el disparador oculto en la bocamanga. En *Brooklyn*, confiesa Truman Capote: «Me he ganado el diploma de viajero en metro, aunque aprender a viajar en esos raíles que, enterrados en la piedra, son como las venas que se encuentran en los helechos fósiles, requiere mayor aplicación, estoy seguro, que conseguir un título universitario. Viajar en ese vaivén a través de esos túneles sin sol ni estrellas produce la sensación de viajar con rumbo ignoto: el tren, precipitándose bajo un mundo inverosímil, parece destinado a la niebla y la bruma, y sólo las luces fugaces de las estaciones revelan nuestras identidades». En *Réquiem por Harlem*, cuarto volumen de *A merced de una corriente salvaje*, escribe Henry Roth: «Los trenes locales siempre daban la impresión de ser tan engreídos, maldita sea, chulos, desenvueltos, qué diablos...». Jamás se me hubiera ocurrido una observación semejante sobre los metros locales (los que paran en todas las estaciones, como la mía, la 6, la de la calle 28 con Park), y sin embargo... Y en el mismo libro, al final de un capítulo esencial, en el que cada uno puede reconocer sus propios errores de apreciación ante el amor, la amistad y, sobre todo, uno mismo: «Aceleró hasta alcanzar los últimos vagones... hasta ponerse casi a la altura del primero... y allí estaba Larry en su expreso, en el asiento opuesto de un tren opuesto, la vista alzada, leyendo detenidamente los anuncios del metro, totalmente ajeno a Ira, que viajaba en paralelo a la misma velocidad. Y así durante unos segundos, y sólo unos pocos, viajaron el uno a la vista del otro, como si siguieran siendo amigos, compinches de nuevo».

METROPOLITAN OPERA HOUSE. Descorchando champán en la Metropolitan. La mano en el pecho a la hora de cantar el himno: «¿Es costumbre?», le pregunto al tipo de la butaca de al lado, con pinta de marine a punto de hacer reventar las costuras de su terno. «Espero que lo sea a partir de ahora». El teatro abría sus puertas después de la hecatombe que puso a los potentados en el disparadero. «¿Qué importa que Afganistán esté bajo el fuego desde hace más de veinte años, qué importa el sangriento saqueo de una provincia caucásica, qué importa el genocidio de los tutsi en Ruanda y los dos o tres millones de cadáveres en dieciocho meses en el Congo? Estas convulsiones se bautizan hábilmente con el nombre de "conflictos de baja intensidad". Ese vocabulario tan pudoroso significa que no provocan, sobre la marcha, un estallido del planeta. Pero en realidad, "baja intensidad" significa el bajo interés que concedemos a unos horrores sin límites para los que los sufren. Hasta que una fatal mañana de verano, la violencia urdida en las lejanas cavernas de un Oriente ignorado barre Nueva York». André Glucksmann, *Dostoievski en Manhattan*. La cínica «baja intensidad» deja brutal y súbitamente de serlo para ocupar el centro del escenario cuando estalla exactamente bajo las butacas de los patronos de la Metropolitan Opera House de Nueva York. ¿Cómo es posible, cómo se atreven? De ahí el furor del descorche del champán cuando el templo reabrió sus puertas.

METROSEXUAL. ¿Desde cuándo la vanidad masculina es una pasión reciente? En su *Diccionario de símbolos*, escribe Juan Eduardo Cirlot: «Joachim Gasquet concibe el mito de Narciso no como una manifestación primordial del plano sexual, sino del plano cósmico, y dice que "el mundo es un inmenso Narciso en el acto de pensarse a sí mismo", por lo que Narciso es símbolo de esa actitud autocontemplativa, introvertida y absoluta». Aunque el británico David Beckham, jugador de fútbol, parece encarnar la quintaesencia del individuo metrosexual, a las ciudades de Nueva York y Los Ángeles les gustaría ser calibradas en la primera división del futuro, promotoras de comportamientos que gracias al ritmo al que nos movemos son imitadas a la velocidad de la luz, y a la velocidad de la luz se quedan caducas. El metrosexual, esa versión hipercontemporánea del Narciso, sería la penúltima, ya vieja cuando apague esta noche el ordenador, no digamos cuando el mensaje electrónico con la entrada completa o el libro entero llegue a manos del impresor, y un cadáver quemado a orillas del Ganges cuando acaso se convierta en libro y los buscadores de piedras se encuentren con una supuesta definición que sólo sirve como arqueología, aunque también es cierto que las épocas y las modas se superponen, los estratos se contaminan, los metrosexuales de Grecia, Roma y el sahumerio de Cleopatra han encontrado eco en los nuevos seriales de la televisión. Sin poner en duda en ningún momento su hombría, mi padre podría ser considerado un adelantado: me arrobaba ver cómo la guapa manicura le «hacía las uñas, le cuidaba la cutícula», y cómo su armario, entre clásico y sport, era más copioso y estaba mucho mejor surtido que el de mi madre (aunque ahí entrarían otras consideraciones de índole marxista-doméstica que no vienen al caso). El metrosexual de nuestra era, una figura frecuente en determinados ambientes del atardecer y la noche neoyorquina, no tiene el menor afán en que su identidad e inclinaciones sexuales salten a primera vista, prefieren otro juego más sinuoso, más ensimismado, frecuentan una forma de misterio perfectamente acorde con esta hora de la desidia y el capitalismo. Los afeites y las prendas caras son sus afanes más gloriosos, lo cual no quiere decir que, como el protagonista de *Cosmópolis*, la última novela de Don DeLillo, no puedan disfrutar de la poesía y hasta se tiren el moco áureo tratando de gramajes, texturas y aromas del papel o hexámetros. El dinero es un instrumento imprescindible para cultivar esta estética del embalsamamiento y el maquillaje. Una delicia turca para consumir aquí y ahora, una forma de disimular con estrategias que no temen decir su nombre, la indecencia de la vejez y de la muerte.

MONTAPLATOS. «Era el año 1919 y, en las casas de pisos más grandes e imponentes, las mercancías se entregaban todavía por un montaplatos. Por eso los montaplatos se convirtieron casi en una costumbre para mí. Así era los sábados, y con frecuencia también los demás días de la semana, una costumbre y un tormento: montaplatos de los oscuros sótanos de los pisos de West End Avenue y Riverside Drive, montaplatos de los edificios de pisos de Broadway, montaplatos de los nuevos complejos de cemento del Bronx. Sin conocer su ubicación, especialmente al principio, con mal sentido de la orientación y, con frecuencia, demasiado confuso por el exceso de ansiedad para seguir las instrucciones, cuando me las daban, vagaba a veces realmente presa del pánico entre columnas cuadradas y laberínticos tabiques de cemento, buscando el montaplatos en cuya lista figuraba el nombre al que correspondía el de la lista de comestibles de mi cajón de madera». (Henry Roth, *Una estrella brilla sobre Mount Morris Park*.) En las rutilantes cafeterías de la Gran Vía madrileña, en los antepasados de los Vips, llamados California, el montaplatos asomaba como un periscopio invertido, un escandallo con el que medir las catacumbas del sistema, la cocina donde se cocían los condumios. En el Nueva York del automático que tanto admiraba a Julio Camba, el montaplatos traducía otra cadencia más secreta, hermano enano del ascensor, tiro del humo del deseo hecho delicias para paladar respaldado con posibles.

MOUNT MORRIS PARK. «Vinieron también aquellas primeras insinuaciones —señales cuyo significado reconocería más tarde, más tarde podría decir cuándo se esforzó por seguirlas—, aquellas insinuaciones de una vocación. Algo congénito se desarrollaba dentro de ti, identificable, y sin embargo en gran parte inexpresado, una necesidad que era sólo tuya. El chico del chaquetón yendo hacia casa desde la biblioteca de la calle 124, a las seis de la tarde, la hora de cerrar la sala de lectura de arriba. Metidos bajo el brazo lleva los volúmenes de mitos y leyendas que tanto le gustaban. Y pasa por debajo de la colina de Mt. Morris Park en el crepúsculo otoñal, con el lucero de la tarde al Oeste, en el cielo límpido sobre el campanario de madera. Y era tan hermoso: un éxtasis contemplarlo. Le planteaba un problema que nunca había soñado que nadie pudiera plantearse. ¿Cómo decirlo? Antes de que el pálido crepúsculo azul dejara tus ojos tenías que decirlo, utilizar palabras que lo dijeran: azul, añil, azul, añil. Palabras que concordaran, que concordaran con aquella estrella que flotaba sobre la colina y la torre: ¿qué palabras concordaban? Estrella solitaria que flota sobre la colina. No parpadeando, no, estrellita, parpadea, parpadea... esas palabras eran de otro. Tenías que recordarlas tú mismo: podrías decir flotando en la marea azul... quizá. Como ese azulete con que Mamá lavaba las camisas blancas. No, no podías decir eso... Qué clara es. Una estrella brilla sobre la colina de Mt. Morris Park. Y va cayendo la oscuridad, y va cayendo el frío... Oye, y si, en lugar de frío, dijera helada. Una estrella brilla sobre Mt. Morris Park. Y va cayendo la oscuridad, y va cayendo la helada...». (Henry Roth, *Una estrella brilla sobre Mount Morris Park*). He de volver en invierno allí, cuando regrese el frío, pero también antes, sí, tal vez la próxima semana, en cuanto ponga otra vez los pies en Nueva York, *mi* Nueva York, que reconocí sobre todo en Harlem, en las casas y edificios de ladrillo, el hierro de los puentes y la visión de Manhattan desde los descampados y factorías cerradas de Queens. He hecho el mismo recorrido que hacía el adolescente Henry Roth a través de ese extraño parque de Harlem que parte por la mitad la Quinta Avenida, pero no lo he visitado de noche, cuando se supone que una estrella añil y azul brilla en las noches más frías sobre la colina de Mount Morris, y que me llama como si, inexplicablemente, tuviera algo que decirme acerca de mi adolescencia. «Dispusimos el funeral de modo que atrajera al mayor número posible de concurrentes. En vez de celebrarse en una iglesia o en una capilla, tuvo lugar en Mount Morris Park. Previamente habíamos mandado hojas invitando a todos los ex miembros de la Hermandad a acudir a las exequias de Clifton. [...] Primeramente pasamos, como una imagen de pena negra, a lo largo de las calles más pobres, después entramos en la Séptima Avenida y proseguimos hacia Lenox. Entonces, junto con otros dirigentes de la Hermandad, cogí un taxi y me dirigí al parque de Mount Morris. Un hermano que trabajaba en el Departamento de Parques y Jardines del Municipio, había abierto la puerta de la torre que se elevaba en medio del Mount Morris, en la que, bajo la negra campana, habíamos construido una rudimentaria plataforma. Cuando la procesión entró en el parque, estábamos allí, en lo alto, esperándole. A nuestra señal, volteó la campana, y en mis oídos vibró el antiguo y hueco dong-dong-dong que hacía vibrar las entrañas» (Ralph Ellison, *El hombre invisible*). El libro de este turbador escritor negro es, junto con el del judío Roth, uno de los más esclarecedores para adentrarse en la espesura de Harlem en general y de la condición humana en particular, y viceversa.

MULTITUD. Whitman las abrazaba («contengo multitudes»), Lorca abominaba de ellas (dos entradas en *Poeta en Nueva York:* «Paisaje de la multitud que vomita. Anochecer en Coney Island» y «Paisaje de la multitud que orina. Nocturno de Battery Place»). Baudelaire se hubiera sentido como pez en el agua diluyéndose en las que suben y bajan por Manhattan, sus puentes y sus ríos: «No todos pueden darse un baño de multitudes: gozar de la muchedumbre es un arte; y sólo puede darse un festín de vitalidad, a expensas del género humano, aquel a quien un hada insufló en su cuna el gusto por el disfraz y la máscara, el odio al domicilio, y la pasión del viaje. Multitud y soledad, términos iguales y convertibles para el poeta activo y fecundo. Quien no sabe poblar su soledad, tampoco sabe estar solo en medio de una atareada muchedumbre». Algunas veces, en los torniquetes, pasadizos y andenes de Grand Central y Times Square temo que la muchedumbre sea vencida por el pánico, pero siempre me dejo mecer por su látigo lánguido, como si formara parte del magma de Nueva York, su núcleo, su enigma, su fuerza, su espejismo, y es un extraño placer, una sensación de pertenencia que alivia de tantas aristocracias con la piel estirada a punto de soltar una honda contra el escaparate del mar de la Tranquilidad. Para Ezra Pound, el visionario, el gran poeta convertido en paria y loco por sus fascinaciones fascistas, se adentra en la multitud retratada con pericia por ojos tan agudos como Weegee («Muchedumbre en Coney Island, temperatura 89 grados. Vinieron temprano, se quedaron todo el día») y escribe: «La aparición de esas caras en la multitud; / Pétalos en una húmeda, negra rama».

N

NACIONES UNIDAS. La ONU, otra torre de Babel, ocupa siete manzanas. «Nosotros [...], los pueblos de las Naciones Unidas, resueltos a preservar a las generaciones venideras del flagelo de la guerra, que dos veces durante nuestra vida ha infligido a la humanidad sufrimientos indecibles...». Hermosa evocación de los inicios de la organización: palabras acuñadas con las mejores intenciones, a menudo coda de un reiterado fracaso. Herbert Muschamp sugirió en el *New York Times* después del 11 de septiembre de 2001 una serie de espacios de la ciudad que acaso podrían servir de inspiración a quienes quisieran dedicarse al oficio de reconstruir lo destruido. Fue en 1947 cuando «un grupo internacional de arquitectos se reunió en Nueva York bajo la supervisión de Wallace K. Harrison» para imaginar el edificio que debería albergar a la Organización de las Naciones Unidas: «El grupo incluía a Le Corbusier (Francia), Oscar Niemeyer (Brasil), Sven Markelius (Suecia) y Nikolai Basov (Unión Soviética). Los conceptos urbanos de Le Corbusier (y su temperamento extrovertido) dominaron el proceso creativo. En este caso, el comité parió no un camello, sino un icono, un signo arquitectónico en el que la modernidad y la paz mundial se retroalimentaban». Para Muschamp, «la sede central de las Naciones Unidas ofrece el más persuasivo ejemplo de lo que se puede lograr cuando se abandona para siempre la senda de la rutina». En 1949, al final de su espléndida radiografía de la ciudad (*Esto es Nueva York*), habla E. B. White de su construcción: «Se solía creer que la Estatua de la Libertad era el símbolo que representaba a Nueva York y la reflejaba en todo el mundo. Hoy la Libertad comparte su papel con la Muerte. A la orilla del East River, sobre los demolidos mataderos de la Turtle Bay, en dura lid con el espectral sobrevuelo de los aviones, los hombres cincelan la sede permanente de las Naciones Unidas: el más grandioso proyecto de todos los imaginados. En un gran salto adelante, Nueva York asume una nueva urbe interior que cobijará, esta vez, a todos los gobiernos, y para ello adecentará un arrabal llamado guerra. Nueva York no es una capital —ni de un país ni de un Estado. Pero va camino de convertirse en capital del mundo. [...] Esta carrera —entre los aviones capaces de sembrar la destrucción y el esforzado Parlamento del Hombre— es como una aguja que punza nuestras cabezas. Esta ciudad ejemplifica por fin como ninguna otra tanto el dilema universal como la solución general, este enigma de acero y piedra es al mismo tiempo un blanco perfecto y la más exacta demostración de la no violencia, de la fraternidad racial, una diana que araña los cielos y sale a enfrentarse a los aviones mortíferos, hogar de todos los pueblos y de todas las naciones, capital de todo, ágora para el debate, para que los bombarderos sean detenidos y su misión abortada. A una manzana o dos de la nueva Ciudad del Hombre, en la Turtle Bay, hay un viejo sauce que domina un jardín interior. Es un árbol castigado, que ha sufrido lo suyo y al que muchos han trepado. Le mantienen erguido con alambres, y sigue siendo muy querido por todos los que le conocen. De alguna manera, es un símbolo de la ciudad entera: sobrevivir en medio de tribulaciones, seguir creciendo a pesar de los obstáculos, seguir bombeando savia a pesar de estar rodeado de cemento y no cejar nunca en el empeño de buscar el sol. Cuando lo contemplo en este mismo momento, y mientras siento la heladora sombra de los aviones, pienso: "Es imprescindible que se salve,

nada más, precisamente este árbol". Si sucumbiera, todo se
perdería: esta ciudad, este monumento maravilloso y cas-
quivano. Su falta sería como la muerte». Steve Dougherty
visitó este «oasis urbano, verdeante de vida vegetal» para
el *New York Times* en diciembre del año 2002, y allí, entre
diez viejas mansiones de siglo y medio de antigüedad seguía resistiendo el viejo sauce que habían visto resistir tantas estaciones Leopold Stokowski, Gloria Vanderbilt, Ste-
phen Sondheim y hasta Katharine Hepburn, que le
sobrevivió hasta el 2003: su casa, necesitada de onerosas
reparaciones, está a la venta en este jardín privado, uno de
los dos que quedan en la ciudad, sitiado por rascacielos,
pero inestimable, un raro pasadizo al Mediterráneo. Gracias a Mr. Cane, de Wisconsin, que me franquea amable-
mente la puerta del número 229 Este de la calle 48, pude
una cálida tarde de abril de 2004 comprobar con mis propios ojos que el retorcido y añoso sauce «sigue vivo». Sus
brotes jóvenes eran los mismos que se podían atisbar desde
la acera extrema, asomando juguetones sobre el festón de
las fachadas. Pero nada como poner los pies en ese jardín
al que se accede «mediante invitación», rozar el tronco ru-
goso, lleno de anfractuosidades, entre narcisos que acaban
de brotar, hortensias de añil que parece cobalto y junto a
una fuente de piedra, silenciosa, réplica de la que se encuentra a la entrada de Villa Medici, en Roma, y cuya «corriente nutre las plantas del jardín. Gracias a ella el sauce
ha podido vivir tanto tiempo», le explicó a Dougherty la
más anciana vecina del árbol capaz de encarnar Nueva
York, Peggy McEvoy, que todavía recuerda a E. B. White
tocando el piano en las noches de verano. Aunque fue en
Maine donde escribió su *Esto es Nueva York*, White pasó
la mayor parte de su vida en su dúplex de los jardines de la
Turtle Bay, y aquí murió a los ochenta y seis años, cuando
corría 1985 y la guerra fría estrangulaba el Parlamento del
Hombre. El sauce, «se retuerce y gira graciosamente como

el brazo de una bailarina» —recita Dougherty sin temor a la hipérbole—, en medio de las casas de tres y cuatro pisos, piedra arenisca, las famosas *town houses* de Nueva York, ciudad como Naciones Unidas, convertida en imán, creación de sí misma y de quienes creyeron y creen en ella, en su capacidad de recrearse y volver a imaginarse sin cesar, parlamento del mundo, equívoco e imperfecto, con todas sus limitaciones y astucias, sus flaquezas y sus dones, como la propia ONU: símbolo que nos fascina y solivianta por su incapacidad para llevarnos a un lugar a salvo, a un tiempo habitable para la inmensa mayoría, acaso una utopía tan terrible como a menudo las mejores intenciones encierran. Cada año, cuando bajo la gran carcasa de la Asamblea General se reúnen presidentes, reyes, jefes de gobierno y ministros de buena parte de los pueblos de la Tierra, los elegidos democráticamente y los autócratas, he imaginado al ángel exterminador de Luis Buñuel sellando todas las puertas, impidiéndoles salir, condenándoles a entenderse en Nueva York, a hacer realidad todas sus promesas. Extraña ciudad de paradojas. Extrañas Naciones Unidas con todas las banderas que el viento hace restallar en tardes que no parecen de este mundo, de tan hermosas, tan efímeras, mientras el sol se adueña de la silueta decimonónica del puente de Queensboro y el East River repite su canción de cuna y muerte. Azul casco azul, un azul de fronteras infantiles, de guerra fría, de rescate, de barreras pesadas, de espionaje, de enamoramientos cinematográficos: allí estuve, todos los días, cruzando ante sus ojos, durante casi siete años. Porque en la tercera planta hay vistas a una de las obras de la colección de la ONU que mejor ha resistido el paso del tiempo y que Hammarskjöld encargó antes de morir a una de sus escultoras preferidas: *Forma singular,* de la británica Barbara Hepworth, instalada a la orilla de la fuente con fondo de mosaico, en el centro de la gran plaza que se abre ante el edificio del secretariado y que recuerda acaso a un timón o una hélice y que es cariñosamente llamada por veteranos diplomáticos y funcionarios como *Moby Dick*.

NOCHES DEL METROPOLITAN. Eran viernes emocionantes. Como la cita era a las 18.30 h —*El Principito*—, empezábamos a ser felices a las 17.30 h. Cuando salíamos del museo, dos horas más tarde, era noche cerrada. Recorríamos varias manzanas junto al silencioso frescor lleno de sombras y misterios de Central Park, hablando de lo que habíamos descubierto. Era como si nos hubieran regalado un farolillo chino. O una luciérnaga. Me venían a la memoria las clases de Lourdes Ortiz en el aula amarilla de la Escuela de Arte Dramático: sin que ella apenas interviniera, íbamos desmenuzando las diapositivas que había elegido hasta clavarlas en la historia del arte, tanteando voz a voz, en la oscuridad, las razones que podían explicar su valor. Esa escuela de la mirada volvió a aparecérseme en el enciclopédico Metropolitan Museum de Nueva York gracias a Penny Proddow, nuestra flautista de Hamelin particular, una enamorada de los griegos que debe seguir arrastrando a sus dos docenas de aplicados críos (los padres, aunque atentos, son personajes secundarios) de la sala de las ánforas griegas a la de las pinturas de Paul Klee, pasando por las columnas decoradas por Tiffany, el *Juan de Pareja* velazqueño, los goterones de Pollock y los grabados de Hokusai, el jardín chino, el patio de Vélez Blanco, las galerías egipcias y polinesias y los relieves asombrosos de los persas. Después de asegurarse de que todos sus *alumnos* tienen el cuaderno listo y el lápiz bien afilado, Penny empieza una ruta aparentemente arbitraria con una serie de estaciones en el laberinto del museo. Son los niños —asombrosos *lectores* algunos, después de años de seguir las peripatéticas lecciones de la incansable Penny— los que llevan la voz cantante, y no sólo cuando comentan las virtudes de una tanagra o de una estatuilla cicládica, sino porque al final del recorrido nuestra guía les invita a recitar fragmentos de Homero, Ovidio, Píndaro o Apolonio de Rodas que han inspirado o iluminan una obra de arte. La sesión termina con un corro vocinglero en torno a la flautista, que estampa un alado y algo abstracto Pegaso con el sello de caucho que extrae del fondo de su bolso de Louis Vuitton: una marca al pie de los bocetos trazados por sus ratones, una huella que acompaña de entusiastas comentarios para los que mejor han sabido captar un detalle, una sombra, un fragmento. En un perfil que le dedicó el *New York Times*, Chris Hedges transcribe los elogios que le brindó Robin Boyden Lamb, una madre que a lo largo de diez años acompañó a sus dos retoños tras los pasos de Penny por la selva domesticada del Metropolitan: «Ella inculcó a nuestros hijos el amor por el arte, la historia, la mitología y la poesía». Conservadora de una famosa colección de joyas, Penny Proddow creció en Greenwich, Connecticut, y se enamoró del griego y del latín en la escuela de Miss Porter y Bryn Mawr, donde se especializó en estudios clásicos y arqueología de Oriente Medio. Ha publicado tres himnos homéricos ilustrados para niños y, junto con Marion Fasel, un ensayo sobre joyas del siglo xx. Vestida siempre con inspirada extravagancia y abalorios diseñados por ella misma, Proddow confesó a Hedges: «Los niños nunca se acordarán de estas clases, que se perderán en la niebla. Lo que se dijo será olvidado. Pero lo que sin duda permanecerá serán las obras, el arte. El arte seguirá resonando en su interior a lo largo de los años, a través de toda su vida, de vuelta a aquellos momentos de la infancia en que por primera vez experimentaron su maravilloso influjo». Un compromiso nos hizo cometer el error de encargar a una canguro bienintencionada que acompañara a Ana María un viernes que resultaría fatídico. Sin darse cuenta de lo que hacía, sembró sal estéril al interpretar al pie de la letra la aparente cursilería de Penny Proddow. Y el hechizo se rompió para siempre. No supo ver más allá, ni captar su talento de flautista que ante el *Arpista*, la estatuilla esculpida en las islas Cícladas tres mil años antes de Cristo, decía: «Esta figura nos lleva al comienzo de todo. Es cuando las musas entran en el museo, el momento en que la historia se funde con el arte, cuando los griegos crearon historias que acabarían haciéndose realidad». Aquellas conmovedoras citas de los viernes en el Metropolitan Museum de Nueva York, que nos lavaban de los sinsabores y agobios de la semana, que hacían que la ciudad se remansara e iluminara como un estanque lleno de reflejos dorados, encallaron para siempre. Claro que no hemos dejado de ir a nuestro querido museo una y otra vez, y de asombrarnos ante la piedra de agua mansa de Isamu Noguchi («nuestra vida derramándose sin cesar»), el templo de Dendur, la *Gertrude Stein* picassiana, los *Jugadores de cartas* de Paul Cezanne, la *Mujer joven con una jarra de agua* que sólo vio Vermeer o las miniaturas de la tumba del noble egipcio Mekutra, porque el museo de la Quinta Avenida acostado sobre el légamo de Central Park es inagotable. Pero sin Penny Proddow y su corte republicana. No la olvidaremos. Forma parte de lo mejor que hemos encontrado en Manhattan.

NÚMERO 13. Los edificios consagran una curiosa ausencia, tan falsa como imposible: la del piso número 13 en el bingo de los ascensores. Para una superpotencia enamorada de la tecnología, de la ciencia aplicada capaz de resolver problemas concretos de la forma más eficaz y rentable posible, no deja de ser todo un repliegue —quien sabe si estratégico— frente a las fuerzas de la superstición, acaso las mismas que de vez en cuando obtienen victorias esporádicas en su lucha para equiparar el creacionismo y la teoría de la evolución, el valor científico de Darwin y el de la Biblia, la defensa a ultranza de que lo que el libro sagrado dice es «la pura verdad», «lo que en realidad ocurrió». Alabado sea Dios, no en vano figura en todos los billetes de banco y nunca se fatiga en la boca de los mandatarios, especialmente en tiempos de tribulación, cuando ruegan al Supremo Hacedor que «bendiga América». Donde sí hay piso 13 es en el edificio de las Naciones Unidas, fábrica de voces y de papel. En esa planta se encuentran precisamente los servicios de traducción al español, uno de los seis idiomas oficiales de la organización. Entre los aztecas (los mexico), el Señor de la Dualidad, Ometecuhtli, y su esposa, Omecihuatl, los antepasados de todos los dioses, se cree, como recuerda Hugh Thomas en su historia de la caída del antiguo México, que vivían en la cima del mundo, «el décimo tercer cielo, donde el aire era "muy frío, delicado y helado"».

O

ODIO. El mejor, y más escueto, resumen del 11-S, se encuentra
en la dedicatoria de un libro publicado en 1964, *Mi Nueva
York*, del escritor irlandés Brendan Behan, aunque es cierto
que Nueva York no es Estados Unidos, y Estados Unidos
no es América:

> A América
> Mi nueva patria.
> El hombre que te odia
> Odia a la humanidad.

OLORES. Aunque el viento se aplica a la tarea y barre humare-
das, posos, celajes turbios, Nueva York es presa de su insa-
ciabilidad: come a morir y come sin cesar. El invierno
amortigua la impresión de la ciudad como cocina al aire
libre, sobre todo en Washington Heights, el Barrio, Times
Square, el Village, la parte baja de Midtown, Lower East
Side, Little Italy, Chinatown, Astoria y Queens Boulevard,
y manzanas enteras del Bronx y Brooklyn, donde más se ve
comer y dónde más se captan los efluvios de la cocción, la
mantequilla en la sartén, la contumacia de la grasa, las
guirnaldas del colesterol. Pero en cuanto el aire empieza a
entibiarse y la humedad vuelve a campar, la suma de bolsas
negras de basura reblandeciéndose al sol, los extractores de
humo, los aparatos de aire acondicionado, las alcantarillas
humeantes, el fuelle del metro removiendo el aire pútrido
de los túneles, los *delis* y restaurantes que jamás echan el

cierre, los puestos callejeros de perritos, bagels y kebab, los incontables mostradores de comida basura, los charquitos de agua podrida en los quicios de las aceras, las papeleras desbordadas, los envases derramados, los restos de condumios que atraen a palomas, ardillas y ratas, los pegotes de chicle en el pavimento, los repartidores que al atardecer inundan de salsa agridulce los ascensores, las gradas pegajosas de mostaza, salsa de tomate y frustración del Madison Square Garden y todos los estadios... alzan una muralla china del olor, una quinta columna incrustada como una segunda piel, pleura de Nueva York, carcasa y arcada. La ciudad que no se apaga nunca del todo mastica a dos carrillos a la vista de todos y ante el retablo del televisor, donde se despachan bidones de yogur y helado, baldes de patatas fritas tiznadas de betún de ajo, hamburguesas de grosor extraordinario ataviadas con láminas de queso americano y rodajas de tomates genéticamente modificados, dignos de un desfile de moda agropecuaria, aunque inertes al paladar. Horas y horas cedidas a la muerte transcurren felizmente entre botellones de oxígeno: colas, falsas naranjadas y cervezas domesticadas. No hace falta salir a ninguna intemperie: los proveedores están por todas partes. Máxima facilidad, servicio urgente. Y los que se aventuran al cinematógrafo ya no hacen la menor distinción entre la sala oscura y la de estar, comentan con fruición cada jugada mientras las mandíbulas, émbolo y pistón, no paran: de parlotear, de mascar chicle, de engullir raciones portentosas de palomitas rociadas de mantequilla, salchichas larguiruchas como rabos de perro desconsolado y nachos braceando en queso derretido..., de vaciar barreños de refrescos para apagar una sed volcánica, que se redobla a cada sorbo. Cuando finalmente se encienden las luces, al panorama velado de la multitud que traga y jamás se siente satisfecha sucede el de la desolación: porque a pesar de los avisos y de la profusión de papeleras para cíclopes, el cine ha sido transformado en estercolero. El repertorio de este museo instantáneo de la diversión contemporánea incluye palomitas aplastadas, estigmas de queso frío, patatas pulverizadas, lamparones de origen dudoso, cucuruchos desmochados, vasos de papel desencuadernado, celofanes arrugados, chicles resecos... y cantidades ingentes de comida sin comer, puro desdén: restos arqueológicos, huella de una sed y un hambre que no son de este mundo. Nueva York y el país adherido a este archipiélago engorda por un extremo mientras por el otro ayuna: unos comen por comer y aliviar un vacío interior que es un crematorio, otros hacen dieta para parecerse a los dioses del deseo. Unos comen a dos carrillos, otros queman calorías en gimnasios con panorámicos ventanales a la calle, para ver y ser vistos: enfundados en ropa prieta, jóvenes de todos los sexos tratan de sacarle el máximo partido a cintas sin fin, máquinas de fingir, pesas y medidas, mientras sobre sus cabezas los monitores dan cuenta en directo de la realidad fragmentada desde Bagdad, Kabul, Washington, Madrid, Omaha, Bali, Riad, Casablanca... todos los días de la semana, día del Señor incluido. La grasa forma parte de una ciudad sucia salvo en las zonas residenciales de Madison, la Quinta y Park Avenue, el West Village y áreas restringidas de los dos *upper* (East y West), el Brooklyn que mira hacia Manhattan, trechos de Forest Hills y manzanas acotadas del Bronx, donde la vida muere al atardecer, con los porteros engalanados como almirantes de secano, vigilando que nadie no autorizado penetre en los santuarios de la riqueza, la media voz, la media luz, todos los estereotipos y huellas impalpables de lo que queda fuera de alcance. Una ciudad pródiga en olores, sobre todo en verano, cuando hierve bajo un sol moroso que hace que algunas calles ineludibles se vuelvan nauseabundas, con las palomas que parecen ratas picoteando las bolsas reventadas de las que aflora una suerte de pienso pardo y húmedo, una polenta del espíritu, sustancia triturada de digestiones a medio hacer, mientras las ratas que no tienen miedo de pronunciar su nombre y que son legión (aunque menos que los vecinos, pese a los apóstoles del miedo) se enseñorean de los andenes y suben a las calles donde la luz de las farolas es tenue y el estío hace que todo parezca blando y comestible. Esa sociología del olor se apodera de Nueva York y se superpone al de la tinta del *New York Times* recién cocido, a los crujientes cruasanes y magdalenas infladas de la panadería de los poblanos de la calle 28, a las colonias dulzonas de Frank y otros porteros como él que no se resignan al azote del tiempo, a los perfumes caros de las marquesas plutócratas de Sotheby's y Christie's, a la enjundia proletaria del metro, a los aromas de calculada ambigüedad de los agentes de cambio y bolsa que exhiben el *Wall Street Journal* como una insignia mientras se apresuran hacia la salida y el pupitre de los millones por las angostas bocas de Fulton y Wall Street, dejando a su paso un halo de leve intriga sobre sus deseos y la cotización del café, el carbón, el oro, el acero y el crudo. Entonces regresa furioso el invierno, la cellisca azota el pecho de ladrillo y plata de los rascacielos, la melancolía meticulosa de Mies van der Rohe, los árboles de Central Park y vuelve a quedar encapsulado durante unos meses el olor de esta ciudad deseada y deseante, donde el que no devora es devorado y todas las devoraciones parecen llevar al mismo comedor, antesala de la inanición y de la muerte.

OPIO. Eduardo Lago apunta en *Llámame Brooklyn* una de las calles cruciales de Chinatown, Mott, y la finca del número 120. Por probar no pierde nada. Del mismo modo que las chinas que no hablan una palabra de inglés son las que manejan tarjetas telefónicas bajo el puente de Manhattan y otras umbrías del barrio, el protagonista de su novela recibe una tarjeta de un fumadero con una banda de zinc en el envés: al rasparla aparecía precisamente ese domicilio. El amigo que se la proporcionó pagó una cantidad considerable que no se especifica. La dirección se borra al poco tiempo de entrar en contacto con el aire. Es imprescindible memorizarla. Y acudir al lugar antes de que transcurran dos horas, so pena de encontrarse, en lugar del fumadero, una floristería o una tienda de juguetes. Escribe Lago: «Con suma delicadeza, amasó una bola de opio, la encajó en la cazoleta y procedió a quemarla con delicadeza. Aspira continuamente, dijo, acercándome la pipa a la boca, aunque creas que te va a estallar el pecho y no lo vas a resistir. Hice lo que me decía. Una cuchilla de plata me abrió limpiamente las entrañas, pero en lugar de dolor sentí que descendía del cielo una cortina de luz blanca. Me quedé sin fuerzas. ¿Estás bien?, me preguntó mi guía acariciándome el pelo. [...] Alcé la mirada, tratando de retener su imagen, pero se me escapaba. Se agachó a mi lado. Sentí el roce de su bata lisa, de color gris perla, en la mejilla. Tenía las piernas finas, blanquísimas, muy delicadas. Traté de acariciárselas antes de caer en el sopor que me iba hundiendo en la inconsciencia. La túnica se abrió imperceptiblemente. No había asomo de deseo en mi gesto, toda mi capacidad para el placer estaba en el arrastre del opio, pero seguí contemplando el contorno de los muslos, deslizando la mirada hacia el vértice de la entrepierna. Buscaba el origen de su sexo, cuando me di cuenta de que mi guía no era una mujer. Su miembro estaba tenso y acezante. Entonces me volvió a acercar la pipa a la boca y dijo, aspira, y vi la llama ampliada, como un estallido cósmico en el espacio exterior».

ORQUÍDEAS. «¡Orquídeas, orquídeas! ¡Nueva York las ama! [...] flor lasciva y sensual [...] en un mundo de acero y cemento», recita Gaspar Tato Cumming en *Nueva York. Un español entre rascacielos*. Como ama el celofán con que las envuelve en suntuosas cajas. Y son hermosos los papeles en que hasta los más humildes *delis* las empaquetan. Cualidades de la tentación. Pocas ciudades tan fantasiosas y derrochadoras en el culto a la flor. Bastaba madrugar para ver en mi calle una flota de camiones descargando el caviar de jardines y bosques para iluminar residencias, embajadas, hoteles, museos (el hermoso florista del Metropolitan, que componía fastuosos jarrones dignos de Cleopatra), teatros, salones, amoríos, rupturas, pedidas y desolaciones, bosques enteros, ramas con todas sus hojas de otoño, retales de hierba fresca, brazadas de abedules, cañas de un bambú tan alto como la pértiga de Bubka.

OSTRAS. Los sótanos de Grand Central, especialmente el Oyster Bar, que para William Grimes «es una receta segura para la felicidad humana». Y algo a tener en cuenta: las ostras pasan de hembra a macho durante el curso de su vida, que es toda una exploración de los vericuetos del género y que cabe examinar en los ricos criaderos de Long Island, donde hace más de cien años comenzó la historia de amor entre los neoyorquinos y estos feos moluscos bivalvos, que en su concha rugosa acaso recrean el sedimento de nuestra espera. «Otro placer neoyorquino: las ostras, que son las orquídeas animales; palpitantes, sedosas, portadoras de la esencia de un mundo extraño y perverso, excitantes, sin perfume, pero de intenso sabor penetrante y perturbador [...]. Se regalan ostras en conchas de plata», escribe Gaspar Tato Cumming en su relato. Ostras, orquídeas y perlas, tres instancias del lujo neoyorquino, esencias de la estancia en la Tierra, placeres que dicen más de esta ciudad que muchos tratados y vademécums.

P

PALOMAS EN EL TREN A. La primera referencia apareció publicada en el *New York Times* del 5 de marzo de 2002 firmada por Randy Kennedy. Un mes después, en el número del 8 de abril, la revista *The New Yorker* incluía entre sus viñetas a dos palomas en un andén desierto de bípedos implumes. Una preguntaba: «¿No sería más rápido si voláramos a Brooklyn?». Aunque fue un protegido de Ellington, Billy Strayhorn, quien compuso «Take the 'A' Train» ('Coge el tren A'), fue la orquesta del Duke quien la hizo popular y la convirtió en un tema clásico. Pero no hay noticia de que en aquella época las palomas neoyorquinas tuvieran a gala servirse del ferrocarril subterráneo para ahorrarse el sobrevuelo de un ramal de la ciudad. De haberse sabido acaso hubieran merecido un escorzo de jazz. Cuenta Kennedy que las historias de animales siempre se abren camino en los anales del metro —«algunas no son más que pura mitología urbana, pero otras resultan inquietantes por verdaderas»—. El caso de las palomas viajeras parece pertenecer a la segunda especie. Fue en el año 2001 cuando un conductor y un revisor de la línea A, la más larga de todo el sistema de metro neoyorquino (cincuenta y una estaciones, desde Inwood, al norte y a orillas del río Harlem, en la calle 207, donde se angosta y termina la isla de Manhattan, hasta Rockaway, hasta el extremo del distrito de Queens, una península bañada por las aguas de la bahía de Jamaica y las del océano Atlántico), juraron que era harto sabido de los empleados de la línea y sus más fieles usuarios que varias palomas tenían por costumbre subir al metro en la estación de Far Rockaway y bajar en la parada siguiente, Beach 25th Street ('Playa de la calle 25'), «como si se sintieran demasiado perezosas, o demasiado gordas, para volar». El reportaje del diario incluye cuatro fotografías: en la primera se ve a tres palomas al borde del andén; en la segunda, una de ellas dentro de uno de los vagones, disfrutando de la tibieza de un charco de sol; en la tercera, tomada desde dentro del coche, la pasajera emplumada desciende justo a la altura de uno de los rótulos que anuncian Beach 25th St, y en la cuarta, aparentemente la misma, se la ve tan fresca en el andén. Kennedy señala que suelen bajarse en la primera parada y abandonan el tren en cuanto las puertas se abren, y cita la observación de Frank Maynor, un limpiador: a pesar de que en la terminal abundan gaviotas y gorriones, ninguno ha sido lo bastante osado como para hacer lo mismo que sus congéneres palomas. Cuando un mes después del 11 de septiembre se estrelló contra la península de Rockaway un avión cargado de dominicanos que se dirigían «a la República», hicimos dos veces el recorrido del tren A, pero no compartimos ningún tramo del trayecto con pájaros que no fueran de nuestra especie.

PASEADORES DE PERROS. Es lícito que tantos solitarios recurran a animales de compañía —cuya única réplica suele ser una lengua siempre solícita, el ladrido alegre del que recibe a su amo sin reproches— para paliar las aristas de una ciudad de fríos legendarios. Es lástima que los horarios extensos les impidan a sus dueños sacar tanto como querrían y deberían a sus bestezuelas y cachorrillos y tengan que recurrir a los servicios de muchachos —casi siempre con aspecto magrebí—, para darles a los animales el asueto de rigor. Con provisión de bolsas para dar cuenta de los copiosos excrementos de la pléyade, haces de correas que hablan casi tanto de la personalidad de sus propietarios como sus canes, los paseaperros disfrutan de las amplias aceras de Manhattan. Tienen algo de reinas y de esclavos, vástagos de Constantina y de Nínive. Acaso un indicio de otra decadencia. Mi amigo Ahmed Morsi, poeta y pintor egipcio, les dedicó un poema: «Voz número 27», incluido en su libro *Dress Rehearsal for a Season in Hell:*

¿Cómo llamarías a una mujer
O a un hombre a los que ves
Cada mañana y cada tarde
Recorriendo parques y avenidas
Llenas de amantes, *homeless*
Y mosquitos

Paseando hordas de perros que no tienen nada en común
Salvo la cadena y el collar?

#

No son sus perros
Porque no tienen ese parecido
Familiar entre el animal y su dueño.

Van limpiando lo que ellos manchan
Y no les muestran el menor afecto
Ni ellos confían en los animales que de ellos se fían
Ni confían en los demás.
¿Por qué pues habrían de fiarse del animal?

PERLAS. Tiffany's, claro. «La perla es la joya preferida de la elegancia neoyorquina. Perlas en manos, en escotes y en cabellos», cita Gaspar Tato Cumming en su *Nueva York. Un español entre rascacielos.* La Perla se llama una marca de ropa interior atrevida, aunque la reina de la lascivia tolerada, de la pornografía socialmente aceptada, se llama en Manhattan Victoria's Secret, con sus establecimientos que hacen apología del deseo sin que las ligas correspondientes de la moralidad pública se encrespen más de la cuenta. Las perlas encierran un mundo perfecto e impenetrable, que refleja, como en una esfera blanca y pulida, la realidad. Reflejos en un ojo dorado. Truman Capote se refiere a Haití, pero las dos mitades de la antigua Hispaniola (la que habla francés y creole y la que se expresa sobre todo en español, Haití y la República Dominicana) forman parten de la trama de Nueva York: «Cada vez que un tópico resulta ser cierto me siento desdichado; sin embargo, es un hecho, supongo, que los más generosos son aquellos que menos tienen que ofrecer. Casi todos los haitianos que vienen a visitarme, antes de marcharse te ofrecen un pequeño regalo, normalmente bastante curioso: una lata de sardinas, un carrete de hilo; pero esos regalos se ofrecen con tal dignidad y dulzura que, ¡ah!, las sardinas han engullido una perla, el hilo es purísima plata».

PERROS Y CAMPANAS. «De noche les oía el paso suave por las baldosas, el roer paciente de los huesos; luego ladraban, respondiendo vaya a saber a cuál de los muchos ladridos que poblaban aquellas noches de la infancia. Ahora ya no se siente esa voz de los perros en la ciudad. Nos era tan fácil diferenciar los ladridos de la perrada propia y de los vecinos como las voces de la familia. Y hasta se podía distinguir el motivo de su especial entonación y sospechar que ladraban enceguecidos al gato que se encaramaba en el árbol, a los pasos distraídos sobre la vereda, a alguien que se detenía a conversar cerca de la puerta de la calle. A veces se convertían en rezongos amenazadores, sordos, como si estuvieran ya ante una definida presencia. "Esos perros sienten a alguien. Anda gente", decía mi padre. Salía al patio y los perros lo rodeaban contentos de verlo. "No había nadie, es extraño"» (Alberto Salas, *El llamador*). Los perros de la ciudad, los ladridos de la infancia. No los oigo aquí, en este piso 20. Es más fácil escuchar los gritos de una mujer de madrugada, uno de los locos que deambulan por las avenidas desiertas encarándose a sus propios fantasmas sin consuelo. De vez en cuando una campana. Como las de San Patricio, un sábado a las seis de la tarde, cuando la Quinta Avenida tiene otro semblante, y mientras los *homeless* empiezan a marcar su territorio en las escalinatas de los templos para cenar y pasar la noche. Los sonidos de las campanas le dan un inesperado aire provincial a la ciudad, incluso ante los dinteles historiados y perfumados de oro del Rockefeller Center.

PERSPECTIVA. Advierte en un poema Wyslawa Szymborska titulado con la palabra en negrita que «los veía desde la ventana, / y aquellos que observan desde lo alto / a menudo se equivocan».

PERVERSIONES. Se ha extendido por todas las capitales. Había reparado en esas setas de gas durante un viaje a París, sombrillas con calefacción incorporada para que en pleno invierno los clientes puedan disfrutar de sus brebajes y comidas a la intemperie. Así los del elegante restaurante de la calle 16, esquina con Union Square West, pueden sentarse al aire libre en cualquier época del año, incluso en las crudas noches de febrero, quebrar patas de cangrejo o sorber ostras con tabasco mientras cae la nieve o se hielan los charcos. Exquisitas formas contemporáneas de la perversión, como conducir con la ventanilla abierta mientras la calefacción calienta las pantorrillas y la cara interna de los muslos, que es otra variante local de ese «nos lo podemos permitir y nadie nos lo impedirá», que proclamó un vicepresidente apellidado Cheney.

PESCADOR DE MONEDAS. Espero que siga vivo. Se llamaba Luis Reyes. Le vi en acción con su larga pértiga (dos veces más alta que su enjuta figura) con un chicle pegado al extremo. Pero no supe su historia hasta que no la vi plasmada en el periódico (*New York Times*), minuciosamente relatada por Corey Kilgannon. No he vuelto a verlo desde entonces, y espero que le vaya bien. Cuando el perfil se publicó, en 1999, tenía sesenta y tres años. Cada día abandonaba su casa en el Bronx, cogía la línea 6 del metro, descendía en la estación de la calle 86 y comenzaba su búsqueda de monedas y otros objetos en los respiraderos del *subway* a lo largo de la Avenida de Lexington: «Ni un centavo se me escapa. Si está allí, lo veré, y si lo veo, lo cogeré», cuenta Kilgannon que le dijo. Cuando trabajaba de limpiabotas en su Puerto Rico natal se acostumbró a patear distancias en busca de clientes. Ese entrenamiento le permite seguir haciendo en Manhattan largas batidas, aunque sabe muy bien cuáles son los mejores caladeros para su pesca, como las paradas de autobús junto a las rejillas, porque a muchos viajeros que se apresuran para atrapar el coche a menudo se les extravía algún cuarto en la premura de hacer más de una cosa al tiempo. Tras una larga vida de trabajo que comenzó de adolescente, en Nueva York se desempeñó como chico de los recados, lavaplatos y repartidor en varios restaurantes. Desde que se jubiló, a los sesenta y dos, comenzó su pesca milagrosa, no en vano Luis Reyes comentó al reportero del *Times* que su misión tenía un componente espiritual: asegura que Dios le guía desde lo alto y le recuerda que ha de esforzarse en lo más pequeño, de ahí que sea capaz de dedicar quince minutos a atrapar un esquivo *penny*: «Dios me dice que no deje pasar ni un centavo porque una gran fortuna le seguirá». Su pesca le suele reportar un puñado de dólares al día: cambia la calderilla por billetes en un supermercado. Pero no sólo de monedas vive el hombre. Su gran pez lo encontró varado en medio de la acera: un anillo que le vendió a un compadre por 75 dólares. Recompensa por ir siempre mirando al suelo, algo que según Reyes «los neoyorquinos nunca hacen». Por la mañana, cuando el sol ilumina el lado oeste de la avenida, el pescador solitario se afana en esos bancos. Cuando las sombras espesan el cuadrante, el pescador se abarloa al este de Lexington. Hasta que la luz se extingue y entonces emprende el regreso a su refugio del Bronx, donde capea temporales con su esposa. Pero hay otros pescadores en la isla que tiene forma de ballena. Lo cuenta Joseph O'Neill en su novela sobre el críquet, el 11-S y las frecuencias del amor: «Veo que me impresionaba particularmente la aparición de un tipo de setenta y tantos años que, una o dos veces por semana, pescaba en la calle. Sin duda trabajaba para la tienda de equipos de pesca ubicada bajo el hotel [Chelsea], y de cuando en cuando se introducía en el malhumorado torrente de taxis para ofrecer las cañas. Siempre llevaba pantalones caqui con tirantes y fumaba un cigarrillo. Cuando sacudía la caña —"Ésta es una Redington de cuatro piezas, muy veloz. Un arma fabulosa", me explicó en una ocasión—, el suave efecto hipnótico del vaivén del sedal permitía que uno imaginara la calle Veintitrés Oeste como un río cargado de truchas».

PISCINA DE HAMLET. «Me encuentras donde me dejaste —le escribo a un amigo en la pizarra electrónica—, pero con un lugar nuevo en mi geografía de esta ciudad. Una piscina literalmente en las nubes, dentro de un rascacielos que se mira en la gran caja de cristal verde de la ONU. Una piscina en el piso 27, que te permite nadar entre rascacielos, atisbando las agujas del Empire o del Chrysler, y contemplar las larguísimas avenidas extinguiéndose a lo lejos, la culebra de coches con fósforo blanco en la boca y amapolas detrás, y la majestad del río Este y sus puentes como brazaletes que evitan que esta isla se eche a navegar. La piscina, abierta entre las seis de la mañana y las diez de la noche, a menudo está desierta. Ayer, a las nueve, al atardecer, no había un alma, y el agua parecía un estanque olímpico, agua de mercurio para tritones y semidioses de Manhattan, aljibe clandestino entre el falso jade del rascacielos, bajo la carpa jaspeada de un diminuto circo mágico, jaima maravillosa, plateada y con pliegues que las luces estratégicas en lo alto de columnas forradas de espejos hacen todavía más teatral. Nadar en esta piscina es como actuar en una gran pecera». En esta piscina tenía su corte el *Hamlet* cinematográfico de Michael Almereyda, transplantada desde Dinamarca al no menos nutrido mundo de intrigas, codicia y corrupción del Nueva York de las grandes firmas contemporáneas: Denmark Corporation, un conglomerado mediático. Diálogos y soliloquios han salvado en gran medida el viaje intactos. Elsinor es un lujoso hotel incrustado en una torre de cristal por la que pasea su incertidumbre el Hamlet que encarna Ethan Hawke, aspirante a director de cine, mientras que el dramaturgo y actor Sam Shepard interpreta al fantasma de su padre muerto. «Es muy difícil hallar una sola escena en la que no aparezca una cámara, un fotógrafo, un monitor de televisión, un aparato electrónico de grabación», recita Almereyda. La piscina hamletiana refleja un corte de Manhattan, océano concentrado de imágenes y voces en los que el «ser o no ser» parece hacerse eco precisamente de una ciudad donde tantas apariencias se soslayan, identidades se solapan, personajes pierden la cara. Me cruzo con el embajador paquistaní, acicalándose ante un espejo, ajustándose la camisa rosa con cuello blanco. Dos guardaespaldas esperan junto al ascensor a que otro alto dignatario al que no consigo adivinar la máscara termine de sudar las excrecencias del oficio en la sauna sueca. La película trata de extraerle el máximo partido a la ciudad vidriada desde miradores como esta piscina hamletiana tan sensible a los cambios de luz, especialmente cuando nadie turba el agua encerrada. Parece un *penthouse*, uno de esos áticos de lujo que coronan los altos edificios, terrazas a cielo abierto pobladas de naranjos enanos y arbustos aromáticos, un bosque domesticado y particular para que desde la cima de la torre artificial no quepa ni la nostalgia de la naturaleza, como si Manhattan fuera el contenido del mundo: un panorama sin interrupción. Hasta que me sumerjo de nuevo en el agua y me olvido del príncipe de Dinamarca, del embajador de Pakistán, de la jungla de asfalto. Nado como si por arte de magia hubiera regresado al primer aljibe, y mientras me canso recuerdo el inútil esfuerzo que hacía Burt Lancaster en *El nadador*, la versión cinematográfica del amargo relato de John Cheever: Neddy Merrill decide regresar a su casa (y a su pasado) aprovechando el río imaginario que forman las piscinas de sus ricos vecinos californianos, de piscina en piscina hasta el fracaso final.

PUENTE DE BROOKLYN. En él, no en los rascacielos («que si los antropomorfizas obtienes un petulante ego o un mono») ni la Estatua de la Libertad («una cabeza hueca de pensamientos»), encuentra Peter Conrad (*The Art of the City*) los atributos del cuerpo humano y, «siendo transparente, segmenta la ciudad mediante sus cables y te enseña —si contemplas Nueva York a través de él— a mirar. La ingeniería del puente es la esforzada pero amable aplicación de la síntesis, manteniendo los contrarios juntos con la violencia de un hilo de acero». Una tremenda helada que mantiene congelado el East River durante semanas y la saturación que empieza a experimentar la isla de Manhattan servirán de estímulo para la construcción del puente de Brooklyn. El ingeniero John Roebling y su hijo Washington lo hicieron realidad: un empeño plagado de contratiempos. Un transbordador le aplastó el pie a John Roebling y murió al cabo de tres semanas a consecuencia de la infección. Su hijo Washington enfermó de apoplejía tras emplearse a fondo junto con los operarios que excavaban los cimientos de las torres en el lecho del río, y se quedó inválido para el resto de sus días: supervisaba las obras desde la ventana de su casa en la orilla de Brooklyn. La construcción del puente de Brooklyn señaló el comienzo del Nueva York heroico, y la conquista de las alturas: el puente se convertirá en la estructura artificial más alta de la ciudad, una cota que conservará hasta que a comienzos del siglo XX empiecen a descollar los rascacielos. El futuro se presenta a la vista: acero y electricidad. Gracias al acero se levantarán estructuras cada vez más altas, y la electricidad, unida a la invención del ascensor, engendrará la ciudad vertical. El ingenio unido a la codicia. Pese a que fueron en su mayor parte obreros irlandeses y alemanes los que tejieron el que sería en su día el puente más largo del mundo, los primeros se negaron a asistir a su inauguración el 24 de mayo de 1883 porque era el día de la reina de Inglaterra. Tampoco Washington Roebling compareció: las relaciones con la empresa constructora se hicieron cada vez más ásperas, agravadas por episodios tan bufos como la compra de acero defectuoso que hubo que sustituir para no hacer peligrar toda la estructura. Roebling hijo prevaleció, pero no sin echar más hiel a la cara de los propietarios. Logró sin embargo preservar así el legado y el prestigio de su inspirado padre, inventor del cable de acero y notable constructor de puentes, el primero en intuir que al suspender el puente de cables anclados en dos grandes torres de piedra lo haría mucho más estable y resistente. Su fortaleza está a la vista: los arcos ojivales sirven de pórtico tanto a Brooklyn como a Nueva York. Su lámina es la más airosa de todas las que peinan el East River, aunque hay quien prefiere dejarse embaucar por el puente de Queensboro. Ahí sigue, hermoso y desafiante, la metáfora intachable del firmamento neoyorquino de metáforas. El paseo superior fue reservado a los peatones de la historia, una salvaguarda histórica que permite disfrutar no sólo de toda su envergadura, sino de un extraordinario panorama sobre la bahía, el East River y la estriada punta de la lengua de Manhattan. Una semana después de su inauguración, el Memorial Day, se desató el pánico entre la muchedumbre que abarrotaba el puente. Se corrió la voz de que se hundía y en la estampida murieron doce personas. El puente de Brooklyn ha sido constante fuente de inspiración. Para Walt Whitman representaba la obra de ingeniería que completaba la misión de Cristóbal Colón y ayudaba a crear un mundo más unido y entrelazado. A pesar de que son muchos los puentes que *anclan* Manhattan y evitan que parta a la deriva como un balsa de piedra o un témpano de sueños y codicia, según Manuel Rivas «para la gente sólo hay una auténtica» («unha auténtica», *ponte*, en gallego, es mujer, y entre los obreros que levantaron el puente muchos eran gallegos, como contó Luis Seoane). Recuerda mi amigo del país frente a Nueva York: «Este puente tuvo que cruzarlo Castelao el 14 de agosto de 1938. ¿Además del Gobierno republicano, qué hadas llevaron a Castelao a Nueva York y más concretamente al histórico mitin-festival de Ulmer Park en Brooklyn? Porque las hadas o las meigas pertenecían al Frente Popular Antifascista Galego y a las Sociedades Galegas Unidas. El acto de Ulmer Park permanece todavía en la memoria gracias a las personas que sostuvieron el hilo con los últimos mohicanos del exilio. Y debió ser inolvidable para quien lo vivió aquel domingo 14 de agosto en Brooklyn». Aunque le pareció detestable a estetas como Henry James, pintores como John Marin y Joseph Stella acrecentaron al pintarlo su carga simbólica, multiplicada más tarde hasta la idolatría por la fotografía y el cine. Cuando el 11 de septiembre de 2001 salimos de la boca de metro de Brooklyn Bridge a la gran explanada que se abre entre el edificio municipal y las rampas que llevan al puente se hundía la primera torre. Parecía como si estuvieran bombardeando Manhattan. Vi a la muchedumbre correr despavorida hacia nosotros y hacia el puente, tratando desesperadamente de ponerse a salvo. Vi rostros desencajados, caras y cabellos cubiertos de polvo blanco, mujeres que corrían descalzas o con los zapatos de tacón en la mano y hombres en mangas de camisa que parecían haber perdido sus atributos. Un espanto muy cercano. El cine, que ha fraguado buena parte de nuestras visiones del siglo XX, fue la forma en que muchos trataron de entender lo que parecía inverosímil. «Es como una jodida película», maldijo a mi lado un joven rapero mientras se alejaba hacia el norte de Manhattan. Me vinieron a la cabeza las imágenes de la multitud huyendo de los disparos del Ejército y la carga de la caballería del zar el 9 de enero de 1905 en San Petersburgo, domingo sangriento, primera revolución rusa. El ataque contra los manifestantes desataría el motín de los marineros en Odessa (acorazado Potemkin) y de la guarnición de Kronstadt. Pero fue la lente política y prodigiosa de Sergei Eisenstein la que tradujo a cine lo ocurrido, y fueron las suyas las estampas que se cruzaron en mi memoria la mañana del 11 de septiembre de 2001 junto al puente de Brooklyn, mientras la primera torre del Centro Mundial de Comercio se desplomaba y el mundo comenzaba otra época de miedo. «El puente de Brooklyn» se titula el poema que Vladimir Mayakovski escribió en 1925, y José Fernández Sánchez tradujo:

Lanza Coolidge
un grito de alegría.
Para lo bueno
   no escatimo palabras.
De los elogios
   ruborízate como el paño de nuestra bandera,
aunque seas
   requeteunited states
       of
America.
   Como a la iglesia
    va
      el creyente turbado,
como a la ermita
    se retira
      severo y sencillo,
así yo

en el celaje gris
crepuscular
piso
humilde el puente de Brooklyn.
Como en la ciudad
en la destruida
irrumpe el vencedor
sobre cañones
largos como jirafas,
así,
ebrio de fama,
como a vivir a mis anchas,
me encaramo
orgulloso
al puente de Brooklyn.
Como el pintor
en la virgen del museo
clava su ojo,
enamorado y agudo,
así yo,
desde el firmamento
plagado de estrellas,
miro
a Nueva York
desde el puente de Brooklyn.
Nueva York,
que hasta la noche es pesada
y bochornosa,
ha olvidado
que padece de agobio
y de altura
y sólo
el alma de las casas
se ofrece
en el brillo transparente de ventanas.
Hasta aquí
llega apenas
de los trenes el zumbido.

Sólo
    por este
        zumbido suave
te enteras —
        los trenes
            retumban al pasar,
parece
    que colocan la vajilla
           en el vasal.
Cuando se te antoja
           que tras un riachuelo incipiente
de la fábrica
        acarrea azúcar un comerciante —
son
    bajo el puente los mástiles que pasan
del tamaño
        de un alfiler.
Estoy
    orgulloso
        de esta
           milla de hierro
en ella se concretan
           mis sueños:
la batalla
    de las estructuras,
           no de los estilos,
el cálculo riguroso
        de tuercas
           y del acero.
Si
  llega
    el fin del mundo —
el caos
    mete el planeta
        a barato,
y sólo queda
        este
puente encabritado bajo el polvo de las ruinas,

igual que de huesos,
                finos como agujas,
engorda
      en el museo
             el reptil fósil erguido,
así
   con este puente
            el geólogo de los siglos
lograría reconstruir
              nuestro presente.
Diría:
    —Esta
         zarpa de hierro
unía
     mares y praderas,
desde aquí
       Europa
           se lanzaba al Oeste
aventando
        plumas indias.
Esta costilla
       parece
           una máquina —
calculen
      ¿le bastarían los brazos
para
   con un pie de acero
             puesto en Manhattan
atraer
   por el labio
      a Brooklyn?
Por los cables
       mechón eléctrico
establezco:
      la época
         es posterior al vapor.
Aquí
   la gente

ya
        gritaba por radio,
aquí
    la gente
        ya
            volaba en avión.
Aquí
    la vida
        era
            para unos despreocupada,
para otros
        un prolongado aullido
                    de hambre.
Desde aquí
        los parados
se tiraban
        de cabeza
                al Hudson.
        Desde aquí
        mi imaginación
                    sin tropiezos
por las cuerdas-maromas
                    sube hasta el pie de los astros.
Veo
    que aquí
            estuvo Mayakovski —
    estuvo
        y, silabeando, compuso versos.
Miro
    como mira el esquimal a un tren
me aferro
        como la garrapata se aferra a la oreja.
El puente de Brooklyn —
sí...
    ¡es algo estupendo!

También Gonzalo Sobejano, a partir de un perno del puente fotografiado por Corina Arranz, escribió en julio de 2002 un poema titulado «Septiembre, once» que encabeza con dos versos de un poeta que residió en Brooklyn y con quien no simpatizó García Lorca cuando se conocieron en Nueva York, Hart Crane: «O harp and altar, of the fury fused, / (How could mere toil align thy choiring strings!)», pertenecientes a «Proem: To Brooklyn Bridge», que el profesor de literatura traduce 'Arpa y altar de fusionada furia, / (¡Cómo podría una mera red alinear las cuerdas de tu coro!)'. Para Crane, el puente era una afirmación del amor, la belleza y la divina integración de toda la historia. Dice el poema de Sobejano:

> Ni un latido de viento a la despierta
> capital del afán nada anunciaba.
> De repente ––y después– dos rayos sordos
> sangraban muerte en lívidas cascadas.
>
> La mañana era azul, desnudo el cielo,
> dócil la tierra al sol de la esperanza.
> Era un martes, un once de septiembre.
> Ascendía la paz entre las ramas.
>
> Dos blancos faros de presencia última,
> y dos hoces —dos fauces— que los tajan.
> La mañana se abría: martes, once
> de costumbre, de olvido, de bonanza.
>
> Mañana madre: desayuno, escuela,
> regresar al taller de la jornada.
> Quieta mañana. Ni el más leve soplo
> de brisa a las ventanas alcanzaba.
>
> Dos cóndores concéntricos, prendiendo
> en ambos talles sus precisas zarpas,
> desarbolaron a las ciegas vírgenes,
> violaron a las pálidas hermanas.

Quedó del rapto un arenal de humos
manando del osario de las brasas.
Quedó un cerco de exvotos y crespones
y un hervidero de banderas gárrulas.

Queda esta llave de metal de piedra,
este nervio de altar, plectro del arpa.
Firme acorde en la red, mantiene el puente:
ese brazo tendido a otra mañana.

PUERTAS GIRATORIAS. Están por toda la ciudad, en la ONU y en nuestro edificio, han inundado el mundo. En muchos lugares de postín, residenciales y de recreo, como un rascacielos de la calle 72, frente al cuartel general de Sotheby's, hay un propio —casi siempre hispano— para ayudarle a hacer el giro más liviano a los que entran o salen, ¡Dios! En *Manhattan Transfer*, Dos Passos utiliza la imagen de la puerta giratoria como modelo para la estructura celular de su novela, en la que, como recuerda Peter Conrad, «la voz de la ciudad no es coral sino una simultaneidad de monólogos». En el libro, la puerta giratoria es, recuerda Conrad, «un instrumento de exclusión, no de admisión, de aislamiento, no de ventilación. Aquellos que la utilizan están sometidos a la segregación de la ciudad: cada vuelta en el interior de su propia celda de vidrio». Por el contrario, las puertas giratorias del *Grand Hotel* de Vicki Baum encarnan la ligereza y velocidad de la propia novela, una suerte de rueda de la fortuna en movimiento constante, en la que se potencia el aspecto cómico, no trágico, lo que, según Conrad, no beneficia a la propia narración. En el caso de Zelda y Francis Scott Fitzgerald, su uso de la puerta giratoria, subraya Conrad, es puramente hedonístico, ya que se sirven de ella como un vertiginoso carrusel de placeres. El acceso para el personal y los corresponsales residentes a la sede central de las Naciones Unidas, en la Primera Avenida, a escasos metros de la calle 42, dispone de dos puertas giratorias al final de una larga explanada barrida por todos los vientos. Por un extraordinario efecto de imantación que debe encerrar poderosas razones psíquicas y mecánicas, la inmensa mayoría de los que cada mañana y cada mediodía y cada atardecer utilizan ese acceso optan por la puerta giratoria de la izquierda. Aunque la derecha esté expedita, la mayor parte prefiere esperar unos segundos a que el que le antecede empuje la barra y ponga en movimiento el rodamiento para entrar por la puerta de la izquierda (según se entra; al salir será derecha). A medida que los funcionarios internacionales y corresponsales se aproximan al edificio, inconscientemente se van dejando vencer hacia el lado izquierdo aunque ante ellos se ofrezca el panorama despejado y ecuánime de las dos entradas. Es bastante probable que el desgaste de los ejes y rodamientos de las dos puertas gemelas y simétricas sea mucho mayor al cabo de los años en la vertiente izquierda, aunque no he llevado mi hipótesis a la oficina de mantenimiento. Si examino mi propio mecanismo mental me doy cuenta de que precisamente por haber seguido la corriente he deducido que si una puerta gira más a menudo que la otra tal vez los materiales ofrezcan menos resistencia y por lo tanto baste un esfuerzo mucho más leve para ponerla en movimiento que la otra, en este caso la derecha, casi siempre inmóvil. La inercia como ideología física y mental. Ese movimiento circular constante que introduce y expulsa se acaba convirtiendo en una suerte de flujo continuo al que sólo escapan los que, por determinación, ideas fijas o inclinación a llevar la contraria y a discrepar prefieren coger el camino menos transitado aunque exija un esfuerzo suplementario, o acaso precisamente lo eligen porque exige un esfuerzo suplementario, lo que en sí constituye una garantía de originalidad, una compensación por el coste de diferenciarse y de ir contracorriente. No sé hasta qué punto este misterio de las dos puertas giratorias tiene algo que ver con los mecanismos diplomáticos de la paz que se estancan y encasquillan en pasillos y salones, en el Consejo de Seguridad y la Asamblea General, un engranaje que no ha dejado de intrigarme casi desde que ocupé el antiguo despacho de José María Carrascal, autor de *Groovy*.

PUNTOS NEGROS. Mi calle, por ejemplo. Disminuyen hasta desaparecer por completo a medida que se asciende por el damero social, la escalera de las clases. La 28, incluso cuando se cruza con avenidas como Park Avenue, Madison o la Quinta, tiene las aceras tachonadas con esos puntos negros que para un recién llegado resultan enigmáticos. Fue poco después de la guerra civil estadounidense cuando un vecino de Staten Island llamado Thomas Adams inventó el chicle tal como hoy lo conocemos merced a su encuentro con un ilustre exiliado, el general mexicano Antonio López de Santa Anna, que si venció en la batalla del Álamo fue finalmente derrotado por Sam Houston —antesala de la conversión de Texas en un nuevo estado de la Unión—, y se llevó al destierro en la isla que flota en la bahía de Nueva York goma de mascar. El industrioso Adams mejoró la sustancia que se trajo consigo el dictador depuesto, abrió en 1876 la fábrica de chicles Adams Sons & Company en la calle Vesey, en el bajo Manhattan, y logró que su producto salvara el Atlántico gracias a que las raciones de los soldados estadounidenses que inclinaron la balanza en la Primera y la Segunda Guerra Mundial incluían paquetes de la bovina goma. Poco después empezó el martirio para las aceras de Nueva York: los puntos negros parecen epifenómenos de una enfermedad, un sarampión de acera, dálmata despellejado que se extiende hasta los andenes del metro. Cadáveres de un firmamento invertido, eminentemente humano. Para Deborah Stead, que describió en las páginas del *Times* los síntomas de esta pandemia, su profusión ha añadido la de capital mundial de los puntos negros de chicle a las muchas que la ciudad atesora. Stead recordó que el popular alcalde Fiorello H. La Guardia intentó en vano en 1939 reformar los hábitos higiénicos de una generación de rumiantes profesionales.

PUREZA. Pureza y silencio del frío y de la luz que alguna vez se experimentan en Nueva York como en ningún otro lugar. El faro de Manhattan es el Empire State Building, pero en nuestro caso disponíamos de una baliza secundaria: la torre cónica y dorada del New York Life, que formaba parte de nuestro paisaje nocturno, aunque cuando avanzábamos por los desfiladeros que son las calles la contraponíamos a la silueta negra de una chimenea o el alféizar sin vértigo de una terraza que se asoma al abismo. En invierno los volúmenes parecen piezas de madera para cíclopes de una edad futura. En plena noche, nada como Madison Square y su repertorio de rascacielos de variada estirpe para comprobar cómo el aire de cristal de roca los ensalza, los esculpe contra el cielo frío, los vacía de la atmósfera. Ese oxígeno decantado por las corrientes que bajan del Ártico y peinan las estribaciones de la península del Labrador son como calcomanías, tatuajes simbólicos de un invierno que nos retrata íntimamente, como lejía, deseo, recuerdos de cielos así, tan transparentes que no sólo dan frío, sino también algo de miedo, fascinación, como de quedarse ateridos, con la sonrisa escarchada de recuerdos dulces y extraños. Cuando la vieja Colette le preguntó al joven Capote qué esperaba de la vida, aparte de la fama y el dinero, él le respondió: «Me gustaría ser un adulto». A lo que la dama de la carne y de los gatos, según cuenta Capote en sus malvadas *Plegarias atendidas,* replicó: «Ah, pero eso es lo único que ninguno de nosotros podremos ser nunca, personas adultas. A menos que entienda usted por adulto un alma envuelta en un sayal y las cenizas de la sabiduría solitaria.

Libre de malignidades, envidia, malicia, codicia y culpabilidad. Imposible. Voltaire, incluso Voltaire, llevó un niño dentro de sí toda la vida, un niño envidioso y con mal genio, un muchachito obsceno, que siempre se olía los dedos; y Voltaire llevó ese niño hasta su sepultura, como haremos todos nosotros hasta la nuestra. El Papa en su balcón... soñando con una bonita cara de un guardia suizo. Y el juez británico bajo su exquisita peluca, ¿en qué piensa cuando envía a un hombre a la horca? ¿En la justicia, en la eternidad y en cosas *serias*? ¿O acaso se pregunta cómo se las podrá arreglar para que lo elijan miembro del Jockey Club? Por supuesto, los seres humanos tienen *momentos* adultos, unos cuantos momentos magnánimos esparcidos aquí y allá, y, como es obvio, la muerte es el más importante de todos ellos. La muerte expulsa a ese muchachito obsceno y nos deja con lo que queda de nosotros, simplemente un objeto, sin vida pero puro, como La Rosa Blanca. Tome —acercó hacia mí el cristal en flor—, guárdese esto en el bolsillo. Consérvelo como un recuerdo de que ser duradero y perfecto, ser de hecho un adulto, es ser un objeto, un altar, una figura en una vidriera de colores: una cosa apreciable. Sin embargo, es mucho mejor estornudar y sentirse humano». La Rosa Blanca. Un pisapapeles prodigioso. Y la pureza encerrada en vidrio, soplada por no comer, rara avis de Capote y de los que se asoman al cielo fúlgido, de un azul ultraterreno.

R

RAINBOW ROOM. Un descubrimiento tardío. Atardecer presidido por la mole del Empire State Building, la confluencia de los ríos en la bahía. La mejor vista de Manhattan sur sin las dos torres. No tengo el lápiz envenenado de Burt Lancaster / J. J. en *Chantaje en Broadway* para sacarle punta a los que veo aquí. Líneas torcidas de un libro que —me digo, entre confiado, cachazudo, idiota incurable— no es más que una mezcla de sueño, voluntad y deseo. La ciudad comienza a encenderse y en la barra del Rainbow Room un estadounidense borracho le pregunta a un japonés con el que acaba de intimar gracias a los efluvios compartidos del alcohol cuál es el misterio de la relación de los japoneses con sus patronos y cómo es posible que la economía nipona no levante cabeza. La explicación se pierde en un galimatías de lenguas espesas remojadas en cócteles: anguilas con el estómago ulcerado. La vista todavía es mejor desde el urinario de caballeros. Antes hay que olvidarse del mural en el que Diego Rivera se quiso hacer el gallito ante el patrón Rockefeller: lo despidió y ordenó hacer picadillo su osadía. ¿Hubiera sido un rasgo de portentoso cinismo dejar que en los fundamentos del Rockefeller Center una careta de Lenin le dijera a las masas lo que hacer? En el Rainbow Room no se curan esas melancolías de una revolución pasada por la piedra por sus propios cabecillas.

RELOJES. Por ejemplo el de la Quinta Avenida con la calle 44, un reloj de empaque, de esfera señorial, de los que fotografiaron los maestros antiguos, un reloj a contracorriente, un reloj majestuoso, un reloj del tiempo es oro. O la formidable batería de relojes que ocupa la fachada entera de la relojería Tourneau en la calle 57, a punto de doblar la cerviz con Madison, con su repertorio de blancas esferas que se refieren a otras ciudades ensimismadas en otro tiempo, otra hora, otro huso horario anterior o posterior a la vida que en este instante se vive en Nueva York y ya no es. Pero el más feo, incomprensible y extraño de la ciudad, el que permite repetir con cada visitante el mismo acertijo frente a la fachada del número 1 de Union Square South y comprobar que no dan nunca con la solución, es fruto de lo que Herbert Muschamp calificó en un artículo de «pretencioso», del «peor ejemplo de una fórmula que ha contribuido a drenar vida de la arquitectura de Nueva York en los últimos años: el uso de arte público para tapar edificios insípidos». Diseñado por la firma neoyorquina Davis Brody Bond, en la esquina entre la Cuarta Avenida y el oeste de la calle 14, frontera suroeste de Union Square, «uno de los más privilegiados espacios del bajo Manhattan», sigue Muschamp, los artistas Kirsten Jones y Andrew Ginzel fueron los encargados de vestir una fachada de diez pisos con un engendro denominado *Metronome*, que incluye un cráter del que de vez en cuando mana humo, y que sin ningún pudor ellos califican de «El infinito», y otra serie de elementos como «La reliquia» (réplica ampliada de la mano derecha de la figura ecuestre de George Washington que se enseñorea de una plaza en la que disfruta de la compañía de un monumento a Gandhi, éste —coherencia política y poética— a pie), «La materia» (un fragmento de roca precámbrica, que simboliza el lecho firme sobre el que se asienta la ciudad y se agarran sus rascacielos) y sobre todo «El paso»: quince inmensos dígitos de plasma anaranjado que cambian a una velocidad progresivamente vertiginosa a media que se acercan al centro mientras que los dos extremos parecen inmóviles, a menos que se disponga del tiempo necesario para perseverar en la resolución del enigma. De izquierda a derecha cuentan las horas, minutos y segundos transcurridos desde el inicio del día —la hora, vamos—, mientras que de derecha a izquierda —y eso es lo que deja sin habla al perplejo viajero— las horas, minutos y segundos que restan para llegar a la medianoche. Para Jones y Ginzel, simboliza la velocidad de la metrópolis, el frenesí y la fragmentación. La síntesis de la nada.

RÍO ENTRE REJAS. El *waterfront* (*On The Waterfront*, verdadero título de la película *La ley del silencio*, en la que Elia Kazan encontró acaso la mejor manera de justificar la delación que él mismo había practicado ante el Comité de Actividades Antiamericanas del senador Joseph McCarthy, durante la caza de brujas) ya no es lo que era cuando Joseph Mitchell disfrutaba de los dones de una ciudad portuaria. Por un lado languidecen espigones y malecones, por el otro ondulan paseos fluviales para ciclistas, enamorados y trotones. El puerto comercial del Hudson se mudó a la orilla de Nueva Jersey, aunque vuelven a amarrar grandes paquebotes de pasajeros. Los astilleros de Brooklyn sobre el East River, donde tantos navíos de guerra se botaron, van camino de convertirse en grandes estudios cinematográficos. De la manufactura de la realidad en hierro sin metáforas a la seducción del entretenimiento inmaterial, del proletariado industrial y la construcción de los fundamentos del capitalismo al consumo de aire. Con mucha frecuencia, camino de mi oficina en el edificio de las Naciones Unidas, pasaba por la Primera Avenida. Al extremo de la calle 37, mirando hacia el este, el río parece enrejado, su corriente vigilada. Se trata de un pasaje bajo la vía rápida —la Franklin D. Roosevelt Drive— que mima el curso del río. Es uno de los dos accesos a un parque en forma de cuña que casi siempre está desierto, con un muelle para transbordadores que hacen la travesía entre Brooklyn, Queens y Manhattan, y sirve también de embarcadero para los que van y vienen entre la isla y un punto frente al mar abierto de la costa de Nueva Jersey. Siempre me intrigó ese tramo de río enrejado: no es más que un punto de vista, una aspillera. Fácil para fabricar una metáfora, pero finalmente inútil. Y sin embargo su estampa me persigue como una de las más extrañas de Nueva York.

RIVERSIDE. Monumento a Grant. Dice José Martí: «El funeral pomposo que desde su casa mortuoria le vino haciendo su nación hasta su tumba en Riverside, sobre la que extiende ahora sus ramas un retoño de la enredadera de la que fue tumba de Napoleón en Santa Elena». La Esquina de las Pulmonías, según Juan Ramón Jiménez, Broadway y la 116. Escribe Walter Benjamin: «Una y otra vez echo una mirada al plano de Nueva York en compañía de Stefano, el hijo de Brecht, y paseo arriba y abajo la larga calle paralela al Hudson donde esta la casa de usted» (se refiere a la casa de Adorno en Riverside Drive, que tanto le instó a que abandonara Europa antes de que fuera demasiado tarde, como su gran amigo Gershom Scholem desde Israel). También la casa de Simone Weil. Al otro lado de la acera del número 549 de Riverside Drive, en el Upper West neoyorquino, había un domingo de noviembre por la mañana (era otro siglo, tal vez el año 1999) un rosal con rosas rojas de invierno que resistían todavía las insinuaciones del frío y la suave grisura del día. Una multitud de cuarenta almas se reunió para festejar la instalación de una sencilla placa a la puerta del edificio de ladrillo rojo y gran portalón de hierro con reminiscencias francesas donde Weil vivió con sus padres cuatro meses de 1942, tiempo en que frecuentó bibliotecas y una iglesia de Harlem. Un funcionario de la embajada leyó unas palabras. El combatiente de las Brigadas Internacionales Bill van Felix, con gorra de espartaquista, habló de la necesidad de seguir luchando y del valor de Simone Weil, que también acudió a la Guerra Civil española: «No compartíamos las mismas ideas políticas, pero sí el deseo de cambiar el mundo». La escritora Eileen Myles leyó un hermoso poema especialmente escrito para la ocasión. La placa reza: «Hogar de la filósofa francesa Simone Weil del 6 de julio al 10 de noviembre de 1942», y a continuación una de sus epifanías: «La atención es la más insólita y pura forma de generosidad». Darse cuenta de la existencia de las cosas y los seres es un don que se le concede a demasiados pocos. Desde la infancia no deseaba otra cosa sino recibir esa completa revelación antes de morir. En sus *Memorias de una joven formal*, Simone de Beauvoir relata su único encuentro con Simone Weil. Impresionada por las lágrimas de la autora de *La gravedad y la gracia* ante las noticias de una devastadora hambruna en China, intercambiaron un breve diálogo. Weil dijo que sólo una cosa importaba, «una revolución que permitiera comer a todo el mundo». La compañera de Sartre le contestó que «el problema no era lograr la felicidad de los hombres, sino dar sentido a su existencia». La propia Simone de Beauvoir recuerda, honestamente, la respuesta de la otra Simone: «Ya se ve que nunca has tenido hambre». El 10 de noviembre de 1942 abandonó su casa de ladrillo con estupendas vistas sobre el río Hudson, pocos muebles y pocas puertas, para embarcarse en un carguero rumbo a Londres para intentar participar como fuera en la resistencia. Al despedirse, dijo a sus padres: «Si hubiera varias vidas os dedicaría una, pero no tengo otra más que ésta». A la muerte de su hermano Luis (Biti) en Bogotá, Carmen de Zulueta escribió un emocionante artículo en el que también se refería a Riverside, ya que en esa zona donde ahora se puede encontrar a Gonzalo Sobejano alumbrando y alumbrándose de libros, vivió la familia de Fernando de los Ríos y buena parte del hispanismo afincado en Nueva York: «Era el barrio que se ha llamado *Spain on the Hudson*, pues al calor de la familia de don Fernando fueron llegando otros exilados, entre ellos, la familia del poeta García Lorca, cuando los dejó salir Franco, Margarita Ucelay y su marido, Ernesto Dacal, y una gran lista de españoles desterrados de su país por la dictadura». Un representante de la familia García Lorca, modelo de bonhomía y con una memoria prodigiosa, es Manuel Fernández-Montesinos, que destila en un libro del que se puede decir, sin abusar de un término manoseado, que es delicioso: *Lo que en nosotros vive*. Su madre era hermana de Federico, y su padre, alcalde de Granada en 1936, fue asesinado como su tío. Pasó buena parte de su infancia y toda su adolescencia en Nueva York. Escribe: «Llegamos a la gran ciudad, a un piso diminuto situado en el número 440 de Riverside Drive. El edificio hacía esquina con la ancha y, por estar ubicada allí la Universidad de Columbia, la histórica Calle 116. Tenía la ventaja, sobre todo para mis abuelos, de encontrarse al lado de la familia De los Ríos, en el número 448 de la misma calle. Bueno, Riverside Drive no era precisamente una calle. No tenía más que una acera, porque el otro lado lo formaba un largo parque que recorría la orilla del Hudson hacia el norte. No desde nuestras ventanas, que daban a la Calle 116, pero sí desde las de la casa de los tíos, se tenía una amplia y hermosa vista del anchísimo río Hudson, con su gran puente colgante».

ROSTROS. Escribe José María Conget en *Cincuenta y tres y Octava*: «Quizás, igual que todos los hombres tenemos el mismo rostro... y el taxi amarillo que detiene un semáforo en la Octava Avenida es el mismo coche que una farola del Paseo María Agustín de Zaragoza iluminaba hace cuarenta años cuando en la casa de mi abuela me levantaba a orinar de madrugada y antes de volver a dormir miraba por la ventana para comprobar que ningún genio maligno me había cambiado el mundo». Allí, en Nueva York, antes de acostarme comprobaba casi cada noche desde la ventana de la cocina que el Empire State seguía allí. O cuando en mitad de la noche me levantaba a orinar y a beber agua.

RUIDO. Otra vez Conget: «Toda habitación neoyorquina es una habitación con ruido. Se percibe en Nueva York un ruido sordo, de fondo, que nunca cesa [...] nos recuerda al incansable tráfico de las olas». Calle 28 y Park. Nuestra casa. A pesar de ser un piso 20 sobre el nivel del mar. Recuerdo lo que dijo C después de la primera noche y tras más de cuarenta días de búsqueda: «Está bien, pero es demasiado ruidoso. Habrá que seguir buscando». Al final, el ruido sordo, cierto, como de un mar posible. «Cerraron la puerta tras ellos y se dejaron envolver por las formas turbulentas, incandescentes, apresuradas, cambiantes de la calle 8; giraron hacia la estación del metro elevado de la Sexta avenida, entre el gélido estridor, la gélida conmoción del tranvía, las voces que pasaban... y el din-don de la campana navideña que tocaba en la esquina un Santa Claus del Ejército de Salvación, forrado de ropa bajo el disfraz, mientras atendía el pote de hierro que colgaba entre las tres patas del trípode». Henry Roth, *Redención*. A otro gran escrutador de la condición humana, Xosé Luis Méndez Ferrín, Nueva York le sirve paradójicamente para esgrimirla como ejemplo de silencio, contrapunto con la «desordenada, mal planificada» ciudad de Vigo, donde él vive desde hace tantos años, donde yo nací: «Paseando por la Quinta Avenida de Nueva York, qué silencio comparado con el ruido de las motos en las Camelias». A veces, mientras vivía en la calle 28, echaba de menos el silencio de Nemiña, en la costa de la Muerte, o de Alcazarén, donde mora, entre tapias bajas, José Jiménez Lozano, quien escribe en *Los cuadernos de letra pequeña*:

Thomas S. Eliot era hombre muy sensible a los ruidos, dice su biógrafo, Peter Ackroyd, y un día se quejó a su casero de dos hermanas, vecinas suyas, que tenían la costumbre de gritar desde las ventanas de su casa a los amigos que pasaban por la calle, y ponían el fonógrafo a todo volumen; pero el casero le explicó: «Pues ya ve, señor, es el temperamento artístico; gente ordinaria como nosotros debe aprender a tener consideración por los artistas. No son iguales a nosotros».

Supongo que Eliot meditaría el asunto, y llevaría en adelante con paciencia los inconvenientes de vivir en la vecindad de, artistas o no, gentes tan extravertidas. Al fin y al cabo, siempre son una ayuda para la poesía.

El inmenso poeta que era vio, en un momento dado, que «aquello que llamo secularismo ha corrompido la literatura moderna», y así lo dijo en el *Kelham Theological College*, tratando de hacer ver a los estudiantes de la institución su deber de luchar contra ello; al menos del lado de la teología. Y su otro estudioso, Lyndall Gordon, ha expresado así la cuestión: «El hombre primitivo en las dolorosas estepas, el hombre moderno en la ciudad con sus ruidos es él mismo el problema», y glosando apenas la reacción irritada del propio Eliot ante las gentes que se rieron de la música de Stravinski, en *La consagración de la primavera*, porque no entendían aquellas asperidades y estridencias, añade que, para Eliot, estaba claro que aquella música «transformaba el ritmo de las estepas en el grito de un claxon, el traqueteo de las máquinas, el chirrido de las ruedas, el golpeteo del hierro y del acero, el rugido del tren subterráneo y los otros ruidos bárbaros de la vida moderna». Y esto era lo que había escrito el propio Eliot, en una carta a una revista.

Lyndall Gordon entiende muy bien hacia dónde apunta Eliot, porque ni la estepa ni los ruidos de la vida de hoy son bárbaros; es el hombre el problema. Aunque, ciertamente, con más medios de ejercer su barbarie que cuando estaba en la estepa, y con una mente que puede convertir en barbarie el *humanismo*, porque no habría otra referencia que lo dado, lo *positum*, y la adaptación del hombre a tal medida. Y ya lo ha hecho.

El *secularismo*, en efecto, significaría para la cultura mucho más que su corrupción, supone su liquidación, el despojamiento del significado, la incapacidad de presentar y mostrar que hay más que lo dado a los sentidos, la imposibilidad del símbolo y del lenguaje simbólico, del nombrar carnal y verdadero, el reduccionismo del todo a la *res extensa*, el mero lenguaje comunicativo del grito orgásmico o del despedazamiento del cuerpo y del corazón humanos, al mismo nivel que el ruido del claxon o de las excavadoras.

Ahora me sentaría junto a Pepe, al calor de su mesa, a tratar de extender esos argumentos sobre el significado del ruido en Nueva York o del silencio en Alcazarén mientras desde una pared nos miraría Simone Weil vestida de miliciana en la Guerra Civil española, antes de la desilusión. Me gusta discrepar con Pepe, o más bien escucharle, entrar en materia, atender a otras voces, a los ruidos tan distintos de los de Manhattan que se transcriben allí. Recuerdo una Nochebuena en la que fuimos a visitarle a la hora en que los pinos empezaban a difuminarse contra la noche, y el coche era un faro portátil. Cuando salimos a su jardín, estaba completamente cubierto de nieve. Había caído sin que nos diéramos cuenta, como una silenciosa cantata de plumas frías. Como este marzo neoyorquino, en el que vuelve a nevar, y la ciudad se queda amortiguada, como si los coches aprendieran a pisar pensando. Por eso no me resisto a seguir leyendo a José Jiménez Lozano, la anotación que sigue a la del ruido, por si alumbra a alguien, aquí, en este silencio de los libros que abrimos como candiles en medio de tanta luz, es decir, de tan copiosa oscuridad: «Un rato de charla junto a una hoguera en el campo, a la caída de la tarde y prima noche, que son bastante frías. La lumbre había sido encendida para quemar unos desechos de cartones abandonados, pero luego se había echado allí alguna rama seca y unas serojas con resina, y se había vuelto tan amorosa que no dejaba irse de su lado».

RUMOR DE FAULKNER. Es lo que busco. Infructuosamente. A lo que agarrarme casi desde que llegué allí. A punto de partir, sé de qué se trata, pero no cómo atraparlo. Tal vez se trate de algo parecido al copo de nieve del que habla Cormac McCarthy cuando habla del lobo. Cuando lo atrapas, lo pierdes. Peter Handke dice que «escribir es un viaje nocturno» y que en Faulkner «durante páginas enteras, sólo se extiende un ritmo y es cuando uno siente que cabalga por los años. Yo no me atrevo a tanto. Siempre pienso que necesito el amparo de una imagen, una concretización, una piedra, un color, un serbal de cazadores, algo por el estilo tiene que haber. Nunca me atreví, como hizo Faulkner, a dejar sonar por páginas y páginas sólo el viento y la corriente del Mississippi». He necesitado darle muchas vueltas a esta madeja de cobre y alquitrán, alejarme, volver sobre mis pasos, quitarme de encima la fascinación y el ardor de la ciudad, echar por fin las cortinas azul oscuro, embarcarme, cerrar la casa de la calle 28, decirle exhaustiva y silenciosamente adiós, bajar a la estación de tren en Penn Station, adonde los americanos «llegaban como dioses» antes de que fuera inconcebiblemente reducida a escombros por la piqueta y la codicia y ahora suben y bajan «como ratas». Así nos fuimos, así dejamos la ciudad atrás, por un túnel sórdido y largo que se extendía hacia el norte. Cuando salimos a la luz de agosto (Faulkner otra vez) ya apenas quedaban rastros de Manhattan, y sólo el Hudson nos envolvió majestuoso e indiferente. Pero en realidad sigo sin saber cómo.

S

SERES INVISIBLES. Sirven y limpian. La condición de invisibles e impalpables de los que atienden y hacen lo que los que ascienden en la escala de las cosas dejan de querer hacer porque sería un recordatorio de que siguen junto a Sísifo después de que la piedra haya vuelto a rodar colina abajo. Inmigrantes, que por una parte quieren pasar inadvertidos cuando no tienen los papeles en regla, y luego quieren ser reconocidos, integrarse, y volver a pasar inadvertidos en la marea general. Harlem a los ojos de Joseph Mitchell, que empezó su vida profesional en una oficina del barrio negro por antonomasia de Nueva York: la noche, el sufrimiento de los negros («último en ser oído, primero en ser despedido»), y el melodrama de la ciudad oscura. O como escribe Ralph Ellison en *El hombre invisible*: «No, no hablo con Dios, ni con tu esposa, hermano. No he sido presentado a ninguno de los dos, pero he tratado a mucha gente de Harlem, he trabajado con ellos. Pide a tu esposa que te acompañe a las tabernas de Harlem, a las barberías, a los locales con tocadiscos tragaperras, a las iglesias. Y también a los salones de belleza, un sábado cualquiera, cuando se dedican a freír pelo lanudo. Allí oirás unas lecciones de historia oral, que jamás ha sido escrita. Aunque te parezca increíble, es verdad. Dile que te acompañe a un patio de vecindad, por la noche, y escucha lo que la gente habla. Déjala en una esquina y dile que te cuente lo que ocurre. Entonces te enterarás de que mucha gente está descontenta porque no supimos abrirles un camino que les permitiera actuar, dirigirles en la acción.

Y esto lo mantengo tal como mantengo las realidades que veo, oigo y siento, las realidades que conozco». Y Colum McCann en *A este lado de la luz*: «Llegan al amanecer con su geografía de sombreros». Que los que hayan sido privados de luz, de esperanza, de sueños y de porvenir puedan resucitar sin tener que esperar a la muerte. En cualquier caso, no conviene olvidar tres tipos de miradas, tres tipos de experiencias a la hora de pasar el trapo sobre la silueta de esta ciudad tan llena de protuberancias: la del turista, la del inmigrante y la del residente. «En París había hecho de todo, desde pegar carteles hasta encerar suelos de oficina, una labor que se realiza de noche, cuando los edificios están cerrados y que permite pensar mucho. El misterio de los edificios de París. De esa manera llamaba a los edificios de oficinas, cuando es de noche y todos los pisos están oscuros, menos uno, y luego ése se apaga y se enciende otro, y luego ése se apaga y así sucesivamente. De vez en cuando, si el paseante nocturno o el hombre que trabajaba pegando carteles se quedaba quieto durante mucho rato podía ver a alguien que se asomaba a la ventana de uno de esos edificios vacíos y permanecía allí durante un tiempo, fumando o contemplando la ciudad con los brazos en jarra. Era un hombre o una mujer del servicio nocturno de limpieza», escribió Roberto Bolaño en su novela *Estrella distante*.

SOLEDAD. «En la línea de la modernidad literaria instaurada por Baudelaire, el verdadero protagonista de *Manhattan Transfer* —la ciudad de Nueva York— es estrictamente moderno [...] Baudelaire, en su famoso poema "A une passante", logró algo asombroso: mostrar la realidad del anonimato urbano al personalizar un encuentro entre dos transeúntes. Uno de ellos, la voz, es sólo una voz; el otro (la *passante*) tan sólo aparece unos segundos ante los ojos del primero. La creación de anonimato urbano como presencia real la consigue gracias al admirable uso de la fugacidad como forma de deseo y conocimiento. Pues bien, cuando me refiero al protagonista de la novela de Dos Passos estoy nombrando algo muy peculiar: lo que se llamó *The Lonely Crowd*. La multitud solitaria», apunta José María Guelbenzu en un comentario sobre la novela de John Dos Passos. John Berger dice de Manhattan en *El sentido de la vista*: «Lo que uno esperaría que sucediera en el interior, aquí sucede en el exterior. No hay interioridad. Puede haber introspección, culpabilidad, felicidad, pérdida personal; pero todo esto emerge y sale a la superficie en forma de palabras, acciones, hábitos, tics, que se convierten en hechos que tienen lugar en todos los pisos de todos los edificios. No se trata de que todo pase a ser público, pues esto sugeriría que no existe la soledad. Más bien, cada alma se vuelve del revés, pero continúa sola». Hablando del Juan Ramón Jiménez de *Diario de un poeta recién casado*, que escribió en el barco camino de Nueva York y en la propia ciudad, dice Dioniso Cañas en *El poeta y la ciudad* que «la metrópolis, paradójicamente, es un desierto que crece entre la abundancia y las multitudes que caracterizan las grandes ciudades. El desierto crece en el seno mismo del Yo, del individuo, porque cuanto más grande se hace la ciudad, más solitario, aislado, sediento de comunicación con los demás, se encuentra el ser humano. Y es precisamente, en este "New York solitario, ¡sin un cuerpo!..." en el que aparece (en "Alta noche") la figura del negro como rey de una ciudad baldía por artificial y antinatural: "El eco del negro cojo, rey de la ciudad, va dando la vuelta a la noche por el cielo, ahora hacia el poniente..."».

SUICIDIO EN PARK AVENUE SOUTH. Todavía la llevaba de la mano. Bajábamos por la acera izquierda de Park, camino de una gran tienda de electrodomésticos en la calle 14. Habíamos decidido hacerle caso al alcalde y al presidente: «¡Comprad, comprad, malditos! Que se enteren los asesinos. No van a acabar con nuestro modo de vida». Nuestro televisor hacía aguas. Y había mucho que ver: no sólo estampas del fin del mundo, sino otras historias para poder dormir. Como la ciudad, no paraba de parlotear. Los refugiados de Tribeca y Chinatown ya habían regresado a sus casas y aunque el agujero seguía ardiendo y el humo llegaba a veces hasta la calle 28, la orden era volver al pasado. Como si fuera posible. ¿Acaso no era la mejor forma de derrotar a quienes se habían atrevido a partirle la madre a la catedral del comercio? Todavía no había dejado de ser una niña. Apenas prestaba atención a lo que decía, a sus minuciosos requerimientos sobre el tipo de receptor que teníamos que comprar. Pensamos que sería una buena forma de distraerla de una realidad que resultaba demasiado ardua de explicar. Empecé a darme cuenta de que algo ocurría con varias manzanas de antelación, ante la aglomeración de coches y camiones de emergencia. Hice lo que acaso en Nueva York mejor distingue a los foráneos de los nativos, a menos que haya una buena razón: miré hacia lo alto. El motivo de todo aquel revuelo estaba en una cuarta o quinta planta: una mujer de unos treinta o cuarenta años amenazaba con arrojarse al vacío desde una cornisa. Con la ciudad todavía desbaratada por la destrucción de las Torres Iguales, la puñalada trapera más devastadora de su historia, los rumores eran levadura para la ración diaria de angustia. Un suicidio a plena luz era la peor confirmación de que nuestros asideros se derretían. Recordé una falacia que había hecho fortuna y pasado a configurar una leyenda alimentada por el reflector de Federico García Lorca: los potentados suicidándose como moscas desde los altísimos miradores de Wall Street con los ojos nublados por lo súbito de su ruina. A pesar de que el poeta no vio a ninguno, la imagen le iba como un guante a la mitología del gran crack y a la de la ciudad desalmada que había esculpido de forma incomparable en *Poeta en Nueva York*. ¿Acaso hay algo más justiciero, más en sintonía con el Juicio Final, que un plutócrata quitándose voluntariamente de en medio desde el plinto de su gloria? Pero la suicida de Park Avenue South (el segmento menos fastuoso de una avenida donde muchos potentados confirman en el fortificado esplendor de sus altas mansiones que el Dios de Calvino está de su parte), desangelada, parecía decidida a emular un epitafio más reciente: el de los que habían saltado a una muerte segura desde lo alto de la Torre Norte porque no les quedaba otra escapatoria que el humo y el fuego. Esas imágenes estaban grabadas en las retinas de dos de nuestros más jóvenes acogidos al atardecer de aquel mismo once. Su escuela estaba al pie del Centro Mundial de Comercio y desde el patio y las ventanas de sus aulas vieron: «Como muñecos, volaban». Imágenes que —como las de los muertos— fueron borradas del repertorio de aquel día. Doble vacío: de los edificios desaparecidos, de los cadáveres. Sin darle tiempo a que se diera cuenta de lo que ocurría, y sobre todo a que preguntara por qué la gente había empezado a arremolinarse en las aceras, giré hacia Gramercy Park mientras silenciosamente rezaba a nadie en particular para que si la mujer finalmente optaba por matarse no lo hiciera por lo menos delante de la niña, que seguía hablando con la sutil conciencia de quien no quiere hablar justamente de lo que le aterroriza. Todavía en una esquina de Irving Place vi cómo abrían la portezuela posterior de una ambulancia y extraían una camilla. Pero ella, acostumbrada desde muy pronto a la furiosa obscenidad de las sirenas a cualquier hora del día o de la noche, no le dio la menor importancia. Compramos nuestro espléndido televisor cromado y volvimos a casa por otro camino. Al día siguiente busqué en los periódicos noticia de aquel suicidio. Pero no encontré la menor referencia y respiré aliviado. Hasta que casi cuatro años más tarde, recordando aquellos días de septiembre con una compañera de oficio, me dijo que aquel suicidio se había consumado, que aquella mujer se había arrojado al vacío y había logrado lo que pretendía.

T

TAXI. Mi primer taxista era haitiano, una noche helada de enero, que me dejó ver la ciudad de basalto perforada de luciérnagas y su móvil para llamar a mi primer casero y al palomar de Times Square. Indios, paquistaníes y bangladesíes dominan el gremio del taxi. Pero no son los únicos. Los taxistas de Nueva York son profesores de geografía, casi siempre de las regiones más desgraciadas del planeta. Aunque también estadounidenses como una cuota líquida, como Ryan Weideman, originario del *midwest*, donde sus padres tenían una granja, que llegó a Nueva York en 1980 atraído por las imágenes de la ciudad. Una noche probó a conducir un taxi y, como escribe Joyce Wadler en el *New York Times*, «le enamoró: la calle, la libertad, no saber nunca quién entraría en tu coche. Y, claro, la marginalidad». Durante veinte años, el taxi ha sido su estudio: no sólo ha fotografiado a aquellos pasajeros que no tenían inconveniente en posar para él en el asiento trasero, sino a taxistas de todo Estados Unidos. Pero Weideman es una excepción. La mayoría de los conductores se limitan a atender el destino de la carrera y a cobrarla, porque el resto del trayecto parecen sumidos en el rezo de suras indescifrables: el teléfono móvil, con su micrófono colgante y su auricular incrustado en la oreja, es el lazo de estos nómadas del callejero: murmuran sus conversaciones indescifrables con colegas de cabotaje, novias, familiares, amigos... La mayoría parece como si monologaran en punjabí, creóle o árabe. Y uno piensa en los atribulados escuchas insomnes de la ultrasecreta Agencia Nacional de Seguridad, rastreando ésas y otras conversaciones del chat global, tratando de anticipar el próximo zarpazo del terror. Al quite por si alguien se fuera de la lengua. Una tarea digna de Joe Gould, aquel grafómano que hizo creer a Joseph Mitchell que estaba inmerso en la imposible compilación de la *Historia oral de nuestro tiempo*. La radio es un artefacto muerto, de ahí la sorpresa cuando de entre el maremágnum de chóferes surge uno que tiene sintonizada una emisora de música clásica, jazz, noticias de África en francés... Abacar Dieye es uno de ellos. Abandonó Senegal en 1991. Le gusta escuchar a Youssou N'Dour, su compatriota: «Trato de navegar entre culturas —confiesa a Field Maloney, del *New York Times*—. Escucho a Youssou, que canta en mi lengua, el wolof, y me pregunto: "¿Cómo se diría eso en inglés?". Cuando escucho las noticias, imagino como podría traducir lo que dicen al wolof». Aunque tiene familia, le gusta estar solo, y el taxi es su modo de estar solo en medio de la multitud. Pero aunque la música escasea estos días, «puedes escuchar melodías tan diversas como la propia ciudad —escribe Maloney—. Los conductores vienen a Nueva York desde muchos lugares: Costa de Marfil, Bangladesh, Kazajstán, Nueva Jersey. Y ellos llevan su música consigo». Otro conductor, Joe Malvone, descendiente de una familia de albañiles de Pompeya, le confiesa a Maloney que le gusta escuchar óperas: «Me hacen pensar en el viejo país. El amor y el odio que dejas atrás. Amor, porque naciste allí. Y odio, porque tuviste que marcharte». Malvone compara su salpicadero con la barra de un bar: «Eres como un barman. La gente te hace confidencias. Pero quizá hablan con más libertad a un taxista. A fin de cuentas saben que no van a volver a verte nunca más». El protagonista de *Netherland* se deja arrastrar por un amigo que se dedica a escribir sobre restaurantes de toda índole. Anota Joseph O'Neill: «Encontramos un taxi conducido por un hombre de Dacca que aceptó llevarnos a un lugar que le gustaba. Repetimos el ejercicio con varios taxistas. Estudiábamos el menú, comíamos un bocado de algún plato y nos marchábamos para emprender otro viaje a los tumbos. Al cabo de poco, la noche había asumido el carácter de una horrible sopa negra, probada en algún lugar del recorrido, cuyos minúsculos componentes grasos subían asquerosamente a la superficie para luego hundirse otra vez en la oscuridad. Justo antes de medianoche, un taxista nos condujo a Lexington, esquina Veinte y pico y, sin decir una palabra, se detuvo en otro aparcamiento lleno de coches amarillos». Tenía que ser cerca de nuestra casa. La sopa del mundo se cuece en Nueva York y a veces creo que debería volver e instalarme para siempre en una habitación de Manhattan (¿125 y Park?) para leer y escribir como un estudioso de la Cábala hasta el final de mis días. En la última página de *Mi cena con André*, el suculento diálogo entre Wallace Shawn y André Gregoy, se lee:

WALLY *está fuera, en un taxi.*

(Voz en off) Me di el lujo de ir en taxi.

WALLY *mira por la ventana del taxi.*

Recorrí las calles de la ciudad camino a casa. No había una sola calle —un solo edificio— que no estuviera conectado con algún recuerdo en mi cabeza. Ahí, compré un traje con mi padre. Ahí, me tomé un helado después del colegio.

Las calles se alejan a toda velocidad.

Cuando por fin llegué, Deby ya había vuelto del trabajo, y le conté todo sobre mi cena con André.

Cuando lo leí, después de haber visto la película, pensé que ésta sería una de las citas más valiosas de este libro.

TERRORISMO. En un artículo titulado «Sansón y las Torres Gemelas», escribió Xavier Rubert de Ventós: «¿Terrorismo?: sin duda. Pero no hay que olvidar que tanto la tradición judía como la cristiana han bendecido a menudo este sacrificado terrorismo. ¿O no cuenta la Biblia (Jueces, 6, 24-27) que apenas recuperado del afeite de Dalila, Sansón decide derrumbar el templo de Dagón para que mueran, junto con él mismo, todos los filisteos que están dentro? La narración bíblica deja claro que se trata de víctimas civiles, como en las Twin Towers, y también que su número es parecido: "Estaba la casa de llena de hombres y mujeres, más de tres mil personas [...]. Sansón tomó las dos columnas centrales, hizo fuerza y dijo: '¡Muera yo mismo con los filisteos!'. Y la casa se hundió sobre los filisteos y sobre el pueblo que allí estaba, siendo los muertos que hizo al morir más de los que había hecho en vida". En la edición de la Pontificia Universidad Gregoriana de Roma, el padre Viccari, s. j., añade aún algunas precisiones: "Sansón en su última hazaña pretende directamente la muerte de los enemigos de Dios, y sólo indirectamente la propia. Por eso no comete suicidio. Es el caso de todos aquellos que, siendo necesario, se exponen a una muerte cierta por la salvación de la Patria". En la tradición judía y en la exégesis cristiana Sansón es venerado como el héroe y mártir que asegura la continuidad del pueblo de Israel. ¿Y cómo no iban a venerar los palestinos a sus adolescentes sansones que mueren por la continuidad del pueblo palestino? Más todavía: el hecho de que las víctimas de las Torres Gemelas o de Tel Aviv sean civiles, ¿no retoma y en cierto modo continúa la tendencia que desde la Segunda Guerra Mundial se orienta a provocar más bajas civiles que militares y a aterrorizar la retaguardia? En definitiva: ¿es siempre menos legítimo

matar(se) por su Dios o por su pueblo que matar o morir
regularmente por dinero, por encargo o por empleo: como
mercenario, sicario, mameluco, soldado de leva o de fortuna...?». Las preguntas que el filósofo se hizo después del
11 de septiembre de 2001 en Nueva York, las que hay que
seguir haciéndose después del 11 de marzo de 2004 en Madrid. Porque lo peor es quedarse mudo como los que matan llamando a un teléfono móvil conectado a una bomba,
los que se inmolan y los que sacrifican al otro por su causa.
Lo peor es el correoso miedo, que habla con otras voces
llenas de peligros, que anulan la razón, las palabras que
eran útiles antes de que la muerte hubiera mutado tanto, se
hiciera tan arbitraria, su lotería tan súbita.

TERTULIA. El impulso parecía impecable. Tal vez porque se
trataba de un sueño. Venía adornado con plumas brillantes, barnizadas de noche y de rocío, sin que hubieran adquirido aún esa pesadumbre que destilan cuando, mojadas
y frías, ya no son más que sudario de las aves con las que
solemos celebrar alguno de los eventos que jalonan nuestra
fundamental derrota: conmemoraciones con las que, car-
nívoros irredentos, pretendemos decirle al tiempo que se
equivoca. El impulso contaba con un poderoso hilo conductor, un campo magnético que disponía de su propio
generador de metáforas, patio trasero de los exabruptos,
mirador sobre el mar y un asiento confortable multiplicado al menos por cuatro para recibir a los amigos en invier-
nos destemplados y conversar toda la noche. El impulso
era también como una oración, acaso amartillada por la
emoción del segundo volumen de *La trilogía de la frontera*
que había devorado durante varias noches a orillas del Atlántico, en un lugar llamado Remsenburg. El impulso era
precioso como un deseo que todavía no ha sido puesto a
prueba contra la contera de hierro de la realidad: en su
perfecto ensamblaje de argumentos y emociones disponía

de un esqueleto sintáctico digno de admiración. Fue sin embargo tanta mi insensata e ingenua admiración que el sueño desembocó en otro sin memoria y el despertador me lanzó sin contemplaciones a otras encomiendas que no admitían disculpa ni por tanto dilación, de tal modo que los acueductos y cornisas quedaron reducidos a hilos de herrumbre y migajas de varios desayunos sin huella, tan microscópicos o de tan magro caudal que si servían para algo era apenas para evocar las conversaciones que precedían y hacían las veces de coda a la tertulia itinerante que fortuna y voluntad tejieron durante mi último año en Manhattan. Dice Cormac McCarthy, por boca de Arnulfo, uno de los clarividentes ventrílocuos de *En la frontera* (segundo volumen de la trilogía) que «los hombres creen que la sangre de la víctima no acarrea consecuencias [...] el lobo es un ser muy metódico [...] sabe aquello que los hombres ignoran: que el único orden que existe en el mundo es el que la muerte ha puesto en él [...] si bien los hombres beben la sangre de Dios no comprenden realmente la gravedad de lo que hacen. Dijo que los hombres desean ser serios, pero que no saben cómo. Entre sus actos y sus ceremonias está el mundo, y en este mundo sopla el vendaval y los árboles se tuercen al viento y todos los animales que Dios ha hecho vienen y van y sin embargo los hombres no son capaces de ver este mundo». Durante un año hemos querido sumergirnos en las novelas que ahora se escriben en España tratando de averiguar en ellas algo que no sabíamos: sobre la literatura, sobre nosotros mismos, acaso sobre ese oxímoron político y filosófico llamado «nuestro país» del que Isaías Lerner, gaucho judío, es ciudadano honorario. La conclusión es desoladora: salvo una, creo que todas las novelas que hemos leído resultan irrelevantes, que su desaparición de las estanterías y de la memoria no tendría por qué ser considerada pérdida irreparable, no nos debería dar el menor motivo para la lamentación. No se lea lo que digo como una forma de instar a su aniquilación o destierro, porque a pesar de todo voy a seguir atesorándolas en mi biblioteca hasta el fin de mis días, o al menos hasta que se me escurra entre los dedos todo lo que tengo, sea por desdén de la fortuna o porque se arrimó la hora. A fin de cuentas, hay cantos rodados y escoria de ladrillo que sirven para cimentar muros o proporcionarle un manto de consistencia a las calzadas. No he llegado (todavía) a la conclusión, como Pla o Sánchez Ferlosio, de que en la inmensa mayoría de los casos el género o bien resulta tóxico o bien es un lujo tonto y prescindible. Lo he frecuentado lo bastante como para guardar profunda devoción por autores capaces de llenar una vida dedicada ininterrumpidamente a la lectura (que es, junto con la conversación y los trenes, una de las mejores formas de estar en el mundo aprendiendo el oficio de extinguirse), y sigo buscando narraciones extraordinarias, novelas ejemplares que no sólo me expliquen, recuerden, desmientan, corrijan, impugnen o rebajen el mundo en el que vivo, sino que, como artefacto lingüístico que fundamentalmente son, obliguen a las palabras a sonar como nunca antes, pongan en duda sus atributos, sean conscientes de la ideología que arrastran como los grandes paquidermos y escualos su corte de parásitos, se rompa y se revuelva desde las afueras de la piel al significado y sus facetas, sea potencia desalienadora, propague una emoción que no envilezca ni se deje domesticar por el sentimentalismo, la urbanidad o la cobardía, no tenga miedo de preguntarse por la verdad, rompiéndole el escaparate a las convenciones y los decretos de quienes dicen qué es necesario y qué es posible, y todo su ajuar obsceno, su juguetería de entretenimiento que prefiere la disipación a la trascendencia, el olvido a la duda que persigue sombras sin cansarse. Y siga haciendo del arte una condición ética, no un rito del comercio, un acto gratuito por la prodigiosa prole de bastardos que el genio de Duchamp propició. La canción del río.

¿Pero qué y por qué estamos aquí? Cuando más cerca me he sentido de esas preguntas, de esas tensiones, del aforismo que Cormac McCarthy pone en boca de Arnulfo («los hombres creen que la sangre de la víctima no acarrea consecuencias») fue leyendo *Volver al mundo*, de J. Á. González Sainz. Admito los rotundos *peros* que esgrimieron Eduardo Lago y José Luis Madrigal (los otros dos contertulios de esta cita a cuatro voces que nos llevó peripatéticos por distintos cafés del centro-sur de Manhattan tratando de poner un cascabel de plata al gato errático de la prosa española), que le sobra mucha ganga, que el autor se deja con demasiada frecuencia engatusar por su propia prosa (aunque en ese gustarse y buscar espejos que le reflejen en buena pose es Vila-Matas/Mata-Vilas quien se lleva la palma del narcisista y erotómano que se alimenta de cadáveres exquisitos con los que asociar su futuro), que su período es cualquier cosa menos contemporáneo, que en su meticuloso afán de dar cuenta de la complejidad que justifica o excusa nuestros actos en más de una ocasión deja que se desequilibre la acción hasta que la novela parezca pretexto para un ensayo, y el rumor del tiempo se vuelva un puro rumor de palabras que se adueñan de todo. Y sin embargo rastreaba ahí precisamente lo que Peter Handke más admira en Faulkner: «Nunca me atreví, como hizo Faulkner, a dejar sonar por páginas y páginas sólo el viento o la corriente del Mississippi». No, no digo que nuestro González Sainz se haya acercado a las cimas de Faulkner, pero sí que en su intento de encontrar una estética afín a su ética de la sangre y sus consecuencias (algo que eché en falta y busqué denodadamente en la a veces encantadora, a veces desmayada e inane prosa de Bernardo Atxaga), ha nadado con coraje en esa estela. A nuestros novelistas, a los que hemos visitado con encomio y algún denuedo cuatro amigos empeñados en practicar un nicho de tierra fresca —pero no de muerte— en la omnívora Manhattan, les pierde la prisa por contar, por resolver su encomienda íntima y editorial con unas páginas que se puedan columpiar y digerir sin grandes consecuencias, sin malas digestiones ni quebraderos de cabeza, sin efectos secundarios, sin corolarios, sin atreverse más que lo justo, en sintonía con una crítica complaciente, en sintonía con un pensamiento blando que permite urdir conversaciones sin esqueleto, sobre la banalidad del tiempo en que vivimos con argumentos banales, pescadillas que se muerden la cola fláccida, donde la historia (o la conciencia) parecen reminiscencias decimonónicas, artefactos polvorientos de un museo de antropología humana, y la literatura una excrecencia de cuando teníamos tiempo para leer, para conocer palmo a palmo los meandros del Ganges o del Mississippi y los meandros de nuestro cerebro. Hoy que ya parecemos descifrados y sin más trascendencia que la de aplazar en lo posible la hora de la muerte (un evento deplorable que pertenece sobre todo a la esfera de los otros) y en el que el dolor es una consecuencia de la mala gestión de los rendimientos del capital y del ocio, la literatura que nos llega de España al puerto imaginario y real de Nueva York es la que establece una equivalencia entre arte y decoración, conocimiento y materiales para adquirir una posición a salvo de los vendavales. Más dura será la caída.

«THE NEW YORK TIMES». De Calvo Sotelo, que estrujó indignado el periódico y lo lanzó con rabia contra la pared de su habitación tras comprobar cómo un corresponsal describía las atrocidades que cometían los nacionales, a Carnicer, que dice: «Este linaje de solidaridad con el poder constituido es la peana ideológica del *NYT*», o «infinidad de noticias sobre los pleitos políticos y sobre las glorias agrícolas, industriales y militares de Israel... silencian, tergiversan y piojizan los puntos de vista de los árabes. Cuando conviene callar, el *NYT* es una tumba», por no hablar del ninguneo de lo español y el obsceno tratamiento de ETA, nunca un grupo terrorista. Aunque ese tabú, esa costumbre de la distancia fría —el terrorismo lo es cuando revienta la carne propia, no la extranjera— se rompió en parte tras la voladura de los trenes madrileños. «En el edificio del *Times*, en pleno corazón de Broadway, un *morse* luminoso va deletreando las últimas noticias», escribe Gaspar Tato Cumming en 1945, antes de que el corazón publicitario de la ciudad se llenara como ahora de *cremalleras* de palabras abriéndose sin cesar, mostrando la carne amarillenta de las noticias con frases cortas en una corriente sin fin ni significado: enunciados capaces de aterrorizar o de dejar simplemente atónito. Es el país del deletreo. Lo leí a diario como una biblia pagana, como he leído los periódicos de la ciudad donde vivo, me acuesto y me levanto: como una oración contra el galimatías, como un oficio de alimentar la razón, como un intento de otorgar alguna lógica al caos del mundo. El *Times* me fascina con extensísimos reportajes elaborados durante meses por reporteros dedicados a averiguar cómo se vive la raza en Estados Unidos, los diez mandamientos, la explotación y los riesgos en las siderurgias del país, una enciclopedia de las ideas del año que termina, la cobertura del 11 de septiembre con un cuadernillo especial diario sin publicidad, las víctimas de ese día en pequeños perfiles biográficos publicados durante meses y más tarde en un libro que es un diccionario contra la barbarie de las cifras, la sección necrológica y su averiguación de los detalles de una vida a partir de las confidencias y las huellas que dejó el difunto en quienes le trataron, la revista dominical que es cualquier cosa menos un repertorio de la tontería que algunos reservan como índole profunda del domingo, las bodas que en el año 2002 empezaron a incluir las de parejas del mismo sexo aunque se limitaran a un voto personal ante rabino o clérigo cómplice, la crítica y la información de teatro con un espacio tan amplio como el que merece el cine, el cuidado con que editan y disponen las fotografías, la colección diaria de cartas al director, más extensa que los editoriales.... Para Isaías Lerner, judío argentino que encontró en Nueva York cobijo cuando los milicos rompieron su país en pedazos, el *Times* es como el Talmud, especialmente en semanas de hecatombe, como durante los primeros veintiséis días de la invasión de Irak. Leído de atrás hacia delante, empezando por la página editorial, parece de izquierdas. Leído de delante hacia atrás, y especialmente el cuadernillo *Una nación en guerra*, parece de derechas. Arthur Fellig, más conocido como Weegee, el más renombrado fotógrafo de la noche y el crimen, que llegaba al lugar de los hechos antes que nadie y cuyas fotos estaban en la mesa del editor gráfico del periódico antes de que los teletipos hubieran dado la noticia, a quien se le atribuye una frase al escalpelo («ocho millones de historias en la ciudad desnuda»), despreciaba a la Gran Dama Gris como el periódico para «los pudientes del *establishment* manhattanita» (seguramente lo mismo que pensaba de los lectores del *New Yorker*, sin que le faltara parte de razón). Ah, y la ética protestante y el pudor: esa reticencia, observada no sólo en el *Times*, sino en el *Wall Street Journal* y en muchos otros, a darse coba (o al menos a disimularlo mucho mejor que en la piel de toro), a dedicar precioso espacio a las conferencias, fiestas o declaraciones del director o el editor de turno, ese cuidado exquisito en no exagerar el autoelogio. No están libres de todo pecado, pero al lado de los ejemplos ibéricos, son unos santones. Y siempre ese celo, mucho más atento que en Europa, a que la opinión y la información ocupen espacios lo más estancos posibles. A los viajeros fantasiosos les gusta creer que Times Square, donde rompen todas las aguas del capitalismo y brillan todos los anuncios luminosos como un calidoscopio de la era, significa la Plaza del Tiempo. Las traducciones literales encierran esas paradojas que a la vez iluminan y deslumbran. La plaza debe su nombre a que en lo que en 1905 era un descampado conocido como Longacre Square (calle 42 y Broadway) se mudó desde el bajo Manhattan el periódico *The New York Times* y empezó a pautar no sólo el corazón de Nueva York, sino también, tiempo después, el periodismo mundial. Fundado por un grupo de banqueros de Albany, la capital del estado, el diario salió por primera vez a la calle el 18 de septiembre de 1851 con el nombre de *New York Daily Times*, para convertirse en *The New York Times* el 14 de septiembre de 1857. El periódico ganó fama y prestigio por su rigor a la hora de informar de la guerra civil. Sin embargo, al final del siglo XIX su influencia y circulación decayeron. La fortuna cambió cuando Adolph S. Ochs lo compró para intentar sacar del letargo un diario de su propiedad, el agonizante *Chattanooga Times*. Ochs, cuyos descendientes siguen controlando un diario de honda estirpe familiar (como lo fueron en su día *Faro de Vigo* o *ABC*), se comprometió a financiarlo con la condición de que si conseguía liquidar todas las deudas del rotativo se convertiría en su único propietario. Lo consiguió el 19 de agosto de 1896. Entonces hizo de «comunicar las noticias de forma imparcial, sin temor ni pretender favorecer, sin miramientos por partido alguno, ni por secta o interés que vaya de por medio», como rezaba a la entrada del antiguo edificio de la calle 43, su primer libro de estilo. Esos *mandamientos* acabarían conjugándose poco después en el lema que preside a diario su cabecera: «Todas las noticias que merecen ser impresas». La nueva sede del rotativo que intenta sortear las mortíferas y excitantes sirenas digitales es un deslumbrante rascacielos blanco diseñado por el arquitecto italiano Renzo Piano y levantado en la Octava Avenida, entre las calles 40 y 41, con la ideología de la transparencia: del mismo modo que quieren ver, así quieren que les vean, que para ser faro se

vea lo que se cuece en su interior. Un ideal ilustrado que
no siempre ha sabido cumplir el poderoso diario. El periódico crea adicción, y más si durante casi siete años uno ha
disfrutado del extraordinario lujo de tenerlo a la puerta de
su casa antes de levantarse los siete días de la semana, los
365 días del año.

«THE NEW YORKER». La esencia de Nueva York, una de sus
mejores cualidades, parece aureolar como un aroma a los
más dotados escritores de la revista *The New Yorker* (el
neoyorquino), especialmente cuando trasladan (y amplían
y transforman) sus larguísimos artículos y reportajes a
libros. Como ocurre por ejemplo con *About Alice*, de uno
de sus grandes *staff writers*, Calvin Trillin, breve y deslumbrante homenaje a su esposa muerta, que es imposible
terminar con los ojos secos. Al leerlo volví a captar un cú-
mulo de sensaciones difíciles de describir, pero que, tras
cerca de un siglo de vida, sus reporteros, editores, comen-
taristas, ilustradores, viñetistas y fotógrafos han destilado
como la quintaesencia de una ciudad que no cabe en un
diccionario. No sólo atesora *The New Yorker* probablemente el mejor periodismo que hoy se hace en el mundo, sino
que contiene una serie de rasgos que el homenaje de Trillin a Alice conjuga de manera espléndida y que forma parte de la ética de la verdad. Son piezas construidas con una
prosa aquilatada, quintaesencial, pero al mismo tiempo
humilde (aunque jamás empleen esa palabra), nada preten-
ciosa, elocuente, pegada a la tierra, ceñida a nuestro mundo, amigable (pero nunca demasiado), ligera a veces (pero
no superficial), sofisticada (no estúpida), pensada para el
placer de la inteligencia, y por supuesto vertida en un inglés intachable, nada retórico, mucho menos pomposo, sin
paciencia para las metáforas, directo, medido como un
poema en prosa que odiaría que alguien se refiriera a él
como poético, documentado, corregido y verificado hasta

la saciedad (sin que se note lo más mínimo: casi sin paréntesis, y por supuesto sin notas a pie de página), capaz de
combinar el cóctel y la conversación más mundana con el
genocidio en Ruanda (Philip Gourevitch: *Queremos infor-
marle de que mañana seremos asesinados junto con nuestras familias*), el crecimiento de las grandes secuoyas en California con el impacto de la bomba atómica en Hiroshima
(John Hersey: *Hiroshima*), de qué tratan en realidad las historias de Babar con el proceso de Eichmann (Hannah
Arendt: *Eichmann en Jerusalén. Un estudio sobre la banalidad
del mal*) o los hallazgos de su más afamado reportero, Sey-
mour Hersh, que descubrió las atrocidades de Abu Ghraib.
De los asuntos más graves a los más sofisticados. Todo está
ahí. El misterio de nuestro mundo, de nuestro brillo y de
nuestra condenación, nuestros grandes logros y nuestros
concebibles errores y flaquezas, lo más fastuoso de nuestro mundo desarrollado, sin olvidar la desgracia en medio de su condición privilegiada. Uno quisiera creer que
leyendo *The New Yorker* todas las semanas se convertiría en
un mejor neoyorquino, es decir, en un auténtico ciudadano
del mundo, y que sus gustos literarios y políticos mejora-
rían. Pese a su millón de ejemplares, es una revista elitista,
en la que narradores, poetas, periodistas e ilustradores siguen soñando con publicar. Efímera (se trata de un semanario, no lo olvidemos), su estilo inconfundible (como sus
viñetas) le proporciona una aureola de cierto esnobismo
que a ellos no parece preocuparles: en cada aniversario
vuelven a publicar su primera portada ilustrada (que se
convirtió en signo de identidad), obra de Rea Irvin: un
dandi con sombrero de copa examinando una mariposa a
través de su monóculo. No escriben editoriales. Pero está
claro que quieren influir en la lectura del mundo, como
liberales ilustrados que durante años han pensado y practicado que la educación, la razón y la excelencia fabrican
mejores individuos para la democracia. Fundada en febre-

ro de 1925 por Harold Ross y Jane Grant, empezó como
una revista de humor sofisticado, aunque desde muy pronto, como recalca la *Encyclopedia of New York City*, depositó
el mayor énfasis en su aspecto literario. Desde ilustradores
y viñetistas como Peter Arno, Helen Hokinson, Charles
Adams o Saul Steinberg, a escritores como Dorothy Parker, James Baldwin, William Shawn (uno de sus más pres-
tigiosos directores, padre del dramaturgo y actor Wallace
Shawn), Dwight Macdonald, Janet Flanner, Robert S.
Boynton, Janet Malcolm, Roger Angell, E. B. White, Ed-
mund Wilson, Ted Conover, Jon Lee Anderson, Adam
Gopnik, John Updike o David Remnick (su actual director), su nómina es una escuela de periodismo. En un apa-
sionado artículo —«Sobre sabios, bobos y malvados»—
dedicado al ensayista judío George Steiner, uno de sus más
brillantes colaboradores, dice Félix de Azúa que los lectores del *New Yorker* forman «un compacto biotopo de ejecutivos liberales, profesores de mediana edad, acomodadas
matronas con ventana a Central Park, judíos cultivados y
un manojo de *radical chic*. Es como escribir para tus hijos.
Puedes permitirte burlas sobre los abuelos que nunca in-
cluirías en una conferencia».

TIFFANY'S. Escribe John Berger en *El sentido de la vista* a cuenta de Manhattan: «Es la ciudad con más joyeros que yo
haya visto nunca. Hay tantos anillos expuestos como habitantes». En sus treinta y nueve años vinculado al mundo de
la joyería neoyorquina, recordaba en su obituario la revista
The Economist el 12 de diciembre de 1998, Gene Moore
diseñó unos cinco mil escaparates. Como Tiffany's tiene
sólo cinco pequeñas ventanas (las aspilleras de una fortaleza, el Fort Knox de la gemología), Moore tuvo que adap-
tarse a las dimensiones de esos escenarios que suelen mostrar una sola idea para captar la atención del que pasa,
aunque precisamente por su tamaño, por su genuina con-

dición de ventana, más que de escaparate, en el caso de Tiffany's hay que pararse para poder asomarse, para poder ver. «Los escaparates deberían ser educados porque le hablan a extraños», dijo en una ocasión Moore (que falleció el 23 de noviembre de 1998 a los ochenta y ocho años de edad), aunque a menudo, recuerda la revista británica que para muchos representa la biblia del capitalismo, muchos neoyorquinos tuvieron sus primeros atisbos del arte moderno y de la obra de artistas como Jasper Johns o Andy Warhol gracias a las ventanas de Tiffany's, una empresa que definió a su escaparatista más querido como «pura y simplemente, un mago», y hasta tal punto era su devoción y su capacidad para multiplicar el tamaño de los escaparates mediante ingeniosos efectos ópticos que le mantuvo en nómina hasta que cumplió los ochenta y cuatro años, cuando hizo su última escenografía para la joyería más renombrada de la ciudad. Nacido en Birmingham, Alabama, en su opinión el peor lugar para haber albergado ambiciones de convertirse en pianista o en pintor, pronto averiguó que no tocaba lo bastante bien y quemó sus cuadros. La idea de decorar un escaparate navideño con luces blancas, en vez de las rutinarias de colores, se ha convertido en un lugar común en Nueva York, y para *The Economist* seguramente fue el pionero. En su libro *Dicho en el vacío. 1897-1900*, escribe el arquitecto checo Adolf Loos: «La cristalería Tiffany representa el standard del arte de hacer y soplar cristal. La casa Tiffany existe en Nueva York desde hace cien años. Con grandeza soberana domina todo el arte actual de la joyería en oro y plata. En esta casa causó efecto Moore [otro Moore], el mayor joyero de este siglo, que murió en 1892, en la plenitud de sus fuerzas. El viejo Tiffany, uno de los hombres más ricos de Nueva York, nunca llevó su negocio como una fábrica. Hacía de mecenas; las obras de Moore, reunidas en una sala, como en un museo, se guardan piadosamente y no están en venta. El idealismo del padre lo han heredado los hijos. Uno de ellos, Louis C. Tiffany, pintor y a quien sus viajes llevaron especialmente a las costas del Mediterráneo, se entusiasmó con los magníficos trabajos de cristal de la vieja Hélade y de la vieja Roma, que la tierra va devolviendo actualmente. Cuando esas cosas le gustan a un europeo rico, las compra y las coloca en el museo. Pero si le gustan a un americano, construye un horno, busca gente que esté en condiciones de conseguir algo parecido, y lo intenta él mismo con sus mejores fuerzas. Louis C. Tiffany comerciaba como un americano. El éxito no tardó en llegar. Tras sacrificios financieros fabulosos, tras contar con trabajadores venecianos, orientales y japoneses, consiguió alcanzar no sólo la fastuosidad de los jarros antiguos, su juego de colores irisados, sino que logró también nuevos e inesperados efectos sin modelado, sólo soplando. En las salas de la planta baja del Museo Austríaco pueden admirarse auténticos vasos de Tiffany». Uno de los remansos más tentadores del Metropolitan, en torno a una fuente de murmullos y vegetación que no es óleo ni alabastro, sino que crece animada por la misma luz natural que el resto de Central Park, pero protegida por el cristal de un invernadero, exhibe vasos, columnas, cerámicas y vitrales de Tiffany que ayudan a comprender mejor y a compartir esa delectación de Adolf Loos, de quien también cabe apreciar su talento para el mobiliario y el arte de la iluminación en la cercana Neue Galerie, con un café Sabarsky de resonancias vienesas donde dar un salto en el vacío e instalarse en una Viena de la imaginación.

TIMES SQUARE. «El cemento era tan duro en la Calle 42 y el aire helado hería de la misma manera que diez años atrás, cuando caminé por primera vez por esta ciudad, pero el lugar había cambiado. En la antesala de la muerte, hubiera sido de esperar que cada quien buscara el placer del prójimo como el suyo propio, pero suele ocurrir lo contrario. Así, en lugar de un jardín de las delicias de fin de siglo, la ciudad era una morgue suprema. Dimos una vuelta por Times Square. Y así, entre aquel torbellino de gente muerta y un ejército de criaturas de Walt Disney, perdimos una de las ciento veinte tardes que le quedaban a mi niña». Rodrigo Rey Rosa, «La niña que no tuve», en *Ningún lugar sagrado*. Un personaje de *Cosmópolis*, la última novela de Don DeLillo, dice del incesante discurrir de los dígitos de las cotizaciones en las cremalleras de la Plaza del Tiempo: «No importa que la velocidad haga difícil seguir lo que pasa ante los ojos. La velocidad es la clave. No importa el urgente e infinito rellenado, la manera en que los datos se disuelven en un extremo de la serie mientras se configura en la otra punta. Ésa es la clave, la confianza, el futuro. No estamos siendo testigos tanto del flujo de información como de puro espectáculo, o de información consagrada, ritualmente ilegible». Jeróme Bindé («El futuro del tiempo», *Le Monde Diplomatique*): «Estos efectos de la contracción del tiempo se hallan en el corazón del nuevo capitalismo de la tercera revolución industrial, e invaden también los ámbitos político, social, cultural y simbólico. La obsolescencia corroe el tiempo de la historia, el tiempo de los grandes ciclos y los ciclos de la vida humana: hicieron falta 500.000 años para pasar del fuego a las armas de fuego, y luego bastó muy poco para pasar del coche al avión. Esta aceleración del tiempo provoca una desaparición de los objetos, incluso en el período que abarca una vida humana, que entonces se sustituyen por otros. El tiempo tecnológico, al igual que el tiempo social, es ahora volátil, casi fantasmagórico. Cuanto más se contrae el tiempo, más mundial se vuelve. Cuanto más se reduce la historia al momento presente, más contemporánea se vuelve. Cuanto más se comprime el tiempo, cuanto más se agudiza la competición, el tiempo se convierte cada vez más en la baza estratégica por excelencia, y en el fantasma imposible de encontrar de nuestra modernidad tardía. [...] la contracción del tiempo y el espacio, esta compresión que constituye el punto central de los análisis de la tercera revolución industrial. Si buscamos algunas referencias cronológicas sobre la contracción del tiempo en la historia, debemos recordar que se empezó a hablar de décima de segundo en 1600, de centésima de segundo en 1800, de milésima de segundo en 1850, de microsegundo (millonésima de segundo) en 1950, de nanosegundo (mil millonésima de segundo) en 1965, de picosegundo (milésima de mil millonésima de segundo) en 1970, de femtosegundo (millonésima de mil millonésima de segundo) en 1990, y que, probablemente en 2020 se hablará de attosegundo, es decir, de mil millonésima de mil millonésima de segundo». Sin duda es casualidad que el jefe de los suicidas que reventaron el tiempo el 11 de septiembre se llamaba Atta y que Nueva York se ha hecho famosa en Estados Unidos y en el resto del mundo por la volatilidad e hipercondensación incomparable de su tiempo. José Martí recuerda en alguna de sus «crónicas americanas desde Estados Unidos» un curioso sucedido durante el traspaso de la presidencia de Cleveland a Harrison: «Y ahora, ¿quién es? El ujier mayor que entra con un puntero, para volver atrás las manos del reloj, porque la ley manda que el juramento sea a las doce, y el ujier viene a echar el reloj atrás, para que la ceremonia caiga en la hora». Según señala Angus Kress Gillespie en *Twin Towers*, la investigación ha demostrado que los neoyorquinos caminan más rápido que otros estadounidenses, hasta un 30 por 100 más de prisa que la gente de pequeñas ciudades del sur y el oeste del país: «Los visitantes aprenden pronto a mantenerse en movimiento o a dejar paso libre». A permitir que el tiempo se consuma más rápidamente, se cobre sus dividendos al instante, sin que ningún ujier acierte ya a alterar con un puntero la convención mortífera de las horas. La Plaza del Tiempo, Dylan en el Village, la ciudad literaria. Mucho antes de imaginar que la vida era esto, cuando la educación sentimental transcurría entre sombras de grandes grúas grises, un mar cobrizo e indescifrable, mujeres de carne enigmática bajo un fanal de luz roja y lluvia cosiendo las hilachas del día. En algunos atardeceres especialmente desabridos de mi adolescencia, mientras contemplaba la fuga de los trenes y las carreteras nocturnas, soñaba con citarme en un antro de Greenwich Village con un poeta llamado Bob Dylan, cuando no sabía que la vida se iba a convertir en esto:

> ¿Oh, qué viste, para estar tan triste, hijo mío?
> ¿Oh, qué viste, querido mío?
> Vi a un recién nacido con lobos salvajes rodeándole,
> Vi una autopista de diamantes que nadie usaba,
> Vi una rama negra que chorreaba sangre,
> Vi una habitación llena de hombres con martillos ensangrentados,
> Vi una blanca escalinata cubierta de agua,
> Vi a diez mil oradores con las lenguas rotas,
> Vi pistolas y afiladas espadas en manos de niños,
> Y es dura, y es dura, y es dura, y es dura,
> Y es dura la lluvia que va a caer.
> [...]
> Oí el sonido de un trueno que rugió sin previo aviso,
> Oí el rugido de una ola que podría cubrir el mundo entero,
> Oí a cien tamborileros cuyas manos ardían,
> Oí a diez mil personas susurrando y a nadie escuchándolas.

O a Jack Kerouac, cuando soñé, como tantos otros, en cruzar Estados Unidos de parte a parte haciendo autostop (tampoco estuvo tan mal: llegué a Christiania, en Copenhague, y descubrí que aquello no era lo mío). Es precisamente *En el camino* donde dice Kerouac: «De repente me encontré a mí mismo en Times Square». Antes de llegar aquí, así lo sentía y así lo traducía, literalmente: la Plaza del Tiempo. Qué mejor figura y metáfora de lo que esta ciudad es para el mundo y para el capitalismo. Mi amiga Candyce Leonard me aclaró el error recordándome que el nombre de la plaza se lo dio el *New York Times*, que allí tenía su sede. Plaza del *Times*. Pero habida cuenta de que *times* significa 'tiempo' en inglés, ¿por qué no traducir literalmente para el mundo hispánico como Plaza del Tiempo este lugar, con toda su potencia simbólica y evocadora? Plaza simbólica de la ciudad artificial por antonomasia, y al mismo tiempo, plaza mayor, Xemáa el Fná del capitalismo. «Plaza del Tiempo, hermoso nombre para la quimera», apunta Blanco Amor. Bien visto, porque quimera, espejismo es. Además de las imágenes inconexas, pero muy sugerentes, de la larga marcha de *Cara a Times Square*, la novela de Camilo Gonsar que acaso sembró la primera semilla de deseo de pisar Nueva York, mientras que José Blanco Amor, por su cuenta, observa «toda esta gente circula por la Plaza del Tiempo con aire concentrado». Para otros, sin embargo, se trata de una suerte de Troya de la publicidad. Para Herbert Muschamp, la plaza seguirá siendo «la última encrucijada del espacio y del tiempo». Recuerda el proyecto del arquitecto alemán Oskar Nitzchke, que en 1932 empezó a diseñar una llamada Casa de la Publicidad para los Campos Elíseos de París, y que más tarde sería descrita como muro mediático en constante funcionamiento. Aunque el proyecto nunca se llevó a cabo, no ha dejado de seducir a muchos arquitectos desde entonces, y Muschamp menciona expresamente la idea que Richard Rogers y Renzo Piano habían esbozado en 1971 para el Centro Pompidou, también de París, aunque pensado más para «diseminar información social y cultural que para promocionar artículos de comercio». Muschamp cree que buena parte de esas propuestas han acabado por cristalizar en la Times Square de hoy, que ya no es la tentadora «ciudad de la noche» de su infancia, sino que ha acabado por convertirse «en algo extraordinario: es un enorme edificio vuelto hacia fuera: una megaestructura de la publicidad. Aunque compuesto de torres individuales, construidas por diferentes promotores, diseñadas por diferentes arquitectos y ocupadas por diferentes inquilinos, la plaza está dirigida por un único propósito: la distracción. Los edificios forman una parrilla continua en la que los rótulos anuncian varias opciones para distraerse al tiempo que proporcionan una espectacular versión de ella misma», un espectáculo que es «al tiempo maravilloso y horripilante. Un lugar de ilusión indiscriminada, además de asiento de la verdad». La muchedumbre que la hace hervir a diario consigue de alguna forma ralentizar la velocidad de los neoyorquinos que intentan atravesarla de parte a parte, y resulta difícil conseguirlo en menos de quince minutos, no en vano «la calle ofrece un medio ideal de llevar los modernos gigantes mediáticos a la proximidad física con su audiencia», y es difícil no levantar la vista ante semejante saturación de estímulos: «una concentración geográfica de publicistas, entretenedores y organizaciones de noticias sin precedentes históricos. La creación de escaparates para estudios de televisión, compañías de grabación, cines y espacios de actuaciones en vivo [...] ha generado una vitalidad callejera sin parangón». He aquí la traducción de esos nuevos conglomerados corporativos donde la distribución de noticias, entretenimiento y publicidad son o quieren ser la misma cosa, difuminando, como buenos licenciados en la sociedad del espectáculo, los linderos entre la ficción y la realidad, entre lo que aparentemente ocurre y lo que nos gustaría que ocurriera, entre lo que es y lo que nos afecta, entre lo que vende y lo que aterra. Como apura James Traub al comienzo de su crítica del libro de Lynne B. Sagalyn *Times Square Roulette: Remaking the City Icon*, «Times Square, *la encrucijada del mundo*, es el principal yacimiento arqueológico de la cultura comercial urbana; las novedades, disparates y espontáneas formas artísticas del último siglo están enterradas allí, una generación encima de otra. En y alrededor de Times Square, en los años anteriores a la Primera Guerra Mundial, fue donde una nueva generación cosmopolita primero escuchó la música ragtime, devoró con los ojos a las chicas del coro y danzó peligrosos bailes de Harlem», para convertirse «con la llegada del cine en un lugar más democrático, pero menos glamuroso». En su reconstrucción arqueológica a partir del libro de Sagalyn, Traub recuerda en *The New York Review of Books* que en los años posteriores a la Segunda Guerra Mundial, «televisión, suburbanización y la propia pérdida de poder cultural por parte de Nueva York» contribuyeron a hacer de Times Square un «símbolo de la decadencia urbana». Pero en los años ochenta, tras veinte años de planes y acuerdos, una nueva generación de políticos y promotores inmobiliarios ha consagrado la Plaza del Tiempo como un renovado cruce de caminos que experimentó sus anagnórisis más recientes en la última noche del año 1999 (que no fue la del siglo xx), repitió falso heroísmo en la del 2000 sin que se paralizaran los ordenadores que miman la respiración del mundo, reprodujo en sus pantallas en 2001 el asombro de lo que de modo inverosímil ocurría unas cuantas manzanas más abajo —el fin del mundo en directo— y se convirtió en 2003 en símbolo del apagón más grande de todos los tiempos al quedarse, como repitieron cronistas de prensa y televisión, «en blanco y negro», en una estampa del pasado. Ahora, con sus «grandes rascacielos de cristal, "entretenimientos familiares", gigantes carteleras y signos luminosos se ha transformado en un lugar que es, por encima de todas las cosas, honestamente sincero. El nuevo Times Square es el telón de fondo de MTV y las noticias de ABC; Disney tiene una percha aquí, como la tiene Nasdaq, la Federación Mundial de Lucha, Madame Tussaud's [museo de cera], y ESPN; Viacom, Condé Nast (*The New Yorker* incluido) y Bertelsmann tienen sus cuarteles generales allí. Times Square es ahora la capital global de la cultura popular». Para aquellos que desprecian Times Square como un «parque temático urbano», dice Traub que Sagalyn estima que están dejándose llevar por «un prejuicio arraigado en muchos como una suerte de malestar intelectual contra la cultura de masas y una desconfianza ideológica de los grandes negocios». Ésta, sigue Traub, no cae en la ingenuidad de no tener en cuenta las ambiciones de las grandes corporaciones, que llevó a directivos de Disney a la idea de convertir la calle 42 en una atracción con vallas, pero recalca que la Times Square de nuestros días «es demasiado diversa y contiene suficiente ebullición callejera como para ser despachada como disneyana», y piensa que ha evolucionado en una suerte de «microclima de la creatividad mediática» y que de alguna forma mi antigua Plaza del Tiempo «simboliza el compromiso de Nueva York con el cambio incesante como un principio nuclear. Y por supuesto es verdad que si Times Square hubiera sido declarada algo así como un distrito histórico se habría convertido en algo muerto, una versión de Madame Tussaud de sí misma». Este diccionario no termina nunca, no debería terminar nunca, cada día hago acopio de materiales, tengo que salir de aquí, poner tierra (mar) por medio, dejar de pensar en ella, dejar de vivirla. El penúltimo título sobre Times Square es un libro cuyas páginas todavía crujen: *El patio de juegos del diablo*. Dándole otra vuelta de manivela a esta noria, encuentro una declaración del ensayista portugués Eduardo Lourenço a la revista *Egoísta* de junio de 2005: «Sabemos ahora, con el pozo de imágenes que nos sirve de mundo, inmersos en la fosforescencia nocturna y diurna de la llamada "información", que las imágenes sólo hablan de imágenes y que el agua refrescante de la verdadera realidad nunca nos dará en la cara, o una sola vez. Eternamente tarde».

TRANSBORDADOR DE STATEN ISLAND. Aparte de caminar, el mayor y más barato espectáculo de la ciudad, íntimo y colectivo, donde sentarse y sentirse solo y donde compartir recuerdos y emociones, por las torres desaparecidas, por lo perdido, por lo deseado, por la melancolía de lo conseguido. Es conmovedor el final de *Netherland*, la novela de Joseph O'Neill:

Soy yo el que huye hacia un atardecer semejante, en Estados Unidos. Mi madre estaba conmigo. Íbamos en el transbordador de Staten Island a finales de un día de septiembre. La cubierta de proa se hallaba abarrotada. Por todas partes había gente que sonreía, señalaba, se abrazaba, se besaba. Todo el mundo miraba a la estatua de la Libertad, a Ellis Island, al puente de Brooklyn, pero al final, inevitablemente, todos miraban a Manhattan. Los remates de los edificios formaban una cálida y familiar multitud, y era fácil imaginar que esas acumulaciones verticales de humanos se habían reunido para celebrar nuestra llegada. El día se oscurecía en los márgenes, pero ¿quién era capaz de advertirlo? El mundo estaba concentrado en la ciudad rosa, morada y azul que se extendía ante nosotros, y, de más está decirlo, se concentraba de forma especialmente maravillosa en las dos torres brillantes que se alzaban por encima de las otras. No podíamos apartar los ojos de ellas. Especular sobre el sentido de esta escena es un asunto sospechoso y, visto en retrospectiva, a veces mortal. Pero no hay necesidad de especular. Es posible hacer aseveraciones objetivas. Puedo afirmar que yo no era la única persona del transbordador que había visto algunos ocasos deslumbrantes en su época, y puedo afirmar que yo no era el único que entendía y aceptaba la extraordinaria oferta que representaba lo que estábamos viendo: el alto cabo que se acercaba, el cielo, los acres de lilas que creían a la vista. No había más que mirarles a la cara.

Lo cual me recuerda a mi madre. Recuerdo cómo me volví y la sorprendí —¿cómo he podido olvidar esto hasta hoy?— mirando no a Nueva York sino a mí, y sonriendo.

TRENES. Los viejos trenes silban, los Diesel sueltan alaridos. Como la carne que nos lleva al delirio. Trenes que sigan circulando toda la noche, que abandonen la red del metro neoyorquino y lleguen a la vieja Europa. Anuncios ahora mismo de un metro capaz de llevarte a Lisboa, y otros lugares. «Fuera, el viento soplaba con fuerza y se oía un débil retumbar de truenos a lo largo del Estrecho. Se estaban encendiendo todas las luces del West Egg; los trenes eléctricos, con su cargamento humano, volvían a casa desde Nueva York a través de la lluvia. Era la hora en que los hombres sufrían un cambio profundo, y en el ambiente se generan emociones». Francis Scott Fitzgerald, *El gran Gatsby*. Ésa es mi ciudad, y los trenes-luciérnaga sobre los puentes cuando la oscuridad vuelve a reinar. John Dos Passos, *Manhattan Transfer*: «Al atardecer, trenes-luciérnaga van y vienen entre la niebla por las lanzaderas de los enmarañados puentes. Los ascensores suben y bajan. Las luces del puerto parpadean. Como la savia de las primeras heladas, a las cinco, hombres y mujeres empiezan a rezumar lentamente de los altos edificios del centro. Muchedumbres pálidas inundan los metros y los túneles, desaparecen bajo tierra». Y Esmeralda Santiago, en su deslumbrante novela *Casi una mujer*: «Me quedé una noche en el cuartito al lado de la cocina a unas treinta yardas de las vías del tren elevado. Después que Titi Ana, Alma y Corazón se fueron a acostar, me paré en la ventana a mirar pasar los trenes. La gente que iba adentro eran fantasmas, espectros grises enmarcados en la oscuridad. Su anonimato me hizo sentir nostalgia de la tibieza de nuestro apartamento ruidoso. Me metí en la cama sintiéndome sola e invisible detrás de las cortinas de encaje de la ventana de Titi Ana». Justo las figuras de las que Edward Hopper, según le acusa Peter Conrad, nada sabe, ni nada quiere saber. Figuras como la de Esmeralda Santiago contándose en Brooklyn, toda una minuciosa biografía llena de contrastes. Trenes que son también fracturas en la tersura aparente del tiempo, grietas, pasadizos hacia el remoto pasado y al futuro indistinguible. Subo con el protagonista de *Netherland*, el libro de Joseph O'Neill, a un tren que se roza con el Hudson como una frotación materialista y sensual: «Unos días más tarde cogí el Maple Leaf Express a Toronto para ir a Albany, donde me esperaba un grupo de inversores. Era una oscura mañana de noviembre. La lluvia golpeaba en mi ventanilla mientras emprendíamos la marcha a través de los túneles y cañones por los que los ferrocarriles de Pensilvania cruzan secretamente el West Side haciendo regates. En Harlem se hizo visible el río Hudson, que fluye paralelo a las vías. Había hecho con anterioridad ese viaje, y aun así de nuevo me sorprendió el panorama de la orilla, el cual, en días brumosos como aquél y una vez que pasábamos bajo el puente George Washington, tenía el efecto de anular el paso de los siglos. La ribera más lejana del río era un agreste terraplén cubierto de bosques. Las nubes agolpadas sobre los acantilados engañaban todo sentido de perspectiva, por lo que yo tenía la impresión de estar contemplando distantes montañas a increíble altura».

TÚNELES. «Walker siente que sólo en los túneles la oscuridad los hace a todos iguales», dice Colum McCann en *Al otro lado de la luz*. Varios estratos, como si al bajar a las entrañas de la tierra viéramos lo que se oculta: la democracia a ras de suelo, la de los proletarios. Luego, los pulmones invadidos de alquitrán: la biografía de los túneles, de las minas en que han trabajado hasta ahora, donde han ido dejando el aliento y la salud. Y por último, un detalle que sin duda agradaría a John Berger: la descripción de cada una de las palas, con la característica o el rasgo fundamental de cada una de ellas. «¿Para qué coño haces mapas? Si no vas a ningún lado», anota McCann. Mapas para averiguar dónde estamos, quiénes somos, adónde vamos, incluso en el fondo de los túneles de Nueva York donde habitan los topos. Mapas de los que se han perdido del miedo, topografía del dolor, geografía de los olvidados. Y de los túneles a los cielos. Hay una extraña coherencia en la historia de la construcción de los túneles de Nueva York, bajo los ríos East y Hudson, que enlaza las entrañas con los techos de la ciudad, y sobre todo la de los proletarios que construyeron: los túneles, los cimientos, los rascacielos. «Los nuevos túneles del Hudson, que unían Nueva York y Nueva Jersey, fueron celebrados como una estupenda mejora sobre los transbordadores. Los túneles habían sido construidos a expensas de un considerable coste financiero y humano. En un momento de su excavación, una galería se inundó y veinte trabajadores murieron ahogados. Pero el día de la inauguración fue glorioso», escribe Angus Kress Gillespie en *Twin Towers*. Veinte trabajadores ahogados, veinte historias que faltan aquí. Es lo que en buena medida logra corregir Colum McCann en su libro.

U

UÑAS. En Manhattan hay casi tantas uñerías como bares en Madrid, y son casi siempre coreanas solícitas y misteriosas, profundas como el agua de un estanque, las que se encargan de masajear, limar, pintar y barnizar. Como las hermanas que observó Ray Loriga. La pasión de las manhattanitas por las uñas es interclasista, aunque la longitud y el acabado, el color y los motivos pictóricos darían para una nueva prospección sobre la sociedad de clases y sus atributos. «El salón de uñas de madame Huong, situado en la esquina de la 73 y Columbus, era apenas uno más de los miles de salones de manicura y pedicura que habían proliferado en Manhattan en la última década, tantos que era raro no ver uno al lado de cada Starbucks y, teniendo en cuenta que hay un Starbucks en cada esquina, estamos hablando de muchos salones de manicura y pedicura. Todos muy parecidos, ni muy grandes ni muy pequeños, abiertos a la calle con grandes lunas de cristal y decorados con absurdos frescos. Lo único que diferenciaba el salón de madame Huong eran aquellas dos gemelas coreanas, Zen Lee y Zen Zen, artistas, en palabras de la propia Laura, de otro planeta», escribe Loriga en *El hombre que inventó Manhattan*.

UTOPIA PARKWAY. Tiene Joseph Cornell un parentesco perverso con Lewis Carroll. Porque tal vez en el reconocimiento de la fascinación no bastan filiaciones surrealistas, sino la pertenencia a un partido en el que todos hemos militado y al que la gran mayoría renuncia porque le dicen y se dice que para crecer hay que olvidar. El misterio de Joseph Cornell acaso radique en su puente de plata hacia la infancia. No es raro que en sus cajas encontremos tantos hoteles, tantos niños príncipes del Renacimiento, tantos loros y cacatúas, tantas espirales, tantas constelaciones. Porque en el exilio de la edad uno quisiera instalarse a vivir en un hotel del Invierno, un hotel Andromeda, un hotel de la Estrella, un hotel del Observatorio para pasar lentamente las horas nocturnas dando de comer al loro de la nostalgia sobre un mapa de Mozambique. Diana Waldman ha mantenido viva la memoria de Joseph Cornell a lo largo del tiempo, desde aquel lejano día de 1963 en que se presentó en el número 3708 de Utopia Parkway, en Queens, para escribir una tesina sobre su trabajo y durante un año le visitó al menos una vez a la semana y se sentó a la cocina de la casa donde Cornell vivía con su madre para hablar de literatura y de arte y, de vez en cuando, de las cajas y *collages* de Joseph Cornell. Unas cajas que siguen encerrando una formidable fuerza evocadora. Son unos artefactos poéticos tan potentes que puestos al alcance de los ojos de un niño dinamitan la cárcel del tiempo.

V

VARSOVIA. En pleno Broadway. Creo que podría ir hasta allí a ciegas. Es otro enclave arbitrario: una mezcla del *Diario de Moscú*, de Walter Benjamin, en busca de Asja Lacis, con sus descripciones de las casas soviéticas con gran patio interior y ventanas iluminadas, y mis propios recuerdos de Kiev cuando la Unión Soviética se hacía pedazos mientras la nieve seguía haciendo cruic-cruic bajo las suelas y en el supermercado de la vecindad el kefir se agotaba y en las estanterías dormían envases misteriosos con legumbres que parecían fetos de 1917. Y de la devoción por el director de escena, dramaturgo y artista polaco Tadeusz Kantor. Uno de esos edificios historiados que ocupan toda una manzana, y que se pueden encontrar en el Upper West Side, en pleno Harlem y en otros meandros de la ciudad, rectángulos que parecen dispuestos para resistir un asedio, con puertas y ventanas al mundo exterior, pero con un gran parque adentro, de acceso restringido a los vecinos y sus invitados, que entrevemos al pasar ante el gran portal bajo un arco de medio punto y porteros que parecen funcionarios adscritos a los difuntos partidos comunistas del este de Europa. Una fantasmagoría. En discretos apartamentos incrustados en esos mastodontes inmobiliarios transcurren sin cesar los dramas, las infidelidades y las devociones que Isaac Bashevis Singer retrata en libros como *Sombras sobre el Hudson*. En realidad, mi Varsovia imaginaria se llama Apthorp, se encuentra entre las calles 78 y 79 de Broadway y fue construido en 1908 por la familia Astor en estilo *revival* Renacimiento.

VENTANAS. Ventanas de plata azul. A las seis y media de la mañana de mediados de octubre, antes del protocolario e ineludible cambio de hora, uno de los edificios que pastorea el Empire State en su cara oriental, un rebaño que no se atreve a levantar cabeza más allá de las rodillas del pastor que ha vuelto a convertirse en el amo del cielo tras las hondas de un tal Bin Laden, atesora espejos de plata azul. La ventana de la casa de Elena del Rivero y Kyle Brooks desde la que se veía el río Hudson mientras cenábamos. Las torres daban a otra fachada, sabíamos que estaban ahí, pero nunca les prestábamos atención. Mientras en un soneto titulado «A unas fiestas que hizo la villa de Madrid», Villamediana habla de «puertas, ventanas, calles no vacías / enjambres parecían de personas», Lorca menciona en *Poeta en Nueva York* «enjambres de ventanas». Nada menos que 43.600 ventanas se abrían tan sólo en los edificios idénticos que el de Fuentevaqueros no vio y que ya no vieron ni verán los poetas y no poetas que se acercaron y se acerquen a Nueva York después de aquel septiembre. El restaurante más alto de Nueva York y de la Tierra se llamaba Windows on the World ('Ventanas sobre el Mundo'), y se encontraba en el piso 107 de la Torre Norte, donde se incrustó —entre los pisos 95 y 103— uno de los aviones. Eran las 8.47 de la mañana y había gente desayunando. Escribe Peter Conrad en *The Art of the City. Views and Versions of New York*, que «en las fotografías de Alfred Stieglitz y en las pinturas de Georgia O'Keeffe la ventana sobre Nueva York representa la imagen que, al igual que una ventana, es el marco de una vista. La nueva función de la ventana es desconectarte de la ciudad para verla, como hace la imagen, de forma subjetiva. Los cuadros de Edward Hopper son a menudo visiones a través de ventanas, fragmentos capturados sobre la marcha como los que él atrapaba cuando desde el ferrocarril elevado pasaba por los barrios de edificios pobres de Nueva York. Lejos de ahondar en las almas alojadas en los interiores, lo único que se le permite, mientras es trasladado a toda velocidad sin tiempo para profundizar, es atisbar tan sólo un fogonazo de gente viviendo sus vidas que seguirán siendo ininteligibles para él. Al final, la ciudad advierte de que es peligroso asomarse a las ventanas. Aquellas existencias en las que te entrometes no querrán darte las gracias por tu conmiseración sino que te acosarán por espiarles». Ventanas altas, indiscretas, iluminadas, sin cortinas, sin nada que ocultar. Y, más adelante, expurga el mismo Conrad que tantas ventanas ha contribuido a encender en este libro donde tantas voces hablan: «La vista desde la ventana es, para los románticos, una suerte de expectación visionaria. Los mágicos batientes se abren para Keats sobre paisajes de ensueño. Stieglitz domina Nueva York contemplando sus mercantiles rascacielos desde el Shelton, sometiéndolos tanto a la naturaleza como a su propia arrogante percepción. Las románticas ventanas también se abren hacia dentro. A través de ellas vemos lo que se esconde tras el ojo, no ante él. André Breton dijo que un cuadro surrealista es una ventana sobre un paisaje interior. Esto es verdad incluso si se trata de la vista de otras ventanas. La fotografía *Ventanas nocturnas* (1923) de Paul Outerbridge observa los rectángulos encendidos que anuncian la presencia de sus vecinos al otro lado de la calle. En la ciudad aparentemente vacía, ellas son reconfortantes guías para el fotógrafo, cuyo contacto con el mundo exterior a menudo lo establece a través de su ventana y el cristal suplementario de la cámara. Las ventanas son los ojos de los edificios, los desagües de la conciencia. Si puedes ver a través de ellas, vives en una ciudad de iguales. El consuelo del joven Wallace Stevens en Nueva York era la compañía —como le escribió a su futura esposa— de "las desconocidas, pero amigables ventanas brillando sobre los tejados"». El significado de las ventanas encendidas en un lugar como éste. Ventanas a las que también se asoma Francis Scott

Fitzgerald en *El gran Gatsby*: «Muy por encima de la ciudad nuestra hilera de ventanas iluminadas contenía sin duda su parte de misterio humano para el paseante ocasional que las contemplara desde la calle en penumbra, y también yo era él, mirando y preguntándome. Estaba dentro y fuera, simultáneamente atraído y repelido por la inagotable diversidad de la vida». Y Baudelaire en *Pequeños poemas en prosa*:

El que mira desde fuera por una ventana abierta no ve nunca tantas cosas como el que mira una ventana cerrada. No hay objeto más profundo, más misterioso, más fecundo, más tenebroso, más deslumbrante, que una ventana iluminada por la luz de un candil. Lo que puede verse al sol es siempre menos interesante que lo que sucede tras un cristal. En ese agujero negro o luminoso vive la vida, sueña la vida, alienta la vida.

Más allá de las oleadas de tejados veo a una mujer madura, arrugada ya, pobre, inclinada siempre sobre algo y sin salir nunca. Con su rostro, su vestido, su gesto, su casi nada, he rehecho la historia de esa mujer o, más bien, su leyenda, y algunas veces me la cuento a mí mismo llorando.

Si hubiese sido un pobre viejo, habría rehecho la suya con la misma facilidad.

Y me acuesto, orgulloso de haber vivido y sufrido en otros distintos de mí.

Puede que me digáis: «¿Estás seguro de que esa leyenda es la cierta?». ¿Qué importa lo que pueda ser la realidad que se encuentra fuera de mí, si me ha ayudado a vivir, a sentir que soy y lo que soy?

Otras ventanas son las que lee Truman Capote en su malicioso *Plegarias atendidas*. Escribe Capote que en vez de irse al campo compró un billete de autobús que le llevó a Nueva York:

Mi equipaje era una maleta con muy pocas cosas, únicamente ropa interior, camisas, una bolsa de aseo y un montón de cuadernos con borradores de poemas y unos cuantos relatos cortos. Tenía dieciocho años, era el mes de octubre y nunca se me ha ido de la memoria el resplandor de Manhattan en octubre conforme se aproximaba mi autobús a través de los malolientes pantanos de Nueva Jersey. Como Thomas Wolfe, ídolo antaño admirado y ahora olvidado, habría escrito, ¡oh, cuántas promesas albergaban aquellas ventanas! Frías y ardientes bajo el brillo rizado de un sol de otoño que se desploma.

Desde entonces me he enamorado de muchas ciudades, pero tan sólo un orgasmo que durase una hora podría superar el éxtasis de mi primer año en Nueva York.

VOCES. El periodista y escritor Joseph Mitchell recreó en su libro *El secreto de Joe Gould* la aventura existencial de un tipo que en Nueva York quiso redactar la *Historia oral de nuestro tiempo*, en la que cabrían todas las voces y sus ecos. Pone Mitchell en boca de Gould: «La *Historia oral* ha sido mi soga y mi patíbulo, mi cama y mi pupitre, mi esposa y mi fulana, mi herida y la sal que en ella se derrama, mi whisky y mi aspirina, mi roca y mi salvación. Es lo único que me importa. Todo lo demás es basura». Gould jamás completó una obra que no era más que una ensoñación, y en gran medida una reconstrucción de la figura de su padre, pero acaso su febril delirio sirva como pocos para prestar atención a las voces y los ecos de esta ciudad de la imaginación y del deseo, de la realidad y la quimera.

VUDÚ Y BOTÁNICAS. Las botánicas nos las enseñó el escritor Ernesto Quiñónez antes que nadie, cuando fuimos a recorrer las calles/plazas/páginas de su novela *El vencedor de sueños*. Allí respiramos oxígeno comprimido desde hacía generaciones, oxígeno africano con esencias de madrépora, huesos molidos, lecciones de santería popular nigeriana pasada por el trópico cubano y reaclimatadas a las necesidades de la isla de Manhattan, que no son pocas. En los cajones, con caligrafía sin alardes, se leían promesas: mierda de paloma, tierra de muerto, polvo de ciervo, polvo de barro, ceniza y cera, merramenta, ceso de *jemallia olocum*, mierda de mono, pescado jutía *aumado*... En su *My Ears Are Bent* (colección de crónicas periodísticas convertidas en libro en 1938) escribe Joseph Mitchell:

La mayor parte del vudú que se practica en Harlem y en otras comunidades negras del norte está corrompido. En muchos cultos, no es más que un vestigio.

Hay un doctor de vudú en Harlem que emplea un nombre hindú, unge su cabeza con aceites comprados en un almacén que también vende incienso y velas a las iglesias católicas, *consagra* la vara que emplea en los conjuros con una oración escrita por un sacerdote de la Iglesia de la Ciencia Psico-Espiritual, y después inicia un jeribeque que culmina con el sacrificio de una serpiente conseguida en una tienda de mascotas.

Un antropólogo se escandalizaría si a semejante macedonia se la considerara vudú, pero ¿cómo se la podría denominar salvo una tontería con pretensiones?

Esta corrompida versión de vudú es escenificada en Harlem en secreto. En el Barrio Francés de Nueva Orleans, la capital del vudú estadounidense, y en Algiers, la comunidad cajún al otro lado del río Mississippi, los hechiceros del vudú tienen terreno de sobra para cantar, emborracharse y bailar, y sacrificar palomas, sapos y gallos de cresta rizada.

Resulta complicado, sin embargo, practicar un vudú sin adulterar en un barrio tan masificado como Harlem. Uno de los más importantes ritos del vudú, la iniciación de un aprendiz de brujo, exige el sacrificio de un cordero blanco en un cuadrilátero marcado por cuatro cirios consagrados. Legiones de vecinos aporrearían la puerta y querrían saber qué se cocía allí, qué clase de fiesta estás celebrando si a pesar de todo —pobre diablo— un devoto del vudú intenta sacrificar un cordero en uno de los pisos que se levantan a orillas del tren de Harlem.

Además, ¿en qué parque podría el hombre de los conjuros de Harlem buscar las extrañas raíces que necesita para su negocio? El material para fabricar el Polvo de la Obnubilación no crece entre los arbustos de Central Park, y te mandarán al trullo si intentas robar una de las serpientes de la Casa de los Reptiles del Bronx. ¿Dónde podría el hechicero hacerse con el aceite con el que se unta antes de invocar a los demonios, y dónde puede conseguir las aromáticas gomas para fabricar su incienso y la cera de abeja para sus velas sagradas, cirios modelados con forma de hombres y mujeres desnudos?

El hacedor de conjuros debe aprovisionarse, incluidas sus serpientes y sus preciosas crías de murciélago, en un proveedor de Manhattan, una empresa que tiene sus oficinas en un edificio situado en torno a las calles setenta de la zona oeste y que dispone de un servicio de venta por correo. Hablé durante horas con la persona que lleva la intendencia, y tuve que comprometerme a no revelar ni su nombre ni el de la firma ni la dirección de la casa antes de que abriera la boca. De todas formas, ni el nombre ni la dirección añadirían nada a esta historia.

El tipo vende velas e incienso a iglesias católicas y espiritualistas, y cree que su negocio sufriría si se supiera que también sirve mercancía a los practicantes del vudú. El hombre ronda los cuarenta y es judío. No tiene las menores nociones de hipnotismo y fue secretario privado de un místico inglés que ahora cuenta con nutrida parroquia en Los Ángeles. Su oficina desprende un olor extraño, como a productos químicos dulzones. Junto a su alto escritorio se levanta una estantería atiborrada de libros sobre magia negra, hierbas medicinales y religiones; los títulos van desde *El Sexto y el Séptimo libro de Moisés* a *El libro mágico de los ancestros* (precio, 5 dólares).

«No creo en casi nada de toda esta mercancía —dijo el propietario, encogiéndose de hombros—, pero no soy un estafador. Soy tolerante y no consiento que nadie se burle de mis creencias. Yo no me burlo de lo que hago. Cada uno tiene sus ideas».

W

WEST END AVENUE. No, los recuerdos más maliciosos de Truman Capote no se refieren a un apartamento en West End Avenue, aunque a sus amantes más rijosos o a ensayistas tan concienzudos como Eduardo Lago acaso no les cueste trabajo localizar una estancia en esta avenida llena de resonancias finiseculares. Fue una de las primeras calles que recorrí palmo a palmo con la intención de alquilar un apartamento, atraído por la aureola de la zona oeste y por las resonancias literarias de unas palabras que podían mezclar cepas tan distintas como las de Steinbeck, Eliot, Auden y Nietzsche, aunque sigo insistiendo más en la conjetura y la instancia irracional que en la investigación exhaustiva. Allí me encontró también mi primera gran nevada neoyorquina y el silencio que entonces se derramó sobre la ciudad, una suerte de semitoque de queda contra el ruido y los automóviles, una ralentización general de la ciudad más rápida, empeñada en cambiarse cada día como si temiera que el reconocerse implicara una miserable e inequívoca decadencia, el principio del fin: fue como atravesar el umbral de otra dimensión. Hasta la vida de los cafés adquirió súbitamente otra resonancia. Entonces todavía disfrutaba de los días previos a la incorporación al frenesí insaciable de las noticias, o de las supuestas noticias, y cuando regresé al West End Avenue, ya bajo la prosodia de la noche, el resplandor de los lindes era de un rosa violáceo, como si bajo la capa de nieve los raíles que habían estado a punto de matar al niño Henry Roth hacía cien años y mucho más al sur y al este de Manhattan despidieran un tenue resplandor, un magma hecho de deseo y de memoria que tenía la escafandra de la nieve. Claro que pronto empezaron los hollines, los transeúntes, los empleados y los porteros a dar cuenta de esa decoración, y la nieve se empezó a volver sucia, una nieve negra que parecía traer, después de la extrema y falsa pureza, la lluvia radiactiva, el mal que acecha. En una calle perpendicular a la West End Avenue, pero más cerca de Central Park que del Hudson, pasó sus últimos años el entrañable fotógrafo sefardita Víctor Laredo, a quien conocimos nada más llegar: mientras trabajó en España para la revista *Life* se dedicó a fotografiar todos los vestigios del judaísmo. Su español era como una joya niña, un vivero que le hacía guiñar los ojos, mientras recordaba España y su tierra natal de Pérgamo, en Asia Menor. Más al norte, de vuelta a la West End, encontramos a Edith Grossman, traductora del *Quijote* y de García Márquez, en una casa llena de silencios y de palabras, de música y de espejos, un apartamento a la altura del pavimento, que le permitía —según nos confesó— «salir y de un salto estar en la calle y tener toda la vida al alcance de la mano y recibir toda la energía de la ciudad en la cara, y al cabo de una o dos horas volver a la casa y sentirse encantada de estar sola, y encantada de trabajar», porque para ella «la soledad del escritor y la del traductor son semejantes», y no le pesa: en esa West End Avenue en la que ya tenemos otra puerta marcada, una señal para el Diablo Cojuelo, no para que haga diabluras, no para el ángel exterminador, sino para trazar el mapa de la memoria de esta ciudad. De los tiempos en que, a bordo de un tren que hacía la ruta entre Santiago de Compostela y Vigo, leía *Opiniones de un payaso*, recuerdo que se me quedó grabada la idea de que las ciudades son las personas que conoces en ellas. No me consta que la frase hubiera sido acuñada por Heinrich Böll, pero sí que la asocio a aquella etapa final de la adolescencia.

Cuando, impregnado de las perversiones y negros vaticinios del periodismo, pensaba en cómo imaginar una catástrofe en una ciudad como Nueva York, los nombres de cada uno de los seres adscritos a su callejero (como Isaías y Eduardo en Chelsea, Thomas en Brooklyn, Carmen en la Quinta Avenida, Gonzalo en Riverside, Prudencio y María en Chinatown, Ahmed y Amani en Turtle Bay, Jim y Kate en Wall Street, María Irene y Mary Ann en el Village, Luis en Murray Hill, Pepe y Ángela en el East Village, Ernesto en el Barrio, Gema y Mike en Forest Hills, Susy en Queens, Paco y Vico en Tribeca, Benita y Simon en Astoria, Celine y David en Greenpoint, Judy y Luis en el Upper West, Chencho y Ludmila en el Upper East, y tantos otros) le daban biografía, carne, memoria a los paseos, avenidas como la West End Avenue y tantas otras, a las calles, parques, monumentos, puentes y ríos, e imaginar su pérdida, insoportable. La voladura de bibliotecas enteras, de memorias irreparables, como el tiempo que nos alcanza, pero que queremos ralentizar como cuando la nieve acuartela el alma de la ciudad que nunca duerme, que nunca se detiene, aunque no sea cierto así, sino una imagen abusada.

Z

ZIGURATS. Creo que fue mi amigo Juan Antonio Vizcaíno, el director de la revista *Teatra*, quien contemplando las torres que sitiaban mi casa, desde los parapetos del piso 20, dijo que le recordaban zigurats asirios. En *Ventanas de Manhattan*, escribe Antonio Muñoz Molina: «El apartamento está en un piso vigésimo, en una esquina de la parte baja de Park Avenue, hacia la calle veintitantos, y por el ventanal de la terraza se ven los pináculos de los rascacielos de Madison Square, una torre que termina en una especie de pebetero dorado, unos arcos que no podrían verse desde la calle y que se parecen a los de algunos ábsides de iglesias venecianas o túmulos persas. Desde la terraza del piso vigésimo uno mira como acodándose en el filo del vértigo, y Manhattan ya no es la ciudad de quien camina por las aceras, sino un diorama fantástico de torreones, cornisas, jardines colgantes, abadías románicas, depósitos de agua alzados sobre armazones metálicos, anchos, circulares, con remates cónicos, con el aire de esas tumbas de los tiranos nómadas del Asia Central».

ZONA CERO. «Es una referencia muy precisa a la bomba atómica, *ground zero* es el nombre que se daba al perímetro de pruebas del proyecto Manhattan que produjo las bombas que después se tirarían sobre Hiroshima. La ciudadanía, de un modo probablemente inconsciente, ha querido relacionar el 11 de septiembre con otro acontecimiento que partió la historia», aseguró André Glucksman a Josep Ramoneda en una entrevista publicada por *El País*. El comentarista Michael Tomasky escribió en *The New York Review of Books* que buena parte de la información que se hizo desde la zona cero «sonaba poco a periodismo y más a una especie de sesión terapéutica», y subraya que las compañías de radio y televisión empezaron a hablar de *zona cero* pocas horas después del ataque. Mientras que la CNN empleó por primera vez el término a última hora de la mañana o primeras horas de la tarde, Larry McShane, de la agencia Associated Press, parece que fue el pionero a la hora de poner, aquella misma noche, la palabra sobre el papel. Cuando al cabo de un año pregunté a una serie de neoyorquinos de varia condición sobre Hiroshima después de haberles hecho evocar su 11 de septiembre la mayor parte de las veces comprobé cómo afloraba una perceptible incomodidad, como si se tratara de una asociación obscena, sobre todo cuando se lo planteaba a policías y bomberos. En un artículo publicado en *El País* bajo el título «¿Guerra antiterrorista o guerra terrorista?», escribió John Berger: «Ahora que el número de civiles inocentes muertos colateralmente por los bombardeos estadounidenses en Afganistán es igual al número de muertos en el ataque a las Torres Gemelas podremos empezar a situar los acontecimientos en una perspectiva más amplia, aunque no menos trágica. Y, quizás, también podremos introducir una nueva pregunta: ¿qué es peor, qué es más reprobable, matar deliberadamente o matar a ciegas de una forma sistemática? Digo de una forma sistemática porque esta misma lógica estratégica fue la utilizada por el Ejército estadounidense en la guerra del Golfo. No sé la respuesta. Tal vez, entre las bombas racimo lanzadas por los B-52 o en medio del humo sofocante de Church Street, al sur de Manhattan, los juicios éticos comparativos estén fuera de lugar. Viendo las noticias en la televisión el 11 de septiembre pasado, recordé al instante el 6 de agosto de 1945. Aquí en Europa nos enteramos del bombardeo de Hiroshima por la noche de aquel mismo día. Las similitudes entre los dos ataques surgen inmediatamente: en ambos casos, una bola de fuego desciende del cielo sin previo aviso en un día despejado; las dos ofensivas fueron planeadas para que coincidieran con la hora de entrada al trabajo de la población civil, con la hora en la que se abren las tiendas y los niños se disponen a empezar las clases del día. Similares también son la reducción a cenizas y los cuerpos arrojados al aire y convertidos en escombros. La incredulidad y el caos provocados por una nueva arma de destrucción —la bomba atómica hace sesenta años y un avión civil el otoño pasado— son también comparables. Y en el epicentro de los dos ataques, polvo; sobre todas las cosas, sobre todos los cuerpos, un espeso manto de polvo. Las diferencias de contexto y de escala son, por supuesto, enormes. En Manhattan el polvo no era radioactivo. En 1945, hacía tres años que Estados Unidos mantenía una guerra a gran escala con Japón. Sin embargo, los dos ataques fueron planeados con el fin de anunciar algo al mundo. Mirando cualquiera de los dos, uno sabe que el mundo no volverá a ser el mismo: los riesgos que en todas partes se heredan junto con la vida habían pasado a ser otros en la mañana de un nuevo día despejado. Las bombas lanzadas sobre Hiroshima y Nagasaki anunciaban que Estados Unidos sería en adelante la mayor potencia armada del mundo. El ataque del 11 de septiembre anunciaba que esa potencia ya no era garantía de invulnerabilidad en su propia casa. Los dos acontecimientos marcan el principio del fin de un periodo histórico. [...] Volvamos al verano de 1945. Los bombardeos con napalm habían dejado arrasadas 66 de las ciudades japonesas más importantes. Según las palabras del teniente general Curtis Lemay, que estuvo al frente de las operaciones, esas ciudades habían sido "despellejadas y hervidas vivas". El hijo y confidente del presidente Franklin Roosevelt afirmaba que los bombardeos debían continuar hasta que no hubieran "eliminado más o menos a la mitad de la población civil japonesa". El 18 de julio, el emperador japonés telegrafió al presidente Truman, que había sucedido a Roosevelt, pidiendo una vez más que se firmara la paz. La Casa Blanca ignoró el mensaje. [...] La bomba, que explotó sobre un hospital en el centro de la ciudad, causó la muerte instantánea de 100.000 personas, el 95 por 100 de las cuales eran civiles. Otras 100.000 murieron más lentamente como consecuencia de las quemaduras y de los efectos de la radiación. "Hace dieciséis horas —anunció el presidente Truman—, un avión de guerra estadounidense lanzó una bomba sobre Hiroshima, una importante base militar japonesa". Un mes después, el intrépido periodista australiano Wilfred Burchett describía, en la primera crónica que lograría eludir la censura, el sufrimiento apocalíptico que se había encontrado al visitar un hospital improvisado en la ciudad. El general Groves, director militar de *Manhattan Project*, la empresa que proyectó y fabricó la bomba, se apresuraría a tranquilizar al Congreso afirmando que la radiación no causaba "un sufrimiento excesivo" y que "en realidad dicen que provoca una muerte muy dulce". En un informe sobre los bombardeos estratégicos realizados por el Ejército estadounidense en 1946 se llegaba a la conclusión de que "Japón se habría rendido igual, aunque no se hubieran lanzado las bombas..."». Robert McNamara, ex secretario de Defensa, confesó a la cámara de Errol Morris en *La niebla de la guerra* que Lemay le dijo que si hubieran perdido la guerra habrían sido juzgados como criminales de guerra por el bombardeo de las ciudades japonesas. ¿No hay una atroz inconsciencia, un peligroso juego de aprendiz de brujo, en asociar el nombre de Manhattan a un proyecto de exterminio que es todo lo contrario —o debería serlo— de lo que Nueva York supuestamente pretendió y pretende ser? Truman Capote desplegó parte de su mejor talento en escribir su libro más malicioso, un deslumbrante ejercicio de destrucción de vanidades que le condenó a una soledad que en realidad no buscaba, en un no sé hasta qué punto espléndido cumplimiento de su título que acaso también persiga como un perro entrenado para matar a los artífices del *Manhattan Project*, no el de André Gregory ni el de la melancolía del futuro que impregna la escritura de Antón Chéjov, sino el de la muerte atómica. Capote extrajo *Plegarias atendidas* de una frase de santa Teresa: «Se derraman más lágrimas por plegarias atendidas que por las no atendidas». En otras palabras, cuídate de lo que sueñas y deseas, no vaya a convertirse en realidad.

Nota. Algunos epígrafes recogidos en el apartado *Topografías* incluyen artículos o fragmentos de artículos —íntegros o en gran medida modificados— que fueron inicialmente publicados en el diario *ABC*: «Noche de revelaciones», 14 de junio de 2003 (**afueras**), «El cielo sobre Manhattan», 19 de julio de 2003 (**Chrysler Building**), «¿Estamos solos en el cosmos?», 9 de marzo de 2002 (**dioramas**), «Historia de una maestra», 1 de julio de 2001 (**escuela pública**), «Los cuatrocientos golpes», 1 de mayo de 1999 (**Film Forum**) e «Isabel Coixet: "Me sorprende cómo se ha linchado moralmente a la protagonista de mi película"», 6 de octubre de 2003 (**lavadoras**); en la revista *Blanco y Negro*: «El autobús 101», 9 de agosto de 1999 (**autobús**) y en la revista *El Semanal*: «Iris poblados de ceguera», 3 de noviembre de 2002 (**Babel**), «Los cien pies del resentimiento», 22 de septiembre de 2002 (**Central Park**) y «La loca de la Segunda Avenida», 2 de octubre de 2003 (**locos**). Los tres últimos fueron incluidos en el libro *El silencio de Dios y otras metáforas. Una correspondencia entre África y Nueva York*, escrito junto con Gonzalo Sánchez-Terán y publicado por Trotta en 2008.

TERCERA PARTE

CINCO CRÓNICAS

EL FIN DEL MUNDO EN DIRECTO

Para aquellos cuya voz asciende de las ruinas
Para aquellos que mueren solos en la oscuridad
Para aquellos que deambulan por calles devastadas
Aquí en vuestra noche
Las chimeneas están vacías de humo
Esos cuadrados de oscuridad son ventanas
Los hilos mudos se tensan a través del cielo
Inmovilidad del aire
Bajo frías estrellas
Y cerca del río seco
Un hombre viejo sin sombra camina solo
Al pie de los cojines de tinieblas
He aquí vuestra noche
Qué palabras Qué respuestas ahora
Qué recuerdos Qué puertos devastados.

Son los versos premonitorios y reconfortantes como tal vez sólo pueden serlo las palabras en su claridad y aunque no traigan exactamente consuelo que Weldon Kees, un poeta que se suicidó, escribió en «The City as Hero», muchos años antes de que Nueva York se frotara los ojos y los lavara con lágrimas una y otra vez para tratar sin éxito de despertar de su peor pesadilla. Y el gran Walt Whitman, en «Mannahatta», inserta un verso que reza: «Las calles sin nombre rebosantes de gente, los altos tallos de hierro, esbeltos, fuertes, ligeros, que brotan espléndidos del suelo hacia los cielos claros». Tallos tan esbeltos como las Torres Gemelas, que todos los días y todas las noches veíamos al sur de esta isla hogar compartido con nombres y almas «cuya voz asciende de las ruinas» y no están muertos, que vienen como Mustafá de Senegal, como Ahmed de Egipto, como Mary Ann de la calle 16, como Luis de Sevilla, como Young de Corea, como Olivia de Portugal, como Manoel de Brasil, como Clara y Tamara de Cuba, como Elbin de Azerbaiyán, como Ashley de Puerto Rico, como James de Nueva York, como Li de Vietnam, como Susy de Ecuador, como Malcold de Irlanda, como Isaura de la República Dominicana, como Kaliya de Ghana, como Misoko de Japón, como Ricardo de México, como Shuri de India, como Luigi de Italia, como Shirin de Irán, o como Karin de Alemania. Días tan claros y azules como la mañana del 11 de septiembre del año 2001, cuando el fin del mundo fue retransmitido en directo por todas las cadenas de televisión disponibles, imágenes tan fascinantes, tan sobrecogedoras, que a fuerza de verlas repetirse una y otra vez en el ojo sin párpado del televisor se han vuelto irreales. Pero han pasado ya cinco noches desde que dos aviones de pasajeros fueran secuestrados e incrustados contra el símbolo de la capital financiera del mundo capitalista y de la confianza de la ciudad de Nueva York en su brillante porvenir y las Torres Gemelas no han reaparecido para completar con su desafiante equilibrio la silueta (el *skyline*) de Manhattan, la cinta del horror no ha sido rebobinada, los miles de muertos no se han levantado como si fueran figurantes quitándose a manotazos el polvo de la ropa, el medio millón de toneladas de escombros no se ha evaporado, la angustia, la devastación, la rabia, el espanto y la tristeza no se han desvanecido. El polvo se ha asentado, el humo se ha disipado y lo que aparece en su lugar es un cráter imposible de rellenar, el duelo imposible de elaborar, como quería Sigmund Freud, porque no hay cadáveres a los que honrar, a los que abrazarse, porque de los miles de cuerpos y almas que se llevó por delante la acción terrorista más audaz y descarnada de todos los tiempos, arrancada de una página de profecías de Nostradamus, de un inextricable versículo del Apocalipsis, ha provocado que miles de seres se comprimieran y desintegraran atómicamente en el aire, fueran chupados por el *maelström* de dos colosos de más de cuatrocientos metros de altura y ciento diez pisos de alto que parecían irreductibles y se vinieron abajo como castillos de arena, como casas de cristal, cocidos en un caldo de fuel y queroseno a dos mil grados Fahrenheit. Apenas han sido recuperados unas decenas de cadáveres, unos centenares de miembros, de despojos de personas que fueron desgajadas de su rutina y de su biografía con una furia desconocida, de restos de seres que cuando vieron que el final estaba cerca y era inevitable llamaron a quienes sólo necesitaban oír su voz para ser reconocidos, para un ritual urgente para el que nada ni nadie les había preparado la espléndida mañana del martes sobre el majestuoso Hudson, el esbelto puente de Brooklyn, la bahía, la Estatua de la Libertad, el portalón del Verrazano, y la mar océana, para decir adiós, te quiero, antes de que el fin del mundo se cumpliera ante nuestros ojos atónitos, nuestros ojos acostumbrados al cine, al arte del siglo xx, a la muerte de los otros, seres que se arrojaron al vacío cuando la encrucijada era la muerte o la muerte, como una pareja que se cogió de la mano para emprender su último viaje y saltaron al vacío azul de la mañana, pequeños puntos negros descendiendo vertiginosamente, como algunos niños pudieron contemplar desde la escuela pública 234 sin comprender que la realidad hace tiempo que es irreparable, mientras el humo se hacía cada vez más acre, las lenguas de fuego más altas y éramos uno con la muchedumbre convertida en masa, el pánico que borra todos los nombres, un Guernica que súbitamente ha cobrado nueva vida al sur de Manhattan, mientras el mundo se derrumba alrededor con un estruendo de naufragio, una torre tras otra, sin saber adónde ir, el aire es irrespirable y cada vez que un avión surca el cielo esperamos que descargue su pan de muerte sobre nosotros. Porque hace tiempo que el mal está ahí fuera, aunque a los estadounidenses, protegidos por su soledad geográfica, por la barrera de los océanos, les faltaba la costumbre. La costumbre del horror, de la vida precaria, de la vida frágil como la de los pasajeros de los miles de aeronaves que cada segundo surcan los cielos. Hace tiempo que el mal campa ahí fuera, un mal que los hombres urden y alimentan y esparcen, un mal que también ha desencadenado a veces un país orgulloso de su Constitución, de sus instituciones, de su democracia, de su libertad, de su mercado libre, de esta ciudad llamada Nueva York y que hasta el martes era un emblema, con todas sus imperfecciones, de lo que acaso podía llegar a ser un mundo de inmigrantes que buscan un lugar mejor al sol. Un país que durante buena parte del siglo xx se ha acostumbrado a imponer sus criterios. No será políticamente conveniente ni correcto recordar ahora Hiroshima y Nagasaki, pero esos nombres forman parte también del mal que campa y ha campado brutalmente ahí fuera, como también han aprendido en Sarajevo, en Kigali, en Kinshasa, en Dili, en Freetown, en Monrovia, en Bogotá, en Mogadiscio, en Kuito, en Grozni. Nueva York, una ciudad floreciente, alegre y confiada, una ciudad multirracial como ninguna otra, acaso el experimento multicultural más vibrante de este mundo encastillado en el miedo al otro, ha sufrido no sólo la mayor hecatombe de su historia, sino que los aviones que se empotraron en la deslumbrante obra de ingeniería del World Trade Center han servido para inocular el miedo en el corazón del futuro. Porque el espantoso mazazo múltiple, contra el emblema financiero y contra el Pentágono, el sanctasanctórum del poderío militar, ha sacudido a la única hiperpotencia hasta sus entrañas, ha puesto al descubierto la vulnerabilidad de un sistema que gasta 30.000 millones de dólares al año en espionaje y que dispone de la maquinaria de guerra más poderosa de la historia y no sólo no es capaz de proteger a sus ciudadanos sino que se ve maniatado por espacio de una hora y cuarenta y cinco minutos, obligado, como el resto del mundo, a contemplar inerme la película de un horror ante el que Joseph Conrad tendría un material incandescente para volver a bajar al corazón de las tinieblas, un horror concreto desencadenado por quienes, como en el País Vasco, saben que el mensaje es el miedo, que cualquiera puede ser súbitamente convertido en víctima por quienes piensan que la vida humana no vale nada, y la compasión es lastre. Un mundo, y una ciudad, y un país, obligados a contemplar cómo sus aviones más sofisticados son secuestrados a punta de cuchillo y su deslumbrante tecnología empleada para golpear con una precisión y unos efectos devastadores el tambor del espanto universal, haciendo una vez más de la población civil, como las guerras del siglo xx se han encargado de mostrar hasta la náusea, la mayor víctima de una guerra declarada bajo otros supuestos, la primera del siglo xxi, no el Pearl Harbor de una generación, sino algo más perverso, algo más mortífero, más corrosivo, que confunde y aterra y hace difícil comprender, descifrar, prevenir, curar. Porque es también la advertencia de que este fin del mundo por capítulos horrendos no ha hecho más que comenzar, como se encargó de recordar, bajo el título «La guerra contra América» [en Estados Unidos, América significa Estados Unidos], el editorial del *New York Times* al día siguiente del Armagedón: «Por horrible que pueda ser hasta imaginarlo, Estados Unidos debe también tener en cuenta un futuro en el que los ataques librados ayer podrían ser sobrepasados por mucho más letales operaciones terroristas con armas nucleares, biológicas o químicas. Sabemos hace tiempo que esos peligros pueden acabar convirtiéndose en parte de nuestro futuro».

Un sobrecogedor manto de silencio como nunca conoció la ciudad a la que le gustaba adornarse con fórmulas como «la que nunca duerme», «la capital del mundo», la «capital del arte», la «capital de la moda», la «capital financiera», se adueñó el martes por la tarde de los cinco barrios donde se anudan y desanudan las vidas de ocho millones de seres: Bronx, Queens, Staten Island, Brooklyn y Manhattan. Un silencio de calles despavoridas, de un cielo insólitamente despoblado de aviones, un silencio urdido con mimbres de miedo. Un silencio que sin embargo no parecía hablar de que la ciudad se había acostado de sus afanes, codicias, curiosidades, perversiones, aficiones, sino un silencio concentrado, un silencio de insomnio, de quien busca en sus casas ponerse a salvo de un mal sin rostro que había arrancado de cuajo dos gigantescas torres de 110 pisos y aplastado a miles de personas como hubiera hecho un cíclope invisible y acaso por eso mucho más aterrador. A la mañana siguiente la ciudad quiere despertarse y se da cuenta de que no ha dormido, de que no ha sido una pesadilla, sino la continuación de la operación sin anestesia, a cielo abierto, a pelo, a fuego lento, con cámaras innumerables, de que los acontecimientos tan intensos y tan rápidos habían abierto una herida que no se cerraba, que humeaba como un volcán en erupción. Han pasado cinco noches, los días se han ido sucediendo, hermosos días de septiembre neoyorquino, con la franja sur que se extiende desde la calle 14 y que alberga barrios tan coloristas y bulliciosos como Chinatown, Soho, Village, Little Italy, Tribeca, Battery Park o el distrito financiero transmutada en una ciudad muerta. Canal Street, una de las arterias más febriles del globo, es un desfiladero deshabitado salvo por los convoyes: de camiones negros que se llevan escombro, de camiones blancos que se llevan cuerpos, restos, briznas. Ann Lello, sentada en un banco en la esquina entre Canal y la Sexta Avenida, también llamada Avenida de las Américas, devora las setenta páginas que el *Daily News* le ha dedicado a la tragedia «el día después», al día siguiente, bajo el titular en grandes caracteres rojos sobre una foto de una cuadrilla de bomberos retirando un cadáver del himalaya de ruinas: «Se teme que sean 10.000 los muertos». En la espectral Sexta Avenida, un convoy de excavadoras y camiones espera turno para adentrarse en la zona de guerra. Los conductores, «aquél es polaco, el otro peruano, el otro puertorriqueño, aquél estadounidense», como se encarga de señalar Ann Lello, esperan sentados, a la sombra, hablando cabizbajos. «Ellos son el espejo de Nueva York». Ann Lello aprieta entre las manos su teléfono móvil. Desde su casa junto al puente de

Williamsburg, a orillas del East River, en Brooklyn, contemplaba cada día las Torres Gemelas, como desde su oficina en el mismo barrio que Woody Allen ha cantado como pocos, como a su Manhattan en la que todos ya habíamos «vivido» a través del cine aunque nunca hubiéramos puesto los pies aquí, y ahora se le estrangula la voz cuando se da cuenta de que no están, y aunque se limpie las lágrimas siguen sin estar, sólo ese humo, que todavía corona la arqueología del porvenir, mientras un edificio tras otro en torno al cráter, rascacielos de cuarenta y cincuenta pisos, arden, colapsan, se derrumban, añaden destrucción a la destrucción. «Es terrible cómo el mundo se convirtió en llamas en un instante». Ann Lello, que nació en Maine, se crió en California y en 1976 se sacó el pasaporte internacional de neoyorquina, sabe bien lo que esta ciudad significa: «Un torrente de energía. Gente que se matan entre ellos, israelíes y palestinos, aquí viven y hacen negocios, se venden cigarrillos, se saludan, viven en la misma calle. Cada día por la mañana saludo a mis amigos yemeníes, camboyanos, japoneses, ecuatorianos, rusos, venezolanos... Ahí mismo, en Canal Street, ahora vacía como una avenida que lleva al cementerio, puedes encontrar en una manzana gentes de todas las partes del mundo. Aquí no importa ni tu religión, ni tu raza, de dónde vienes, cuáles son tus raíces, cuál es tu cultura. Todos tratamos de salir adelante. Aquí se olvidan las diferencias. Nueva York es un capazo revuelto, donde todo se mezcla. Pero eso es también lo que la ha hecho tan vulnerable». Como muchos neoyorquinos siente que no puede despertar de la pesadilla en que la ciudad se hundió el martes. «Se han traído a Nueva York y al siglo XXI una guerra religiosa que viene de los tiempos oscuros». Y cuando se le pregunta si la ciudad entre los ríos Hudson y East volverá a ser lo que era se le saltan las lágrimas, quiere creerlo, con todas sus fuerzas, porque lo necesita para salir adelante, para sacudirse la tristeza que la aprisiona, pero levanta la vista y sobre el sur de Manhattan descubre las columnas de humo, como la firma del mal, como una impugnación de la esperanza. Como ella, los supervivientes y los testigos, los trabajadores de los equipos de rescate, parece como si hubieran dejado de parpadear. Pensar resulta demasiado doloroso, hacerse a la realidad, acostumbrarse a la ausencia, cuando el vacío al sur de la ciudad es un recordatorio permanente, un monumento invertido, el agujero negro que succionó miles de vidas. Pero el instinto de supervivencia es uno de los resortes que permiten capear los temporales más atroces. Mientras el mundo se derrumbaba, las imponentes Torres Gemelas que dominaban desde su formidable envergadura la isla de Manhattan, la muchedumbre corría, como en una película de Eisenstein, para ponerse a salvo. Otra vez el cine, otra vez la realidad. Y bajo las abrumadoras cifras que parecen aplastar tanto la vida como el medio millón de escombros a que quedó reducido el Centro Mundial de Comercio, los seres concretos, los rostros, las biografías, y las palabras que nos permiten reconocernos, compartir, sobrellevar, tratar de entender, recordar. Rostros como los supervivientes, como el del carpintero Mark Ottenger, que trabajaba en el décimo piso de una de las torres; la recepcionista Susana Genovés, que logró descender desde el piso 78 hasta la calle con el rostro tiznado por la ceniza; como la secretaria Takia Williams, que perdió a una amiga y sus zapatos; o el *broker* brasileño André P. Kamikawa, que logró abandonar su oficina en el piso 25; o Michael, que no podía hablar, se doblaba sobre sí mismo, trataba de vaciar de su pecho blanco de polvo el humo que había inhalado. Seres que salieron por su propio pie del infierno en que se convirtió en un instante el espacio en el que cada día celebraban sus rutinas. Y junto a ellos, voluntarios como Brian Kemp, los bomberos Paul Hanson, Doug Muench y Patricia Norton, que removían escombros y recogían restos humanos carbonizados, horrendamente desfigurados, miembros de cuerpos que jamás nunca nadie podrá recomponer, sabiendo que más de trescientos bomberos que corrieron como un solo hombre ante la primera noticia de que un avión de pasajeros se había estrellado contra una de las torres perecieron a pie de obra, a pie de catástrofe, a pie de apocalipsis. O como el sanitario Mike Mahens, recién llegado de California, que se ha quedado mudo. O el niño Ben Daniels, del barrio de Tribeca, que vio desplomarse uno de los edificios y sintió como si la guerra hubiera llegado a las puertas de su casa. O el dominicano Juan Jorge, que ha pasado cuarenta de sus cincuenta y siete años en Nueva York, y se hace lenguas de la generosidad de una ciudad y de un país al que quiere como al suyo, y que se trajo su propia grúa para participar como voluntario en el desescombro. Y tantos y tantos otros, supervivientes y policías, enfermeras y bomberos, voluntarios y meros vecinos, que como en los peores momentos del Sarajevo sitiado y bombardeado sacaron lo mejor de sí para hacer frente a una catástrofe provocada por la mano del hombre que se llevó por delante a un compendio de buena parte de las naciones del mundo, cuyos hijos se afanaban en las profundidades de las Torres Gemelas, desde donde hasta el martes se divisaba el panorama fascinante del futuro.

Al día siguiente de la jornada que jamás podremos olvidar, y menos los que corrimos por las calles del sur de Manhattan mientras el mundo se hundía alrededor, Rossana Rosado, la editora de *El Diario-La Prensa*, el periódico en español más prestigioso de Nueva York, escribió bajo el título «El mundo que dejamos a los niños»: «Como muchos neoyorquinos que trataban frenéticamente de salir de los edificios famosos del Bajo Manhattan, pensé en mis hijos. Ningún evento mundial ha tenido el impacto en mi vida que los eventos del martes tendrán en la de ellos. Me siento triste por ellos. Pero no por las imágenes que permanecerán grabadas en sus memorias, sino porque me siento indefensa para protegerlos de la maldad. Una maldad aún no reflejada en las películas de Hollywood, porque aquí no hay superhéroes. Soy de una generación que le ha fallado a los niños. Porque no hemos logrado entregarles un mundo en paz». El siglo XXI, como el fin del mundo, no comenzó el 1 de enero del año 2000 ni el 1 de enero de 2001, sino

este 11 de septiembre. No el fin de la historia, como el visionario liberal Francis Fukuyama se atrevió a pronosticar hace una
eternidad, sino otra época de nuestra malhadada biografía. Ana
María, una niña de diez años, volvió al colegio el pasado jueves,
porque acaso la mejor forma de enjugar el dolor y de apagar la
palinodia permanente del horror en la espiral del cerebro es
hacer como si, en ponerle palabras al mal y en acometer las
pequeñas rutinas, los pequeños goces de estar vivo, tomar un
café, llevar a los niños al colegio, abrir un libro, comprar un
periódico y que no anuncie que ha llegado el fin del mundo.
Desde su habitación en la calle 28 se contemplaban las Torres
Gemelas. Desde una ventana las torres, desde la otra el Empire
State. Lo primero que preguntó cuando supo lo que había ocurrido es cómo habían podido derribar «unas torres tan fuertes». Lo segundo, si iban a «hacer lo mismo con el Empire
State». Una de las tareas que le encomendaron el primer día de
vuelta a clase después del martes fue escribir lo que sintió: «Me
siento nerviosa. Tengo mariposas en el estómago. Quiero irme
a casa. Estoy nerviosa y triste. Ojalá mi mamá o mi papá estuvieran aquí. Quiero que mi madre esté aquí ahora mismo. Echo
de menos a mi madre. Estoy asustada porque todo el mundo se
está yendo a su casa y yo no sé qué está pasando. "Ven mamá,
ven mamá". Eso es lo pasa por mi cabeza. Mi madre me hace
sentir a salvo cuando estoy con ella». Esa primera mañana de
clase, el jueves, dos días después del espanto, trajo consigo una
carta de Anna Maria Carrillo, la directora de su colegio, la escuela pública PS 116, dirigida a los padres: «La tragedia del
World Trade Center nos ha afectado a todos nosotros. Nuestra
preocupación compartida es la comprensión y la reacción de
nuestros niños ante estos acontecimientos. La exhaustiva cobertura de la televisión provoca en los pequeños una acuciante
percepción de unos hechos que están más allá de su entendi-
miento y control. Esto puede provocar miedo, incertidumbre y
ansiedad. En la escuela estamos llamados a proporcionar una
explicación de los acontecimientos mundiales. Asegúrense por

favor de que la explicación de lo ocurrido se hace con atención y delicadeza hacia la diversa composición de la comunidad escolar». La escuela pública 116, en la calle 32, a una hora de camino de las Torres Gemelas, es unas Naciones Unidas en pequeño, donde todos los colores, lenguas y religiones se dan cita, donde niños de todas las nacionalidades y culturas aprenden juntos a leer y a escribir en inglés, sin que se borren ni desdeñen sus orígenes. La directora, estadounidense casada con un canario que jamás pierde el entusiasmo ni la sonrisa, recuerda que algunos niños pueden sufrir ansiedad y necesitar atención excepcional, y pide que se pongan en contacto con ella o con sus dos ayudantes en caso de que así sea para que puedan ayudarles a capear la angustia. Su carta va acompañada de diez páginas proporcionadas por el Centro de Educación Infantil de la Universidad de Nueva York con una serie de consejos para ayudar a que los niños encajen y comprendan lo que los adultos acaso jamás acaben de encajar y comprender, palabras para descifrar el horror de las imágenes repetidas ante el ojo sin párpado una y otra vez. Si me levanto del asiento y de la mesa en la que escribo y me asomo a la ventana, el día es como el de una famosa canción que Marianne Faithfull cantaba como nadie, «As Tears Goes By». No tengo lágrimas. Llueve sobre Nueva York por mí. Al fondo, Park Avenue South abajo, no veo las Torres Gemelas que completaban el paisaje de mi vida en Nueva York, adonde tal vez me vine huyendo de ciertos recuerdos de Sarajevo, de Ruanda, de Zaire. Buscando otras palabras para contar la realidad. No las palabras como las de Kurtz, «el horror, el horror», al final del libro de Conrad. Las palabras con las que hacer frente al mal, como las de Weldon Kees:

> He aquí vuestra noche
> Qué palabras Qué respuestas ahora
> Qué recuerdos Qué puertos devastados.

ABC, 16 de septiembre de 2001

317

ARTE EN TIEMPOS DE PENUMBRA

En el prólogo a su libro *Hombres en tiempos de oscuridad*, que Hannah Arendt dedica a Rosa Luxemburgo, Karl Jaspers, Isak Dinesen, Hermann Broch, Walter Benjamin y Bertolt Brecht, dice que «estas personas comparten entre sí la época que les tocó vivir, el mundo durante la primera mitad del siglo xx con sus catástrofes políticas, sus desastres morales y su sorprendente desarrollo de las artes y las ciencias». Señala Arendt que dedicó buena parte de su tiempo y su genio filosófico a analizar los orígenes del totalitarismo, que tomó la frase que da título al libro del poema de Brecht «A la posteridad», que «menciona el desorden y el hambre, las matanzas y asesinatos, el ultraje de la injusticia y la desesperación», y más adelante añade: «Los *Tiempos de oscuridad*, en el sentido más amplio que aquí propongo, no son iguales a las monstruosidades de este siglo que de hecho constituyen una horrible novedad. Los tiempos de oscuridad, por el contrario, no sólo no son nuevos sino que no son una rareza de la historia, a pesar de que eran tal vez desconocidos en la historia norteamericana, que además tiene su buena parte, en el pasado y el presente, de crimen y desastre. Que aun en los tiempos más oscuros tenemos el derecho a esperar cierta iluminación, y que dicha iluminación puede provenir menos de las teorías y conceptos que de la luz incierta, titilante y a menudo débil que algunos hombres y mujeres reflejarán en sus trabajos y sus vidas bajo casi cualquier circunstancia y sobre la época que les tocó vivir en la Tierra». La horrenda herida del 11 de septiembre no sólo no ha dejado de sangrar. No sabemos todavía la forma que su cicatriz tendrá: en la piel de Manhattan y en nuestra piel contemporánea. No sabemos hasta qué punto marcará la historia de otro siglo que también ha comenzado mal. No sabemos en qué medida un acontecimiento así repercutirá en nuestras vidas y en las de nuestros hijos. Nueva York, metrópolis probable del futuro, irradia con una fuerza multiplicada por los ojos electrónicos. Hasta ese martes incandescente, el horror parecía una instalación lejana, con océanos por medio entre la costa del imperio y el resto del mundo. Esa percepción se ha terminado. Más vulnerables que antes, los tiempos del progreso constante de lo mismo devienen en tiempos de penumbra. Ochenta y nueve años antes, otro 11 de septiembre, Franz Kafka, que nunca cruzó el Atlántico aunque describió en *El desaparecido* (antes *América*) un país espeluznantemente parecido, transcribió «Un sueño» en su diario: «Estábamos en el puerto de Nueva York. El cielo era gris, pero uniformemente claro. Yo me movía libremente de acá para allá, expuesto al aire por todos los lados, en mi asiento, para poder ver todo. Hacia Nueva York la mirada se hundía un poco, hacia el mar ascendía». ¿Qué se ve desde aquí, vemos todo? Arte en tiempos de penumbra es un intento de ver con los ojos de cinco «neoyorquinos»: la dramaturga cubana María Irene Fornés, el novelista estadounidense James Salter, el pintor español Prudencio Irazábal, el poeta egipcio Ahmed Morsi y la pintora letona Vija Celmins.

1. *El día del espanto.* «Para mí sigue siendo un misterio, algo incomprensible. Porque nadie ha dicho nada abiertamente, que yo sepa, cuál fue la intención, qué esperaban lograr con eso, si lo único que pretendían era aterrorizar. Me despierto por las mañanas y sigo pensando que fue un sueño, que no puede ser cierto que haya sucedido. Es algo inverosímil, parece imposible que algo así suceda en estos momentos. Me desperté y vi algo en las noticias. Pero tardé en comprender lo que ocurría. Sigo igual. No hay ninguna claridad. Porque las

guerras se libran entre países. Hay algo como intangible y que te desespera más. Pasé miedo, pero he intentado seguir haciendo mi vida, aunque la verdad es que apenas he salido a la calle». María Irene Fornés, que se vino de Cuba a Nueva York a los quince años, se ha convertido en una de las autoras y directoras de teatro más vanguardistas de la escena neoyorquina. A sus setenta y un años no ha perdido la capacidad de sorprenderse. Vive en el Village, no muy lejos de la zona del desastre. Más cerca está el apartamento del novelista James Salter, criado en Nueva York y educado como su padre en la academia militar de West Point. Para el autor de *The hunters*, el incendio y derrumbe de las torres contra las que se empotraron los aviones fue «como un inmenso acantilado, incluso en una ciudad de acantilados, de repente desmoronándose con miles de personas dentro, jóvenes, rostros, cuerpos aplastados entre toneladas de escombros. Su realidad parecía mermada por la infinidad de falsos cataclismos de cine. Pero esta vez no era una película. Era una destrucción inimaginable. La televisión no mostró a los que se consumían en medio del fuego, ni a los que saltaban desde los pisos más altos, algunos cogidos de las manos. A distancia, el horror era casi majestuoso, los grandes pilares de la ciudad desplomándose. Cuando nada en la Tierra parecía capaz de derribarlos. Nuestro apartamento está a tan sólo seis manzanas del epicentro, pero estábamos en el campo, contemplándolo todo como el resto del mundo por la televisión». La pintora letona Vija Celmins desembarcó en Nueva York en 1945, cuando tenía nueve años. Los acontecimientos del 11 de septiembre le han hecho revivir recuerdos de la Segunda Guerra Mundial en su ciudad, Riga, y en Alemania. «Tenía mi propia experiencia de la guerra. Y todo eso se me vino a la memoria de repente. Escuché el avión sobre mi casa en la calle Crosby. Escuché a la gente gritar, y vi el humo. Caminé entre la gente, y les vi huir hacia el norte de la ciudad, gritando. Canal Street estaba cubierta de polvo. La gente llegaba en blanco y negro, cubierta de polvo blanco y de ceniza, y recordé cuando tenía seis años, en Riga, y veía a la gente saliendo de los refugios antiaéreos, tras las bombas y los incendios, cubierta de polvillo blanco. Fue un recuerdo tristísimo, de otro tiempo. Traté de acercarme a las torres, pero no pude. Después me sentí paralizada, ante el televisor, sin saber qué hacer». Ahmed Morsi nació en Alejandría hace setenta y un años, pero desde 1974 se avecindó en Nueva York. Lo que le da de comer es el periodismo (trabaja en las Naciones Unidas para una agencia egipcia de noticias), pero entre la poesía y la pintura discurre su verdadera vida. «En septiembre del año pasado terminé un libro de poemas, *Ensayo con vestuario de una estación en el infierno*. En el prólogo escribí un poema bajo la impresión de que estaba a punto de entrar en el infierno. Más tarde descubrí que cuando me adentraba en mis cuarenta años ya había estado allí. Contemplando el derrumbe de las Torres Gemelas me di cuenta de que lo que estaba viendo era otro infierno. Era un infierno que no dejaba hueco para los Virgilio y Orfeo de mi poema. Porque después de todo se trataba de un absurdo, algo fabricado: un infierno urbano». El 6 de septiembre pasado hizo quince años que Prudencio Irazábal, nacido en el pueblo alavés de Puentelarrá en 1954, desembarcó en Nueva York. Lo que ocurrió el martes, 11 de septiembre, es lo más trágico que ha vivido nunca. Su casa y estudio están en Chinatown, a un paso del distrito financiero y del World Trade Center, que pronto quedó asombrado y entenebrecido por el humo. «Ha sido el espectáculo del planeta. Espectacular, dramático y terrible al mismo tiempo. Escuché las dos explosiones, pero por ninguna de ellas me asomé a la ventana, porque en Nueva York ningún sonido te llama la atención. Me asomé cuando empecé a oír gritos en la calle. Llamé al colegio y corrí a recoger a mi hija Maya. La traje a casa. Entonces se derrumbaron las torres. Mi idea era alejarnos de allí, porque no sabía cuál iba a ser el siguiente ataque. El caso era poner tierra por medio, y alejarnos del humo. Me imaginaba que en un descampado estaríamos mejor que entre edificios, y mi idea era subir hasta Central Park. Fue todo tan inesperado como insospechado. Que se incendiara una torre entraba dentro de lo posible. Que se derrumbaran y causaran miles de muertos, no. De pronto todo cobró una dimensión espeluznante».

2. *El sentido del arte*. Adorno escribió que después de Auschwitz no se podía escribir poesía, frase paradójica que algunos han calificado incluso de poética en sí misma. Una constante entre cinco «vecinos» de Nueva York con una larga trayectoria artística a sus espaldas es que no creen que lo ocurrido el día 11 vaya a influir directamente en su trabajo, al menos no conscientemente, no de forma deliberada, aunque algunos admiten que tal vez acabe aflorando tarde o temprano. Antiguo piloto de combate en la guerra de Corea, James Salter abandonó las armas en 1957 para dedicarse por entero a la escritura. En su extraordinaria *Años luz* relata con una precisión y dotes de observación sobrecogedoras un extravío amoroso en el Nueva York de los años cincuenta y sesenta, cuando el teatro experimental bullía en algunos antros de Manhattan. Lacónico y certero, no cree a sus setenta y seis años que el horror del día 11 vaya a afectar de ninguna manera a su escritura. «El arte puede conmemorar y consolar. La religión es también una forma de arte. Las artes menores, literatura, escultura, pintura y otras por el estilo pueden en tiempo de terror y sufrimiento ofrecer un poco de perspectiva, de distancia, pero poco más. La frase de Adorno es evidentemente una exageración. Fanáticos, aseados para la matanza, mataron a miles en un ataque audaz y despiadado. Puedo estar equivocado, pero no creo que eso represente un momento clave en la historia humana». Prudencio Irazábal, que lleva años intentando atrapar la luz en la pintura, y no sólo como una metáfora, no cree, como Salter, que los acontecimientos vayan a dejar una huella en su pintura. «Lo que me causó fue una pérdida de concentración y volver a coger el hilo, pero hice el

esfuerzo de no despistarme. Volví muy pronto al estudio. Estoy en una línea de trabajo que no creo que de momento se vaya a alterar. No veo por dónde puede cambiar. Lo que pasó tras los dos días fuera del estudio fue que con las imágenes tan potentes que se me grabaron en la mente empecé a leer los cuadros de otra forma, como un cuadro que estaba terminando para un nuevo museo alavés, un díptico sin título. Lo que me extrañó fue que al volver al estudio el cuadro me pareció una descripción del infierno, una explosión, cuando el punto de partida hacia el que tendía, en ese y en la mayoría de mis cuadros, era hacia una visión de la trascendencia, de la claridad. Por eso cuando me encontré con un texto de Teresa de Ávila lo copié y lo puse en la pared del estudio, porque me di cuenta de que era una transcripción de lo que buscaba». Las palabras pertenecen al *Libro de la vida*, y dicen: «[...] si estuviera muchos años imaginando como figurar cosa tan hermosa, no pudiera ni supiera, porque excede a todo lo que acá se puede imaginar, aun sola la blancura y resplandor. No es resplandor que dislumbre, sino una blancura suave y el resplandor infuso, que da deleite grandísimo a la vista y no la cansa, ni la claridad que se ve para ver esta hermosura tan divina. Es una luz tan diferente de la de acá que parece una cosa tan deslustrada la claridad del sol que vemos, en comparación de aquella claridad y luz que se representa a la vista, que no se querrían abrir los ojos después [...]». Cree Irazábal que la forma en que el trabajo va a evolucionar viene dictada por «una suerte de movimiento interior, más que por sucesos externos. Ves que el trabajo que has puesto en marcha después de muchos años es una maquinaria muy compleja, y no siento que de momento se vaya a desarticular por todo lo ocurrido, pese a lo tremendo. Aunque puede pasar algo que te desarbole. El arte para mí trata de responder a las grandes preguntas del ser humano, que se hace humano cuando toma conciencia de la muerte y busca ritos y formas, como el arte, para hacer luz sobre su lugar en el mundo. Yo creo que mi trabajo parte más de la idea

de la exaltación, frente a artistas como Bacon o los expresionistas, que arrancan de la penumbra y de la pesadumbre, de la
conciencia negativa de todo lo que está sucediendo. Mi visión
del arte tiene que ver con la luz, con la exaltación. Puede ser
que a raíz de lo ocurrido el 11 de septiembre vuelvan las grandes preguntas y la trivialidad y la superficialidad pierdan terreno. Sí creo que algo va a cambiar. Creo que va a haber un deseo de volver a los valores clásicos del arte, a la belleza. Puede
que mucha gente desee ahora con más intensidad contemplar
algo hermoso, como contrapartida de la fealdad del horror.
Respecto a la frase de Adorno siempre me ha parecido contra-
dictoria, paradójica, porque si renunciamos a la poesía es como
darle un triunfo a los que quieren exterminar la palabra, la
dimensión más humana que tenemos, que es nuestra capacidad de darle sentido a las cosas. A quienes les tendría que proporcionar algo de luz lo ocurrido es a los que apoyan a ETA.
Porque la imposición y el fundamentalismo, el caiga quien
caiga al precio que sea, es precisamente el terrorismo». La
pintora Vija Celmins tampoco cree que el horror vivido vaya a
repercutir en lo que hace. «Soy muy reacia a establecer co-
nexiones inmediatas. Mi trabajo es muy sobrio, no es una
celebración. Trabajo muy despacio». Sus cuadros, como se
pudo ver en la exposición antológica que le dedicó hace unos
años el Reina Sofía, están poblados de tiempo y de silencio,
casi siempre en blanco y negro, como era la realidad para el
cineasta Samuel Fuller. «El tiempo se ha desplomado en muchos de mis cuadros, se ha convertido en algo sólido. No hay
mucho movimiento ni grandes gestos. Pero me resulta difícil
pensar en si va a afectar a mi obra, porque no trabajo sobre
acontecimientos o sucesos, sino sobre lo que está muy cerca,
frente a mí. Puede que acaben aflorando más tarde, acaben
convirtiéndose en fantasmas en mi alma, como hace años acabaron saliendo las imágenes de la guerra que viví de niña. Pero
si no sé qué pasará con mi arte, tampoco sé qué pasará con el
arte en general. Hay artistas que trabajan sobre el momento

político, y tal vez hagan algo. Pero no soy una de ellos. Antes del 11, el arte se había vuelto muy comercial, pero no sé siquiera si eso es bueno o malo. El arte es algo muy fragmentario. Una buena parte era comercial, no sé si ahora se volverá más profundo. Desde luego el arte no ha parado ni parará nunca ninguna guerra. El arte viene de una habitación del alma humana. Es una experiencia profundamente individual, y resulta muy difícil decir qué pretende. Siempre es como un regalo cuando lo ves. Pero siempre sospecho de los que dicen que todo es maravilloso después de escuchar un concierto o de visitar un museo. No es mi caso». Ahmed Morsi, que suele componer mentalmente sus poemas camino de las pescaderías de Chinatown, mientras recorre las calles del Bowery, que le recuerdan a su Alejandría natal, participa de algunas de las reticencias de Vija Celmins. En agosto de este año escribió un poema en el que decía que la ciudad había cambiado por completo, que ya no era la misma que había conocido en el pasado, y terminaba interrogándose: «¿Ha cambiado Nueva York? / ¿Has cambiado tú? / Responde». Y añade: «Me parece ahora que ese poema necesita un nuevo movimiento. Respecto al impacto de los sucesos del día 11 de septiembre en mi actitud hacia el arte o hacia la poesía creo que no se puede predecir, pero podría acabar manifestándose por sí mismo de forma inconsciente en la propia escritura. Honestamente, no creo que el arte sea respuesta para nada. Podría pensar que desde un punto de vista personal es un instrumento capaz de plantearte preguntas difíciles, que seguramente no tienen ninguna respuesta. El dictamen de Adorno se ha demostrado que no tenía fundamento a partir del hecho de que alguien como Primo Levi sólo comenzó a escribir poesía tras su experiencia en los campos de concentración. ¿Pretendía Adorno decir que no deberíamos escribir poesía? ¿Quizá porque él mismo no podía? ¿Ha minado la barbarie por completo la escritura? ¿Y por qué singularizar la poesía? La historia humana está plagada de incontables calamidades, acontecimientos tan o más trágicos que Auschwitz, y eso no ha impedido a lo largo de los siglos que los poetas escribieran poesía. Es todavía demasiado pronto para pronosticar el impacto que los sucesos del 11 de septiembre podrían tener en el mundo artístico. Sin embargo, no me sorprendería nada que muy pronto la industria estadounidense del entretenimiento empezara una nueva ola de películas sobre terrorismo». María Irene Fornés tampoco cree que el fin del mundo retransmitido en directo el día 11 vaya a influir en su teatro. «Cuando escribo una obra nunca es para decirle algo al público, para instruirlo en algo de lo que estoy muy segura y quiero que comprenda. Mi intención no es nunca influenciar. Escribo con el fin de descubrir algo que existe en la vida de mis personajes. Y escribo para compenetrarme con ese grupo de seres humanos que transitan por la obra, con la humanidad de cada uno de ellos, incluso de quien aborrezco. Me acuerdo de lo que me costó compenetrarme con el personaje de un torturador latinoamericano. Me costaba trabajo escribir las escenas en las que él participaba. Eran clichés. No lograba identificarme con él. Me di cuenta de que si no podía *simpatizar* (quizá no sea la palabra) con él la obra no funcionaría. Por eso empecé a imaginarme qué sentía, qué le produciría placer. Primero imaginé a un gato atrapando y devorando a un ratón, sacando las uñas, devorándolo. Me repugnó, pero me ayudó a empezar a entender su mentalidad. Sentí que el torturador podía experimentar placer con la crueldad. Y pensé también en el placer que experimentamos cuando algo se consume, cuando algo arde. Cuando las llamas queman algo, se encogen y encorvan los papeles o la madera. Hay como un sonido, como un llanto, como si los objetos estuviesen sufriendo. Pero el movimiento del papel o de la madera retorciéndose es seductor, como si lo que se quema desarrollara una especie de sensualidad. Por eso me di cuenta de que tenía que escribir sobre lo que sentía el torturador no de forma moral, sino imaginándome por ejemplo que le daba placer ver cómo se derrama un líquido, como brota la sangre, o cuando alguien grita, igual que sentimos placer cuando una soprano canta y grita de dolor en una tragedia. Parece que sufre, pero nos gusta cómo lo expresa, y nos emociona sentir su tristeza. Yo nunca veo el teatro como algo político, ni lo veo como una suerte de manual que puede ayudar a las personas a ser mejores ciudadanos. No sirve para presentarle al espectador un mensaje simple, como "debemos decir no a la guerra". O que la guerra es cruel. El teatro debe representar, tanto para el que lo escribe como para el que lo ve, una experiencia profunda de la vida, sea bella o dolorosa. Pero no creo que los cambios, ni en el arte ni en la política, sean algo inmediato. Eso me parece infantil. Lo que sí creo es que habíamos llegado a un momento en que la gente estaba preparada para cambiar de perspectiva, que se estaba agotando una manera de ver las cosas. El teatro estaba en un momento de absoluta trivialidad y comercialismo, y puede que eso vaya a cambiar a partir de ahora. Pero no creo que ni el teatro ni el arte en general vuelvan a tener la importancia que tuvieron en otra época. Es posible que el arte fuera importante en el pasado, porque no teníamos tantos estímulos diarios. Uno se levanta por la mañana y ve por la televisión lo que acaba de suceder en China, y lo que sucedió mientras dormía, y enseguida contemplas al presidente de su país mientras tomas café, y no resulta nada extraordinario. Lo que creo es que al pueblo en general no le interesa el arte. El arte le interesa sobre todo a los artistas».

3. *El futuro de un experimento*. Nueva York, metrópolis, capital de las finanzas, capital del arte, capital de la moda. Capital de la codicia, capital de las imágenes, capital del cinismo. Las capas se superponen como en un calidoscopio. Las clases sociales no se han extinguido en Nueva York, pese a las trompetas del mercado global. Al contrario. Pero la energía de la ciudad venía de su mezcla, de su renovación constante, de los ríos subterráneos y caudalosos, de las voces y los ecos, de las ambiciones y los sueños de miríadas de seres desembarcando desde

todos los orientes y occidentes, nortes y sures de la Tierra. Dice María Irene Fornés, autora de una estremecedora obra titulada *Cartas de Cuba* que triunfó en el *off Broadway* la temporada pasada: «Yo no soy vidente, ni me interesa influenciar al público ni pronosticar el futuro. Yo veo a la gente como si estuvieran interpretando una obra de teatro. Pero creo que un artista que se dedique a influenciar al público pierde el tiempo. El arte nunca ha tenido influencia. Yo me encuentro ahora como en una especie de estado de negación de la realidad. Es algo como imposible de aceptar. Llevo desde 1945 en Nueva York. Mi tendencia no es a poner un título a lo que he vivido. A veces se me olvida todo, como si no hubiera sucedido nada, y otras veces pienso de repente si será peligroso estar en la calle». Y dice Prudencio Irazábal, que comparte con el escritor y filósofo Aurelio Arteta una ética tan a prueba de bombas como la amistad que les une: «La ciudad ha cambiado totalmente. Oigo que la gente es más amable. Pero tiene sentido que se cree cierto sentido de hermandad frente al terror. Nueva York ya era antes más europea que ninguna otra ciudad de Estados Unidos y se ha puesto también a tono con Europa, con Londres o París o incluso no sé si hasta con Stalingrado. La idea de que los que estamos aquí somos ahora más ciudadanos de Nueva York que antes. Nueva York es la ciudad de todos. Ya lo era antes. Cuando hablas con gentes de España y de otros lugares sientes que perteneces más al mundo que antes. Porque Nueva York se ha convertido también en un escenario bélico, y ha participado del dolor, la derrota y la humillación de otros muchos, y lo va a asimilar de la única manera que sabe. Todos estamos convirtiendo en pequeños objetos nuestras narraciones y vivencias de lo ocurrido. Nueva York ha entrado de verdad en la historia del siglo xxi, en su arranque. Se aleja de la costa oeste y del interior del país, pese a la profusión de banderas. La gente de Nueva York se siente sobre todo neoyorquina. La ciudad ha adquirido la dimensión que le faltaba para ser del todo europea. Aunque también ha habido exaltación patriótica. Se está sustituyendo la política por la terapia. Alguna gente, desde luego no los presentadores de las grandes cadenas de televisión, se empieza a decir que tiene que volver a pensarse lo que ha sido la política exterior de este país. Con el ataque nos han dado razones para irnos, pero las cosas van bien aquí y de momento no debiéramos irnos. Estamos todos a la expectativa. Un segundo ataque sería la prueba de que no se puede vivir aquí. Aunque lo ocurrido cambia el panorama de todo, y no sólo en el plano personal. Me veía de vuelta en España. Por fortuna tenemos donde ir». Y dice Ahmed Morsi, que ha vuelto a escribir poesía, aunque le cuesta pintar y dibujar, porque no encuentra la concentración necesaria: «He vivido en Nueva York durante mucho tiempo, más tiempo que en ningún otro lugar, incluida la ciudad donde nací, Alejandría. Aparte de ese hecho meramente estadístico, puedo decir sin ninguna duda que el doloroso e incomprensible sentimiento de estar fuera de lugar desde que saliera de Alejandría en 1956 se ha ido gradualmente disipando en Nueva York. Después de casi treinta años sin escribir poesía, recuperé mi propia voz, y desde el inicio de 1999 he escrito cuatro poemarios, entre ellos *Cuadros del álbum de Nueva York*. De tal manera que Nueva York es parte de mi historia poética personal, pasada y futura». Y dice el escritor James Salter, que cuando escribe se adentra con una lupa estremecedora en nuestros oscuros intersticios: «Nueva York no es una ciudad catedralicia. Las grandes campanas no retumbaron a través de ella como si fueran el lamento de Dios. El verdadero sonido de la ciudad es el del tráfico y la vida. No creo que lo ocurrido el 11 de septiembre vaya a cambiar la ciudad, pero será recordado durante mucho tiempo». Y dice Vija Celmins, autora de unos prodigiosos cuadros a lápiz que recrean con una minuciosidad que captura el tiempo telarañas, constelaciones, piedras, la superficie del mar y del desierto: «He pasado media vida aquí, una ciudad ruidosa, agresiva, estimulante, llena de vida, tan llena de gente tan diferente. Suelo preguntarle a taxistas cómo podemos vivir juntos. Ésta es una ciudad fascinante, y creo que ahora se ha vuelto más cauta, más sombría, más triste. Una gran tristeza se ha derramado sobre Nueva York, y no sólo por los muertos, sino por esta sensación de ausencia. No veo venganza ni rabia en la gente, sólo una profunda tristeza ante la condición humana, al comprobar qué somos capaces de hacer. Sí, me siento muy triste por el ser humano. Así es como actuamos, e incluyo aquí al resto del mundo. Una inmensa tristeza lo impregna todo. Porque todos estamos en el mismo barco».

ABC Cultural, 6 de octubre de 2001

EL ABISMO DEL FUTURO

Hace un mes el mundo carecía de voluntad y de representación, pero las Torres Gemelas de Nueva York estaban en pie, las guerras eran un asunto sórdido y lejano, la recesión asomaba la pata por debajo de la puerta como un lobo disfrazado de cordero y el imperio americano navegaba a toda máquina por las aguas del siglo xxi consciente de su hiperpotencia y de su destino manifiesto. El triunfo en los negocios adoptaba el espléndido cariz de un anuncio tan luminoso como calvinista: la prueba de que Dios está de nuestra parte es nuestro éxito. Pero bastó (¿bastó?) que en una jugada del más tenebroso ajedrez cuatro aviones fueran secuestrados cuando amanecía el 11 de septiembre por quince hombres armados (¿armados?) de navajas y cortadores de cartón y los estrellaran contra el Centro Mundial del Comercio en la confiada Manhattan y contra el Pentágono, el sanctasanctórum del poder militar estadounidense (un cuarto avión fue derribado, al parecer, gracias a la sublevación de sus pasajeros, que frustraron otra espantosa andanada, seguramente contra uno de los símbolos del poder político), para que el mundo como era conocido la noche del 10 de septiembre se resquebrajara. El mundo sigue careciendo de voluntad y de representación, pero las Torres Gemelas han desaparecido de la faz de la Tierra y su espacio está ocupado por una escombrera que sirve de cementerio a cinco mil personas de más de sesenta nacionalidades, la Casa Blanca ha desencadenado una guerra contra Afganistán, Osama bin Laden y su organización terrorista (Al Qaeda), que todos saben cómo ha comenzado, pero pocos imaginan cómo terminará, la eco-

333

nomía hace aguas mientras se instala en la recesión porque el lobo disfrazado con piel de cordero resultó ser un lobo, y el mayor imperio de la historia parece más vulnerable que nunca. El temor a nuevos atentados mantiene en vilo a los neoyorquinos y a ciudadanos de poblados tan alejados del centro de las noticias del mundo como Pendleton, en Oregón, donde una iglesia luterana resume en una pancarta la perplejidad nacional: «Si Dios está de nuestra parte, ¿quién puede estar contra nosotros?». Un avión que se acerque demasiado a Manhattan sobre la corriente de los ríos Hudson o East levanta sospechas de inmediato, y las sirenas, irredento paisaje sonoro de la ciudad, se internan en el cerebro como un berbiquí de angustia. La paranoia de inseguridad, alimentada con las noticias de varios casos de intoxicación por carbunco en Florida, y la realidad incontestable de una guerra contra un país que hace treinta días muy pocos ciudadanos de Estados Unidos hubieran sido capaces de situar en un mapa, hace que la sensación de irrealidad que desató la retransmisión en directo del ataque y el derrumbe de las Torres Gemelas se mantenga como una pesadilla de la que no hay forma de despertar. La ausencia de las torres en el *skyline* neoyorquino es tan evidente (la desproporción respecto al entorno que denotaban cuando existían se invierte ahora de forma diametralmente proporcional a su ausencia) que la herida no deja de sangrar, mientras el humo acre de unos fuegos que parecen inextinguibles y que siguen arrojando periódicamente sobre la isla a la deriva de Manhattan sus fétidos aromas es como un vinagre que impide que la cicatriz se cierre. Soldados de la Guardia Nacional en uniforme de combate forman ya parte del panorama cotidiano en estaciones, túneles, puentes y en torno al epicentro del desastre, contribuyendo a hacer más abismal un futuro del que a medida que pasan los días se ahuyenta un sentido que si antes del 11 de septiembre era precario, ahora es indiscernible. Los teatros han vuelto a colgar el cartel de no hay billetes, y en algunos restaurantes los comensales se vuelven a poner con fruición la servilleta al cuello y a entrechocar cuchillo y tenedor como si fuera posible afilar el destino y masticando un filete se digirieran mejor las sombras del porvenir, que también. Pero el malestar de la cultura es muy profundo. Antes del 11 de septiembre tampoco sabíamos quiénes éramos ni qué iba a ser de nosotros ni qué estábamos haciendo aquí, pero la muerte y la destrucción en el corazón del imperio, y sobre todo la voladura de símbolos que parecían a salvo de toda perturbación, ha hecho de esa incertidumbre un pelotón acuciante. Nueva York parece volver a la vida y su alcalde y propagandistas se encargan de desplegar la bandera de la normalidad como una consigna contra la pesadumbre que se empeña en morder los tobillos al futuro como un perro melancólico, tratando de movilizar a los neoyorquinos y al resto de la nación tras la principal bandera de Estados Unidos: consumir, consumir a toda costa como una forma de volver a poner en pleno rendimiento la maquinaria económica del país y como una forma de curación. Como si comprando se adquirieran parcelas duraderas de felicidad. Como si el mercado fuera la salvación de todas las dudas y evitara tener que hacerse la pregunta de si detrás del horror hay sólo nihilismo y crueldad desaforada o algunas «razones que expliquen el odio». Nueva York, con un 40 por 100 de su población forastera, se ha convertido en la más estadounidense de todas las ciudades de la Unión, hasta el punto de que muchos extranjeros se han sentido por primera vez extranjeros. Un mes después de que lo inimaginable se hiciera realidad el futuro de los agoreros se parece al Nautilus de los últimos compases de *Veinte mil leguas de viaje submarino*, cuando un gigantesco *maelström* está a punto de devorar al legendario sumergible del capitán Nemo, mientras que los pesimistas de la razón contemplan desde el hotel del abismo un futuro que no ha cambiado tanto desde la mañana del 11 de septiembre.

Para los amantes del historicismo, el siglo xxi comenzó efectivamente esa mañana en que la seguridad de la parte mejor alimentada, vestida, comunicada, protegida y más esperanzada del mundo saltó en pedazos. Como en tantos otros partos de la historia, el acontecimiento fue un gran *bang*. Y su cascada de efectos penetra cada rincón de la vida cotidiana en una ciudad como Nueva York que en muchos sentidos tenía las facciones de una metrópolis del porvenir y como tal todos los artilugios a su alcance para irradiar y seducir. ¿Pero qué pensar de la identidad arquitectónica de una ciudad perezosamente descrita por taquígrafos sin tiempo para las metáforas como «de los rascacielos» ahora que sus dos torres más rutilantes han sido convertidas en piras y en tumbas? ¿O qué pensar de una ciudad en la que los zapatos de tacón eran el complemento que mejor «competía» con la vertical esbeltez de sus rascacielos y que en su precario equilibrio estilizaba unas torres de carne seguras de su capacidad de seducción y de su ambigüedad cuando tuvieron que ser abandonados cuando de correr para sobrevivir se trataba? ¿O qué pensar de los reyes del universo, que según las últimas estadísticas no ocupaban los pisos con las mejores vistas sobre Manhattan y sobre la bahía, sino que se alojaban en otras torres y palacios menos vistosos y expuestos, cuando las empresas en las que trabajaban y que cotizaban con exuberancia irracional en el mercado de valores han visto sus efectivos diezmados, sus archivos volatilizados y sus supervivientes convertidos durante unas horas de septiembre en fantasmas cubiertos de ceniza? ¿O qué pensar de una cultura obsesionada con la satisfacción inmediata del deseo y en la que el culto a la fama formaba parte de la panoplia de objetos y sujetos de consumo devorados a una velocidad vertiginosa y que ahora, tras tanta muerte alrededor, se pregunta ansiosamente si nos encontramos ante el fin de la trivialidad, el fin de la ironía, el fin de la tontería? Por de pronto, un redactor de las páginas deportivas de un diario sensacionalista neoyorquino acaba de anunciar que ha decidido poner en cuarentena la palabra héroe, como contrapartida al nuevo repertorio de héroes que la ciudad se ha apresurado a fabricar con el rostro de su alcalde al lado de los bomberos y policías muertos en cumplimiento del deber, como una forma rápida y moral de suplantar a los famosos cuyo mérito mayor era su presencia en las plataformas de entretenimiento masivo. Hasta ahora eran precisamente los héroes deportivos, las estrellas cinematográficas o de la pasarela los que ocupaban con sus zapatillas de marca (hombres anuncio) o sus zapatos de tacón (modelo de mujer a imitar) el mercado de un mundo tallado y tasado desde los impecables rascacielos de acero y cristal, mientras las cuestiones relevantes, como el curso de la historia y las decisiones políticas, eran dejadas, por incomprensibles, a los expertos. El mundo era más o menos así antes del 11 de septiembre, y es difícil que vaya a cambiar súbitamente en esos fundamentos económicos y políticos a pesar de la tremenda sacudida. Como advierte el escritor Alex Shakar, «hay una ecuación que estamos consagrando entre ciudadanía y consumo, de tal manera que la mejor forma de ser un buen ciudadano es ser un buen consumidor». Para quienes encontraban solaz y consuelo en el mundo de los objetos, los días inmediatos a la tragedia de las torres hacían parecer obsceno el mero acto de mirar, de ahí que hasta las tiendas más lujosas de Nueva York, como Goodman and Saks Fifth Avenue y Lord & Taylor, se apresuraran a retirar los maniquíes de sus escaparates para reemplazarlos con banderas, flores y frases patrióticas alusivas a los héroes y a las víctimas. La bandera es un amplio cobertor en la que se han envuelto muchos canallas, pero en estos días de humo y luto ha servido para, por una parte, encontrar cobijo en una suerte de pertenencia y, por otra parte, hacer patente el necesario cierre de filas que los tiempos de tribulación parecen exigir, y que ha acabado por repercutir hasta en las grandes cadenas de televisión, que en un acuerdo insólito han decidido aceptar los requerimientos de la Casa Blanca y no volver a emitir en su integridad vídeos procedentes de Bin Laden y su banda, por temor a que envíe mensajes cifrados a sus comandos dispersos por el mundo o a que sirvan de altavoz a propaganda antiamericana. Tras un primer movimiento de fervor, y aunque muchas banderas siguen presentes, sobre todo en los establecimientos de inmigrantes de países islámicos, que buscan en la exaltación y exhibición de la bandera una suerte de detente-bala o de prueba del nueve de su patriotismo puesto en duda por su fe musulmana, los maniquíes han empezado a volver a las tiendas y la gente a encontrar consuelo y razón de ser en el consumo.

Junto al frente crítico de la sociedad de consumo, de la que Nueva York es su más formidable quintaesencia, el malestar de la cultura también llevó a poner en duda por parte de unos pocos los asertos del presidente de Estados Unidos y de buena parte de los medios de comunicación que interpretaron los atentados del 11 de septiembre como un ataque en toda regla contra la «civilización» o la «libertad» de la hiperpotencia y de sus principales aliados. Una neoyorquina ferozmente crítica como la ensayista Susan Sontag ha levantado ampollas y cosechado reproches a diestro y siniestro por el breve comentario que publicó en el *New Yorker*. Sontag se negó a calificar de «cobardes» a los pilotos suicidas que convirtieron a los aviones de pasajeros en misiles humanos y señaló que se trató de un ataque contra «la autoproclamada superpotencia mundial» a consecuencia de las «alianzas y acciones específicas de Estados Unidos». Sontag, para irritación del aparato político y militar de Washington, y de numerosos lectores de la prestigiosa revista neoyorquina, recalcó que la palabra «cobarde» debería ser aplicada de forma más adecuada a «quienes matan más allá del alcance de la revancha, desde lo alto del cielo, que a aquellos dispuestos a morir ellos mismos para matar a otros». Aunque publicado antes del inicio de los bombardeos contra Afganistán y los campamentos de Bin Laden, la referencia a los pilotos estadounidenses era meridiana, e insoportable para muchos que definen el patriotismo como cierre de filas frente al enemigo. Un tiempo mucho más difícil para pensar que antes del 11 de septiembre. Porque lo que desde luego no abunda en Nueva York ni en Estados Unidos es la ronda de preguntas, el porqué del ataque, sino el cómo acabar para siempre con los que atacaron, como si fuera posible deslindar la pregunta de la respuesta y como si los bombardeos no acaben provocando otros partos amargos en forma de horrendo *bang*. Tony Kushner, dramaturgo ampliamente galardonado por obras como *Ángeles en América*, estrenará en noviembre una nueva pieza que habla de la búsqueda por parte de su familia de una inglesa desaparecida en Afganistán. James Nicola, director del New York Theater Workshop, donde se presentará *Homebody/ Kabul*, acaba de señalar que no tiene la menor intención de posponer o suspender el estreno. «Es ahora más imperioso que nunca que pensemos en Afganistán, explorar lo que no sabemos acerca de ello y por qué no sabemos que no sabemos», asegura Kushner en un aparente juego de palabras lleno de sentido en estos tiempos de tan correoso humo e interesada confusión, en el que tan costoso resulta deslindar la verdad de la propaganda. En su ampliamente difundido, expoliado y analizado artículo sobre «el fin de la historia», Francis Fukuyama argumentaba que las fuerzas del totalitarismo habían sido derrotadas de una vez por todas entre Estados Unidos y Occidente, y de ese morder el polvo de la Unión Soviética y sus Estados satélites concluía el ensayista que habíamos llegado al punto final en cuanto a evolución ideológica de la especie humana. La libertad había prevalecido y las culturas que no pertenecían al mundo occidental resultaban para el caso irrelevantes. «Para nuestros propósitos, importaban realmente poco las extrañas ocurrencias que pudieran tener gentes en Albania o Burkina Faso». Ni en el fin de la historia, que contempla al liberalismo ocupando plácidamente el hotel del abismo, ni en la irrelevancia de lo que puedan pensar o decir en lugares tan remotos como Ruanda o Afganistán, parece haber finalmente estado acertado Francis Fukuyama. Tras los sucesos del 11 de septiembre, tan espectaculares, tan atroces, tan enigmáticos, el futuro tiene cara de abismo y desde los

cañones y desfiladeros de Manhattan, entre fascinantes rascacielos que podrían pasar por acantilados cortados por el hombre, no se palpa un mundo mejor.

ABC, 14 de octubre de 2001

EL MISTERIO DEL TREN A(ZUL)

Una A blanca dentro de un círculo azul. Es el emblema de la línea que corre desde Inwood, a orillas del río Harlem, en la calle 207, donde se angosta y termina la isla de Manhattan, hasta Rockaway, al extremo del barrio de Queens, una península bañada por las aguas de la bahía de Jamaica y las olas del océano Atlántico. Entremedias, cincuenta y una estaciones, Washington Heights, el barrio dominicano por excelencia, ruidoso, sucio, pobre y colorista; un ramal ahora cortado que se metía en Cortland, bajo las Torres Gemelas; un tramo bajo el East River, otro bajo Brooklyn y finalmente, ya abriéndose paso bajo la abrupta y esplendorosa luz del día, el aeropuerto John Fitzgerald Kennedy, un parque natural donde las garzas contemplan las maniobras de los aviones junto a palafitos y humildes casas de pescadores, y el final de trayecto, Rockaway Beach, silencioso, impecable, con chalecitos blancos de una y dos plantas con jardín y las más fastuosas vistas del *skyline* de Manhattan, hace sesenta y ocho días horrendamente amputado. Desde aquí vieron las llamas, aquí se desplomó el cielo. Aunque fue Billy Strayhorn, un protegido de Duke Ellington, quien compuso «Take the 'A' Train» ('Coge el tren A'), una pegadiza celebración del sistema de transportes de la ciudad de Nueva York, fue la banda de Duke quien la convirtió en «su» melodía. Esta sinuosa línea azul, la más larga de los casi mil doscientos kilómetros de *subway*, enlaza de forma misteriosa las tragedias que durante dos meses han sacudido Nueva York hasta sus entrañas: varias decenas de vecinos de Washington Heights quedaron sepultados bajo las torres y el 90 por 100 de los doscientos sesenta ocupantes del vuelo 587 con destino a Santo Domingo (también otra melodía famosa, esta vez merengue horneado por Quinito Méndez y Johny Ventura) que el 12 de noviembre, dos meses y un día después del ataque que borró del mapa las Torres Gemelas, se fue misteriosamente a tierra cuatro minutos después de despegar del JFK y perder el alerón con las dos AA de American Airlines. Carbonizó cuatro casas de Belle Harbor y cinco vecinos que amanecían ajenos a la muerte en la codiciada península de Rockaway, donde residían siete decenas de bomberos, policías y *brokers* que también perecieron bajo las ruinas del World Trade Center junto a otros tres mil. Hemos hecho caso de la sugerencia de la banda del legendario Duke, y «cogido el tren A» para saborear lo que tipos como James Agee, Henry Roth, John Dos Passos, Don DeLillo o Joseph Mitchell han experimentado en esta ciudad que acaso encierra, como escribió Thomas Wolfe, «el enigma que atormenta y maldice a todo el país», la ciudad por antonomasia del siglo xx y de este incierto y bisoño, y ya tan ensangrentado, siglo xxi, donde «los hombres andan siempre en busca de una salida y donde están condenados a errar siempre». Wolfe asegura que «en ninguna parte del mundo es eso más cierto que en Nueva York».

El metro de Nueva York es un silabario de razas, el cubículo temporal lanzado a toda velocidad por largos túneles de tiempo y penumbra donde se agitan y se mezclan todas las pieles de la tierra. Los seis pisos que separan la estación 181 de la calle no se los salta un torero, hace falta esperar uno de los ascensores con sentina de montacargas operados casi siempre por negros que no ven la luz del día, encogidos en su rincón, bajo un flexo y un ventilador mugrientos, aunque algunos no pierdan el humor y bendigan a los incesantes rebaños de desconocidos que suben y bajan con cariñosas arengas de pastor. Antes de salir al azul ya colado de las cinco de la tarde, ahora que la noche se esparce súbita como un tintero de presagios, la tienda de moda de Alexandra, que hace apenas unos días exhibía su repertorio de blusas y pantalones de fantasía por delante de los escaparates, está cerrada a cal y canto, y un racimo de velas arde entre flores. Primera señal del duelo dominicano. La calle 181, que da también nombre a la estación subterránea de la línea A, es un maremágnum de voces en español y cláxones en esperanto. Bolívar Peguero custodia la esquina entre la 181 y Wadsworth metido en su puesto de pastelitos: «De queso, de pollo y de carne. Yo los amaso, yo los cocino». Son empanadillas que se deshacen en la boca. Una «delicia dominicana», dice con ese acento dulce de los isleños que no aciertan a pronunciar la *r* final y fabrican un contagioso «Nueva Yol, mi amol». Bolívar Peguero es desconfiado y no quiere fotos. «En Nueva Yol siempre he tenido mi vida. Tengo mi pasaporte americano y si me gusta o no aquí es algo que no se puede contestar fácilmente», comenta con sorna esquinera este cocinero que dice ser capaz de «hacer todos los platos de la cocina española», y enumera: «Paella a la valenciana, paella a la marinera, salpicón de mariscos, fabada». Traza los lindes del sector dominicano entre las calles 172 y la 207: «Esto nos lo dieron los neoyorquinos a nosotros». Inwood y Washington Heights hablan español por los cuatro costados, como se palpa en el paisaje humano en movimiento y en los rótulos del capitalismo popular de aquí, antiguo territorio de griegos, judíos e irlandeses que a partir de los años sesenta se fue poblando de hispanos y hoy alberga la mayor comunidad dominicana del mundo después de la isla caribeña que comparten con los haitianos. Bolívar Peguero se pone bronco cuando le preguntan por el vuelo 587: «El que quiera decir que es un atentado miente. Negligencia técnica, puede. Pero no sabotaje. Si hubiera sido un atentado hubieran hecho volar el aeropuerto Kennedy. Pero muchos comeplátanos no saben lo que es un fallo técnico». Desde el puesto del cocinero de pastelitos se escucha el rumor incesante del barrio, y se contempla una de las más llamativas decoraciones navideñas de toda la ciudad en un cuarto piso: una gigantesca bandera de Estados Unidos hecha amorosa y rudimentariamente con luces de colores. «Allí vivía Tito. Sus dos hijos pequeños, Lorenzo y Robertico, le acompañaban el lunes camino de la isla. Y los tres están muertos».

«¿Volvería usted a Santo Domingo?».

«Yo soy de aquí».

El improvisado altar, como el de Alexandra en la estación del metro, se ha convertido en una forma espontánea de elaborar el luto que se ha hecho ceremonia común en toda Nueva York desde el 11 de septiembre para víctimas invisibles, para seres que se han evaporado, como los de las torres. Velas en un cajón, fotos de los desaparecidos en ahora chocantes celebraciones de vida: bautizos, cumpleaños, bodas, viajes... Y frases de recuerdo de amigos, familiares, y desconocidos. El altar donde arden las velas está a la orilla del portal del número 160 de Wadsworth, la casa de Tito y Elisa. «Ella está algo mejor», comenta Bolívar Peguero como si compartiera un secreto comprometido: «Porque la sedaron». Manuel Correa tiene cincuenta y seis años y es seguramente el único puertorriqueño del bloque que ocupa casi una manzana y en la que viven cuatrocientas personas, un desmentido viviente de que dominicanos y boricuas no se pueden ver. Amigo íntimo de Tito, cuenta que era encargado de seguridad de un club-restaurante del Bronx. «La mujer se quedó con la otra hija mientras él se fue a Santo Domingo con sus hijos de dos y cuatro años para que conocieran a sus abuelos, porque no les habían visto. Tito no viajaba a la República Dominicana desde hace por lo menos siete años. Era un hombre bien buenísimo. Hacía cualquier cosa por cualquiera, te prestaba un dinerito y nunca te lo pedía». Rosa Miranda, vecina y amiga, se coge del brazo de Manuel Correa para corroborar sus asertos. «Nunca pensé que iba a reaccionar así, que me iba a emocionar tanto. Hasta que la pena no te cae cerca no te das cuenta. Pero es cierto que era muy buena persona, no es porque se haya muerto que ahora hablamos bien». Y lo sabe de buena tinta, pues

Rosa Miranda, que tiene treinta y siete años (a los seis la trajeron desde Santo Domingo), trabaja en el banco del barrio en el que Tito tenía su cuenta. «Era lo que nos faltaba desde lo de las torres. Nos están golpeando duro. Lamentablemente, la ciudad más importante del mundo, porque muchos se morían por no quedarse ciegos si no la veían, lo está pasando mal. Si esto sigue así, con tanto estrés, me volveré a Santo Domingo». Mientras las grandes letras rojas de MIRADA atrapan la vista en plena calle 181, La Casa de las Maletas no para de martillear el oído de los transeúntes: «Vengan, vengan, corran a la casa de las maletas. Pantalones, camisas, perfumes. Único en Nueva Yol. Corran, corran, no se detengan, que esto se está acabando». La Avenida de Amsterdam es una de las fronteras del Nueva York dominicano, con centenares de miles de dominicanos del medio millón que habita en la ciudad, entre Manhattan, el Bronx y Queens, aunque a ellos les gusta presumir que son más que los puertorriqueños, y casi un millón sólo en Washington Heights e Inwood. Todavía no. Pero como el río de automóviles que se dirigen hacia el puente de Washington, que salva el río Hudson y enlaza con Nueva Jersey, otra de las aduanas de la comunidad, su marea es incesante. En el 2410 de Amsterdam, con una orilla que es un terraplén ante el que aparcan furgonetas de frituras, como La China, Chimichurri, El Lechonazo, con sus tentadoras y tristes luces de neón, se ubica Alianza Dominicana, la más famosa organización popular del barrio, que se ocupa de ayudar a los que llegan de la isla y se instalan aquí: «Estamos de luto», dice una sábana de la que penden las banderas dominicana y estadounidense. El tipo de la puerta, un moreno grandón, no se muestra precisamente amable. «Están todos en la vigilia», y se zafa de los inoportunos con una octavilla: «Debido a la reciente tragedia que afecta a todos los Dominicanos y la Comunidad de Washington Heights/Inwood Alianza Dominicana, Inc., en solidaridad con las incontables familias y amigos de las víctimas del vuelo 587 de American Airlines tendremos una Vigilia». La cita es a las seis de la tarde en «J. Hood Wright Park, Calle Oeste de la 173 y la Avenida Ft. Washington», uno de los históricos enclaves donde George Washington combatió palmo a palmo a los ingleses. «La cosa no está fácil. Y ahora se van a poner más duras con esto que pasó. Conocía a una muchacha y a una señora que iban en el avión. Iban a un funeral por la abuela de la niña y la madre de la señora, y murieron ellas». Antony Guzmán no es hombre de muchas palabras. Nacido en Santo Domingo hace cuarenta y un años, se vino a Nueva York en el 81. Tiene trazas de galán de cine venido a menos, pero lo suyo no ha sido nunca la pantalla. Vive al otro lado del río, en Nueva Jersey, y observa cómo Jacobo Montán, un mecánico bienhumorado, le arregla una rueda del «carro» a golpe de martillo mientras un ayudante ilumina la escena con una lámpara portátil en el improvisado taller al aire libre en la esquina entre la calle 171 y Amsterdam. «Está en el paro por lo de las torres. Pero no escriba mucho, no nos vayan a detener», y rompe a reír el mecánico Montán bajo la lámpara portátil que parece copiar una pequeña escena de Caravaggio en Washington Heights. La noche ya se ha trenzado sobre el barrio, que alienta en las peluquerías, las bodegas o grocerías (versión hispana de *grocery*) y las botánicas (herbolarios y farmacias populares para rotos y descosidos). La agencia Island Travel se ocupa de buena parte de los asuntos que pueblan nuestras vidas, como anuncia en un bajo de la calle 173 cerca de la avenida Audubon a la que se asoman cuidados apartamentos: las luces prendidas muestran atisbos de vida interior, visillos, plantas, sombras. «Divorcios, pasajes, llamadas, licencia de conducir». Ramón Fernández es dominicano y tiene treinta y seis años. «Afortunadamente» no vendió ningún pasaje del vuelo 587, dice desde detrás de una urna de cristal, pero tiene una historia que contar: «Me llamó una clienta para tratar de prorrogar un billete que caducaba. No se podía hacer nada. Le dije que fuera directamente al aeropuerto para ver si conseguía que se lo validaran. Al final decidió enviar a su hija de cuatro años con una amiga para que viera a sus abuelos. Es una fatalidad». Habían empezado a remontar el bajón de venta de pasajes que trajo consigo el desastre de las torres, «y ahora esto. Ha habido muchas cancelaciones, pero si no pasa nada más espero que de aquí a Navidad volvamos a donde estábamos». Camino de la vigilia hay que cruzar Broadway, la gran arteria que divide el barrio entre pobres y ricos y que baja ondulante por toda la isla, como el tren azul bajo el pavimento, hasta el corazón de Manhattan, *downtown*, tan lejos de aquí, de los rótulos que anuncian «prontoenvío, llamadas internacionales, cervezas frías, productos mexicanos y colombianos», colmados y *grocerías*.

La vigilia es al aire libre. Moisés Pérez, el presidente de Alianza Dominicana, habla con verbo barroco mezclando sin solución de continuidad frases en español e inglés, como hacen muchos de los que viven aquí. «El espíritu de esta comunidad ya fue puesto a prueba por el huracán George». Mujeres y niñas, hombres y jóvenes sostienen velas en la noche de octubre, tibia, y estampas de un La Tour que nunca estuvo aquí vienen súbitamente a la memoria, como las palabras de John Berger: «Las reproducciones y las felicitaciones navideñas con imágenes de La Tour convencen al público de una sociedad consumista de que a lo que realmente aspiran es a la simplicidad y la reverencia humanista». Pero también, y acaso por eso tenga un lugar aquí, el escritor Berger cree que Georges La Tour «veía la vida como un esquema sobre el que nadie en este mundo tenía control, un esquema revelado en la profecía y las escrituras», y todavía: «La luz de las velas despersonifica y desracionaliza. Y se desdibuja la frontera entre el ser y el no ser, la realidad y la ilusión, la conciencia y el sueño». Pero Priscilla Novas se considera un ser de carne y hueso. A sus catorce años podría haber servido de modelo a un La Tour que hubiera viajado a Washington Heights. Sus padres abandonaron la República Dominicana, pero buena parte de su familia sigue en el Caribe: «Me gusta Nueva York y me gusta la República Dominicana. Me gusta todo lo que tengo aquí, pero me gusta cómo la gente trata a la gente allí». Confiesa que vino a Fort Washington a escuchar lo que el alcalde Rudolph Giuliani tenía que decir. Una compañera de clase perdió a quince personas en el vuelo 587 que se estrelló esa noche tibia del martes hace apenas treinta y seis horas, y su tío se quedó sin trabajo cuando las Torres Gemelas se vinieron abajo. Es todo lo cerca que le han rozado las tragedias de los dos últimos meses. Aparece el alcalde escoltado por un pequeño grupo de guardaespaldas y enseguida se mete al centenar de vecinos de Washington Heights en el bolsillo, sobre todo cuando dice que esta tragedia ha unido dos comunidades alejadas en el mapa de Nueva York, una de clase baja y obrera, otra de clase media acomodada y clase alta, una netamente urbana y bronca, otra casi rural y paradisíaca, unidas por una línea de metro que parece un dibujo de tiza sobre el mapa de Nueva York y sus cuadrículas. «Creo que sería algo hermoso para esta ciudad si pudiéramos reunir a las dos comunidades para que pudiéramos rezar juntos y demostrar lo unidos que estamos», proclama Giuliani entre aplausos y gritos de aquiescencia de los que sostienen velas en la mano y el rostro iluminado por un resplandor casi tan espectral como el que vislumbran desde la noche del mar los yoleros, los que se echan al mar en las playas de la República Dominicana para ganar la costa de Puerto Rico, primera etapa de una travesía para ganar Nueva York, y la más peligrosa, la que como en las aguas del estrecho de Gibraltar se cobra decenas y decenas de vidas cada año. Así lo cuenta en *I Love America* la actriz y escritora Lidia Ramírez, con su estremecedor monólogo plagado de voces y de personajes de la vida y la tragedia dominicana, que salpimenta con humor y dolor a manos llenas, aunque el poso que deja es de ineludible melancolía, y que nos lleva al Malecón, uno de los restaurantes con mejor sabor de todo Washington Heights que como el ferrocarril subterráneo, ese tren que empieza por A y que, como tantos otros locales y estaciones aquí, no cierra nunca, mantiene las luces y la extraordinaria cocina encendidas la noche entera. «La gente estaba a gusto, no se quería ir, y nos costaba echarles, y así decidimos no cerrar nunca». Alexis Hernández tiene treinta y siete años y es un vecino reciente, apenas un año en la ciudad. Llevaba seis temporadas yendo y viniendo, sin acabar de decidirse a dar el salto. El Malecón es la avenida principal de Santo Domingo, la que da al mar, y por eso no es de extrañar que muchos dominicanos hayan encontrado en este restaurante alivio para el paladar y la nostalgia. «Aquí hemos estado de luto. Muchos de nuestros clientes tienen familiares que murieron en las Torres Gemelas y en el accidente del vuelo 587. Después del atentado la clientela bajó un 60 por 100. Ahora empezábamos a recuperarnos, y después de la catástrofe del lunes, ha vuelto a bajar un 40 por 100. Casi todos los muertos del avión eran vecinos de aquí, vivían aquí. Lo que se siente es una nueva incertidumbre. Algunos dominicanos están pensando en volver. Pero yo he decidido quedarme. A pesar de las dos tragedias, y del carbunco, la vida no se detiene. Hay que seguir volando». Cincuenta personas trabajan en El Malecón, mexicanos y dominicanos comparten fogones, mientras que la mayoría de las amorosas camareras son dominicanas. «Hemos tenido que despedir a cinco empleados, pero volveremos a contratarles en cuanto nuestros clientes regresen». La noche levanta sus farallones sobre los inmuebles que ocultan el río, concede otra resonancia a las figuras paradas en los chaflanes, junto a *delis* y *grocerías*, al resplandor mortecino de las lámparas, entre velocidad del tránsito, patrullas de la policía, pena tras tantos visillos, y el jazz de la gran ciudad que ensambla todos los murmullos como el cabeceo y la constancia de un tren azul, invisible, perseverante como un topo. «Nunca sabremos si fue un accidente o un sabotaje», dice un asiduo a la esquina de Bolívar Peguero, mientras se embaula uno de queso, pero el cocinero está a la que salta, no admite la sombra de una duda, enciende un cigarro y apoyado en un buzón mira hacia las luces navideñas de la casa de Tito, una bandera que titila, extraña en medio de una fachada tan penumbrosa como la misma calle.

El tren A une física y metafóricamente dos latitudes, dos realidades, dos *nuevayorks* completamente distintos, ajenos por completo el uno al otro, salvo tal vez por los inmigrantes hispanos que, como el colombiano Elmer Garzón, de cincuenta y tres años, que vio pasar por encima de su «carro la cola del avión con las dos letras» antes de ir a parar a las aguas límpidas de la bahía de Jamaica. Hispanos que adecentan «praderas y jardines» de Bell Harbor, el precioso barrio sobre el que se precipitó el Airbus cargado de dominicanos que la mañana del 12 de noviembre madrugaron de lo lindo en sus casas de Washington Heights para coger el primero de la mañana, el 587 del merengue famoso:

> Llegó el avión
> Ése es el vuelo 587 con destino a Santo Domingo
> El avión viene fleta'o de maleta empaqueta'o
> Viene lleno de esperanza
> También de alegría
> A pasar las navidades con la gente mía.

Iban camino del Caribe y se quedaron a morir en Queens. Luis Brito es un cantante y guitarrero de cuarenta y ocho años, ecuatoriano de Cuenca al que a menudo le pesa «la soledad de esta ciudad». Tiene buen timbre y buen temple cuando se asienta en medio del vagón que corre hacia el sur de Manhattan, ese *downtown* inasequible para las parcas fortunas de los vecinos de Washington Heights, donde el paro y la pobreza galopan abrazados. Tenía una orquesta en su Cuenca natal, pero se vino a probar fortuna más arriba, en parte impulsado por su fe: «Soy adventista del Séptimo Día», confiesa mientras enseña su último CD, *Le canto, a mi primer amor*, así, con coma enfática y torturada, y donde se sirve de bachatas, cumbias, boleros, merengues y hasta rock para traducir sus inquietudes espirituales: «Alfa y omega», «Jesús viene en las nubes» o «Un nuevo amanecer». En un alto en el bamboleo subterráneo, predica Luis Brito: «En la Biblia están muchas cosas. Yo le doy las gracias a Dios porque me ha permitido escudriñar la palabra». Faltan todavía varias estaciones para Chambers, la más próxima al Centro Mundial de Comercio, todavía una espantosa escombrera de fuegos que no cesan desde el 11 de septiembre, todavía una tumba donde yacen miles de seres pulverizados, todavía un desgarro que sirve para interpretar y trastocar todo lo que ocurre. Un avión se estrella y nada convencerá a muchos neoyorquinos de que fue un accidente. Luis Brito tiene sus propias ideas: «Esto es como Sodoma y Gomorra. Por eso Dios nos está mandando avisos. Porque el Señor quiere que el pueblo vuelva a su redil». Brito se queda atrás, con sus músicas, ganándose el sustento de vagón en vagón no sin antes repartir hojitas de la Iglesia Hispano Adventista del Séptimo Día. El tren recobra su ritmo de jazz, la música que tal vez mejor recrea el alma de esta ciudad donde los hombres viven y mueren y tratan de zafarse de la pena y ser felices. Sharon es una musulmana negra que anuncia las estaciones y abre y cierra las puertas del convoy que hace rato ha dejado atrás los túneles que todavía huelen a humo y chamusquina del 11 de septiembre, que ya ha cruzado el East River al sur del puente de Brooklyn, muy por debajo de la corriente. Sharon no quiere fotografías, pero confirma que «la línea A es la más larga de toda la red, con más de treinta y un kilómetros de extensión». Antes de arribar a la estación de Broad Channel, la parada más cercana al parque natural de la bahía de Jamaica, el convoy ya ha hecho su descarga de pasajeros con destino al aeropuerto de JFK, que el lunes volvió a dejar todos sus pájaros de hierro pegados a las pistas ante la perplejidad de garzas y gaviotas que abundan aquí. El tren A, que iba a media mañana del lunes cargado con otra especie de aves, estas carroñeras y provistas de todo tipo de artilugios para capturar cuerpos y almas, frases y humo, escombros y lágrimas, volvía a ser el miércoles un remanso, con los pájaros de metal otra vez surcando el aire y las aguas de la bahía de Jamaica reflejando un impecable día de otoño, y apenas dos pasajeros: un pescador ensimismado en sus pensamientos y una muchacha que aprovecha el largo trayecto para hacerse la manicura. En Broad Channel se bifurca el tren azul: un ramal corre hasta Far Rockaway, mientras otro gris enlaza con Rockaway Park Beach, una estación de ladrillo que necesita una buena mano de pintura y los servicios de un fontanero con recursos para desatascar el urinario donde colillas y feos humores sobrenadan igual de sombríos el lunes que el miércoles, un buen fontanero como el valenciano Federico de la Asunción, a quien sus compañeros de trabajo pagaron un viaje a la República Dominicana como premio a su jubilación y que vino a encontrar la muerte contra esta península de Rockaway, desde la que en días extremadamente claros, cuando la saudade es tan insoportable que hay que emborracharse de jazz y algo más acaso se divise la costa de la Muerte, donde los faros de Fisterra barren el mar. Los trazos del 11 de septiembre están por todas partes, desde el cartel dedicado a los héroes del cuerpo de bomberos hasta memoriales en la avenida Newport, donde el 11 de septiembre se mezcló con el 12 de noviembre, porque allí, entre las calles 130 y 131 acabó sus días el vuelo 587. American Airlines, tal vez para desafiar el mal fario, acaba de rebautizar el primer vuelo del puente aéreo entre Nueva York y Santo Domingo con la cifra 619. La avenida de Newport se convirtió súbitamente la hermosa mañana del lunes en un remedo de la hermosa mañana del 11 de septiembre: otro de los lugares más deseados de Nueva York se volvió de repente un infierno de cuerpos carbonizados entre fuego, hierros retorcidos y una gigantesca humareda que se veía desde el corazón de Manhattan. Parecía como el humo que dos meses y un día antes había coronado las Torres Gemelas y que los vecinos de Rockaway Beach habían contemplado perplejos desde sus casas en la península, sin saber todavía que setenta vecinos, entre bomberos, policías y empleados de empresas como

Cantor Fitzgerald, que ocupaban los pisos más altos de los dos colosos, se iban a contar entre los muertos. El tramo sur de la península está habitado en su mayor parte por profesionales independientes, anglosajones adinerados, que pueden pagar hasta los tres millones de dólares (más de 500 millones de pesetas) que cuestan los chalets más rutilantes y con más jardín alrededor, y bomberos y policías, muchos de ellos de origen irlandés, como Bill Nolan, que en el World Trade Center perdió a treinta amigos, que viven en casitas menos ostentosas, con su pequeña franja de césped, flores, calabazas del reciente Halloween.

La policía ha establecido un férreo cerco de seguridad entre la avenida Cronston, donde se levanta la escuela pública y que el lunes estaba vacía por celebrarse el día de los Veteranos, el bulevar Rockaway Beach y las calles 134 y 127. A la orilla custodiada por policías como la agente Aberle, que pertenece a una comisaría de Brooklyn y no supone ni deja suponer nada, llegan vecinas del cercano Parkaway Park, como una anciana de pelo blanco que en las Torres Gemelas perdió a su hijo, bombero, y a quien el dolor se le ha reavivado con este nuevo episodio y sin embargo se acerca con su bicicleta para ver con sus propios ojos, aunque la agente Aberle no se deja convencer. Erika Kaller nació en la villa ucraniana de Uzhgorod hace cuarenta y un años. Lleva quince aquí, en una península que parece «un lugar de vacaciones» y que como ante el ataque contra los edificios iguales y más altos de Manhattan volvió a pensar que «no podía ser cierto, que era irreal, una película». Las primeras noticias de la mañana del 12 de noviembre, cuando las autoridades se temieron un nuevo atentado y de inmediato fueron cerrados todos los puentes y túneles que anclan la isla de Manhattan, y los tres grandes aeropuertos de la zona (JFK, Newark y La Guardia), daban cuenta de que el avión se había estrellado contra la calle 131, donde bullen una pizzería, una escuela y varios comercios. Muchos vecinos, como Erika, a quien su madre ha venido a visitar desde Rusia, se temieron una doble matanza: la de los 260 ocupantes del avión, la de los que estaban en tierra. Lucielle Sorba conocía a Thomas y Helen Concannon. Él tenía setenta y nueve años y estaba jubilado de su trabajo como vicepresidente de un banco. Ella tenía setenta y tres y cocinaba. Vivían en Beach 128. No queda nada. Como también conocía a Franco Pomponio, de cuarenta y cinco años, que se había mudado a Belle Harbor en 1995 y justo el pasado domingo se había dedicado a reparar la casa, también en Beach 128, que un avión iba a convertir en cenizas a la mañana siguiente. Su mujer y sus dos hijos no estaban allí cuando el vuelo 587 tomó tierra donde no debía, donde nadie había imaginado nunca. Lucielle Sorba tiene cincuenta y nueve años, cuatro hijos, una casa blanca y bien cuidada, con porche clásico de listones blancos en los que a los yanquis y al resto de la humanidad les gusta pasar los anocheceres de verano. «Aquí todos nos conocemos. Es una comunidad pequeña, de profesionales liberales, muchos con apartamento en Manhattan y segunda residencia aquí. Cuando cayó el avión pensé que un gigantesco camión, de esos de dieciocho ejes, había chocado contra algo. Pero enseguida pensé que esos camiones jamás pasan por aquí. Mi casa se movió y los platos entrechocaron». Su apellido procede de Córcega, pero ella se siente «americana» (estadounidense) por los cuatro costados. Madre de un detective especializado en narcóticos, lleva treinta y cinco años viviendo en la misma casa. Coge su perro en brazos y comenta con una mezcla de resignada aceptación: «Son cosas que pasan. Lo triste es que te conozcan por algo así». Sonia Brackly nació en la India, tiene treinta y dos años, dos hijos que lleva en su carrito por las calles soleadas de Belle Harbor mientras policías y bomberos siguen recogiendo a tres manzanas restos humanos e indicios que expliquen la catástrofe. Aunque vive en la calle 134, el lunes le cogió afortunadamente lejos del barrio, con su marido y sus hijos. También pensó que el *airbús* de American Airlines había hecho impacto contra la calle 131, y se temió un espanto mayor. Su marido tenía amigos que trabajaban en las Torres Gemelas. Acaban de regresar de un viaje a Barcelona «para olvidar toda aquella pesadilla. Y ahora esto. No tiene sentido que fuera un atentado, pero la verdad no sé qué pensar». En Washington Heights canta el tráfico, en Parkaway Beach se oye cantar a los pájaros. Hay parques en Washington Heights, pero su silencio no es el de la península que baña el océano Atlántico. Vidas misteriosamente cruzadas, también por un tren azul. Louis de Gaetano tiene cuarenta y nueve años. A pesar de su apellido, que lleva a sus ancestros a Italia, uno de sus abuelos nació en Túnez y él vino al mundo en Brooklyn. Es el segundo de a bordo en la iglesia católica de San Francisco de Sales, donde el viernes de la semana pasada se celebró el decimosegundo funeral por víctimas del World Trade Center. Entre muertos y desaparecidos, son sesenta y nueve vecinos de una comunidad de mayoría católica y judía. «Todos estamos en el mismo proceso de enjugar el duelo y curarnos. La tragedia forma parte de toda vida, aunque a veces resulte difícil encontrar respuestas». El padre titular, Martin Geraghty, esperaba que después del funeral del viernes anterior a la nueva catástrofe por fin empezaran a cerrarse las heridas. «Pero ha sido un corto fin de semana». Noticias de la guerra lejana vienen a entremezclarse con estampas de dolor cercano, de vecinos con nombres y apellidos. Pero para el padre De Gaetano no hay guerras justas: «No pueden ser justas cuando mueren inocentes».

El tren A está a punto de ponerse de nuevo en marcha. En realidad nunca para. Siempre hay algún largo convoy en movimiento entre Washington Heights y esta península de Rockaway, entre los altos de Manhattan y las playas de Queens. Danny Benet tiene cuarenta y seis años y se cubre la cabeza con un pañuelo-bandera, la de las barras y estrellas. Apoyado junto a una de las vigas de la estación término de Rockaway Park, pregunta: «¿También tienen terrorismo en España? ¿Y por qué?». El tren azul está a punto de partir y Danny Benet se dice, como masticando las palabras: «Es muy triste que alguien mate a inocentes por una idea». El tren A se pone en marcha. Será un largo viaje hasta Manhattan. En «La ciudad blanca», Claude McKay dejó escrito:

Yo veo la poderosa ciudad a través de una bruma:
Los trenes estridentes vomitando masas espoleadas,
Los pilares y campanarios y torres abrazados por el vapor,
El puerto amurallado que surcan los grandes barcos,
Las mareas, los muelles, los antros que contemplo,
Tienen la dulzura de los amores libertinos, porque odio.

Y la dulzura y el misterio del tren A, entre estertores, humor acre, tantas devastaciones y una extraña esperanza azul jazz avanza y se desvanece.

ABC, 18 de noviembre de 2001

EXPRESIONISMO PARA UN MUNDO
DESPEDAZADO

Además de un crimen extraordinario orquestado por un genio del mal no sólo por su empleo de los mayores logros del positivismo tecnológico sino de los resortes propagandísticos de la sociedad del espectáculo, ¿qué tipo de estilización artística se puede hacer de la muerte en directo de tres mil personas y de la conversión de dos colosos idénticos de ciento diez pisos en una descomunal e instantánea escombrera y cementerio, pavorosamente real y simbólico al mismo tiempo, capaz de instilar el miedo en dosis duraderas y masivas? La conquista de la felicidad por medio de la técnica y la visión del progreso constante de lo mismo estalló en pedazos con la Primera Guerra Mundial. Filósofos como Friedrich Nietzsche y escritores como Franz Wedekind presagiaron el malestar que se incubaba en Europa y que desembocaría en la primera de una serie de matanzas que emascularían el siglo xx. Ese periodo agónico en torno a la Gran Guerra serviría de caldo de cultivo a uno de los movimientos artísticos más ambiciosos y cuyos hallazgos siguen sobrecogiéndonos: el expresionismo, que encontraría su mejor arena en la Austria y Alemania de un imperio que se desmenuzaba. Antes del 11 de septiembre, nada hacía pensar que Estados Unidos fuera a tener que enfrentarse a una profunda revisión de su papel en el mundo y que el terrorismo haría su entrada triunfal en el siglo xxi, al igual que un acto terrorista en Sarajevo «inauguró» el siglo xx y encendió la mecha de la Primera Gran Guerra. (Paradójicamente, fue también en Sarajevo donde en 1992, con otra era de matanzas y *limpieza étnica* en el corazón de Europa, se cerraría tempranamente el siglo XX.) Antes de septiembre, Nueva York, rutilante capital financiera, comercial y cultural del mundo, con su ardiente cosmopolitismo de metrópolis en la que cerca del 40 por 100 de sus habitantes han nacido fuera de las fronteras del imperio americano, se mecía entre la exuberancia irracional del mercado de valores y el aura de un destino manifiesto, sin que el arte se sintiera obligado a indagar en las profundas injusticias y desigualdades aguijadas sin cesar por el «modo de vida» y el «derroche desaforado, como si los recursos fueran inagotables» de un país que pese a contar tan sólo con un 5 por 100 de la población de la Tierra consume el 25 por 100 de sus riquezas. Sin que el arte estadounidense sintiera, salvo francotiradores, la necesidad de volver a hacerse las preguntas que los expresionistas alemanes y austríacos se hicieron en medio de otra época aparentemente (aunque sólo fuera por los vatios encendidos en las metrópolis y el resplandor incipiente de los anuncios capitalistas) más oscura que ésta. No deja de encerrar ciertas paradojas que en medio de la incertidumbre que se ha desplomado sobre la hasta el 11 de septiembre alegre y confiada Nueva York acabe de abrir sus puertas en plena milla de los museos (calle 86, esquina con la Quinta Avenida) una Nueva Galería precisamente dedicada a un arte como el expresionista que si de algo puede ser calificado, como certeramente señala Mario de Micheli en *Las vanguardias artísticas del siglo XX*, es de «arte de oposición»: oposición y rechazo a un positivismo encantado de sus propios logros y ciego ante sus carencias y contradicciones. La época es otra y la lluvia feroz que ha batido los arrabales y centros de las ciudades del siglo XX durante décadas y décadas ha dejado pocos títeres con cabeza, pero las estremecedoras obras de artistas como Egon Schiele, Max Beckmann, Otto Dix, Vassili Kandinsky, Gustav Klimt, Oskar Kokoschka, Ernst Ludwig Kirchner, Emil Nolde, George Grosz o Paul Klee, que pueblan de muerte, miseria, desolación, sexo, sensualidad, belleza, torsión, angustia, ansiedad, lujo, resquemor, violencia, desesperación, exaltación, espiritualidad y desgarro las paredes de la hermosa mansión construida en 1914 por Carrère y Hastings y espléndidamente restaurada y habilitada para museo por la arquitecta alemana Annabelle Selldorf, parecen más apropiadas que nunca. El museo alberga la espléndida colección abrigada y alimentada desde mediados del siglo XX por Serge Sabarsky, que falleció en 1996, todavía lejos de ver completado su sueño, y Ronald S. Lauder, dueño de un emporio cosmético. La Neue Galerie, que además de sus extraordinarios fondos expresionistas alemanes y austríacos cuenta con un admirable repertorio de artes decorativas de la época de entreguerras, con objetos *art nouveau* y de la Bauhaus, toma su nombre de la famosa galería vienesa fundada en 1923 y que se convirtió en uno de los más importantes escaparates de figuras como Klimt, Schiele y otros asociados a la llamada Secesión, que rompieron de forma radical con la Academia. Viena y Berlín, capitales de dos imperios que saltarían hechos pedazos en la catástrofe del 14, fueron en aquella época hervidero de algunas de las corrientes y vectores artísticos e intelectuales más vigorosos de todo el siglo XX. René Price, el director del nuevo museo abierto en la prestigiosa vecindad de la Frick Collection, el Metropolitan Museum of Art, el Whitney, el Guggenheim, el Museo Judío y el Museo del Barrio, considera que se pueden establecer algunos paralelismos entre los temores y ansiedades desatados por los atentados del 11 de septiembre y los que expresan en sus obras muchos de los artistas que cuelgan de la Neue Galerie: «Algunos como Dix, Beckmann, Kokoschka y Kirchner padecieron la Primera Guerra Mundial y nunca terminaron de recobrarse. A su término, la ansiedad es inseparable de su obra. El hecho también de que fueran tachados por los nazis de artistas degenerados fue algo que algunos de ellos nunca lograron superar». Arte degenerado que ahora vuelve a emocionar y a turbar profundamente, a hacer preguntas hirientes desde los muros de un nuevo museo en Manhattan en tiempos de incertidumbre acerca de un futuro que hasta ayer mismo se presumía resplandeciente y hoy parece más vulnerable que nunca. Herederos del Greco y Goya, de Gauguin, Ensor, Van Gogh y Vlaminck, de Munch y Strindberg, «para ellos el cuadro no debía ser "decoración, composición, orden", sino sólo "expresión"», de tal modo, como recuerda De Micheli, que «la pintura se convierte para ellos en un modo de desencadenar sobre el lienzo la violencia de las propias emociones», o, como escribe Derain, en una frase que sirve de eco a algunas de las furibundas y estimulantes formulaciones de Nietzsche: «Los colores eran para nosotros cartuchos de dinamita». Si en un texto de 1916, dice Hermann Bahr: «El hombre de la edad burguesa no es más que oído, escucha al mundo, pero no le lanza su aliento. No tiene boca: es incapaz de hablar del mundo, de expresar la ley del mundo. Y he aquí que el expresionista le vuelve a abrir la boca al hombre. Demasiado ha escuchado el hombre en silencio: ahora quiere que el espíritu responda», Kasimir Edschmidt proclama al año siguiente: «El artista expresionista transfigura [...] todo el espacio. Él no mira: ve; no cuenta: vive; no reproduce: recrea; no encuentra: busca. La concatenación de los hechos —fábricas, casas, enfermedades, prostitutas, gritos y hambre— es sustituida por su transfiguración. Los hechos adquieren importancia sólo en el momento en que la mano del artista, que se tiende a través de ellos, al cerrarse, aferra lo que está detrás de ellos. El artista ve lo humano en las prostitutas y lo divino en las fábricas y vuelve a situar cada uno de los fenómenos en el conjunto del mundo». No fue un movimiento de vanguardia unificada, ya que albergó desde la abstracción de Kandinsky («Cuanto más espantoso se vuelve este mundo [como lo es precisamente el mundo de hoy], tanto más el arte se vuelve abstracto, mientras que un mundo feliz crea un arte realista») hasta la virulencia política de Grosz, que en 1925 diagnostica: «El alma debía entrar en liza. Éste fue el punto de partida de muchos expresionistas. Se trata de señores muy honorables, un poco demasiado meditativos. Kandinsky escribía música y proyectaba en

el lienzo la música de su alma. Paul Klee, sentado en una me-
sita de trabajo Biedermeier, hacía labores de ganchillo como
una frágil doncellita. En el llamado arte puro, sólo los senti-
mientos del pintor quedaron como objeto de representación;
la consecuencia fue que el pintor auténtico se vio obligado a
pintar su propia vida interior. Y aquí empezó la calamidad. [...]
Pero todavía siguen intentando salvar la bella palabra "arte" y,
en cambio, la comprometen». Un furioso Grosz a quien acaso
reventaría esta Neue Galerie, que parece domesticar el arte
que todavía grita en sus paredes y acaso esté reclamando de los
artistas contemporáneos un arte a la altura de las circunstancias. «En el fondo, los expresionistas —asegura Mario de Micheli— mantenían abierta una herida y demostraban el fracaso
de un orden; por ello eran enemigos, y como a tales el hitleris-
mo los persiguió, los dispersó, confiscó sus obras, las depuró
de los museos y las destruyó. Pero el expresionismo alemán
fructificará en otras experiencias fundamentales para el arte
moderno: en el arte mexicano, en el arte norteamericano de la
época rooseveltiana y en el arte italiano de los años más infaus-
tos del fascismo. En resumen, el expresionismo quedará como
una de las experiencias clave, como una matriz, aún hoy, no del
todo infecunda». Expresionismo para tiempos de penumbra
pese al resplandor: de los anuncios luminosos, de las bombas,
de los reflectores, de las bombillas de colores, de las trazado-
ras, de las luces rojas, de los automóviles y los trenes atravesan-
do el aguacero. De los faros.

ABC, 1 de diciembre de 2001

CODA

EL VACÍO DEL FUTURO

Las Torres murmuraban
eran parte del sueño
sobre todo cuando de noche
por la carretera del aeropuerto
las íbamos reconociendo:
el Empire, el Chrysler, las Gemelas.
Era un derroche de luz
cierto.
Como la de los paquebotes desde el Titanic:
nadie nos va a hundir
somos tan hermosos
tan fuertes
tenemos un destino manifiesto
el futuro es nuestro.

Una ciudad del siglo xx
lista para la eternidad
cien
mil años más
¿por qué no?
El viento del capitalismo es favorable
el fin de la historia
nuestro argumento.
Bogan en las entrañas de los rascacielos
como en las del paquebote
millones de remeros
millones de calafates, carpinteros, mecánicos

las marionetas de la plusvalía
reeeeema, reeeeema, reeeeema
labriegos tristes de las metrópolis
donde se mezclan los sueños con las derrotas
maquinistas de la revolución industrial.

La isla era hermosa
desde lejos
y desde dentro
avenidas como desfiladeros
calles como cañones
acantilados de mármol y vidrio
para el viento
las tormentas de nieve
el sol naciente
y el porvenir.

En la isla iban los dueños del mundo
y los esclavos
en la almadía falsa de la hermandad del idioma
inglés para todos
y todos los hijos de los pueblos y ciudades
sitios recónditos de África
lagares de Latinoamérica
campos de maíz de Europa
arrozales de Asia
maderas del Pacífico
hielos de la Antártida
todos los hombres jugando
con la misma rueda
el mismo país
una ciudad sin patria
salvo el dinero.

Las Torres eran un lienzo
reverbero de nubes
faros, brújulas, estacas de bares
vigas, hueco del viento
Termópilas del deseo
diapasón de lo que no somos
de lo que no éramos
de lo que no fuimos.

Primero fueron chimeneas
después hogueras de San Juan
luego castillo de naipes
más tarde horno
y cementerio
escombrera del único porvenir
pensamiento.
Por eso andamos tan huérfanos.
La muerte en directo
de los sueños y de los tótems
duele como una herida
en el regazo de la certidumbre.

Sucede que hay tragedias
cada día
que nadie ve
nadie cuenta
en chalanas y chozas
lejos de los paquebotes
de los rascacielos
de las ciudades
del relato del mundo.
Pero su vacío
era de los otros.
El vacío que hoy rezuma:
de nuestras arterias.

Humo
encima de las Torres
en la ciudad del porvenir
donde el futuro
parecía infinito
y la muerte
era siempre
la de los otros.

Nueva York,
martes, 9 de octubre de 2001

BIBLIOGRAFÍA

ADORNO, THEODOR WIESENGRUND, *Minima Moralia. Reflexionem aus dem Beschädigten Leben*, Francfort del Meno, Suhrkamp Verlag, 1951. [Hay trad. cast. de Joaquín Chamorro Mielkes: *Minima moralia. Reflexiones desde la vida dañada*, Madrid, Taurus, 1987.]

AGEE, JAMES, *Let us now praise Famous Men*, Hougton Mifflin Company, 1969. [Hay trad. cast. de Pilar Giralt Gorina: *Elogiemos ahora a hombres famosos*, fotografías de Walker Evans, Barcelona, Seix Barral, 1993.]

AGUIRRE, MARIANO, «America Underneath New York», en <www. opendemocracy.net>, 18 de septiembre de 2004.

ALFAU, FELIPE, *Chromos*. [Hay trad. cast.: *Cromos*, Barcelona, Seix Barral, 1991.]

ARENDT, HANNAH, «Franz Kafka, revalorado», traducción de Miguel Sáenz, en *Obras completas*, vol. I, Barcelona, Galaxia Gutenberg/ Círculo de Lectores, 1999.

ATLAS, JAMES, «Entre lo perdido: la ilusión de la inmortalidad», en *The New York Times*, 7 de octubre de 2001.

AUSTER, PAUL, *The Trilogy of New York*, Los Ángeles, Sun & Moon Press, 1985, 1986. [Hay trad. cast. de Maribel de Juan: *La trilogía de Nueva York*, 11ª edición, Barcelona, Anagrama, 2001.]

AZORÍN, JOSÉ MARTÍNEZ RUIZ, *La voluntad*, Barcelona, CAM-Caja de Ahorros del Mediterráneo/Bibliotex, 2001.

BAHRAMPOUR, TARA, «Learning to Love the World Trade Center», en *The New York Times*, 4 de marzo de 2001.

BARRY, DAN, «A Metropolis Made Great by Greed», en *The New York Times*, 21 de noviembre de 1999.

— «Death as a Constant Companion», en *The New York Times*, 11 de septiembre de 2002.

BASHEVIS SINGER, ISAAC, *Abessijanse Kronieken*, Ámsterdam, De Bezige

Bij. [Hay trad. cast. de Rhoda Heneld Abecassis y Jacob Abecassis: *Sombras sobre el Hudson*, Barcelona, Ediciones B, 2000.]

BAUDELAIRE, CHARLES, *Poesía completa. Escritos autobiográficos. Los paraísos artificiales. Crítica artística, literaria y musical*, Madrid, Espasa Calpe, 2000.

BAXTER, JENNY Y MALCOLM DOWNING, eds., *The BBC Reports on America, its Allies and Enemies, and the Counterattack on Terrorism*, Nueva York, The Overlook Press, 2002.

BAZELL, JOSH, *Beat the Reaper.* [Hay trad. cast. de Benito Gómez Ibáñez: *Burlando a la Parca*, Barcelona, Anagrama, 1999.]

BEGAY, JASON, «Native New Yorkers (the Original Kind)», en *The New York Times*, 29 de agosto de 2002.

BEHAN, BRENDAN, *Brendan Behan's New York*, Londres, Hutchinson & Co., 1964. [Hay trad. cast. de Julio Labí: *Mi Nueva York*, Barcelona, Marbot, 2008.]

BENJAMIN, WALTER, *Poesía y capitalismo. Iluminaciones I*, prólogo y traducción de Jesús Aguirre, Madrid, Taurus, 1998.

BERGER, JOHN, «¿Guerra antiterrorista o guerra terrorista?», en *El País*, 14 de junio de 2002.

— *About looking.* [Hay trad. cast. de Pilar Vázquez Álvarez: *Mirar*, Barcelona, Gustavo Gili, 2001.]

— *The sense of Sight*, Random House, Pantheon Books. [Hay trad. cast. de Pilar Vázquez Álvarez: *El sentido de la vista*, Madrid, Alianza, 1990.]

BERGER, JOSEPH, «The Other Bridge, But All Brooklyn», en *The New York Times*, 22 de junio de 2003.

BERMAN, MARSHALL, *All That Is Solid Melts into Air. The Experience of Modernity*, Nueva York, Penguin Books, 1988. [Hay trad. cast.: *Todo lo sólido se desvanece en el aire*, Madrid, Siglo XXI, 1991.]

BERNHARD, THOMAS, *Der Untergeher*, Francfort del Meno, Suhrkamp Verlag, 1983. [Hay trad. cast. de Miguel Sáenz: *El malogrado*, Madrid, Alfaguara, 1997.]

BINDÉ, JERÓME, «El futuro del tiempo», en *Le Monde Diplomatique*, marzo de 2002.

BLANCO AMOR, JOSÉ, *Reportaje a Nueva York*, Buenos Aires, Editorial Bell, 1950.

BLOOM, HAROLD, *How to Read and Why*, Nueva York, Scribner, 2000.

[Hay trad. cast. de Marcelo Cohen: *Cómo leer y por qué*, Barcelona, Anagrama, 2000.]

BOECK, FILIP DE y MARIE-FRANÇOISE PLISSART, *Kinsaha: Tales of the Invisible City*, Gante-Amsterdam, Ludion, 2004.

BOLAÑO, ROBERTO, *Estrella distante*, Barcelona, Anagrama, 1996.

BORGES, JORGE LUIS, *El Aleph*, 9ª ed., Madrid, Alianza Editorial, 2003.

BOTREL, JEAN-FRANÇOIS, YVAN LISSORGUES, CHRISTOPHER MAURER y LEONARDO ROMERO TOBAR, eds., *Prosa y poesía. Homenaje a Gonzalo Sobejano*, Madrid, Gredos, 2001.

BRADBURY, MALCOLM, ed., *The Atlas of Literature*, Nueva York, Stewart, Tabori & Chang, 1998.

BROYARD, ANATOLE, *Kafka Was the Rage. A Greenwich Village Memoir*, Nueva York, Carol Sorthern Books, 1993.

BURUMA, IAN y AVISHAI MARGALIT, «Occidentalism», en *The New York Review of Books*, 17 de enero de 2002.

BURNS, RIC, dir., *New York. A Documentary Film*, The American Experience. A Steeplechase Films Production in Association with WGBH Boston, Thirteen/WNET in New York and the New York Historical Society, Nueva York, 2001.

CALASSO, ROBERTO, *K*, Milán, Adelphi, 2002. [Hay trad. cast. de Edgardo Dobry: *K*, Barcelona, Anagrama, 2005.]

CALVO SOTELO, JOAQUÍN, *Nueva York en retales*, Madrid, Dossat, 1947.

CAMBA, JULIO, *Un año en el otro mundo*, 2ª ed., Madrid, Espasa Calpe, 1955.

—, *La ciudad automática*, 7ª ed., Madrid, Espasa Calpe, 1970.

CÁNDIDO, *Memorias prohibidas*, 1ª ed., Barcelona, Ediciones B, 1996.

CANETTI, ELIAS, *Die Provinz des Menschen. Aufzeichnungen 1942-1972*. [Hay trad. cast. de Eustaquio Barjau: *La provincia del hombre. Carnet de notas 1942-1972*, Madrid, Taurus, 1982.]

CAÑAS, DIONISO, *El poeta y la ciudad. Nueva York y los escritores hispanos*, Madrid, Cátedra, 1994.

CAPOTE, TRUMAN, *A House on the Heights*, introducción de George Plimpton, Nueva York, The Little Bookroom, 2002.

— *The Dogs Bark. Public People and Private Places*. [Hay trad. cast. de Damián Alou: *Los perros ladran. Personajes públicos y lugares privados*, 3ª ed., Barcelona, Anagrama, 1999.]

— *Answered prayers*, Nueva York, Random House. [Hay trad. cast.

de Ángel Luis Hernández: *Plegarias atendidas*, 3ª ed., Barcelona, Anagrama, 2001.]

CARLIN, JOHN, «Los guerreros de sida», en *El País*, 20 de agosto de 2003.

CARNEY, RAY, ed., *Cassavetes on Cassavetes*, Londres, Faber and Faber, 2001. [Hay trad. cast. de Daniel Najmías: *Cassavetes por Cassavetes*, Barcelona, Anagrama, 2004.]

CARNICER, RAMÓN, *Nueva York. Nivel de vida, nivel de muerte*, Barcelona, Taber, 1970.

CHACE, REBECCA, «Portals to the 19th Century», en *The New York Times*, 2 de febrero de 2003.

CHARYN, JEROME, *New York. Chronique d'une ville sauvage*, París, Gallimard, 1998. [Hay trad. cast. de Francisco Rodríguez de Lecea: *Nueva York, crónica de la jungla urbana*, Barcelona, Ediciones B, 1998.]

CHOMSKY, NOAM, *9-11*, Nueva York, Seven Stories Press, 2001. [Hay trad. cast.: *11/09/2001*, Barcelona, RBA, 2002.]

CIRLOT, JUAN EDUARDO, *Diccionario de símbolos*, Madrid, Siruela, 1997.

COLLINS, GLENN, «Historians Weigh Attack's Impact on New York City», en *The New York Times*, 6 de octubre de 2001.

— «Disaster Rewrites Museums' Guidebooks», en *The New York Times*, 23 de febrero de 2002.

— «Round Table, Meet the Desktop. At the Algonquin Hotel, Tradition is Getting an Upgrade», en *The New York Times*, 19 de noviembre de 2002.

— «Politics and Sacred Ground, 1853. Birth of Central Park Holds Parallels with Ground Zero», en *The New York Times*, 15 de mayo de 2003.

CONGET, JOSÉ MARÍA, *Cincuenta y tres y Octava*, Zaragoza, Xordica, 1997.

— *Hasta el fin de los cuentos*, Valencia, Pre-Textos, 1998.

CONRAD, PETER, *The Art of the City. Views and Versions of New York*, Nueva York, Oxford University Press, 1984.

CURIOL, CÉLINE, *New York*, París, Autrement, 2003.

DALÍ, SALVADOR, *The secret life of Salvador Dalí by Salvador Dalí*. [Hay trad. cast.: *Vida secreta de Salvador Dalí*, Figueras, DASA Ediciones, 1981.]

374

DE AZÚA, FÉLIX, «Sobre sabios, bobos y malvados», en *El País*, 4 de septiembre de 2009.

DEBORD, GUY, *La société du spectacle*, París, Gallimard, 1996. [Hay trad. cast. de José Luis Pardo: *La sociedad del espectáculo*, 2ª ed., Valencia, Pre-Textos, 2002.]

DECURTIS, ANTHONY, «John Lennon y Nueva York: un romance maldito», en *The New York Times* (edición semanal en español), 4 de junio de 2009.

DELILLO, DON, *Cosmopolis*, Nueva York, Scribner, 2003. [Hay trad. cast.: *Cosmópolis*, Barcelona, Seix Barral, 2003.]

— «Ser escritor implica tratar de comprender que vivimos en tiempos peligrosos», entrevista de Eduardo Lago, en *El País-Babelia*, 24 de diciembre de 2004.

DOMÍNGUEZ, EVA, *Máster en Manhattan*, prólogo de Enric González, Barcelona, UOC, 2008.

DOS PASSOS, JOHN, *Manhattan Transfer*. [Hay trad. cast. de José Robles: *Manhattan Transfer*, Barcelona, Bruguera, 1980.]

DOUGHERTY, STEVE, «The Turtle Bay Inmortalized by E. B. White», en *The New York Times*, 13 de diciembre de 2002.

DUNLAP, DAVID W. y JULIE V. IOVINE, «Reaching the Sky, and Finding a Limit», en *The New York Times*, 19 de septiembre de 2001.

DWYER, JIM, «A Frenzy in Dreadful Darkness», en *Daily News*, 6 de julio de 1997.

— «Learning to Navigate Where the Invisible Clues Have Changed», en *The New York Times*, 21 de febrero de 2002.

— «Investigating 9/11: An Unimaginable Calamity, Still Largely Unexamined», en *The New York Times*, 11 de septiembre de 2002.

DWYER, JIM, KEVIN FLYNN y FORD FESSENDEN, «9/11 Exposed Deadly Flaws in Rescue Plan», en *The New York Times*, 7 de julio de 2002.

DWYER, JIM, ERIC LIPTON, KEVIN FLYNN, JAMES GLANZ y FORD FESSENDEN, «102 Minutes. Fighting to Live as the Towers Died», en *The New York Times*, 26 de mayo de 2002.

DYLAN, BOB, *Chronicles. Volume one*, Nueva York, Simon and Schuster, 2004. [Hay trad. cast.: *Crónicas I*, Barcelona, RBA, 2007.]

ELLISON, RALPH, *Invisible Man*. [Hay trad. cast. de Andrés Bosch: *El hombre invisible*, 2ª ed., Barcelona, Lumen, 1984.]

ELORZA, ANTONIO, *Umma. El integrismo en el islam*, Madrid, Alianza, 2002.

ESPADA, ARCADI, *Diarios*, Madrid, Espasa Calpe, 2002.

ESPINA, CONCHA, *Singladuras. Viaje americano*, Madrid, Compañía Iberoamericana de Publicaciones, 1932.

FANÉS, FÈLIX, *Maniquíes, sirenas y fondos del mar. Salvador Dalí y la Feria de Nueva York de 1939*, en el catálogo *Salvador Dalí. Dream of Venus*, North Miami, Museum of Contemporary Art (MOCA), 2002.

FERNÁNDEZ ARMERO, COLOMA, *Mil dolores pequeños*, Barcelona, Plaza y Janés, 2002.

FERNÁNDEZ-MONTESINOS, MANUEL, *Lo que en nosotros vive. Memorias*, Barcelona, Tusquets, 2008.

FEUER, ALAN, «A Walking Tour of Fascinating Rhythms and Gritty Rhymes», en *The New York Times*, 20 de julio de 2003.

FITZGERALD, FRANCIS SCOTT, *The Great Gatsby*. [Hay trad. cast. de José Luis López: *El gran Gatsby*, 2ª ed., Madrid, Alfaguara, 1990.]

FORTES, SUSANA, «Mal de altura», en *La Voz de Galicia*, 8 de marzo de 2003.

FREUND, GISÈLE, *Photographie et societé*, París, Seuil, 1974. [Hay trad. cast. de Josep Elías, revisada por Joaquim Romaguera i Ramió: *La fotografía como documento social*, 10ª ed., Barcelona, Gustavo Gili, 2002.]

FRISCH, MAX, *Stiller*, Francfort del Meno, Suhrkamp Verlag, 1957. [Hay trad. cast. de Margarita Fontseré: *No soy Stiller*, 2ª ed., Barcelona, Seix Barral, 1983.]

GALARZA, GALO, *La dama es una trampa*. Quito, Eskeletra Editorial, 1996.

GARCÍA LORCA, FEDERICO, *Poeta en Nueva York*, en *Obras completas I*, Barcelona, Círculo de Lectores, 1996.

— *Poet in New York*, editado y con una introducción de Christopher Maurer, Nueva York, The Noonday Press. Farrar, Straus and Giroux, 1998.

GARCÍA MARTÍN, JOSÉ LUIS, ed., *Líneas urbanas. Lectura de Nueva York*, Gijón, Llibros del Pexe, 2002.

GARCÍA NEGRO, PILAR, *Arredor de Castelao*, Vigo, A Nosa Terra, 2001.

GARDNER JR., RALPH, «For Tower Residents, a New Math», en *The New York Times*, 8 de mayo de 2003.

GIBBON, EDWARD, *The History of the Decline and Fall of the Roman Empire*. [Hay trad. cast. de José Mor Fuentes: *Historia de la decadencia y ruina del imperio romano. Tomo 1, desde los Antoninos a Diocleciano (años 96 a 313)*, Madrid, Turner, 1984.]

GLANZ, JAMES, «Towers Untested for Mayor Fire, Inquiry Suggests», en *The New York Times*, 8 de mayo de 2003.

GLANZ, JAMES y ERIC LIPTON «Towers Fell as Intense Fire Beat defenses, Report Says», en *The New York Times*, 29 de marzo de 2002.

— «In Data Trove, a Graphic Look at Towers' Fall», en *The New York Times*, 29 de octubre de 2002.

GLUCKSMANN, ANDRÉ, «Ahora la responsabilidad del fin del mundo se ha democratizado: es inmediata», entrevista de Josep Ramoneda en *El País-Babelia*, 7 de septiembre de 2002.

— *Dostoïevski à Manhattan*, París, Robert Laffont, 2002. [Hay trad. cast. de María Cardón: *Dostoievski en Manhattan*, Madrid, Taurus, 2002.]

GONSAR, CAMILO, *Cara a Times Square*, Vigo, Galaxia, 1980.

GOPNIK, ADAM, «The People on the Bus», en *The New Yorker*, 5 de mayo de 2003.

GRAY, CHRISTOPHER, «Spanning the East River, with a Sense of Drama», en *The New York Times*, 24 de noviembre de 2002.

GRIMES, WILLIAM, «Oysters Are the Catch of the Day, Every Day», en *The New York Times*, 5 de marzo de 2003.

GRUMET, ROBERT STEVEN, *Native American Place Names in New York City*, Nueva York, Museum of the City of New York, 1981.

GUELBENZU, JOSÉ MARÍA, «La mirada del narrador. *Manhattan Transfer*», en *Revista de Libros*, enero de 2000.

GUILBAUT, SERGE, *How New York Stole the Idea of Modern Art. Abstract Expressionism, Freedom, and the Cold War*, Chicago, The University of Chicago Press, 1985. [Hay trad. cast.: *De cómo Nueva York robó la idea de arte moderno*, Barcelona, Mondadori, 1990.]

GUSSOW, MEL, «For Trillin, Parking is an End, Not a Means», en *The New York Times*, 12 de febrero de 2002.

HABERMAS, JÜRGEN, «¿Qué significa el derribo del monumento?», en *El País*, 20 de mayo de 2003.

HAMILL, PETE, «The 'In' Crowd. A History of the Nightclub and Restaurant Where the Elite of More Than 50 Years Ago Ate and

Drank (*Stork Club*, Ralph Blumenthal)», en *The New York Times Book Review*, 7 de mayo de 2000.

HANDKE, PETER, «Escribir es un viaje nocturno», entrevista de Cecilia Dreymüller, en *El País-Babelia*, 11 de octubre de 2003.

HEDGES, CHRIS, «In Her World, the Galleries Are Merely Entrances. Penny Proddow», en *The New York Times*, 7 de febrero de 2002.

HERAS, ANTONIO, *De Nueva York a California*, Madrid, Espasa Calpe, 1953.

HESSER, AMANDA, «A Grand Oasis: New York's Hotel Bars», en *The New York Times*, 24 de febrero de 1999.

HIERRO, JOSÉ, *Cuaderno de Nueva York*, Madrid, Hiperión, 1998.

HIJUELOS, ÓSCAR, *Mambo Kings play Songs of Love*. [Hay trad. cast. de Alejandro García Reyes: *Los Reyes del Mambo tocan canciones de amor*, Nueva York, Harper Collins, 1996.]

HOBSBAWM, ERIC, «El peligro para los políticos es ver las cosas a corto plazo», entrevista de Walter Oppenheimer, en *El País*, 15 de marzo de 2003.

HOWE VERHOVEK, SAM, «Deadly Choice of Stowaways: Ship Containers», en *The New York Times*, 12 de enero de 2000.

HUSTVEDT, SIRI, *A Plea for Eros*. [Hay trad. cast. de Aurora Echevarría: *Una súplica para Eros*, Barcelona, Circe, 2006.]

IBÁÑEZ, ANDRÉS, «Merce Cunningham, 90 años en danza», en *ABCD las artes y las letras*, 18-24 de abril de 2009.

ISAY, DAVID y STACEY ABRAMSON, *Flophouse. Life on the Bowery*, fotografías de Harvey Wang, Nueva York, Random House, 2000.

ITALIANO, SILVIA, *Un aire de familia*, Barcelona, Seix Barral, 1995.

JACKSON, KENNETH T., ed., *The Encyclopedia of New York City*, New Haven, Yale University Press/The New-York Historical Society, 1995.

JACOBS, JANE, *The Death and Life of Great American Cities*, Nueva York, The Modern Library, 1993.

JACOBY, SUSAN, «Not Just a Library, an Oasis of Civilization», en *The New York Times*, 12 de abril de 2002.

JAMES, CARYN, «For a City Driven by a Dream», en *The New York Times*, 12 de noviembre de 1999.

JIMÉNEZ, JUAN RAMÓN, *Diario de un poeta recién casado*, Barcelona, Labor, 1970.

JIMÉNEZ LOZANO, JOSÉ, *Los cuadernos de letra pequeña*, Valencia, Pre-Textos, 2003.

KAFKA, FRANZ, *El desaparecido (América). El proceso*, traducción de Miguel Sáenz, en *Obras completas I*, Barcelona, Galaxia Gutenberg/Círculo de Lectores, 1999.

— «Un informe para una academia», relato incluido en *Un médico rural*, traducción de Juan José del Solar, en *Obras completas III*, Barcelona, Galaxia Gutenberg/Círculo de Lectores, 2003.

KENNEDY, PAUL, «Estados Unidos y Europa, ¿Marte y Venus?», *El País*, 23 de diciembre de 2002.

KENNEDY, RANDY, «Waiting for the A Train, the Sophisticated Pigeon», en *The New York Times*, 5 de marzo de 2002.

KILGANNON, COREY, «Stalking a Shiny Quarry. In Search of Coins With a Stick and a Wad of Gum», en *The New York Times*, 11 de julio de 1999.

KIM, SUKI, «What Was Lost in Translation», en *The New York Times*, 16 de marzo de 2003.

KINETZ, ERIKA, «Rooms Where the Wars Refuse to End. Foreign Victims of Torture Try to Rebuild Their Lives Through a Center at Bellevue», en *The New York Times*, 27 de abril de 2003.

KOOLHAAS, REM, *Delirious New York. A Retroactive Manifesto for Manhattan*, Nueva York, The Monacelli Press, 1999. [Hay trad. cast.: *Delirio de Nueva York*, Barcelona, Gustavo Gili, 2009.]

KOZINN, ALLAN, «They Came, They Sang, They Conquered. The Advent of the Beatles Era», en *The New York Times*, 6 de febrero de 2004.

KOZOFF, MAX, *New York. Capital of Photography*, catálogo de la exposición del mismo título organizada por el Jewish Museum de Nueva York, New Haven, Yale University Press y The Jewish Museum, 2002.

KRESS GILLESPIE, ANGUS, *Twin Towers. The Life of New York City's World Trade Center*, 2ª ed., New Brunswick, Rutgers University Press, 2001.

LACH, WILLIAM, ed., *New York, New York. The City in Art and Literature*, Nueva York, The Metropolitan Museum of Art, 2000.

LAGO, EDUARDO, *Llámame Brooklyn*, Barcelona, Destino, 2006.

LAREDO, VÍCTOR, *New York City. A Photographic Portrait*, pies de foto de Thomas Reilly, Nueva York, Dover Publications, 1973.

LARKIN, PHILIP, *High Windows*. [Hay trad. cast. de Marcelo Cohen: *Ventanas altas*, Barcelona, Lumen, 1989.]

LEE, DENNY, «Blintz Evolves to Tamale, Leaving Ratner's Behind», en *The New York Times*, 30 de junio de 2002.

LINCOLN, ABBEY, «No existe nada que se llame jazz», entrevista de José María García Martínez, en *El País-Babelia*, 1 de septiembre de 2007.

LIPTON, ERIC, «In Cold Numbers, a Census of the Sept. 11 Victims», en *The New York Times*, 19 de abril de 2002.

LOOS, ADOLF, *Ins Leere Gesprochen. 1897-1900*. [Hay trad. cast. de Irma Huici: *Dicho en el vacío. 1897-1900*, Murcia, Colegio Oficial de Aparejadores y Arquitectos de la región de Murcia, 2003.]

LOPATE, PHILLIP, ed., *Writing New York. A Literary Anthology*, Nueva York, The Library of America, 1998.

LÓPEZ SILVA, INMA, *New York, New York*, Vigo, Galaxia, 2007.

LÓPEZ VALENCIA, FEDERICO, *Del país gigante. La vida y los negocios en Norteamérica*, Madrid, Librería de los sucesores de Hernando, 1919.

LORIGA, RAY, *El hombre que inventó Manhattan*, Barcelona, El Aleph, 2004.

— «La literatura le da a la vida una lógica que no tiene», entrevista de Javier Rodríguez Marcos, en *El País-Babelia*, 31 de enero de 2004.

LOUIE, ELAINE, «A Confection for a Chocolatier: Two Wheels, East River Views», en *The New York Times*, 12 de mayo de 2002.

MADIERI, MARISA, *La radura*. [Hay trad. cast. de Valeria Bergalli: *El claro del bosque*, posfacio de Ernestina Pellegrini, Barcelona, Minúscula, 2002.]

MAEZTU, RAMIRO DE, *Norteamérica desde dentro*, Madrid, Editora Nacional, 1957.

MALONEY, FIELD, «The Cabby's Soundtrack», en *The New York Times*, 28 de abril de 2002.

MARTÍ, JOSÉ, *En los Estados Unidos*, Madrid, Alianza, 1968.

MARTÍN GAITE, CARMEN, *Caperucita en Manhattan*, 40ª ed., Madrid, Siruela, 2001.

MARX, HARPO (junto con Rowland Barber), *Harpo Speaks... About New York*, introducción de E. L. Doctorow, Nueva York, The Little Bookroom, 2001.

MARZIO, PETER C., ed., *A Nation of Nations. The People Who Came to*

America as Seen Through Objects and Documents Exhibited at the Smithsonian Institution, Nueva York, Harper & Row, 1976.

MASSAD, FREDY, «Una pila de inconvenientes», en *ABCD las artes y las letras*, 26 de abril al 2 de mayo de 2008.

MAYAKOVSKI, VLADIMIR, *Poemas 1917-1930*, traducción de José Fernández Sánchez, 2ª ed., Madrid, Visor, 1993.

MCCANN, COLUM, *This Side of Brigthness*, Henry Holt and Company. [Hay trad. cast. de María Barros Ochoa: *A este lado de la luz*, Barcelona, Muchnik, 2002.]

MCGRATH, BEN, «Shoe Leather. Walk On», en *The New Yorker*, 3 de enero de 2005.

MCGRATH, PATRICK, *Ghost Town, Tales of Manhattan Then and Now*. [Hay trad. cast. de Fabián Chueca: *Ciudad fantasma. Historias de Manhattan de ayer y de hoy*, Madrid, Herce, 2008.]

MÉNDEZ FERRÍN, XOSÉ LUIS, «Todo pode ser internalizado menos a literatura», entrevista de Iago Martínez, en *Xornal de Galicia*, 7 de febrero de 2009.

MENDOZA, EDUARDO, 2ª ed., *Nueva York*, Barcelona, Destino, 1987.

MILOSZ, CZESLAW, «Sólo se puede escribir poesía en la lengua de la infancia», entrevista de Eduardo Lago, en *El País-Babelia*, 23 de febrero de 2002.

MITCHELL, JOSEPH, *Joe Gould's Secret, Nueva York*, Modern Library Edition, 1996. [Hay trad. cast. de Marcelo Cohen: *El secreto de Joe Gould*, Barcelona, Anagrama, 2000.]

— *McSorley's Wonderful Saloon*, Nueva York, Pantheon Books, 2001.

— *My Ears are Bent*, Nueva York, Pantheon Books, 2001.

MORAND, PAUL, *Nueva York*, 6ª ed., Madrid, Espasa Calpe, 1957.

MORSI, AHMED, *Dress Rehearsal for a Season in Hell*, El Cairo, 2003.

MUÑOZ MOLINA, ANTONIO, *Sefarad*, Barcelona, Círculo de Lectores, 2001.

— *Ventanas de Manhattan*, Barcelona, Seix Barral, 2004.

MUSCHAMP, HERBERT, «The Ominous Message of a Box on Union Square», en *The New York Times*, 2 de enero de 2000.

— «The Party's Never Over in the New Times Square», en, *The New York Times*, 3 de enero de 2000.

— «For Rebuilders, Inspiration All Around, en *The New York Times*, 5 de octubre de 2001.

NEGRONI, MARÍA, *Ciudad gótica*, Rosario, Bajo la luna nueva, 1994.

NEWMAN, ANDY, «Zones of Devastation From 9/11: Mapping the Victims by Zip Code», en *The New York Times*, 10 de abril de 2002.

— «Church Pays Tribute to a Man Whose Home Was its Steps», en *The New York Times*, 30 de enero de 2003.

NEWMAN, MARY ANN, «La grandeza y el tamaño», en *Marc de referències*, otoño de 2001.

O'DONNELL, MICHELLE, «The Seventh Circle of Parking, with Calvin Trillin as a Guide», en *The New York Times*, 24 de febrero de 2002.

O'NEILL, JOSEPH, *Netherland*. [Hay trad. cast. de Susana Rodríguez-Vida: *Netherland. El Club de Críquet de Nueva York*, Barcelona, El Aleph, 2009.]

PAGE, MAX, «On Edge, Again», en *The New York Times*, 21 de octubre de 2001.

PANEK, RICHARD, «"The scream", East of Krakatoa. Why Did Much Paint the Sky Blood Red? Because It Was», en *The New York Times*, 8 de febrero de 2004.

PAZ, OCTAVIO, *El laberinto de la soledad*, 7ª ed., México, Fondo de Cultura Económica, 1969.

PERELLÓN, CARLOS, *La ciudad doble*, Barcelona, Anagrama 1994.

PÉREZ DE AYALA, RAMÓN, *El país del futuro. Mis viajes a los Estados Unidos (1913-1914 — 1919-1920)*, Madrid, Biblioteca Nueva, 1959.

POMBO, ÁLVARO, *El cielo raso*, Barcelona, Anagrama, 2001.

PROBST SOLOMON, BARBARA, «Nueva York: la ciudad soñada de Averroes», en *El País*, 11 de febrero de 2006.

PURNICK, JOYCE, «Snakeheads That Bite and Hang On», en *The New York Times*, 14 de abril de 2005.

QUESADA, ROBERTO, *Big Banana*, 2ª ed., Barcelona, Seix Barral, 2001.

QUIÑONEZ, ERNESTO, *Bodega Dreams*, Nueva York, Random House, 2002. [Hay trad. cast.: *El vendedor de sueños*, Madrid, Alfaguara, 2001.]

RAMONEDA, JOSEP, «André Glucksmann: "Ahora la responsabilidad del fin del mundo se ha democratizado: es inmediata"», en *El País-Babelia*, 7 de septiembre de 2002.

RAVER, ANNE, «A Beer Garden in Astoria Shelters a Lost Era», en *The New York Times*, 2 de noviembre de 2000.

REY ROSA, RODRIGO, *Ningún lugar sagrado*, Barcelona, Seix Barral, 1998.

RIFKIN, JEREMY, «La guerra que hay detrás de la guerra», en *El País*, 22 de septiembre de 2001.

RIVAS, MANUEL, «O mozo de Brooklyn e o mitin de Castelao», en *El País*, 14 de noviembre de 2008.

RODRÍGUEZ CASTELAO, ALFONSO DANIEL, *Sempre en Galiza*, 5ª ed., Buenos Aires, Edicións Galiza, Centro Gallego de Buenos Aires, 1976.

ROJAS MARCOS, LUIS, *Más allá del 11 de septiembre. La superación del trauma*, Madrid, Espasa Calpe, 2002.

ROMERO, HUGO, «Las ratas como moneda de curso legal (*Cosmópolis*, Don DeLillo)», en *Archipiélago*, diciembre de 2003.

ROTH, HENRY, *Mercy of a Rude Stream: A Star Shines Over Mt. Morris Park*. [Hay trad. cast. de Miguel Sáenz: *A merced de una corriente salvaje*, Madrid, Alfaguara, 1992 y *Una estrella brilla sobre Mount Morris Park*, Madrid, Alfaguara, 1998.]

— *A Diving Rock on the Hudson*. [Hay trad. cast. de Beatriz Ruiz Arrabal: *Un trampolín de piedra sobre el Hudson*, Madrid, Alfaguara, 2000.]

— *From Bondage*. [Hay trad. cast. de Pilar Vázquez: *Redención*, Madrid, Alfaguara, 2002.]

— *Requiem for Harlem*. [Hay trad. cast. de Beatriz Ruiz Arrabal: *Réquiem por Harlem*, Madrid, Alfaguara, 2002.]

— *Call It Sleep*. [Hay trad. cast. de Miguel Sáenz: *Llámalo sueño*, 7ª ed., Madrid, Alfaguara, 1994.]

RUBERT DE VENTÓS, XAVIER, «Sansón y las Torres Gemelas», en *El País*, 13 de septiembre de 2002.

SALAS, ALBERTO, *El llamador*, Granada, Comares, 2002.

SALINGER, J. D., *The Catcher in the Rye*. [Hay trad. cast. de Carmen Criado: *El guardián entre el centeno*, 5ª ed., Madrid, Alianza, 2001.]

SALTER, JAMES, *Light Years*. [Hay trad. cast. de Jaime Zulaika: *Años luz*, Barcelona, Muchnik, 1999.]

SÁNCHEZ FERLOSIO, RAFAEL, *Industrias y andanzas de Alfanhuí*, Barcelona, Destino, 1996.

SÁNCHEZ-OSTIZ, MIGUEL, «La vida infernal de Malcolm Lowry», en *ABCD las artes y las letras*, 5-11 de septiembre de 2009.

SANDERS, JAMES, *Celluloid Skyline. New York and the Movies*, Nueva York, Alfred A. Knopf, 2001.

SANDLER, ROSS, «A Great Bridge's Legacy — and Lesson», en *Daily News*, 23 de junio de 2003.

SANTIAGO, ESMERALDA, *Almost a Woman.* [Hay trad. cast. de Nina To-
rres-Vidal: *Casi una mujer,* Nueva York, Random House, 1999.]

SCOTT, JANNY, «The State of the City: Packed Like Sardines», en
The New York Times, 26 de noviembre de 2000.

SEBALD, W. G., *Die Ausgewanderten,* Francfort del Meno, Vito von
Eichborn GmbH & Co. Verlag KG, 1993. [Hay trad. cast. de
Teresa Ruiz Rosas, revisada por Sergio Pawlowsky Glahn: *Los
emigrados,* 3ª ed., Madrid, Debate, 2000.]

SEGURA, PEDRO, *New York 1935. Impresiones de un viaje a los Estados
Unidos,* Barcelona, Imprenta A. Núñez, 1935.

SHAWN, WALLACE y ANDRÉ GREGORY, *My Dinner with André. A Screen-
play for the Film by Louis Malle,* Nueva York, Grove Press, 1981.

SIEGEL, LEE, «The Imagination of Disaster (*Saturday,* de Ian McE-
wan)», en *The Nation,* 11 de abril de 2005.

SMART, ELIZABETH, *By Grand Central Station I Sat Down and Wept,*
Londres, Collins Publishing Group, 1991. [Hay trad. cast.: *En
Grand Central Station me senté y lloré,* Cáceres, Periférica, 2009.]

SOBEJANO, GONZALO, «Septiembre, once», en *ABC. Cultural,* 7 de
septiembre de 2002.

SONTAG, SUSAN, «Of Courage and Resistance», en *The Nation,* 5 de
mayo de 2003.

ST. JOHN, WARREN, «Parties Where an ID is the Least of What you
Show», en *Sunday Styles. The New York Times,* 11 de enero de 2004.

STAMLER, BERNARD, «Will New York Be Necessary in the 21st Century?», en *The New York Times,* 2 de enero de 2000.

— «New York's Other Master Bridge Builder», en *The New York
Times,* 16 de abril de 2000.

STEAD, DEBORATH, «Out, Damned Spot», en *The New York Times,*
26 de enero de 2003.

STOCK, NOEL, *The Life of Ezra Pound,* Routledge and Kegan Paul, 1970.
[Hay trad. cast. de Ana Sánchez: *Ezra Pound,* Valencia, Edicions
Alfons El Magnánim, 1989.]

STONOR SAUNDERS, FRANCES, *The Cultural Cold War. The CIA and the
World of Arts and Letters,* Nueva York, The New Press, 2000.
[Hay trad. cast.: *La CIA y la guerra fría cultural,* Barcelona, De-
bate, 2001.]

SZYMBORSKA, WISLAWA, *Chwila.* [Hay trad. cast. de Gerardo Beltrán y
Abel A. Murcia Soriano: *Instante,* Montblanc, Igitur 2004.]

TATO CUMMING, GASPAR, *Nueva York. Un español entre rascacielos*, 2ª ed., Madrid, Febo, 1945.

The New Encyclopaedia Britannica, 15ª ed., Chicago, Encyclopaedia Britannica, 1993.

THOMAS, HUGH, *Conquest. Montezuma, Cortés, and the Fall of Old Mexico*, Nueva York, Touchstone/Simon & Schuster, 1995.

TOMASKY, MICHAEL «The Story Behind the Towers», en *The New York Review of Books*, 14 de marzo de 2002.

— «Battleground Zero», en *The New York Review of Books*, 1 de mayo de 2003.

— «The World Trade Center: Before, During & After», en *The New York Review of Books*, 28 de marzo de 2002.

TRAUB, JAMES, «The Land of the Naked Cowboy» (Lynne B. Sagalyn, *Times Square Roulette: Remaking the City Icon*), en *The New York Review of Books*, 4 de febrero de 2002.

TRILLIN, CALVIN, *About Alice*, Nueva York, Random House, 2006.

TRUJILLO, MANUEL, *Psicología para después de una crisis*, Madrid, Aguilar, 2002.

UNAMUNO, MIGUEL DE, *Andanzas y visiones españolas*, en *Obras Completas I. Paisajes y ensayos*, Madrid, Escelicer, 1966.

VALENZUELA, LUISA, *Novela negra con argentinos*, 2ª ed., Barcelona, Plaza y Janés, 1990.

VANDERBILT, TOM, «They Didn't Forget», en *The New York Times*, 13 de julio de 2003.

VEGA, MARÍA, «El puente Williamsburg», en *El Diario/La Prensa*, 16 de junio de 2003.

VÉLEZ DE GUEVARA, LUIS, *El diablo cojuelo*, Madrid, J. Pérez de Hugo, 1970.

VERDÚ, VICENTE, *El planeta americano*, Barcelona, Anagrama, 1996.

VILA-MATAS, ENRIQUE, «Me senté y lloré», en *El País-Babelia*, 17 de noviembre de 2007.

VIZCAÍNO, JUAN ANTONIO, *La arquitectura de José Blein en Ceuta, 1929-1943*, inédito, ejemplar mecanografiado y encuadernado, sin fecha.

WAKIN, DANIEL J., «In New York, Gospel Resounds in African Tongues», en *The New York Times*, 18 de abril de 2004.

WEIDEMAN, RYAN, «For this Cabby, the View from the Front Seat is Art», en *The New York Times*, 13 de diciembre de 2002.

WEIL, SIMONE, *Attente de Dieu*, Librairie Arthème Fayard, 1996. [Hay trad. cast. de Maria Tabuyo y Agustín López: *A la espera de Dios*, prefacio de J. M. Perrin, 3ª ed., Madrid, Trotta, 2000.

WERDE, BILL, «A Sad Ballad for the Water-pipe Cafes of Astoria», en *The New York Times*, 23 de febrero de 2003.

WHITE, E. B., *Here is New York*, Nueva York, The Little Bookroom, 1999. [Hay trad. cast.: *Esto es Nueva York*, Barcelona, Minúscula, 2003.]

WHITEHEAD, COLSON, *The Colossus of New York. A City in Thirteen Parts*, Nueva York, Random House, 2003.

WHITMAN, WALT, *Leaves of Grass*. [Hay trad. cast. de Jorge Luis Borges: *Hojas de hierba*, Barcelona, Lumen, 1991.]

WILLIAMS, EDDIE, *Bike Messengers Life New York City*, ed. de Mireia Sentís y Joaquín Gallego, Madrid, La Fábrica, 2004.

WOLFE, TOM, *The Bonfire of the Vanities*, Nueva York, Farrar, Straus and Giroux, 1987. [Hay trad. cast. de Enrique Murillo: *La hoguera de las vanidades*, Barcelona, Anagrama, 1988.]

YANG, SANDY, «The Other Ghosts of Ground Zero», en *The Village Voice*, 1 de enero de 2002.

ZULUETA, CARMEN DE, «¿Esclavos en Nueva York?», [exposición en The New York Historical Society], artículo inédito.

— *La España que pudo ser. Memorias de una institucionista republicana*, Murcia, Universidad de Murcia, 2000.

— «Mi hermano Luis de Zulueta. Biti», artículo inédito, Nueva York, 2003.

— *Caminos de España y América*, Madrid, Publicaciones de la Residencia de Estudiantes, 2004.

ZÚÑIGA, ÁNGEL, *Manhattan cocktail*, Barcelona, Planeta, 1972.

ÍNDICE ONOMÁSTICO